本书由兰州大学"中央高校基本科研业务费"资助出版
（项目编号：2019jbkyzx023）

兰州大学110周年校庆纪念文库

《春秋》经传与传统史学

邱　锋◎著

科学出版社
北京

内 容 简 介

本书是笔者围绕"《春秋》经传在中国传统经史之学当中的地位与影响"这一论题的点滴思考及与之相关问题的研究所得。书中既有以问题为中心，对《春秋》经传思想进行的整体性、综合性的讨论，也有分别对《左传》《公羊传》《榖梁传》《国语》等典籍展开的个案研究。有的问题讨论传统史学，有的问题讨论传统经学，有的则兼而有之，从不同的角度分析评价了《春秋》经传与中国传统经史之学的密切联系。

图书在版编目(CIP)数据

《春秋》经传与传统史学/ 邱锋著. —北京：科学出版社，2020.4
（兰州大学 110 周年校庆纪念文库）
ISBN 978-7-03-064710-8

Ⅰ.①春⋯ Ⅱ.①邱⋯ Ⅲ.①中国历史－春秋时代－编年体 ②《春秋》－研究 Ⅳ.①K225.04

中国版本图书馆 CIP 数据核字（2020）第 044920 号

责任编辑：王 媛 张春贺 杨 静 / 责任校对：韩 杨
责任印制：张 伟 / 封面设计：润一文化
编辑部电话：010-64011837
E-mail:yangjing@mail.sciencep.com

科学出版社 出版
北京东黄城根北街 16 号
邮政编码：100717
http://www.sciencep.com

北京虎彩文化传播有限公司 印刷
科学出版社发行 各地新华书店经销
*
2020 年 4 月第 一 版 开本：720×1000 B5
2020 年 4 月第一次印刷 印张：20 1/4
字数：317 000
定价：108.00 元
（如有印装质量问题，我社负责调换）

《兰州大学110周年校庆纪念文库》编委会

主　任　袁占亭　严纯华

副主任　吴国生　徐生诚

委　员　李玉民　沙勇忠　许鹏飞

　　　　石兆俊　安　娴

序

萃英立根本，昆仑写精神。2019年9月17日，兰州大学将迎来110周年校庆。百十年来，一代代兰大人与国家、民族同呼吸、共命运，屹立西部大地，蕴育时代精英，为世界、为祖国培养了一大批活跃在各行各业的优秀人才，有力地支持了国家特别是祖国西部地区的建设发展。

长期以来，兰州大学始终坚持正确办学方向，落实立德树人根本任务，立足地域特色，发挥科研优势，深度融入参与国家发展战略，主动对接服务地方经济社会发展，"将论文写在中国大地上"，赢得了国内外的广泛认可；熔铸成以"自强不息，独树一帜"为核心的兰大精神，形成了"勤奋，求实，创新"的良好学风，探索走出了一条在西部地区创办高水平大学的成功之路，为中国高校扎根祖国大地创办世界一流大学提供了重要借鉴。

值110周年校庆之际，我校策划组织出版《兰州大学110周年校庆纪念文库》，旨在展现奋战在教学科研一线的兰大人的家国情怀、理论思考和学术积累。丛书作者中有致力于教书育人的教学名师，也有在科研一线硕果累累的科学大家，更有长期坚守在教学科研一线、受学生爱戴的"普通"教师。丛书内容丰富，涵盖理、工、农、医、人文、社科等诸多学科，其中观点颇多见解。恕我才识单调，难以一一点评。在此，谨付梓以供学界参考指正。

新时代新起点，所有兰大人将汇聚成推动兰州大学事业蓬勃发展的强大合力。面向未来，全体兰大人将继续坚守奋斗，以矢志不渝的信念、时不我待的精神、担当奉献的情怀投身中国特色世界一流大学建设，为实现中华民族伟大复兴贡献兰大力量！

是为序。

2019年3月26

目　　录

引言 …………………………………………………………………… 1
第一章　《春秋》经传与中国古代历史思想 …………………… 18
　　一、记成败与重德义 ………………………………………… 18
　　二、人本精神的形成 ………………………………………… 21
　　三、褒贬意识与批判精神 …………………………………… 24
　　四、对历史变化的探讨 ……………………………………… 28
第二章　《春秋》经传与"大一统"思想之形成 ………………… 31
　　一、释"统" ………………………………………………… 31
　　二、统一意识的萌生与表现 ………………………………… 33
　　三、所谓"大一统" ………………………………………… 40
　　四、"大一统"的实现与影响 ……………………………… 46
第三章　先秦时期的华夷观及其文化特点 ……………………… 50
　　一、"华夏"与"夷狄" ……………………………………… 50
　　二、先秦儒家学派的民族观 ………………………………… 55
　　三、《春秋》经传与"华夷之辨" …………………………… 59
第四章　《左传》的"天道"观 …………………………………… 67
　　一、《左传》中的"天" ……………………………………… 67
　　二、"天道"的新发展 ……………………………………… 69
　　三、言天道神鬼，未尝废人事 ……………………………… 74
第五章　《左传》的历史变易思想 ………………………………… 81
　　一、关于王室衰微的认识 …………………………………… 82

二、关于大国争霸的评论 …………………………………………… 85
　　三、社稷无常奉，君臣无常位 ………………………………………… 94
　　四、时代变动与政治伦理 …………………………………………… 99
第六章　何休"公羊三世说"的思想渊源与社会基础 ………………… 104
　　一、"三世说"与谶纬 ………………………………………………… 104
　　二、关于"三世"分期的不同标准 …………………………………… 108
　　三、"王鲁"与"新王" ………………………………………………… 111
　　四、太平思想与汉末清流 …………………………………………… 116
第七章　《春秋公羊传》复仇论浅议 ……………………………………… 124
　　一、儒家经典中关于复仇的规定 …………………………………… 124
　　二、从齐学的立场看《公羊传》的复仇论 …………………………… 127
　　三、复仇与政治伦理 ………………………………………………… 131
第八章　《春秋穀梁传》与法家思想 ……………………………………… 136
　　一、《穀梁传》与尸子 ………………………………………………… 136
　　二、《穀梁传》的尊王 ………………………………………………… 139
　　三、对君权的绝对化 ………………………………………………… 143
　　四、鲁学与"穀梁大盛"的原因 ……………………………………… 146
第九章　《国语》的成书和性质 …………………………………………… 152
　　一、《国语》同左丘明的关系 ………………………………………… 152
　　二、《国语》之称名 …………………………………………………… 165
　　三、《国语》的体例差异 ……………………………………………… 175
　　四、《齐语》辨析 ……………………………………………………… 177
　　五、《郑语》辨析 ……………………………………………………… 187
　　六、《吴语》《越语》辨析 ……………………………………………… 193
　　七、《周语》《鲁语》《晋语》《楚语》辨析 …………………………… 205
　　八、《国语》和《左传》文字类同的问题 ……………………………… 217
　　九、《国语》的性质 …………………………………………………… 229
第十章　《国语》的史鉴思想 ……………………………………………… 241
　　一、求多闻善败以鉴戒 ……………………………………………… 242
　　二、论西周衰亡之故 ………………………………………………… 244

三、探讨春秋各诸侯国的政治得失 …………………………………247
　　四、民心向背与社稷安危 …………………………………………250
第十一章　《史记·儒林列传》与《汉书·儒林传》之比较研究 …………253
　　一、关于"五经"序列的问题 ……………………………………254
　　二、关于《易》与《穀梁传》的传承问题 ………………………263
　　三、关于董仲舒的立传问题 ………………………………………270
　　四、结语 ……………………………………………………………273
第十二章　《竹书纪年》与晋唐间的史学 ……………………………………274
　　一、《竹书纪年》与经史分途 ……………………………………275
　　二、《竹书纪年》与编年体史书撰写的兴盛 ……………………277
　　三、《竹书纪年》与志异著作 ……………………………………281
　　四、历史考证的发展与怀疑精神的启迪 …………………………284
第十三章　范宁及其经学成就 …………………………………………………290
　　一、《春秋穀梁传集解》的撰述 …………………………………291
　　二、《春秋穀梁传集解》的特点 …………………………………294
　　三、其他成就 ………………………………………………………300
第十四章　言性命必究于史：《东莱博议》散论 ……………………………303
　　一、《东莱博议》之写成 …………………………………………304
　　二、文章与议论的结合 ……………………………………………306
　　三、历史眼光的培养 ………………………………………………309

引　言

"六经皆史"是清代史家章学诚的著名论断，虽然此前的一些学者也曾有过类似的表述[①]，但自近代以来备受中外学人关注的却是他提出的这个富于启示性的命题。从这个共识出发或者以这一共识为基础，讨论《春秋》经传在思想上的价值，尤其是在史学上的价值，一则表明中国古代学术史上的经史关系问题，二则表明本书在研究方向上的旨趣。

章学诚在《文史通义》卷首《易教上》开篇就讲道："六经皆史也。古人不著书，古人未尝离事而言理，六经皆先王之政典也"[②]，从而指出"六经"是古人制法行政的历史记录和先王的政教典章。这种说法自是针对空谈性命的理学家们和专务考据的汉学家们的学风而发，是他的一种创见。按照这种看法，他所说的史也不以"六经"为限，而是"以为盈天地间，凡涉著作之林，皆是史学"[③]。不过在章学诚看来，"六经"在诸史当中却有着特殊的地位：

> 三代以上之为史，与三代以下之为史，其同异之故可知也。三代以上，记注有成法，而撰述无定名；三代以下，撰述有定名，而记注无成法。夫记注无成法，则取材也难；撰述有定名，则成书也易。成书易，则文胜质矣。取材难，则伪乱真矣。伪乱真而文胜质，史学不亡而亡矣。良史之才，间世一出，补偏救弊，愈且不支。非后人学识不如前人，《周官》之法亡，而《尚书》之教绝，其势不得不然也。[④]

[①] 参见钱钟书：《谈艺录》，北京：生活·读书·新知三联书店，2001年，第263—266页。
[②]（清）章学诚撰：《文史通义·易教上》，《章学诚遗书》，北京：文物出版社，1985年，第1页。
[③]（清）章学诚撰：《文史通义·报孙渊如书》，《章学诚遗书》，第86页。
[④]（清）章学诚撰：《文史通义·书教上》，《章学诚遗书》，第2页。

可见在他的心目中认为"六经"不止是古代的史书，而且是后世所不能企及的最高标准的史书。所以他所谓的"六经皆史"，"明为尊史，实为尊经"①，更可以借此来阐明经史的关系。

中国古代史学和经学的关系是在历史上形成的。先秦学术中虽还没有经史的区别，但经学和史学却都发源于此时。"六经"之说至少在战国中叶就已形成，伴随着《春秋》《左传》等儒家典籍的出现，史学也加快了其发展的脚步。到了西汉，汉武帝采纳董仲舒的建议，"罢黜百家，独尊儒术"，树立了儒家经学在中国传统社会意识形态当中的正统地位。此后经学的思想和原则也逐渐渗透到史学之中，成为支配史学的指导思想，从而对史学的发展产生了深远的影响。正因为如此，经史的分合与经史之关系也就成为中国古代史学当中的一个重要问题。

早在《史记·太史公自序》中，司马迁就转述其父司马谈的遗愿说：

> 自周公卒五百岁而有孔子。孔子卒后至于今五百岁，有能绍明世，正《易传》，继《春秋》，本《诗》《书》《礼》《乐》之际？②

他自己更是把"成一家之言，厥协《六经》异传，整齐百家杂语"③，作为撰述《史记》的意旨。此后《汉书·艺文志》也指出，"古之王者世有史官，君举必书，所以慎言行，昭法式也。左史记言，右史记事，事为《春秋》，言为《尚书》，帝王靡不同之"④，从而将《春秋》《尚书》作为史书来看待。虽然在汉代学术当中经史之别尚未分明，但他们这些思想却是"六经皆史"说的滥觞。

自魏晋以降，史学有了长足的发展，逐渐脱离了经学的藩篱而独立存在。"史部"在图书目录上以一个单独门类出现即是重要标志。经与史的分离虽然在形式上得到了明确，但史学却始终居于经学之后。在此情况下，一些史家对经学与史学的关系也作了新的思考。如唐代史学家刘知幾在《史通》一

---

① 柴德赓：《试论章学诚的学术思想》，《史学丛考》，北京：中华书局，1982年，第302页。
②《史记》卷130《太史公自序》，北京：中华书局，1959年，第3296页。
③《史记》卷130《太史公自序》，第3319—3320页。
④《汉书》卷30《艺文志》，北京：中华书局，1962年，第1715页。

书中虽然没有专门论述经史关系问题，却经常将经书直接作为史书来引用或评论。如他提出：

> 自古帝王编述文籍，《外篇》言之备矣。古往今来，质文递变，诸史之作，不恒厥体。榷而为论，其流有六：一曰《尚书》家，二曰《春秋》家，三曰《左传》家，四曰《国语》家，五曰《史记》家，六曰《汉书》家。①

明确地将《尚书》《春秋》《左传》作为史学源流中的三家来加以评论。在《史通·二体》中，他更将《春秋》和《左传》视为编年体史书的典范。唐初修订《五经正义》，《尚书》《春秋》《左传》的地位几同于圣典，刘知幾却将它们当作史书来看待。虽然他还没有明确地提出"经即是史"的观点，但实际上已经蕴含了这种思想。

对于《尚书》和《春秋》这两部儒家经典，刘知幾更是敢于怀疑它们的不实与虚饰。在《疑古》中，他条列《尚书》有可疑者十条，来说明其记载与史实的不符。在《惑经》中，他又指出《春秋》"未谕者有十二""虚美者有五焉"，从而质疑了《春秋》和孔子。应该说刘知幾的这些观点并不含有反儒或薄经的意思，他只是站在史家严肃的角度上把它们作为史书来考察和评论。所以在他看来，这两部书不但违反了"简而能要"的修史原则，也不具备"爱而知其丑，憎而知其善"的治史态度。这就剥去了《春秋》和《尚书》神圣的外衣，把它们和一般的史著置于并列的地位来加以分析了。《史通》中的这些评论，在儒家思想占统治地位的时代的确是大胆的言论，因此也招致了后人的许多非议。人们一面攻击他"妄诬圣哲"②，一面又指责他"但晓史法，不通经义"③。刘知幾虽不以经学名家，但也绝非不通经义，只是比之其他的学者，他更具有一种怀疑和批判的精神罢了。从他对《春秋》的评论来

---

① （唐）刘知幾著，（清）浦起龙通释，王煦华整理：《史通通释》卷1《六家》，上海：上海古籍出版社，2009年，第1页。
② （宋）晁公武撰，孙猛校证：《郡斋读书志校证》卷7引柳璨《史通析微》，上海：上海古籍出版社，1990年，第296页。
③ （清）皮锡瑞：《经学通论·春秋》，"论刘知幾诋毁春秋并及孔子由误信杜预孔颖达不知从公穀以求圣经"条，北京：中华书局，1954年，第63页。

看，刘知幾也非像一些今文经学家所说的那样不明义例，只是他不拘泥于以往经师们解说的种种"义例"，而是从史学的角度来看待和审视《春秋》。也正是从传统的《春秋》学当中，刘知幾提炼出了诸如史法、史例和史义等一些极可珍视的史学见解。

自刘知幾之后，历代学者对经史关系都有着广泛的讨论。而章学诚提出的"六经皆史"，则从史学的角度更为深刻地阐释了这个问题。对比前人，章学诚对史学的作用有着特别的认识。如他指出：

> 《易》曰："形而上者谓之道，形而下者谓之器。"道不离器，犹影不离形。后世服夫子之教者自六经，以谓六经载道之书也，而不知六经皆器也。①

"道"是普遍的真理，"器"只是个别存在，但"道"却不能离开"器"独立存在，而是要通过"器"得以显现。在章学诚看来，经书中所记载的不完全的真理（道），不过是圣人治世时代的历史事实，所以"道"也只能在流变的过程中（即历史中）才能把握。章学诚将"原道"纳入史的范畴，认为其方法是要诉诸史的途径，而不能偏枯于音韵与训诂的经学方法，这确实显示出他的卓识。

当然，如果从史学的角度来看，仅将章学诚的"六经皆史"中的"六经"解释为历史著作，显然是不易说通的，因为除了《春秋》和《尚书》外，对于其他的几部经书，只能作为史料来看待，还说不上是严格意义上的史书。但如果说它们都蕴含了关于历史的深刻见解和思想，却是可以成立的。比如，《周易》当中就包含有丰富的历史通变思想，在"三礼"中也有许多关于制度演变沿革的思想。"六经"作为中国上古文化的集中体现，此后史学当中的主要思想和基本观念都可以在它们那里追寻到其最初的源头。站在史学史研究的角度来看待"六经皆史"，它能给予我们最大的启示，正是提示我们要重视"六经"当中的思想蕴含和史学价值。

对于《春秋》在史学上的影响和价值，我们在章学诚反复强调的"义"

---

① （清）章学诚撰：《文史通义·原道中》，《章学诚遗书》，第11页。

中，也能够获得一些有益的启发。章学诚著《文史通义》，其主旨就在于"通"与"义"。为此他曾自豪地指出：

> 吾于史学，盖有天授，自信发凡起例，多为后世开山。而人乃拟吾于刘知幾。不知刘言史法，吾言史意；刘议馆局纂修，吾议一家著述；截然两途，不相入也。①

虽然刘知幾和章学诚都很重视"通"，但和前者相比，章学诚显然更加重视"史意"，即"义"的内涵，强调"史家著述之道"是要以"义意所归"，即一定的思想境界为追求。他之所以要写《易教》《书教》《礼教》《诗教》诸篇，其中一个重要目的就是要说明"六经"中所蕴含的这种"义意"。虽然章学诚并未就此专门写出一篇"春秋教"②，但在他看来，《春秋》中的"史义"对后来的史学更是起到了决定性的作用。如他指出：

> 载笔之士，有志《春秋》之业，固将惟义之求，其事与文，所以藉为存义之资也。③

又说：

> 孔子作《春秋》，盖曰其事则齐桓、晋文，其文则史，其义则孔子自谓有取乎尔。夫事，即后世考据家之所尚也；文，即后世词章家之所重也。然夫子所取，不在彼而在此，则史家著述之道，岂可不求义意所归乎？④

"事""文""义"是《春秋》当中的三个要素，其中史事和文采只是反映一

---

① （清）章学诚撰：《文史通义·家书二》，《章学诚遗书》，第92页。
② 关于章学诚为何没有写《春秋教》的原因，可参见钱穆：《两汉经学今古文平议》，北京：商务印书馆，2001年，第299—304页。
③ （清）章学诚撰：《文史通义·言公上》，《章学诚遗书》，第29页。
④ （清）章学诚撰：《文史通义·申郑》，《章学诚遗书》，第37页。

定历史思想的途径和形式，是存"义"的材料和工具，"史义"却代表了史家的思想体系，是史学中头等重要的大事。在《答客问上》中，章学诚对此更复申明道：

> 史之大原本乎《春秋》，《春秋》之义，昭乎笔削。笔削之义，不仅事具始末、文成规矩已也，以夫子义则窃取之旨观之，固将纲纪天人，推明大道，所以通古今之变，而成一家之言者，必有详人之所略，异人之所同，重人之所轻，而忽人之所谨，绳墨之所不可得而拘，类例之所不可得而泥，而后微茫杪忽之际，有以独断于一心。及其书之成也，自然可以参天地而质鬼神，契前修而俟后圣，此家学之所以可贵也。①

这就是将为史之义，归本于孔子《春秋》之义。这种"义意"，不仅是用来剪裁史料，删削文字，更重要的是"推明大道，所以通古今之变，而成一家之言"。章学诚对"义"所做的发挥当然不仅限于《春秋》，而是包含对司马迁、杜佑、司马光、郑樵、袁枢等史家思想的总结。②但他所说的《春秋》"纲纪天人"和"古今之变"确实也道出了中国古代历史观念中的两个最为重要的问题。这对于我们重新审视和发掘《春秋》经传当中的思想价值具有极大的启发性。

作为史书的《春秋》，早在孔子之前即已有之。《楚语上》记载申叔时回答楚庄王如何教育太子所列的九种文献，其中之一就是《春秋》：

> 教之《春秋》，而为之耸善而抑恶焉，以戒劝其心。③

楚庄王是公元前6世纪楚国的君主，这说明至少在当时楚国就有这类史书，并被运用于贵族子弟的教育中。据《晋语》《左传》《墨子》《孟子》《礼记》等文献记载，春秋时期各诸侯国一般都有本国的"春秋"。这些史书除了"鲁春秋"外都没有能够流传下来，但对照西晋太康初年出土的战国时魏国史书《竹书纪年》来看，它们应该也是属于以编年纪事为主的一类史书。④

---

① （清）章学诚撰：《文史通义·答客问》，《章学诚遗书》，第38页。
② （清）章学诚撰：《文史通义·释通》，《章学诚遗书》，第36—37页。
③ 《国语·楚语上》，上海：上海古籍出版社，1998年，第528页。
④ （西晋）杜预：《春秋经传集解后序》："《（竹书纪年》）其著书文意大似《春秋经》，推此足见古者国史策书之常也。"[（清）阮元校刻：《十三经注疏》，北京：中华书局，1980年影印本，第2187页]

至于它们为什么会被叫作"春秋",历史上曾有过多种解释。① 人们通常习惯遵循杜预的说法,认为这是错举春秋二季以代表一年。而从上古的历法习惯来看,起初一年只分为春秋二时,大约到了西周末期才被春夏秋冬"四时"所代替②,所以在以后很长的一段时间内人们在说到"四时"时还习惯称"春秋冬夏"而不是"春夏秋冬"③。正是受这种春秋两时观念的影响,人们就将编年纪事的史书也通称为"春秋"了。《公羊传》说:"《春秋》编年,四时具然后为年。"④ 虽然书名为《春秋》,实际上却是按照四时以纪事的。

　　至于孔子和《春秋》的关系,先秦至汉代的多种古籍都有提及,如孟子就曾说过孔子"作"或"成"《春秋》。⑤《史记·孔子世家》也记载:"孔子在位听讼,文辞有可与人共者,弗独有也。至于为《春秋》,笔则笔,削则削,子夏之徒不能赞一辞。"显然针对孔子是否真的修过或作过《春秋》的问题,曾引起后世学者的不少怀疑和争论。⑥ 但这些观点或是弊于疑古过甚,或是将史料看待得太过死板,都不足以否定《孟子》和《史记》的记载,即孔子据

---

① 据金景芳考证,关于《春秋》的名称有四种说法:①春作秋成说。《公羊传》徐彦疏引《春秋说》曰:"哀公十四年春,西狩获麟,作《春秋》,九月书成。以其书春作秋成,故云《春秋》。"②"法阴阳之中"说。《公羊传》疏引《三统历》说:"春为阳中,万物以生,秋为阴中,万物以成。"贾逵服虔主之。③错举四时说。杜预《春秋经传集解序》说:"《春秋》者鲁史记之名也。记事者,以事系日,以日系月,以月系时,以时系年,所以纪远近,别同异也。故史之所记必表年以首事,年有四时故错举以为所记之名也。"④古恒称说。毛奇龄《春秋毛氏传》说:"旧谓春以善善,秋以恶恶。《春秋》者善善恶恶之书,则《毛诗》'春秋匪懈',《孝经》'春秋祭祀,以时思之',《中庸》'春秋修其祖庙',未闻有善恶于其间,盖古来恒称如是矣。"(金景芳:《孔子的这一份珍贵的遗产——六经(续完)》,《吉林大学社会科学学报》1991年第2期)
② 参见庞朴:《"火历"初探》《"火历"续探》《"火历"三探》(《当代学者自选文库:庞朴卷》,合肥:安徽教育出版社,1999年);陈梦家:《殷墟卜辞综述》(北京:中华书局,1988年,第225—228页);于省吾:《岁、时起源初考》(《历史研究》1961年第4期)。
③ 如《墨子·天志中》:"制为四时,春秋夏冬。"《庄子·至乐》:"是相与为春秋冬夏四时行也。"《礼记·孔子闲居》:"天有四时,春秋冬夏。"此外,这种将一年划分为春秋二时的做法,在少数民族和其他文明中也有体现。如我国台湾的高山族原来一年只有冬夏两时,西南的苗族、傈族现在还是把一年分为热季、冷季两时。而在希腊神话当中,时序女神最初也只有两位,后来才增加到三位、四位。由此可以推测,希腊先民最初也是把一年分为两季,而后才过渡到三季、四季。参见刘文英:《中国古代的时空观念》(修订本),天津:南开大学出版社,2000年,第14—15页。
④《公羊传·隐公六年》,(清)阮元校刻:《十三经注疏》,第2208页。
⑤《孟子·滕文公下》,杨伯峻译注:《孟子译注》,北京:中华书局,1960年,第155页。
⑥ 参见顾颉刚《答钱玄同论〈春秋〉性质言》、钱玄同《论〈春秋〉性质书》(顾颉刚编著:《古史辨》一,上海:上海古籍出版社,1982年),洪业《春秋经传引得序》(《洪业论学集》,北京:中华书局,1981年),徐中舒《〈左传〉的作者及其成书年代》(吴泽主编,袁英光编选:《中国史学史论集》,上海:上海人民出版社,1980年,第1册),杨伯峻编著《春秋左传注·前言》(北京:中华书局,1990年)等。

鲁史旧文作《春秋》的说法是可信的。①

从史学史的角度来看，孔子作《春秋》是中国古代史学发展中的一件大事。前人的研究中对此不乏论述，综合这些观点来看，《春秋》在中国史学上的影响主要表现在两个方面：一是它开创了私人撰述历史的先河；二是它的思想对后来的史学产生了很大的影响。

中国古代从很早的时间起就已发展出数量可观的称"史"之官。在甲骨文中就已有了"史"或"大史"这样的官名，到了西周时期史官更有许多别的名称，这在金文和传世文献记载中都有反映。②周代的史官除了负责观察天象以观象授时、主持祭祀和册封宣命等活动外，还有一个重要的职责就是保管国家的文书档案以及记录国家军政大事。对此《左传》《国语》不乏记载，《汉书·艺文志》也说过："古之王者世有史官，君举必书，所以慎言行，昭法式也。"可以说，在孔子之前记录历史的工作都是由这些史官们负责，属于官方写史。孔子作《春秋》却开创了私人修史的先河，这就使得史学由政治转向了学术，为日后史学的发展开创了一条全新的途径。虽然史书与史官在孔子之前早已有之，但真正意义上的史学之开创却要从孔子开始算起。

从历史知识传播的角度来看，西周时期学在官府，治教合一，文化知识被贵族阶层所垄断。到了春秋时期，随着贵族社会的逐渐解体，学术逐渐由官府而下移入民间。从孔子开始，创立私学，不但易、诗、书、礼、乐在当时都是孔门教学的科目，而且《春秋》也被孔子作为教材来教育学生，这就打破了之前官府对历史知识的垄断局面，把历史知识带到了民间。章太炎曾说："微孔子，则学皆在官，民不知古，乃无定臬。"③这是对孔子历史功绩的准确评价。

关于《春秋》的作用，《礼记·经解》记载孔子的话说："属辞比事，《春秋》教也。"所谓"属辞"就是连缀文辞，"比事"就是排比史事，这实际上涉及历史记述中"文"与"事"两个方面的要素。但《春秋》毕竟只是一部

---

① 关于这个问题，今人张以仁和赵生群二位先生都曾著文讨论，以证孔子作《春秋》之实，其论确凿，殆无异议。参见张以仁：《孔子与春秋的关系》，《春秋史论集》，台北：联经出版事业公司，1990年；赵生群：《论孔子作〈春秋〉》，中华书局编辑部编：《文史》第47辑，北京：中华书局，1998年。

② 关于西周史官的类别和职责，参见张亚初、刘雨撰：《西周金文官制研究》，北京：中华书局，1986年，第26—36页。

③ 章太炎：《检论》卷3《订孔上》，《章太炎全集》（三），上海：上海人民出版社，1984年，第425页。

记载简略的书，按照"文"与"事"的要求来看待它，很难说有什么特别之处。孔子作《春秋》的目的绝不只是要记述历史，还要通过"文"和"事"来表达其中蕴含的"义"，即思想。对此，孟子曾有过恰当的说明：

> 王者之迹熄而《诗》亡，《诗》亡然后《春秋》作。晋之《乘》，楚之《梼杌》，鲁之《春秋》，一也；其事则齐桓、晋文，其文则史。孔子曰："其义则丘窃取之矣。"①

这番话不但说出了历史进程和史学发展之间的关系，同时也道出了历史编纂所包含的"事""文""义"三个基本方面及其相互之间的关联。按照孟子的说法，在"事""文""义"这三者之间，孔子显然更重视"义"的重要性。后来司马迁也曾引孔子曰："《礼》以节人，《乐》以发和，《书》以道事，《诗》以达意，《易》以神化，《春秋》以义。"②在《太史公自序》中，他更是指出"《春秋》以道义"。这些说法是和孟子相合的，都认为孔子是借《春秋》之义来说明自己的思想和主张。

至于《春秋》中所说的"义"是什么，后来的"三传"对此都有详细而丰富的解释，但未必完全符合《春秋》的思想。《庄子·天下》说："《春秋》以道名分。"司马迁也说："《春秋》者，礼义之大宗也。"③这是对《春秋》之"义"比较凝练的概括。所谓《春秋》中的"义"，主要是相对于"名分"和"礼义"而言的。对此，可以结合《礼记·中庸》中的一段话来理解：

> 仁者人也，亲亲为大；义者宜也，尊贤为大。亲亲之杀，尊贤之等，礼所生也。④

"仁"是爱亲，"义"是尊贤，但这两个标准落实到具体社会中时就要分出差别和等级，由此而产生了"杀"和"等"，"礼"也就随之出现了。所以"名

---

① 杨伯峻译注：《孟子译注》，第192页。
② 《史记》卷126《滑稽列传》，第3197页。
③ 《史记》卷130《太史公自序》，第3298页。
④ （清）阮元校刻：《十三经注疏》，第1629页。

分""礼义"与"尊贤之等"一样,都是要突出一种社会的等级秩序,这其中就寄托了孔子维护传统礼制的政治理想。他也曾经说过:

> 我欲载之空言,不如见之于行事之深切著明也。①

"空言"就是"义",而这种空言只有结合具体历史才能深切著明。所以孔子作《春秋》是要通过对历史的褒贬和评判来作用于现实的社会政治。这种认为历史研究的根本目的与职责是为现实的人伦、道德和统治秩序的巩固与完善而服务的观点,对中国古代史学经世致用传统的形成却产生了极为深远的影响。

《春秋》在历史观上也反映出一种注重人事的趋向。与《诗经》《尚书》以及周、齐、宋、燕等诸侯国国史相比,它没有前者那样宣传天命的神秘气氛,更不同于后者那样记载了大量的神怪故事。《春秋》主要记载的是各国政治事件和人物活动,它虽然也记录了许多天象和灾害,但主要是作为与人事有关的自然现象来看待,并不认为那些是天的惩罚或预示凶吉。孔子作《春秋》,从神秘的空气中游离出来,专从人事的角度去记载历史,把它和神话与宗教分开,这也是《春秋》在史学上的一个重大贡献。

《春秋》在中国古代史学上的地位也从传统的目录学中反映出来。虽然早在先秦时期史学就已形成并粗具规模,但"史部"作为目录分类上的一个完全独立的科目,却是在《隋书·经籍志》中才正式出现的(此后《春秋》及"三传"之属仍然在经部)。② "史部"的形成,建立在魏晋史学发展的基础之上,在此之前,两汉时期的史学依附于经学之下。刘歆的《七略》就没有"史部"这个门类,后来班固以《七略》为摹本编纂了《汉书·艺文志》,将史部的书籍翼存于《六艺略》的"春秋家"之后。至于他们为何不另立史部,传统的看法认为秦汉时期史书的数量有限,所以不足以构成一个独立的

---

① 《史记》卷130《太史公自序》,第3297页。
② (宋)王应麟《玉海》卷45称:"历代国史,其流出于《春秋》。刘歆叙《七略》,王俭撰《七志》,《史记》以下,皆附《春秋》。荀勖分四部,《史记》《旧事》入丙部。阮孝绪《七录·纪传录》纪史传,由是经与史分。"可见,在唐初官修《五代史志》之前,荀勖的《中经新簿》和阮孝绪的《七录》就已经有了将史书作为一个独立门类的倾向。

门类。①如果对照魏晋史学的繁荣和历史撰述数量的激增来说，得出这种认识是顺理成章的。但如果仅就东汉以前书籍发展的情况而言，这种看法却不全面。因为从《汉书·艺文志·六艺略》"春秋家"所著录的书籍来看，属于史学的著作不论部数和篇帙，都占到了"春秋家"所著录书籍的一半左右。②逯耀东认为再加上著录在《诸子略·儒家类》中的史学著作，"《汉书·艺文志》所著录的史部图籍，共十四家五百四十八篇，当然也可以成为一个独立的学门"③。我们可以对这种观点再作一点补充，就是按照章学诚"谱牒通于历数"的观点④，《汉书·艺文志·术数略》"历谱家"中的一些书籍，也能够归入后来"史部"中的"谱系类"或"谱牒类"，所以统计数字还可以扩大一些。

就先秦史学的发展来看，虽然还处于萌芽阶段，但史籍的形成和演变也已有了一定的基础，按史书的标准完全可以对它们划分出不同的门类。⑤《七略》和《汉书·艺文志》没有独立的史学门类，固是因为经历秦火后史书损失巨大，导致其数量大减，但更重要的是，在当时，史学的独立观念还没有形成。这其中自然有汉朝统治者独尊儒术的原因，但也反映出《春秋》对史学的重要影响。因为在汉人眼中，《春秋》不但是史学的根源，又代表了史学的最高原则，所以把史书划在《春秋》名下是顺理成章的事情。只要翻阅《汉书·艺文志·六艺略》"春秋类"的小序，便不难理解汉人的这种看法。后来章学诚说的"二十三史，皆《春秋》家学也"⑥，也可以从这个角

---

① 例如阮孝绪就认为在刘歆的时代，《七略》将史学著作"附见《春秋》，诚得其例"。但经过魏晋南北朝的发展，"众家记传，倍于经典"，如果再像过去那样将史学的著作还依附在经书之下，就显得繁芜了。所以阮孝绪的《七录》，便依照刘歆《七略》诗赋，不附于《六艺略·诗类》的体例，而"分出众史、序记、传录"（参见阮孝绪：《七录序》，《广弘明集》卷3）。此后马端临更指出："班孟坚《艺文志》《七略》无史类，以《世本》以下诸书附于《六艺略·春秋》之后。盖春秋即古史，而春秋之后，惟秦汉之事，编帙不多，故不必特立史部。后来传代既久，史言渐多，而述作之体亦不一，《隋志》史之类已有十三门，唐以后之《志》皆因之。"（《文献通考》卷191《经籍考》）
② 《汉书·艺文志·六艺略》"春秋家"共著录《春秋》二十三家，九百四十八篇。如果按照后来图书目录四部分类法的标准来看，自《石渠论议奏》三十九篇以下算起，至《汉大年纪》五篇，共十二家，四百二十五卷，都属于"史部"的范围。
③ 逯耀东：《〈隋书·经籍志·史部〉形成的历程》，《魏晋史学的思想与社会基础》，北京：中华书局，2006年，第24页。
④ （清）章学诚撰：《校雠通义·宗刘》，《章学诚遗书》，第96页。
⑤ 如李零就曾结合出土文献将早期的史书划分为谱牒类、纪年类、档案类、故事类等四个类别（《简帛古书与学术源流》，北京：生活·读书·新知三联书店，2004年，第260—279页）。
⑥ （清）章学诚撰：《校雠通义·宗刘》，《章学诚遗书》，第96页。

度来解释。

　　《左传》《公羊传》《穀梁传》是继《春秋》之后出现的三部书。《公羊传》和《穀梁传》专为阐释《春秋》的微言大义，即解经而作，而《左传》则着重从史事上对《春秋》的记载和思想加以补充和发挥。这三部书分别代表了《春秋》学当中的不同的家派，各有其思想特色。

　　《左传》的作者和时代，曾是学术史上聚讼纷纭的问题。顾炎武认为"《左氏》之书，成之者非一人，录之者非一世"[①]，是比较公允的看法。我们今天所见《左传》一书的写定，并非出自一世之时、一人之手。根据《左传》的记事断限、预言应验情况及流传情况等推断，其成书的大体年代应不晚于战国晚期。[②]

　　《左传》是一部独立的史学著作，在中国古代史学史上有着重要的地位，影响后世的史学至深且远。梁启超称它是"商、周以来史界之革命"，"秦汉以降史界不祧之大宗"[③]，实不夸大。从史书编纂的角度来看，《春秋》和《左传》虽然都是编年纪事，但《春秋》的记载却非常简略，只是编年体的雏形，《左传》在编纂技术上则要成熟与完备许多。在记述历史活动时，《左传》在编年记事的总的格局中既有直述、概述，也有集中记一件史事本末原委或集中写一个人物活动经历的情况。这不但对编年体史书是一种很大的发展，而且对以后的纪传体和纪事本末体史书的产生也有一定影响。[④]在记述历史事件的同时，书中又重视记述人物的言行，显然已经突破了古史记言、记事的格局，做到了"言、事相兼，烦省合理"[⑤]的要求。在内容上，《左传》有着比《春秋》更为开阔的视野。它不再局限于鲁史的范围，而是广泛地采纳了周王室和各诸侯国的史料，从而详尽地记载了春秋时期范围内的历史。[⑥]同时，

[①]（清）顾炎武著，（清）黄汝成集释，栾保群、吕宗力校点：《日知录集释：全校本》卷4"春秋阙疑之书"条，上海：上海古籍出版社，2006年，第182页。

[②] 关于《左传》的成书年代，本书据赵光贤《〈左传〉编撰考》（《古史考辨》，北京：北京师范大学出版社，1987年）中的观点立论。在以后的各章中，将会出现《左传》的作者这样的说法，但这并不特指《左传》的某位具体作者。

[③] 梁启超撰，汤志钧导读：《中国历史研究法》，上海：上海古籍出版社，1998年，第14页。

[④] 如章学诚在《文史通义·书教上》中指出："春秋比事以属辞，而左氏不能不取百司之掌故，与夫百国之宝书，以备其事之始末，其势有然也。马、班以下，演左氏而益畅其支焉。"（《章学诚遗书》，第3页）

[⑤]（唐）刘知幾著，（清）浦起龙通释，王煦华整理：《史通通释》卷2《载言》，第30页。

[⑥] 参见陈其泰：《史学与民族精神》，北京：学苑出版社，1999年，第131—133页。

关于民族关系的记载也为《左传》作者所重视。书中记述了许多有关华夏族和蛮夷戎狄等其他民族的交往和联系，反映了春秋时期民族关系的发展水平和特点。这"在中国史学的民族史及民族关系史撰述上有开创的意义"[①]。

从时间上看，《左传》记事从鲁隐公元年（公元前722年）开始，迄于鲁哀公二十七年（公元前468年），下限比《春秋》多出了11年（其记事的实际下限还可以推到公元前403年的三家分晋[②]）。后来司马光主持修撰《资治通鉴》，从周威烈王二十三年（公元前403年）写起，名为不敢接《春秋》而作，实际上却是承接《左传》的。[③]在记载上，两部编年史之间虽然有65年的空缺，却将春秋到后周近2000年的中国历史按照编年相次的格局详尽地记述下来，像这样连贯而周详的编年史记载在世界史学当中实属罕见。

在思想上，《左传》也有其特殊的价值。就史学观点而言，《左传》通过对《春秋》的推崇，阐述了历史撰述要达到使统治者"昭明"的目的并能起到对世人"惩恶劝善"的功用[④]，从而明确提出了史学不但要向统治者提供借鉴，为政治服务的要求，而且也要对人们行为起到引导、规范的作用。这在对史学功用的认识上是一个进步。在历史观点方面，对于天人关系，《左传》一方面记载了大量的关于鬼神、占卜以及详梦、预言的事，另一方面也表达了怀疑天道、看重人事的思想，反映了人们对历史动因的思考由重视"天命"和"神意"转而向重视"人事"迈进的一种曲折的过程。在叙述历史变化时，《左传》对春秋时期社会政治的变动更是表现出一种肯定的态度。此外民本思想和对礼的重视也是《左传》历史思想当中的突出方面。

《左传》对后世史学的影响还表现在它的文学成就上。《左传》善于写规模宏大的战争，如对晋楚城濮之战、齐晋鞌之战、晋楚鄢陵之战等，都写得有声有色。《左传》也善于写历史人物，能够用简单的文字把人物性格生动形

[①] 瞿林东：《中国史学史纲》，北京：北京出版社，1999年，第143页。
[②] 参见杨伯峻编著：《春秋左传注·前言》，第40页。
[③] 参见胡三省：《新注资治通鉴序》（《资治通鉴》，北京：中华书局，1956年，第28页）；（清）王鸣盛著，黄曙辉点校：《十七史商榷》卷100《缀言二》"《资治通鉴》上续《左传》"条（《十七史商榷》，上海：上海书店出版社，2005年，第932—933页）。
[④] 《左传·成公十四年》："《春秋》之称，微而显，志而晦，婉而成章，尽而不污，惩恶而劝善，非圣人，谁能修之？"（杨伯峻编著：《春秋左传注》，第870页）《昭公三十一年》："《春秋》之称微而显，婉而辨。上之人能使昭明，善人劝焉，淫人惧焉，是以君子贵之。"（杨伯峻编著：《春秋左传注》，第1513页）

象地刻画出来。白寿彝曾指出:"《左传》在历史文学上的成就,成为以后史学家和文学家学习的典范。而史学和文学的密切联系,也是《左传》所创始的中国历史著作上的一个传统。"[1] 这是对《左传》历史文学成就的集中概括。

关于《公羊传》和《穀梁传》的产生时代、作者及流传情况,文献当中有过不少记载,都不尽可靠。[2]《汉书·艺文志》云:"及末世,口说流行,故有公羊、穀梁、邹、夹之传。"所谓"末世",是指战国中晚期,《公羊传》《穀梁传》都形成于战国之时,到汉初才著于竹帛,写成定本。

《公羊传》和《穀梁传》都以解释《春秋》"微言大义"为主,与重于叙事的《左传》有所不同,所以它们在史学上的价值往往并不为人们所关注。例如刘知幾就很看重《左传》,但对《公羊传》《穀梁传》却大加贬抑。他曾指出"《左氏》之义有三长,而二传之义有五短"[3]。所谓"三长五短",实际上说了一个问题,即二传无论在记事还是在传义方面,都远远不及《左传》。刘知幾从史学的角度抬高《左传》,这是他的卓见,但他为此否定《公羊传》《穀梁传》的价值,又不免褊狭。自他之后,学者们评价"三传"多将《左传》作为史书,《公羊传》《穀梁传》作为经书来看待。应该说,这些看法都有一定的道理,在一定程度上也起到了调和今古文之争的作用,但它们却在无形中低估了《公羊传》和《穀梁传》的史学价值,所造成的结果是很长时间内人们研究中国史学只重视《左传》,却很少去关注《公羊传》和《穀梁传》。较早从史学研究的角度来关注《公羊传》和《穀梁传》的是白寿彝。在《中国史学史》第一册中,他分别从二传表现的历史思想、史料价值、文字表述和文风、史论等几个方面对它们的史学价值进行了论述。[4] 此外,《公羊传》中所说的三世异辞更是包含了历史变易的思想,经过以后公羊学家们的演绎,发展成为一套三世递进的历史学说,从而形成了中国古代历史哲学中的一个重要内容。《公羊传》和《穀梁传》的史学价值特别是其在历史观点上的价值,是值得特别重视的。

在对《春秋》及"三传"思想的研究当中,其材料的运用尺度和界限也

---

[1] 白寿彝:《中国史学史论集》,北京:中华书局,1999年,第33—34页。
[2] 参见钱穆:《先秦诸子系年》,北京:商务印书馆,2001年,第96—101、315—318页。
[3] (唐)刘知幾著,(清)浦起龙通释,王煦华整理:《史通通释》卷14《申左》,第390页。
[4] 参见白寿彝:《中国史学史》,上海:上海人民出版社,1986年,第1册,第216—225页。

是一个需要注意的问题。因为历史著作以记述为主，所以对书中记载的时代的思想和它能够反映出的作者自身的思想，其间的界限并不十分明显。

这个问题对于《公羊传》和《穀梁传》来说，并不难解决。因为与其说它们是首尾连贯、体例完整的著作，倒不如说更像是孔门师徒传经解惑的两部课堂笔记。它们往往针对《春秋》的一段经文通过一问一答或自问自答的形式，把其中的微言大义阐释清楚，从这种行文的特点，更能清楚地看到早期中国古代文化就是靠师传口授的方式来世代相传。二传往往是把一些具体的史事联系起来加以分析，所以完全可以把这种问答式的文体作为"史论"的一种表现来看待，这也是《公羊传》《穀梁传》思想观念的主要表现形式。

至于说《左传》，因为它是一部完整的历史著作，又加之其成书与作者问题的种种纠葛，所以在思想表达上有着多样和复杂的特性。大致说来，在思想的表达上，可分为三种方式：

第一，以"君子曰"为主的史论形式。《左传》在叙事当中，间有议论，或以"君子曰"表示，或以"孔子曰""仲尼曰"表示，或引古书加以发挥，其中"君子曰"是其最常见的形式。刘知幾说："《春秋左氏传》每有发论，假君子以称之。"①《左传》常于叙述的末尾借此对人物和事件进行评述。这种评论在《左传》中大约出现84次，其中"君子曰"46次，"君子谓"23次，"君子以为"15次，在整部书中占有一定的比重。对于《左传》中的"君子曰"，自南宋以来有不少学者怀疑它是后人的伪造，如林黄中、刘逢禄、皮锡瑞、崔适等都认为它是刘歆的附益。对此，杨向奎、郑良树都曾有专文驳正②，从先秦文献来看，除了《左传》外，《国语》《穀梁传》等书中也多次出现过"君子曰"。马王堆帛书《春秋事语》在叙事之后多载后世人的议论，其"某某闻之曰"的文例，与《左传》"君子曰"有相似之处。③可见这种议论形式是战国时期"春秋"学的传统做法。

---

① （唐）刘知幾著，（清）浦起龙通释，王煦华整理：《史通通释》卷4《论赞》，第75页。
② 杨向奎：《论〈左传〉之性质及其与〈国语〉之关系》《绎史斋学术文集》，上海：上海人民出版社，1983年；郑良树：《论〈左传〉"君子曰"非后人所附益》《再论〈左传〉"君子曰"非后人所附益》，(《竹简帛书论文集》，北京：中华书局，1982年)。
③ 参见张政烺：《〈春秋事语〉解题》，《文物》1977年第1期；李学勤：《帛书〈春秋事语〉与〈左传〉的传流》，《古籍整理研究学刊》1989年第4期。

刘知幾是将"君子曰"当作史论看待的,对此他更申明道:

> 夫论者所以辩疑惑,释凝滞。若愚智共了,固无俟商榷。丘明"君子曰"者,其义实在于斯。司马迁始限以篇终,各书一论。必理有非要,则强生其文,史论之烦,实萌于此。①

晚清学者孙德谦也曾指出:

> 史论之行,其权于迁乎?若迁之所取法,则为《左传》,左氏发论,每假君子以称。②

他们都将《左传》的"君子曰"与《史记》的史论相联系,并把它作为中国史学上史论的始创来看待。当然"君子曰"并非仅限于刘知幾所说的"辩疑惑"和"释疑滞"的作用,而是有着更为丰富的内涵,其中不但反映了《左传》作者关于社会、哲学等方面的思考,也表达出一定的历史思想和史学思想。它们是我们研究《左传》思想时所能依据的最为直接的材料。

第二,传文中的解经语。除了叙事和议论外,《左传》有大量解释《春秋》经文的话,如采用书、不书、先书、名、不名、时、不时等来说明《春秋》的书法,以此阐发微言大义。此外《左传》在记事之下也常出现"礼也""非礼也"之类的评论,它们虽然不是对书法的解释,但也往往是针对经文和传义而发。

对于这些解经之文,后世学者也曾怀疑是刘歆掺入《左传》的③,从而成为他们论证《左传》为刘歆伪造的重要证据。其实这种看法亦难成立,赵光贤在《〈左传〉编撰考》中就曾列举大量的例子证明,《左传》中的解经之文至少在战国时期就已经存在,并非后人的伪造。④从《左传》全书来看,其中的记事部分可能是该书最早的记载,而解经和评论的部分则是后期添加进去的,经过改编之后二者常常紧密结合在一起,不易分开。前文中已经指出《左

---

① (唐)刘知幾著,(清)浦起龙通释,王煦华整理:《史通通释》卷4《论赞》,第75页。
② 孙德谦:《太史公书义法·设论》,《孙隘堪所著书四种》1925年四益宦刊。
③ 参见(清)刘逢禄:《春秋左传考证》卷1,光绪二十三年(1987年)广州太清楼刻本。
④ 参见赵光贤:《〈左传〉编撰考》,《古史考辨》,第159—160页。

传》的写定并非出自一世之时、一人之手，但它的编成包括解经部分在内，至晚当在战国末期之前。所以在对待这些解经语的态度上，我们应当把它们当作《左传》成书过程中的一个部分来看待，而不是将其摒弃于叙事部分之外。虽然这些褒贬、书法的讲解未必合于《春秋》原本的思想，与春秋历史的关系也不大，却是研究《左传》思想时可供依据的重要材料。

第三，序事与论断结合的方法。《左传》中除了"君子曰"和解经语形式的评论外，出现最多的则是书中大量记载的春秋时人的言语议论。在具体研究中，这些材料应当被当作当时的历史记录，还是被看作《左传》作者自己思想的表达，是一个需要认真推敲的问题。在以往的许多思想史撰述中，常常可以看到它们是被当作春秋时期的史料来运用的，但同时也要注意到《左传》确有不同于《尚书》《国语》这类资料汇编性质史书的地方。作为一部完整的史书，它有着自身的思想体系，在某种程度上，书中这些记载也能反映出作者自己的思想。顾炎武曾经指出"序事中寓论断"[1]的方法是《史记》所特有的议论形式。其实这种方法并非唯司马迁、班固所能之，从中国古代史论发展的源流来看，《左传》就已具备这种方法的初步形态。《左传》以述史见长，其观念的表达和价值的判断往往会通过时人的言论得以实现，这可以看作《左传》史论的一种特殊的表现形式。在研究《左传》思想的时候，对这种论断与序事相结合的方法也要加以注意和运用。

总之，本书是在受到上述学术史方面启发和思考的基础上展开的讨论，也是笔者围绕"《春秋》经传在中国传统经史之学当中的地位与影响"这一论题的点滴思考及与之相关问题的研究所得。全书共分十四章，大体上可以分为三部分：第一至第三章，是以问题为中心，对《春秋》经传思想进行的整体性、综合性的讨论；第四至第十章，是分别对《左传》《公羊传》《穀梁传》《国语》的相关问题展开的个案研究；第十一至第十四章，则是以史书或史家为依据，站在史学史或经学史的角度从不同的侧面评析《春秋》经传与中国传统经史之学间的密切联系。各章之中，有的问题讨论传统史学，有的问题讨论传统经学，有的则兼而有之，了然可辨，不再赘述。由于学力所限，本书存在不足之处在所难免，如得蒙读者诸君有所指教批评，则不胜企望，感激之至。

---

[1] （清）顾炎武著，（清）黄汝成集释，栾保群、吕宗力校点：《日知录集释：全校本》卷26"史记于序事中寓论断"条，第1429页。

第一章 《春秋》经传与中国古代历史思想

早在战国中叶，中国的文化典籍当中就已形成所谓《诗》《书》《礼》《乐》《易》《春秋》的"六经"，它们都是关于上古三代文明成果的汇集与总结，包含了丰富的内容。特别是其中的《春秋》以及此后的"三传"，因其与历史的紧密结合，对中国传统史学的形成与发展更是产生了极大的影响。这种影响不仅作用于历史编纂学、历史文学等方面，更表现在历史思想当中。对于前者，学界已有过广泛而深入的研究，这里则主要针对后者，略述《春秋》经传对中国古代的历史思想形成所产生的影响。

一、记成败与重德义

《春秋》自问世以来，在战国秦汉之际就已经得到了广泛的传播，不但衍生出许多相关的著述，而且对诸子的学术也产生了不小的影响。《史记·十二诸侯年表》序记载：

> 是以孔子明王道，干七十余君，莫能用，故西观周室，论史记旧闻，兴于鲁而次《春秋》，上记隐，下至哀之获麟，约其辞文，去其烦重，以制义法，王道备，人事浃。七十子之徒口受其传指，为有所刺讥褒讳挹损之文辞不可以书见也。鲁君子左丘明惧弟子人人异端，各安其意，失其真，故因孔子史记具论其语，成《左氏春秋》。铎椒为楚威王傅，为王不能尽观《春秋》，采取成败，卒四十章，为《铎氏微》。赵孝成王时，其相虞卿上采《春秋》，下观近势，亦著八篇，为《虞氏春秋》。吕不韦

者,秦庄襄王相,亦上观尚古,删拾《春秋》,集六国时事,以为八览、六论、十二纪,为《吕氏春秋》。及如荀卿、孟子、公孙固、韩非之徒,各往往捃摭《春秋》之文以著书,不可胜纪。①

从司马迁的叙述中可以看到,战国诸子捃摭《春秋》之文以为著述,在当时确已成为一种风气。之所以会产生这种现象,主要是他们把《春秋》记载的有关成败兴衰的史事当作可供资政的历史教训而加以阐述和发挥,如《管子·山权数》中就曾说过《春秋》"所以记成败也,行者道民之利害也"。韩非也经常引用《春秋》(《左传》)中君权下替之例,以宣传法家的专制王权思想。②《春秋》之所以能在一个攻伐剧烈的乱世盛行,其原因正在于此。

历史上的经验教训,可作为现实和未来的借鉴,这是中国先民在周初便已明确了的认识。《尚书·周书》和《诗经》中的"殷鉴"即是其最早表述。随着时代发展,这种认识又进一步发展而有了不同的取向。《楚语下》载叶公子高的话说:

> 昔齐驺马繻以胡公入于具水,邴歜、阎职戕懿公于囿竹,晋长鱼矫杀三郤于榭,鲁圉人荦杀子般于次,夫是谁之故也,非唯旧怨乎?是皆子之所闻也。人求多闻善败,以监戒也。③

《楚语上》载申叔时之言:

> 教之《春秋》,而为之耸善而抑恶焉,以戒劝其心。④

《晋语七》载晋悼公与司马侯的对话:

---

① 《史记》卷14《十二诸侯年表》,第509—510页。
② 如《备内》引《桃左春秋》,《外储说右上》《奸劫弑臣》等都提到了"春秋之记"。沈钦韩等撰《汉书疏证:外二种》指出:"然战国诸子又尝睹《春秋传》而成书,如韩非《奸劫弑臣篇》:'春秋记之曰:楚王子围将聘于郑,未出境,闻王病而反,云云。'此全依《左氏传》也。"(上海:上海古籍出版社,2006年,第665页)
③ 《国语·楚语下》,第588页。
④ 《国语·楚语上》,第528页。

> 悼公与司马侯升台而望曰："乐夫！"对曰："临下之乐则乐矣，德义之乐则未也。"公曰："何谓德义？"对曰："诸侯之为，日在君侧，以其善行，以其恶戒，可谓德义矣。"公曰："孰能？"对曰："羊舌肸习于《春秋》。"乃召叔向使傅太子彪。①

以上引述《国语》的三段文字都涉及当时人们对于历史功用的看法，从中不难看出这些认识已经明显地有了两个方向：一是注重历史上的得失成败，强调对历史作"善败"方面的考察——所谓"人求多闻善败，以监戒也"，就是要从历史中吸取得失成败的经验教训；二是注重伦理教化方面的意义，强调历史对人们"德义"修养方面的教诲和约束，主张从历史中辩明善恶之别，行善戒恶，耸善抑恶。

历史知识这两种功用，在孔子所做的《春秋》中都有所体现，上文所引《史记·十二诸侯年表》的序中就《春秋》"善败"方面的作用，已作了充分的说明。陆贾在《新语·术事》中更是指出：

> 《春秋》上不及五帝，下不及三王，述齐桓、晋文之小善，鲁之十二公，至今之为政，足以知成败之效，何必于三王。②

《春秋》记事始于鲁隐公而终于鲁哀公，历十二公，二百二十余年。从孔子生活的时代来看，这段历史恰属于现代历史学科分类中近代和现当代的范围。孔子未曾远求于上古之史，而是取鲁国晚近之史事以为《春秋》，正是借以取资成败之效。此后司马迁创作《史记》便受到这种观念的影响，如他说："战国之权变亦有可颇采者，何必上古。秦取天下多暴，然世异变，成功大。《传》曰：'法后王'，何也？以其近己而俗变相类，议卑而易行也。"③《史记》虽为通史，但从其着力所在与精彩之笔来看，却主要集中于秦汉时段，这和孔子作《春秋》述近世的主旨是一致的。

《春秋》在述"德义"方面的作用，对后世史学的影响可能更为直接。

---

① 《国语·晋语七》，第445页。
② 王利器：《新语校注》，北京：中华书局，1986年，第41页。
③ 《史记》卷15《六国年表》，第686页。

孟子就曾说:"世衰道微,邪说暴行有作,臣弑其君者有之,子弑其父者有之。孔子惧,作《春秋》。《春秋》,天子之事也;是故孔子曰:'知我者其惟《春秋》乎!罪我者其惟《春秋》乎!'"①又说:"王者之迹熄而《诗》亡,《诗》亡然后《春秋》作。晋之《乘》,楚之《梼杌》,鲁之《春秋》,一也;其事则齐桓、晋文,其文则史。孔子曰:'其义则丘窃取之矣。'"②可见《春秋》不只是为了记载历史,而是要通过对历史的评判和褒贬来作用于现实社会政治。这种将历史研究的根本目的与职责当作是为现实而服务,是为后世的人伦、道德、政治秩序的巩固与完善而服务的观点,对中国传统史学中经世致用传统的形成产生了极为深远的影响。

此后司马迁在《太史公自序》中就曾说,"先人有言:'自周公卒五百岁而有孔子。孔子卒后至于今五百岁,有能绍明世,正《易传》,继《春秋》,本《诗》《书》《礼》《乐》之际?'意在斯乎!意在斯乎!小子何敢让焉"。说明他著《史记》正是秉承其父司马谈"继《春秋》"的遗愿而为之。在思想上,司马迁又受到其师董仲舒春秋公羊学说的很大影响。关于《春秋》的作用,司马迁指出:"《春秋》,上明三王之道,下辨人事之纪,别嫌疑,明是非,定犹豫,善善恶恶,贤贤贱不肖,存亡国,继绝世,补敝起废,王道之大者也。"此处特别强调了《春秋》具有的"王道"与"人事"的意义,他认为《春秋》既是治国的大道、"王道之大者",同时又是针对"人事"的纲纪。"《春秋》辩是非,故长于治人。"③这就是说《春秋》所蕴含的思想大义与社会的治乱、国家的兴亡是息息相关的。

当然《春秋》对中国古代历史思想的影响和作用远不止上述这些,我们还可以从更广阔的方面来加以论述。

二、人本精神的形成

中国古代的历史思想当中有一个突出的特点,就是它在很早的时候就形

---

① 《孟子·滕文公下》,杨伯峻译注:《孟子译注》,第155页。
② 《孟子·离娄下》,杨伯峻译注:《孟子译注》,第192页。
③ 以上均见《史记》卷130《太史公自序》,第3296—3297页。

成了一种以人为中心来思考历史的人本主义传统。这种传统萌蘖于殷周之际，确立于司马迁的《史记》[1]，在此期间，孔子和《春秋》的作用当是承上启下的。《论语·子路》曾记载孔子与鲁定公的对话：

> 定公问："一言而可以兴邦，有诸？"孔子对曰："言不可以若是其几也。人之言曰：'为君难，为臣不易。'如知为君之难也，不几乎一言而兴邦乎？"曰："一言而丧邦，有诸？"孔子对曰："言不可以若是其几也。人之言曰：'予无乐乎为君，唯其言而莫予违也。'如其善而莫之违也，不亦善乎？如不善而莫之违也，不几乎一言而丧邦乎？"[2]

定公问孔子是否有一句话就可以振兴国家或丧失国家的，孔子回答说主要是要知道"为君难，为臣不易"的道理。朱熹《集注》援引谢氏释此句为"知为君之难，则必敬谨以持之。惟其言而莫予违，则谄谀面谀之人至矣。邦未必遽兴丧也，而兴丧之源分于此"[3]。可见，孔子是把人事行为上的恰当与否当作影响邦国兴丧这类历史进程的根本因素来看待了，这就是一种以人为中心来对待历史的思考。虽然孔子也承认人力以外的其他自然的或超自然的力量，都可能会在历史过程中产生影响，但他却主张必须时刻将主要注意力放在人上而不是其他因素上。比如，在对待天与人关系的问题上，孔子从未放弃过传统的"天命"观点，但却强调尽人事的作用。他主张"不怨天，不尤人，下学而上达"[4]，就是主张要尽力于人事。当时有人评价孔子是"知其不可而为之者"[5]，正是对孔子这种尽天命以应人事态度的最好说明。在论及历史的时候，孔子更是举尧舜的事例说，"尧曰：'咨！尔舜！天之历数在尔躬，

---

[1] 如梁启超指出：《史记》"最异于前史者一事，曰以人物为本位"（《中国历史研究法》，第15—16页）；钱穆指出："历史上一切动力发生在人，人是历史的中心，历史的主脑，这一观念应该说是从太史公《史记》开始"（《中国史学名著》，北京：生活·读书·新知三联书店，2000年，第70页）；瞿林东先生也认为："一部史书，不仅在观念上，而且在内容上和形式上，真正确立了人在历史发展中所占有的主要地位，则自《史记》开始"（《中国简明史学史》，上海：上海人民出版社，2005年，第237页）。
[2]《论语·子路》，杨伯峻译注：《论语译注》，北京：中华书局，1980年，第138页。
[3]（宋）朱熹：《四书章句集注》，北京：中华书局，1983年，第145页。
[4]《论语·宪问》，杨伯峻译注：《论语译注》，第156页。
[5]《论语·宪问》，杨伯峻译注：《论语译注》，第157页。

允执其中。四海困穷，天禄永终'"①。他一面承认尧让位给舜是"天之历数"决定的，但又要舜"允执其中"地去尽人事，否则造成"四海困穷"，那么"天禄"也就要终止了。可见孔子并没有否定那个超自然的"天"，而是强调享有"天命"是以能否尽力于人事作为衡量标准的。

这种注重人事的思想在《春秋》中当然也有所体现。与《诗经》《尚书》以及周、齐、宋、燕等诸侯国国史相比，它没有前者那样宣传天命的神秘气氛，也不同于后者那样记载了大量的神怪故事。②它虽然也记录了许多天象和灾害，但都是作为与人事有关的自然现象来看待的，并未认为那些是天的惩罚或预示凶吉，这同孔子"不语怪，力，乱，神"③的思想是一致的。因此说《春秋》是中国史学史上最早的一部重视人事的著作，并非是过誉之辞。

此后的《左传》虽然并未完全割舍有关灾异、神鬼的记载，但无论从全书的文字比例还是叙述的重心所在来看，突出的都是社会的"人"的存在，而不是神鬼的内容。作为一部"囊括古今，表里人事"④的史书，《左传》中出现的人物上至天子诸侯下至皂隶仆役，许多都有着鲜明的个性、独特的面貌，这种成就早已被文学研究者所重视。从思想上看，相对于书中神鬼的记载，《左传》更是着力表现了人力、人事在社会历史发展进程中的作用。清代学者姜炳璋早已注意到《左传》中关于神鬼的记载，却论"其所详者，往往在于君、卿、大夫言语、动作、威仪之间，及人事之治乱敬怠"⑤。汪中更是指出《左传》言天道、神鬼、灾祥、卜筮、梦皆"未尝废人事也"⑥。他们都看到《左传》在记载天道神鬼的同时，也强调了人事的重要。在对待天人关系上，《左传》就通过历史人物言语和作者本人的评价表达出对天道和神鬼的怀疑，其中最突出的是关于郑国执政子产的一例。鲁昭公十七年（公元前525年）冬，彗星出现，鲁国的申须和郑国的梓慎都预言次年将有火灾，郑国的裨灶请求子产用玉器进行祭祀祈禳，以防止郑国的火灾，遭到子产的拒绝。

---

① 《论语·尧曰》，杨伯峻译注：《论语译注》，第 207 页。
② 参见《墨子·明鬼下》，（清）孙诒让撰，孙启治点校：《墨子间诂》，北京：中华书局，2001 年，第 221—250 页。
③ 《论语·述而》，杨伯峻译注：《论语译注》，第 72 页。
④ 卢植语，见（清）朱彝尊撰，中华书局编辑部编：《经义考》卷 169，北京：中华书局，1998 年，第 875 页。
⑤ （清）姜炳璋：《读左补义·纲领下》，乾隆三十七年（1772 年）尊行堂刻本。
⑥ （清）汪中：《述学·内篇》卷 2 "左氏春秋释疑"条，问礼堂刻本。

第二年五月，宋、卫、陈、郑四国果然发生火灾，《左传·昭公十八年》继而写道：

> 禆灶曰："不用吾言，郑又将火。"郑人请用之，子产不可。子大叔曰："宝以保民也，若有火，国几亡。可以救亡，子何爱焉？"子产曰："天道远，人道迩，非所及也，何以知之？灶焉知天道？是亦多言矣，岂不或信？"遂不与。亦不复火。[1]

对于禆灶要求，子产不但不同意，还对子大叔讲了一番"天道远，人道迩"的见解。在这里，子产虽没有直接否定"天道"的存在，但却从侧面否定了它的作用。最终郑国并没有像禆灶预言的那样发生灾害，《左传》记载郑国"亦不复火"的结果，自也表达了对子产明智之举的赞许。

当然，限于时代条件和认识上的局限，《左传》在对待天命、鬼神等问题上，只是抱有一定的怀疑，不能也不可能采取完全否定的态度。但可贵的是，它在言及天命、鬼神的同时，更加强调的是"人事"的因素，特别突出了"人力"在社会中的作用。这种看似有点矛盾的态度，正说明《左传》对历史动因问题所做的思考存在一个不断认识的复杂过程。而这种矛盾恰也反映出先秦时期人们对历史的思考由重视"天命"和"神意"转而向重视"人事"迈进的一种曲折的过程。可以说，《春秋》经传所体现的正是先秦史学当中历史思想从重视天命到重视人事这样一个重要的转折。这种思想也为后来包括司马迁在内的史学家所继承，从而对中国史学上的人本主义精神的形成产生了极大的推动作用。

三、褒贬意识与批判精神

与这种注重人事思想相关的是《春秋》中所体现出的褒贬与惩劝意识。在中国传统史学中，历史撰述不仅只是一种记事的行为，更涉及对历史与现实的评判和社会伦理道德的维护。虽然这种褒贬原则并不首创于《春秋》，而

---

[1]《左传·昭公十八年》，杨伯峻编著：《春秋左传注》，第1395页。

是有其久远的渊源①，但将这种源自史官记录的职责加以发挥从而使史学得以具有一种重要的社会功能，却是来自于孔子及其后学的努力。《礼记·经解》曾记载孔子的话说："属辞比事，《春秋》教也。"②"属辞"是连缀文辞，"比事"是排比史事，这涉及历史记述中"文"与"事"两方面的要素。但《春秋》毕竟只是一部记载简略的书，按照"文"与"事"的要求来看待它，很难说有什么特别之处。孔子作《春秋》的目的绝不只是要记述历史，还要通过"文"和"事"来表达其中蕴含着的"义"。对此，孟子曾有过恰当地说明：

> 王者之迹熄而《诗》亡，《诗》亡然后《春秋》作。晋之《乘》，楚之《梼杌》，鲁之《春秋》，一也；其事则齐桓、晋文，其文则史。孔子曰："其义则丘窃取之矣。"③

可见在"事""文""义"这三者之间，孔子显然更重视"义"的重要性。《庄子·天下》说《春秋》"以道名分"，司马迁也说"《春秋》者，礼义之大宗也"④。这是对《春秋》之"义"比较集中的概括。所谓《春秋》中的"义"主要相对"名分"和"礼义"而言。借用《礼记·中庸》"仁者人也，亲亲为大；义者宜也，尊贤为大。亲亲之杀，尊贤之等，礼所生也"⑤之言，"仁"是爱亲，"义"是尊贤，但这两个标准落实到具体社会中时就要分出差别和等级，也就是要有"杀"和"等"，这样"礼"就出现了。所以"名分""礼义"与"尊贤之等"一样，都是要突出一种社会的等级秩序，这其中就寄托了孔子维护传统礼制的政治理想。他也曾经说过："我欲载之空言，不如见之于行事之深切著明也"⑥。"空言"就是"义"，而这种空言只有结合具体历史时才能深切著明，所以孔子作《春秋》是要通过对历史的褒贬和评判来作用于现实的社

---

① 例如《汉书·艺文志》说"古之王者世有史官，君举必书，所以慎言行，昭法式也"。1980年陕西长安县出土西周晚期彝器史惠鼎中也有"惠其日就月将，察化恶臧"的铭文，其意为史惠日有所成，月有所兴，能知以善恶教人，可见周代的史官早有褒贬惩劝的职责。此外《左传》所记载春秋时期齐太史、晋董狐的事迹也可以证明这一点。
② （清）阮元校刻：《十三经注疏》，第1609页。
③ 《孟子·离娄下》，杨伯峻译注：《孟子译注》，第192页。
④ 《史记》卷130《太史公自序》，第3298页。
⑤ （清）阮元校刻：《十三经注疏》，第1629页。
⑥ 《史记》卷130《太史公自序》，第3297页。

会政治。

当然这种讲究微言大义,对历史人物作褒贬的春秋笔法,也给中国传统史学蒙上了一层浓厚的伦理色彩,颇为近代史家所诟病,认为正是这种讲道德多于讲历史的倾向,才使得中国传统史学沦为儒家教条的工具,从而缺乏其所应有的独立意识与客观性。这样的评价自是基于近代以来西方形成的史学标准,以此来反观和评判中国传统史学,难免有以今苛古之嫌。

首先要看到的是,主张褒贬作用的《春秋》笔法对以后中国历代史书撰写的影响并不是绝对的,因为中国史家对于是否能用春秋笔法撰写历史,本就有不同的看法。如唐代史学理论家刘知幾就曾批评《春秋》的"未谕"与"虚美"[1],清代史家如王鸣盛和赵翼等人更直接指出写史不宜效仿《春秋》笔法。就实际的撰史来说,中国史学传统从司马迁开始,也很少采用纯粹的《春秋》笔法,大概只有宋代如欧阳修、朱熹一些史家属于例外,这是当时盛行的理学思想对史学作用后的产物。

其次,就史学要求的真实记录(求真)与《春秋》的褒贬惩劝(致用)而言,二者之间的确会存在一些矛盾。按照《公羊传》的说法,《春秋》确有"为尊者讳,为亲者讳,为贤者讳"[2]的记载。如"天王狩于河阳",以天子巡狩,实际则讳其为晋文公所召。以求真的要求来看,这些记载的确掩盖了历史的真相。但《春秋》毕竟只是一部简单的编年史,离开了"三传"的辅翼,很难看明其中的道理。这类隐晦的笔法,毕竟在《公羊传》《穀梁传》中得以揭示出不少,而"以史解经"的《左传》更是用丰富的史事记载了当时的历史。因此作为一个整体,《春秋》经传并未掩盖历史的真相,而是在保存历史真相的前提下,作为道德与治乱的教训,维护了儒家伦理。追寻历史之纯客观,只是近代西方历史学的提法,而现代西方分析历史哲学早已阐明,历史撰述所能反映的事实之真本来就有其界限,史家在撰述历史的时候绝不可能像自然科学那样不带任何主观色彩,关于政治的、道德的诸因素也不可能完全摈除于史学之外。因此从今人的角度来看,《春秋》笔法中最具价值的正是其强烈的政治批判意识。《左传·成公十四年》中曾称赞《春秋》道:"微

---

[1] (唐)刘知幾著,(清)浦起龙通释,王煦华整理:《史通通释》卷14《惑注》,第369—387页。
[2] 《公羊传·闵公元年》,(清)阮元校刻:《十三经注疏》,第2244页。

而显,志而晦,婉而成章,尽而不污,惩恶而劝善。"①可以说,蕴含于春秋笔法中的这种原则不但涉及对社会历史中"人"之实在性的探讨,更是开启了中国史学批判意识的先河。孟子就曾说过:"孔子成《春秋》而乱臣贼子惧"②,司马迁在阐述孔子作《春秋》的意旨时更是引其师董仲舒的话说:

> 孔子知言之不用,道之不行也,是非二百四十二年之中,以为天下仪表,贬天子,退诸侯,讨大夫,以达王事而已矣。子曰:"我欲载之空言,不如见之于行事之深切著明也。"③

这段话不但说明了《春秋》的思想,也反映出司马迁《史记》的撰述旨趣。因为和《春秋》一样,《史记》也是一部具有强烈评判意识的史书。在书中,司马迁不但运用各种技巧评判古今人物,甚至对自刘邦以来的西汉天子,特别是汉武帝本人也加以针砭。正因为如此,它在后世也背负了所谓"谤书"④的指责。

对于这种批判意识,《礼记·经解》有一句很好的评论:"《春秋》之失乱。"对此"乱"字,历代注家解释各不相同,而以陈澔《礼记集说》引方氏"属辞比事而作其法,则失于犯上矣"⑤之说最为恰当。春秋笔法中所具有的褒贬原则如果发挥得过了头,就容易招致犯上之祸,这在专制社会中当然就是极为危险的了。在中国古代史学史上不难看到,史家所遭受的迫害,如春秋齐太史兄弟的被杀、西汉司马迁的腐刑、东汉蔡邕的被诛、北魏崔浩国史案以及清初的文字狱等,许多都是因为涉及对现实政治的批判,因"乱"而蒙受其难。对此,韩愈早已有过"夫为史者,不有人祸,则有天刑,岂可不畏惧而轻为之哉"⑥的感叹。不过即便是在这样的情况下,中国的史家作为一个知识群体而言,其为史的坚定信念并未有所动摇。如针对韩愈所说的话,柳宗

---

① 杨伯峻编著:《春秋左传注》,第870页。
② 《孟子·滕文公下》,杨伯峻译注:《孟子译注》,第155页。
③ 《史记》卷130《太史公自序》,第3297页。
④ 《后汉书》卷60下《蔡邕列传下》载王允语曰:"昔武帝不杀司马迁,使作谤书,流于后世。"(北京:中华书局,1965年,第2006页)
⑤ (元)陈澔注:《新刊四书五经:礼记集说》,北京:中国书店,1994年,第421页。
⑥ (唐)韩愈:《答刘秀才论史书》,《韩昌黎全集·外集》卷2,北京:中国书店,1991年,第487页。

元就曾有过激烈的回应,他在致韩愈的信中明显地表达出这种信念:"退之以为纪录者有刑祸,避不肯就,尤非也。……又言'不有人祸,则有天刑'。若以罪夫前古之为史者,然亦甚惑。凡居其位,思直其道。道苟直,虽死不可回也;如回之,莫若亟去其位。"①可以说,即使是在不利和危险的情况下,中国历代史家一直都在遵循着这种源自《春秋》的批判精神,这种"思直其道,虽死不可回"的为史信念,正是中国传统史家所特有的一种宝贵精神。

四、对历史变化的探讨

对社会历史变化及其内在之理的探索,也是中国古代历史思想当中的一个重要部分。从思想渊源上看,《周易》与《春秋》是中国古代历史通变思想的两个重要来源,不过二者在表达形式上又有不同:《周易》对历史之"变"重在哲理上的抽象与思辨,而《春秋》之"变"则贯穿于对世事变迁的记载与议论当中。清人唐晏曾经指出:

> 夫《春秋》,孔子所以纪变之书也。春秋以前,尧、舜、殷、周,大异乎春秋也。春秋以后,七雄争王,亦异乎春秋也。而其致变之枢,则在春秋之代。故孔子作《春秋》,上起自隐,下逮乎哀。即一部《春秋》,而已首末不同矣。故世无《春秋》,则后世不解三王之天下何由以成为战国也。此孔子作《春秋》之本义也。②

这段话是否真的能够说明孔子作《春秋》的本义,是另一个问题,不过从一定意义上说,《春秋》确实是一部"纪变"之书。通过对各诸侯国史事的记载,反映的恰是春秋时期礼乐征伐从自天子出到自诸侯出,再到政归大夫、陪臣持国命这样一个历史变化过程。而此后的《左传》更是通过大量的史料,详尽、深刻且生动地记述了春秋时期二百多年来社会的变迁,它所宣扬的"社

---

① (唐)柳宗元:《与韩愈论史官书》,《柳宗元集》,北京:中华书局,1979年,第3册,第808页。
② (清)唐晏著,吴东民点校:《两汉三国学案》卷8《春秋》,北京:中华书局,1986年,第401页。

稷无常奉，君臣无常位"①的历史变易思想，鲜明地体现出这一变革时代所具有的特殊时代精神。

《春秋》的历史变易思想在《公羊传》和其后的公羊学中又得到独特的发展。在《公羊传》中三次提到了《春秋》"所见异辞，所闻异辞，所传闻异辞"，这已经揭示出《春秋》的文辞会随着时代的不同而有所变化的道理。此后经过董仲舒和何休等的不断发挥，这种思想最终发展成为一套由"衰乱世"至"升平世"再至"太平世"的三世递进的历史学说，从而形成了中国古代最具特色的历史哲学。虽然公羊学自何休以后，研究者甚少，几近于湮没无闻。但在沉寂了近1500年之后，于清代乾嘉时期开始，经常州今文学派庄存与、刘逢禄祖孙的阐发与提倡，又经龚自珍、魏源等的发扬光大，至康有为而达于极盛，成为维新变法中有力的思想武器。公羊学之所以能够自晚清以来在思想、文化、政治领域发挥出巨大的影响，究其原因，与它求变、求新的历史变易思想是分不开的。

在《穀梁传》中，对于社会和历史的发展也提出了"贵时"与"顺势"的独到看法。《春秋·僖公二十二年》记载宋楚泓之战，对于宋襄公贻误战机导致惨败的行为，《穀梁传》评价说："倍则攻，敌则战，少则守。人之所以为人者，言也。人而不能言，何以为人？言之所以为言者，信也。言而不信，何以为言？信之所以为信者，道也。信而不道，何以为道？道之贵者时，其行势也。"宋襄公"不攻人厄""不鼓不成列"的做法似乎是恪守信义的表现，但却背离了"道"的要求，所以这种"信"并不是真正意义上的"信"。至于"道"，遵循的是一种"道之贵者时，其行势也"的原则。范宁注引范凯曰："道有时，事有势，何贵于道？贵合于时。何贵于时？贵顺于势。"②这就是说，"道"最终是要归结到"贵于时"和"顺于势"的要求上，也就是要顺应时势变化的发展。春秋时期，战争的规模和残酷程度都远远超过了早先的时代，宋襄公在战争中还遵循那种传统战争的规则，自然不符合时代的要求。

"势"作为哲学上的一个范畴，在先秦古籍中早已有之，主要是作为法家的政治术语和兵家的军事术语来使用，而《穀梁传》提出的"贵时"与"顺

---

① 《左传·昭公三十二年》，杨伯峻编著：《春秋左传注》，第1519—1520页。
② （清）阮元校刻：《十三经注疏》，第2400页。

势"的思想,多少已经包含了对历史发展趋势的客观认识。[1]在此后的《史记》中,司马迁便将"时"与"势"运用在历史撰述当中,用以说明历史的发展。唐代思想家柳宗元则明确地用"势"来说明历史变化的动因。清初学者王夫之又进一步对"势"作了阐述,提出"势"与"理"的对应关系,从而对历史变化原因作了更高层次的概括。[2]此后章学诚也在《原道》中用"势"来解释"道"的历史演化。可以说,从司马迁到章学诚,中国古代的史家关于"势"的观念经历了漫长而有意义的发展过程。如果沿着这一过程向上追溯,对于"时势"的认识与把握,在《穀梁传》中就已露出萌芽,这在中国古代历史思想的发展中是值得注意的。

---

[1] 除此之外《商君书·画策》中讲到圣人"必为之时势",也包含有类似的意思。
[2] 参见瞿林东:《中国古代史学批评纵横》,北京:中华书局,1994年,第68—70页。

第二章 《春秋》经传与"大一统"思想之形成

从历史上看，中国无论是作为一个政治实体还是作为一个文化实体，在其漫长的发展过程中都未曾发生过所谓的"破坏性的中断"，即虽然在朝代反复更迭的间隔期不乏分裂，但却始终保持了一种统一的趋势。与世界上其他古老的文明相比，这种情况应该说是非常特别的，究其原因，固然受到了地理、民族、政治等诸多具体因素的影响，但也和很早以来就已形成的统一意识颇有关联。就后者而言，最早见于《春秋》经传当中的"大一统"思想，无疑是最具影响力和生命力的。这种思想在维系中华的凝聚与统一上不断发挥着作用，从而成为一种为中国传统文化所特有的政治理想与历史信仰。在此，我们试就围绕"大一统"思想形成的几个问题略作讨论。

一、释 "统"

统一意识的产生和发展，可以上溯到先秦时代。早在《诗经》中就有"溥天之下，莫非王土，率土之滨，莫非王臣"[1]的诗句，这当然只是诗人所做的一种夸张的描述，因为即使就以后一统的皇朝而言，诗中所说的这种状态也未能完全实现。但这样的描写却反映了一个问题，那就是在当时人们的思想意识里认为是有统一的，且是全天下的统一。《诗经》所反映的这种思想，只是统一意识的一种比较古老的形式。就先秦时期的统一意识而言，绝不止上

---

[1]《诗经·小雅·北山》，（清）阮元校刻：《十三经注疏》，第463页。

述诗句所表达的这些，它有着更为丰富的内容。

关于这个问题的讨论，可以先从"统"字的训释开始。在甲骨文、金文里尚未见"统"字，其字形最早见于小篆。许慎《说文解字》云："统，纪也。从糸充声。"段玉裁注曰：

> 《淮南·泰族训》曰："茧之性为丝，然非得女工煮以热汤而抽其统纪，则不能成丝。"按此其本义也，引申为凡纲纪之称。①

由此可见，"统"与"纪"可互训。《说文》又云："纪，别丝也。"段玉裁注：

> 别丝者，一丝必有其首，别之是为纪，众丝皆得其首，是为统。②

"纪"为缫丝时蚕茧中抽出之一丝，而"统"则是缫丝时从众多蚕茧中抽出的丝头，抓住它，即可在缫丝时理顺一束丝线。从这个意义推衍开来，凡形容事物总束于一个根本，均可称"统"，由此"统"字也就有了本、始、领、元、端、纲纪等诸多含义。③

"统"又可训为"合"。《汉书·序传下》颜注引张晏曰："统，合也。"④从此意义上看，"统"则不但有"本"与"一"的含义，且有"合"的意思，突出的是其在空间上之延展意义。同时，因为"统"又有"本"与"始"的意思，故也能引申为"继"，如《汉书·贾山传》颜注引如淳曰："统，继也。"⑤《说文》段玉裁注："虞翻注《易》曰：'继，统也。'"⑥从这一方面看，"统"字又隐含着时间上的"接续"或"承接"的意思。

对于"统"字所具有的这些含义，清初学者王夫之更复辨析。他在论及"正统"时曾说：

---

① （汉）许慎撰，（清）段玉裁注：《说文解字注》，上海：上海古籍出版社，1981年，第645页。
② （汉）许慎撰，（清）段玉裁注：《说文解字注》，第645页。
③ 参见阮元编：《经籍籑诂》，成都：成都古籍书店，1982年，第639页。
④ 《汉书》卷100下《序传下》，第4271页。
⑤ 《汉书》卷51《贾山传》，第2333页。
⑥ （汉）许慎撰，（清）段玉裁注：《说文解字注》，第645页。

统之为言，合而并之之谓也，因而续之之谓也……夫统者，合而不离、续而不绝之谓也。离矣，而恶乎统之？绝矣，而固不相承以为统。崛起以一中夏者，奚用承彼不连之系乎？①

较之前代学者论"正统"诸说②，他的这番议论绝少言及"正"与"不正"，而专以辨"统"之合续为要。所谓"合而不离"，说的是"统"于横向空间上的延展与统合；所谓"续而不绝"，说的是"统"在纵向时间上之继承和延续。这种对"统"作"续"与"合"两方面强调的做法，对于我们理解"统一"的内涵有很大启发。我们不妨就沿着王船山的思路，从历史发展中时间概念上的朝代之"续"与空间概念上的地理之"合"这两条路径，来对统一意识在先秦时期的发展作一番梳理工作。

二、统一意识的萌生与表现

像世界上的其他国家一样，中国最初也是由众多的部落组成，然后由部落合并为许多小邦，再逐渐统一为地区性的国家。在这众多小邦之中，夏、商、周是依次出现的三个中心。它们的关系自然不像后来的朝代那样是一种单纯的前赴后继的承接关系，而一度曾是同时并存的邦国。③但即便是在这样的情况下，当时也存在某种程度的统一的中心观念。作为建立在众多小邦之上的共主，夏、商、周三个王朝就是分离状态中的统一象征。虽然从邦国存在的角度来看，夏、商与周在年代上都有相当的重叠。换言之，商曾是夏的邦国之一，周也曾经是商的邦国之一，即便到了西周和春秋，在周王室和一些诸侯国的关系中还可以看到这种存在的延续，如继承夏祀的杞国和继承商祀的宋国。但从王朝或共主统治的角度而言，汤灭了夏才是商代之始，武王

---

① （清）王夫之：《读通鉴论》卷末《序论》一，北京：中华书局，1975年，第1106页。
② 参见饶宗颐：《中国史学上之正统论》，上海：上海远东出版社，1996年。
③ 考古学家早已通过晚近的考古资料指出传统上的那种对三代直接的继承关系的强调的观念需要作根本性的修正，从而认为"夏、商、周三代之间的横的关系，才是了解中国古代国家形成过程的关键"（张光直：《中国青铜时代》，北京：生活·读书·新知三联书店，1999年，第67页）。

灭了商才是周代之始。这种分别在中国第一部正史《史记》里就已有明显的表现，如《史记》的"本纪"里所注重的夏、商、周三个邦的始末，其记述起点都不是作为王朝创立者的禹、汤、文武王，而是他们的本支始祖颛顼、契和弃。而在《三代世表》"帝王世国号"中所注重的却是真正起作用的王朝，夏代自禹始至桀终；下接殷代，自汤始至纣终；下接周代，自武王始至共和行政终。

在人们的意识当中，这种夏、商、周三代在政治统治上前后承接的关系，就反映出一种统一的意识，这至少在《尚书·周书》诸诰中就已有了初步的表达。比如，《召诰》说周人要"监于有夏"，又要"监于有殷"；《多士》也多次讲到"殷革夏命"的典故，以此来解释周取代殷的合理性。这种观念，还可以进一步从周人口中所描述的殷周关系和夏周关系中得到验证。周与商曾经是小邦与大邦的关系，20世纪70年代周原出土的甲骨卜辞中就有若干条透露了周、商之间的这种关系。比如，卜祭祀的一片卜辞说："癸子（巳），彝文武帝乙宗。贞：王其卲祭成唐，囗鼎（贞）祝祝示尿二母（女），其彝血牲三、豚三，囟又（有）足。"文武帝即帝乙，成唐即成汤，周人祭祀帝乙与成汤，自是臣服于商。另一片卜辞说："王其夆又（佑）大甲，册周方白（伯），囗囟（惟）足，不（丕）左于受又（有）又（佑）。"周王求商先王太甲的保佑，而"周方伯"则是要册封周人为方伯的意思。[1]周对商的这种臣属关系在传世文献里也有相当的反映。比如，在《尚书·周书》中，可以清晰地看到周人在灭商后还习惯性地保留了代表这种关系的称谓，把原来的殷商称为"大邦殷""大国殷""天邑商""大邑商"，而自称为"小邦周""我小国"等。由此可见，对于殷周的君臣关系，周人并不讳言。对于商之前的夏，周人更是表现出一种特别的态度，如他们每每自称为"区夏"[2]"有夏"[3]。周

---

[1] 参见陕西周原考古队：《陕西岐山凤雏村发现周初甲骨文》，《文物》1979年第10期，第39—40页；陕西周原考古队：《扶风县齐家村西周甲骨发掘简报》，《文物》1981年第9期；许倬云：《西周史：增补本》，北京：生活·读书·新知三联书店，2001年，第63页。

[2] 如《康诰》曰："王若曰：'孟侯，朕其弟，小子封。惟乃丕显考文王，克明德慎罚；不敢侮鳏寡，庸庸，祗祗，威威，显民，用肇造我区夏，越我一、二邦以修我西土。'"按："肇"，《尔雅·释诂》曰："始也。""区"，《广雅·释诂》曰："小也。"周人在这里自称"区夏"，亦即称自己为"小夏"。这与《大诰》中记周人所说之"兴我小邦周"，意义相同。

[3] 如《君奭》曰："公曰：'君奭！在昔上帝割申劝宁王之德，其集大命于厥躬？惟文王尚克修和我有夏。'"《立政》也说："帝钦罚之，乃伻我有夏，式商受命，奄甸万姓。"这两处所说的"我有夏"显然是周人的自称。

人自称为夏,或与其族源、活动地域以及灭殷后的政治宣传等诸多因素有关①,同时也反映出周人对夏的强烈认同意识。这种认同在其他文献中也有反映,如《诗经·鲁颂·閟宫》:"赫赫姜嫄……是生后稷……奄有下土,缵禹之绪。"《逸周书·商誓》:"昔在后稷,惟上帝之言,克播百谷,登禹之绩。"《国语·周语上》载祭公谋父对周穆王说:"昔我先王世后稷,以服事虞、夏。"这些都说明周人相信自己的先祖后稷继承了夏禹的业绩。而西周以来的古史传说更是把周人的先祖后稷作为虞、夏或商的农官,如《尚书·舜典》把弃和禹、契、皋陶、垂、益、伯夷、夔、龙,并列为臣。《尚书·益稷》又把稷和禹、益、皋陶、夔并列为臣。这样把姬姓周族始祖后稷和姒姓夏族始祖禹,子姓商族始祖契,姜姓之族始祖伯夷,嬴姓之族始祖益,偃姓之族始祖皋陶,同样作为舜的大臣,各居要职,济济一堂,"是符合当时周人的政治要求的,也是符合周王朝以姬姓贵族为主、联合诸多异姓贵族进行联合统治的需要的"②。

可见,至少从西周开始,夏、商、周是依次排序的王朝的观念就已经显露出来了。这种对三代相继与连续的认识,不但反映在政权的更迭之上,也存在于对文化传承的思考当中。例如,针对作为三代文化主干的"礼",孔子就曾指出:"殷因于夏礼,所损益,可知也;周因于殷礼,所损益,可知也。"③这说明三代之礼虽然有损有益,但夏商周的文化却有着前后相继的承接联系。这种思想在《礼记·礼器》中更是衍变成"三代之礼一也"的说法。可以说,这些观点不同程度地证明了当时人们所认为的夏商周三代在文化上并非是各自独立的,而是有着一种一脉相承的关系。

以上所列举的这些内容,反映了先秦时期统一的意识在朝代接续和文化认同上的表现。与此相关的另一个问题,是当时地理观念的发展也与统一意识的形成有某种重要的关联。早在殷商卜辞当中就有"四方"和"四土"的观念,与它们相对应的是"大邑"或"商",指的是处于"四方"或"四土"之中的商的都邑。④这说明在殷人的地理观念中,已经有了一种关于天下四方秩序的规范,其中多少就蕴含着一些统一的意味。

---
① 李民:《〈尚书〉与古史研究》(增订本),郑州:中州书画社,1981年,第84—98页。
② 杨宽:《西周史》,上海:上海人民出版社,1999年,第25页。
③ 《论语·为政》,杨伯峻译注:《论语译注》,第21—22页。
④ 参见陈梦家:《殷墟卜辞综述》,第319页。

与这种观念相联系的是后来在《诗》《书》中出现的"中国"。《诗经·大雅·荡》曰:"文王曰咨,咨女殷商。女炰烋于中国。"《尚书·梓材》记载周公告诫康叔说:"皇天既付中国民越厥疆土于先王。"它们都提到了"中国"一词。在西周成王时器"何尊"中更有"武王既克大邑商,则廷告于天曰:余其宅兹中国,自之乂民"的铭文,记载了武王克殷后,举行仪式报告上天说自己已据有"中国",并由此来统治民众。① 《说文》:"或,邦也。"又"国,邦也"。段注云:"古或、国同用。"② "或"即古"国"字,本是指城和邑,因为天子所住的"国"(京师)处于中心、中枢地位,所以又称为"中国"。不过从上引文献可以看到,周武王在灭商后还习惯性地称殷的京师为"中国",认为上天将"中国"交付给了他。这就反映出一种政治上的认同。值得注意的是,在周人的观念当中,所谓"中国"的含义也经由政治中心的标志演变为指代地理上的中心位置,而这种地理条件恰又成为他们在政治上取得"正统"的一种重要象征,如《逸周书·作雒》叙述周成王时周公兴建成周的事迹,便提到:

> 周公敬念于后曰:"予畏周室克追,俾中天下。"及将致政,乃作大邑成周于土中。……以为天下之大凑。③

成周的建立是周人用以控制东方的据点,有着特殊的地位,因其位置在周人的观念中恰好居于"土中",所以也被称为"中国"。《作雒》里说的"土中"意即大地之中心的意思。《周礼·大司徒》记载有用仪器土圭测量日影以确定天下之中的方法:

> 日至之景,尺有五寸,谓之地中,天地之所合也,四时之所交也,风雨之所会也,阴阳之所和也。然则百物阜安,乃建王国焉,制其畿方千里而封树之。④

---

① 马承源:《何尊铭文初释》,《文物》1976年第1期。
② (汉)许慎撰,(清)段玉裁注:《说文解字注》,第277页。
③ 黄怀信、张懋镕、田旭东撰:《逸周书汇校集注》,上海:上海古籍出版社,2007年,第524—529页。
④ (清)阮元校刻:《十三经注疏》,第704页。

"建王国"的地点要在经过尺圭的测量后选定的天下地理位置之中，按照郑玄的注解，所谓地中乃"今颍川阳城地为然"。所谓"地中"和"土中"，应在古代的阳城，即今河南登封告成镇。[①]

以本国为大地中心的观念，并非中国所特有，如《瑞应经》记如来所降生之天竺"迦维罗卫者，天地之中央"。不过《作雒》和《大司徒》的记载，更反映出我国上古思想当中"中国"作为地理观念和政治观念的一种融合，即王国的都城应居于地理之中的位置。《大司徒》所说的虽然只是一种理想的设计，但从较为广阔的区域来看，以洛阳为中心的三河一带的地区，恰是三代王者所更居之地。《史记·货殖列传》说：

> 昔唐人都河东，殷人都河内，周人都河南。夫三河在天下之中，若鼎足，王者所更居也，建国各数百千岁。[②]

这其中固然有出于"道里均匀""四方辐辏"等实际因素的考虑，但同时也有着信仰上的特殊意义，如《尚书·召诰》就有"其作大邑，其自时配皇天"之语，意为要周人营建洛邑，从此配享皇天。《史记·周本纪》也载："成王在丰，使召公复营洛邑，如武王之意。周公复卜申视，卒营筑，居九鼎焉。"可见建国"土中"与"膺受天命"在周人的观念当中确有着一种密切的联系。这种观念在历史上也产生了不小的影响，后来的周边民族政权在入主中原之后，每每以占有三河之地为居"正统"之据，究其思想渊源，与此有一定的关系。

在周人的观念当中，周王室与"四土""四国"诸侯之间在政治、经济、军事等方面的权力与义务关系还表现在所谓的"畿服"之制当中。对此《尚书》《周礼》等文献不乏描述，而以《国语》的记载最为详细：

> 夫先王之制：邦内甸服，邦外侯服，侯、卫宾服，蛮、夷要服，戎、狄荒服。甸服者祭，侯服者祀，宾服者享，要服者贡，荒服者王。日祭、

---

① 参见李学勤：《天下之中》，《走出疑古时代》，沈阳：辽宁大学出版社，1997年，第69—72页。
② 《史记》卷129《货殖列传》，第3262—3263页。

月祀、时享、岁贡、终王，先王之训也。有不祭则修意，有不祀则修言，有不享则修文，有不贡则修名，有不王则修德，序成而有不至则修刑。于是乎有刑不祭，伐不祀，征不享，让不贡，告不王。于是乎有刑罚之辟，有攻伐之兵，有征讨之备，有威让之令，有文告之辞。布令陈辞而又不至，则增修于德而无勤民于远，是以近无不听，远无不服。①

关于"畿服"制度的一些具体细节，历来诸家解释之说各不相同。②但可以肯定的是，这套制度不但根据各诸侯国以及"夷蛮""戎狄"和周王室在宗法血缘上的亲疏远近关系，规定了不同的义务，而且也描绘出根据王畿距离远近不同所展现出的一种政治地理的格局。虽然文献对这种制度的描述难免会掺杂一些理想和增饰的内容，在现实中也很难出现那样"摊煎饼"式的构造，但从这种关于政治地理的观念当中，仍可看到人们的统一意识是在逐步发展的。

从更为广阔的方面来看，先秦时期统一意识又和当时人们的"天下"观念有密切的联系。例如，《尚书·禹贡》就按照自然地理把当时的疆域划分为九个州，分别记录了各自的山川、土壤、物产等。③对于这里所说的"九州"不能仅仅视作一个地理概念，而是具有政治上和文化上的意义，如文中说到经过禹的治水，"九州攸同，四隩既宅，九山刊旅，九川涤源，九泽既陂，四海会同"，这其中就反映出一种要求统一的意识。④在《尚书》其他篇章中也不乏类似的描述，如《尧典》有"九族既睦，平章百姓。百姓昭明，协和万邦"的记载，《大禹谟》也说尧"皇天眷命，奄有四海，为天下君"等，它们都讲到了统一的问题。《大戴礼记·五帝德》更是记载孔子赞颂夏禹说："据四海，平九州，戴九天，明耳目，治天下。举皋陶与益，以赞其身，举干戈以征不享、不庭、无道之民；四海之内，舟车所至，莫不宾服。"尧和禹都是

---

① 《国语·周语上》，第 4 页。
② 参见徐元诰撰，王树民、沈长云点校：《国语集解》，北京：中华书局，2002 年，第 6—8 页。
③ 虽然《禹贡》最终的成书可能晚至战国时期，但比对其他文献和出土材料，其写成所据的资料应该是很早的，反映出当时人们对于自然地理的认识和人文地理区系的观念。
④ 白寿彝指出：《禹贡》"作者的兴趣是结合地理条件讲政治体制，它讲地域划分，为的是讲政治权力的地域划分"，"把政治体制跟地理条件结合起来，这是《禹贡》很大的特点"，其中就有"趋向一统的表现"。
（白寿彝：《中国史学史》，第 1 册，第 254—255 页）

传说时代的人物，所以这些说法未必符合历史实际，但通过这些记载却可以看出，所谓的"九州攸同""四海会同"，实际上就是明确强调天下只能有一个共主的统一思想。

到了战国时代，人们对地理的认识范围进一步扩大，特别是战国末期阴阳家邹衍提出的"大小九州"说，更是为人们展现出一幅广大无垠的世界图景。邹衍的著作早已亡佚，但他的学说尚见于《史记》《盐铁论》的记载中。[①]由这些记载可以知道，邹衍认为中国名为赤县神州，神州内有九州，即"小九州"。至于他所说的"大九州"，赤县神州仅为其中之一，其外皆有四海环之，名曰"裨海"，如此的"大九州"天下共有九个，其外更有"大瀛海"环绕。这样，传统观念中的"九州"便不是天下的全部，而只是其中的一小部分而已。邹衍大九州之说荒诞不经，前人早视其为"诡异"之说[②]，但这种理论在当时确实也起到了扩大人们眼界、丰富人们想象力的作用，从而打破了原有的那种狭隘地理观念的局限。

与人们地理视野不断扩大相一致的是统一意识的继续发展。从先秦诸子的争鸣与论战可以看到，统一是他们针对那个动荡时代所提出的共同要求，如孟子、荀子都曾有过天下"定于一"[③]和"一天下"[④]的主张，而与"大小九州"说相联系，邹衍更是提出一套五德终始的历史观点。他认为，"五德从所不胜，虞土、夏木、殷金、周火"[⑤]，又提出"代火者必将水"[⑥]，即取代周的必然是以"水德"而王的朝代。这种理论虽不乏其荒诞与怪异，但却论证了战国的分裂割据局面必然要归于统一的历史趋势。邹衍不但因此以显诸侯，他的理论也为秦始皇所采纳，对秦一统的实现和制度的建立产生了重要的影响。

---

① 《史记·孟子荀卿列传》载邹衍大小九州之说云："中国名曰赤县神州。赤县神州内自有九州，禹之序九州是也，不得为州数。中国外如赤县神州者九，乃所谓九州也。於是有裨海环之，人民禽兽莫能相通者，如一区中者，乃为一州。如此者九，乃有大瀛海环其外，天地之际焉。"(《史记》卷74《孟子荀卿列传》，第2344页)《盐铁论·论邹》亦载："所谓中国者，天下八十一分之一，名曰赤县神州，而分为九州。绝陵陆不通，乃为一州，有大瀛海圜其外。此所谓八极，而天地际焉。"
② 王充《论衡·谈天》云："此言诡异，闻者惊骇。"
③ 《孟子·梁惠王上》，杨伯峻译注：《孟子译注》，第12页。
④ 《荀子·强国》，(清)王先谦撰，沈啸寰、王星贤点校：《荀子集解》，北京：中华书局，1988年，第296页。
⑤ 《文选·齐故安陆昭王碑文》李善注引《邹子》。
⑥ 《吕氏春秋·应同》，陈奇猷校释：《吕氏春秋新校释》，上海：上海古籍出版社，2002年，第683页。

三、所谓"大一统"

以上是笔者对先秦时期统一意识的萌芽和发展所做的一番大致描述,这种要求统一的思想在《春秋》经传里,更是发展为系统的"大一统"学说。

"大一统"一词最早见诸《公羊传》,《春秋》卷首隐公元年云:"春王正月。"①《公羊传》释此句曰:

> 元年者何?君之始年也。春者何?岁之始也。王者孰谓?谓文王也。曷为先言王而后言正月?王正月也。何言乎王正月?大一统也。②

这段文字主要说明《春秋》在记载国君即位时,为何要先书写"王正月"三字。在《公羊传》看来,《春秋》"大一统"之义正体现于此三字当中。《公羊传》认为"王"是指周文王,实际上它却象征了一统的天子。"正月"是一个历法概念,即指周正。因为春秋时期各诸侯国所实行的历法不一致,《春秋》原本为鲁史,鲁国采用的周正,所以《春秋》也用周正称"王正月"。《公羊传》据此发挥,以为诸侯既以周为天子,在国内必须遵用周王所颁历法,而不能各行其是。所以说,"正月"在《春秋》中虽是一个历法概念,但在《公羊传》看来,它却是政令、制度的象征。书"王正月"就是要强调政令、制度统一于周天子的重要性。

应该指出,《公羊传》"大一统"中的"大"字,并不是一个形容词,而是作为动词来使用,即有拥护、主张、表彰、张大、尊大等义。在《公羊传》里"大"字的这种用法甚多,总之表示的是对某种事物的肯定态度。③对于"大一统",后来的公羊学家都有不同程度的解释和发挥,如董仲舒说:

---

① 《左传·隐公元年》,杨伯峻编著:《春秋左传注》,第 5 页。
② (清)阮元校刻:《十三经注疏》,第 2196 页。
③ 参见刘家和:《汉代春秋公羊学的大一统思想》,《史学、经学与思想:在世界史背景下对于中国古代历史文化的思考》,北京:北京师范大学出版社,2005 年,第 370 页;赵伯雄:《春秋学史》,济南:山东教育出版社,2004 年,第 42 页。

第二章 《春秋》经传与"大一统"思想之形成

《春秋》大一统者,天地之常经,古今之通谊也。今师异道,人异论,百家殊方,指意不同,是以上亡以持一统;法制数变,下不知所守。臣愚以为诸不在六艺之科孔子之术者,皆绝其道,勿使并进。邪辟之说灭息,然后统纪可一而法度可明,民知所从矣。①

又说:

何以谓之王正月?曰:王者必受命而后王。王者必改正朔,易服色,制礼乐,一统于天下,所以明易姓,非继人,通以己受之于天也。②

何休说:

统者,始也。总系之辞。天王者始受命改制,布政施教于天下,自公侯至于庶人,自山川至于草木昆虫,莫不一一系于正月,故云政教之始。③

董、何之说都是在《公羊传》"大一统"的基础上有所发挥,同时又都融入了他们各自的政治理念和宇宙观,这也使得后来的学者对"大一统"的概念和内涵有着许多不同的理解。④针对这个问题,杨向奎曾指出公羊学的"大一统","有广义、狭义,最广义为天人之一统,其次为夷狄进于爵,夷夏之一统,

---

① 《汉书》卷56《董仲舒传》,第2523页。
② (清) 苏舆撰,钟哲点校:《春秋繁露·三代改制质文》,《春秋繁露义证》,北京:中华书局,1992年,第185页。
③ (清) 阮元校刻:《十三经注疏》,第2196页。
④ 相关的研究,可参见孙开泰《试论〈公羊传〉的大一统思想》(《中国史研究》1993年第2期)、高兵《大一统再认识》(《山东师大学报(社会科学版)》1999年第6期)、黄开国《〈公羊〉学的大一统》(《人文杂志》2004年第1期)、刘家和《汉代春秋公羊学的大一统思想》(《史学、经学与思想:在世界史背景下对于中国古代历史文化的思考》)、葛志毅《〈公羊传〉大一统释义发微》(《管子学刊》1998年第4期)、唐眉江《汉代公羊学"大一统"概念辨析》(《学术研究》2006年第1期) 等论文以及杨向奎《大一统与儒家思想》、蒋庆《公羊学引论》、陈其泰《清代公羊学》、王葆玹《今古文经学新论》、黄朴民《何休评传》、赵伯雄《春秋学史》等专著。

再次为诸侯奉正朔,形式上之一统"①。这种解释便于我们理解和区分《公羊传》以及以后公羊学中的"大一统"思想的内涵。董仲舒、何休所说的"大一统",即杨先生所说的广义上的"大一统",而"形式上之一统"和"夷夏之一统",则是《公羊传》"大一统"思想的主要内容。所以从《公羊传》本身来看,"一统"就是指政令制度的高度统一,"大一统"就是对"一统"的肯定与张扬。

值得注意的是,在"三传"当中唯有《公羊传》提及"大一统",并做了细致的解说,《左传》和《穀梁传》对此却都未述及。比如,针对《春秋》传首"春王正月"一句,《左传》云:"元年,春,王周正月。"该句只是说明"王正月"就是周王朝所采用的历法的正月。《穀梁传》云:"虽无事,必举正月,谨始也。"该句是说"正月"是表示对第一年开始的慎重,此处就连"正月"前面的"王"字都未作解释。如此看来,"大一统"这个概念难道是为《公羊传》所特有的吗?要明确《公羊传》"大一统"学说的由来及其在思想史上的地位,有必要解释这个问题。

首先应该说明,虽然"大一统"之义在《春秋》中并没有很明确的表述,但不能说这种思想就和《春秋》没有渊源。孔子心目中"天下有道"的政治理想,正是要实现"礼乐征伐"出自天子的一统秩序。②而《春秋》确实也表达了这种思想,如"故吴楚之君自称王,而《春秋》贬之曰'子';践土之会实召周天子,而《春秋》讳之曰'天王狩于河阳'"③等。可以说,《公羊传》"大一统"思想虽然未必就可以等同于《春秋》的同类思想,但它却是对《春秋》中统一思想的发展。

其次,关于"大一统"还有一条材料需要重视。《汉书·王吉传》记载:

> 《春秋》所以大一统者,六合同风,九州共贯也。

因为这里明确地提到了"大一统",所以人们在使用这条材料的时候,往往把它当作公羊学说来看待。对此王葆玹却提出了一种不同的看法,他根据《汉

---

① 杨向奎:《大一统与儒家思想》,北京:中国友谊出版公司,1989年,第122页。
② 《论语·季氏》,杨伯峻译注:《论语译注》,第174页。
③ 《史记》卷47《孔子世家》,第1943页。

书》同传中关于王吉"兼通《五经》,能为《邹氏春秋》,以《诗》《论语》教授,好梁丘贺说《易》"的记载,判定王吉修习的是《邹氏春秋》,因此,这里所说的"大一统"很可能是以《邹氏传》,而不是《公羊传》为依据的。① 考虑到西汉学者严守家法、师说这一事实,这种观点确有其理,它对探讨《公羊传》"大一统"思想的来源有很大的启发。

据《汉书·艺文志》记载,传《春秋》者本有五家,其中《左传》《公羊传》《穀梁传》都保存至今,《夹氏传》和《邹氏传》却早已亡佚,所以后人对其不甚了解。② 不过关于《邹氏传》的作者,清代学者作过一些考证,这里有必要说明一下。《汉书·古今人表》有轧子、㶱子,品列于中中。钱大昕据"轧""夹"以及"邹""㶱"发音相近("㶱"即"㶱"字),遂判定他们就是治《春秋》之夹氏和邹氏。③ 姚振宗《汉书艺文志条理》也指出:"《人表》第五等此二子(即轧子、㶱子)之后即次以沈子、北宫子、鲁子、公扈子、尸子皆《春秋》家,为《公》《穀》二传所引者",所以他也赞同钱大昕的说法。④ 至于《古今人表》中所提到的邹氏究竟是谁,沈钦韩《汉书疏证》认为:"《艺文志》有《春秋邹氏传》,盖《孟荀列传》所称三邹子之一。"⑤《史记·孟子荀卿列传》记载:

> 齐有三驺子。其前驺忌,以鼓琴干威王,因及国政,封为成侯而受相印,先孟子。其次驺衍,后孟子。……驺奭者,齐诸驺子,亦颇采驺衍之术以纪文。……驺衍之术迂大而闳辩;奭也文具难施;淳于髡久与处,时有得善言。故齐人颂曰:"谈天衍,雕龙奭。"

可见沈氏所说的"三邹子"当是邹忌、邹衍和邹奭。在这三个人中,邹

---

① 参见王葆玹:《今古文经学新论》,北京:中国社会科学出版社,1997年,第236—237页。
② 《汉书·艺文志》曰:"《春秋》分为五。"韦昭曰:"左氏、公羊、穀梁、邹氏、夹氏也。"又曰:"及末世口说流行,故有公羊、穀梁、邹、夹之传。四家之中公羊、穀梁立于学官,邹氏无师,夹氏未有书。"《隋书·经籍志》:"汉初公羊、穀梁、邹氏、夹氏四家并行,王莽之乱,邹氏无师,夹氏亡。"又徐彦《春秋公羊传注疏》曰:"五家之传,邹氏、夹氏口说无文,师既不传道亦寻废。"
③ (清)钱大昕:《三史拾遗》,陈文和主编:《嘉定钱大昕全集》,南京:江苏古籍出版社,1997年,第56页。
④ (清)姚振宗:《汉书艺文志条理》,二十五史刊行委员会编:《二十五史补编》,北京:中华书局,1955年,第2册,第1559页。
⑤ (清)沈钦韩等撰:《汉书疏证:外二种》卷9,上海:上海古籍出版社,2006年,第298页。

忌是政治家，不大可能著书立说，邹衍和邹奭都兼有游士和学者的身份，且有被追随者和追随者的关系，所以《邹氏春秋》很可能出自他们之手。至于具体是他们当中的哪一位，并不是最关键的问题①，重要的是这些线索为探究《公羊传》同《邹氏传》的关系提供了必要依据。钱穆曾指出：

> 凡汉儒治《公羊春秋》，言通三统，改制质文诸说，其实源自阴阳，与邹衍说合。今所谓《春秋邹氏传》，虽不知于三邹子中当何属，又不知其所论者何若，要之或亦与公羊家言相近，渊源同自邹衍。②

邹衍虽是阴阳家，但《盐铁论·论儒》却有"邹子以儒术干世主，不用，即以变化终始之论，卒以显名"的记载。因此我们在注意汉代的公羊学受阴阳家理论影响的同时，也应当看到邹衍本人确曾由儒而入阴阳。所以在他的理论当中，也存在着儒家思想的因素。既然《公羊传》《邹氏传》中都出现了"大一统"的说法，而它们又都源于齐地，那就不难推断"大一统"说法的来源了。前人的一些研究多少曾给予一些这方面的提示，即《公羊传》的大一统思想同齐国稷下之学之间有着某些关联。如孙开泰就曾认为，稷下先生们的大一统思想对《公羊传》大一统思想的形成和发展有极大的促进作用。③饶宗颐在论述中国史学上之正统说时，也指出其理论根据主要有两个：一为采用邹衍之五德运转说，计其年次，以定正闰；二是依据《公羊传》加以推衍。④从统一意识的角度来看，五德终始说同"大一统"思想确实有接近之处，从历史上说邹衍"五德终始"的历史观对秦汉大一统的实现，就曾产生过重要的影响。从思想特征的某些方面来看，邹衍的学说也和汉代公羊学有着非常密切的关系。

翻检代表齐地稷下学术的《管子》一书，其中确实有不少关于统一的论

---

① 王葆玹认为在这三人当中，邹奭是邹衍的追随者，两人的区别在于邹衍善于游说，邹奭善于著书。邹衍以前的邹忌是齐国著名的政治家，不以学术著称，所以《邹氏春秋》的作者很可能就是邹忌以后的两位邹子之一。他进而又考证《汉书》所记载的那部提到'大一统'的《邹氏春秋》，应当是邹奭的作品，并记载着邹衍的学说"（《今古文经学新论》，第237—238页）。
② 钱穆：《先秦诸子系年》，第509页。
③ 孙开泰：《试论〈公羊传〉的大一统思想》，《中国史研究》1993年第2期。
④ 饶宗颐：《中国史学上之正统论》，第74—75页。

述。比较典型的一例是：

> 天子出令于天下，诸侯受令于天子，大夫受令于君，子受令于父母，下听其上，弟听其兄，此至顺矣。衡石一称，斗斛一量，丈尺一绰制，戈兵一度，书同名，车同轨，此至正也。①

这种描写展现出的已经是后来秦汉一统皇朝的风范了。值得注意的是，在同书的《五行》篇当中，竟也出现了同《公羊传》一样的"一统"的说法：

> 一者本也，二者器也，三者充也，治者四也，教者五也，守者六也，立者七也，前者八也，终者九也，十者然后具五官于六府也，五声于六律也。六月日至，是故人有六多，六多所以街天地也。天道以九制，地理以八制，人道以六制。以天为父，以地为母，以开乎万物，以总一统。通乎九制、六府、三充而为明天子。②

《公羊传》"大一统"的"大"字是作为动词使用的，"大一统"则是由"大"和"一统"所组成的动宾结构，所以，《公羊传》的"大一统"和《管子》的"总一统"，分别强调的是对于"一统"的重视和总领。它们不但在意思上十分接近，而且在先秦文献当中，关于"一统"的记载大约仅此两例③，由此可见二者间关系的密切。如果再从思想上作进一步的分析的话，可以看出上引《五行》篇中的这段文字贯穿着天人相与的思想，其主旨大体是讲天子要遵从天地的作用，以一元化支配人世的秩序。这里"一统"与"明天子"是紧密结合的："明天子"的要务就是借助天地的力量，不断化育万物，同时一统天下。《五行》中这些说法在很多地方上与董仲舒对《公羊传》"大一统"所做的阐发非常接近。可以说，无论是从文中出现的词语还是就其思想主旨而言，《五行》和《公羊传》所说的"一统"都十分一致。《五行》篇当为战

---

① 《管子·君臣上》，黎翔凤撰，梁运华整理：《管子校注》，载《新编诸子集成》，北京：中华书局，2004年，第559页。
② 《管子·五行》，黎翔凤撰，梁运华整理：《管子校注》，载《新编诸子集成》，第859页。
③ 此外在《史记·李斯列传》记载李斯的言语中也出现过"一统"一词。

国末期阴阳家所作①，由此也可以说明《公羊传》"大一统"说应当与齐国的稷下之学有关。

战国时代的百家争鸣，其高潮是在齐国的稷下学宫。公元前4世纪中叶，齐国于都城临淄稷门外建立馆社，招引天下贤才，讲学、授徒、著书、论政，遂形成稷下学宫。田齐政权从当时的政治需要出发，在稷下学宫实行的是一种兼容并包的学术政策，即以黄老之学为主，同时容纳各家各派的思想，目的是为齐国实现统一六国的政治理想来制造思想和舆论的基础。齐威王在当时所提的口号，非但要"高祖黄帝"，而且要"迩嗣桓文，朝问诸侯"②，实际上就是想实现一统的事业。齐宣王更是将"辟土地，朝秦楚，莅中国而抚四夷"③作为其政治愿望。虽然齐国"王天下"的理想在后来闵王时失败，但是稷下之学的学术思想，却反映了当时要求统一的潮流。拿与《公羊传》关系密切的孟子和荀子来说，他们都曾在齐国游学多年，深受稷下之学的影响，荀子还曾三度担任祭酒之职。在他们的思想当中，也不同程度地反映了统一的理想，如他们都曾有过"定于一"④"一天下"⑤的主张。在这种政治和文化背景下就不难理解为什么"大一统"会出现在《公羊传》之中了。所以我们不妨这样理解《公羊传》"大一统"的由来，即萌芽于殷周时期的统一意识和孔子"礼乐征伐自天子出"的政治理想是其学说的思想渊源，而战国时期由分裂走向统一的历史趋势以及齐地稷下之学的学术特点则是促成这种学说形成的现实基础和直接原因。

四、"大一统"的实现与影响

从政治文化的角度来看，《春秋》经传对后世思想影响的一个重要方面便是其所宣扬的"大一统"思想。战国及秦汉之际，争鸣的各个学派虽在统一

---

① 罗根泽：《〈管子〉探源》，《罗根泽说诸子》，上海：上海古籍出版社，2001年，第339页。
② 《陈侯因齐敦》，参见郭沫若编著：《两周金文辞大系图录考释》下册，上海：上海书店出版社，1999年，第220页。
③ 《孟子·梁惠王上》，杨伯峻译注：《孟子译注》，第16页。
④ 《孟子·梁惠王上》，杨伯峻译注：《孟子译注》，第12页。
⑤ 《荀子·强国》，(清)王先谦撰，沈啸寰、王星贤点校：《荀子集解》，第296页。

的方式和内容上有不同的看法，但在必须走一统之路上却殊途同归。在这样一个特定的时代环境中，《公羊传》提出"大一统"学说，无疑是迎合了时代的要求。对于以后秦汉大一统皇朝的实现，这种思想起到了非常重要的作用。关于公羊学说在汉代社会和政治上的影响，前人多有论述，兹不赘言。这里我们仅谈一点对"大一统"思想与秦统一关系的认识。

在秦始皇统一六国的过程中，李斯无疑是一个起到关键作用的人物。他在作为郎官时，就曾向秦王嬴政进言：

> 昔者秦穆公之霸，终不东并六国者，何也？诸侯尚众，周德未衰，故五伯迭兴，更尊周室。自秦孝公以来，周室卑微，诸侯相兼，关东为六国，秦之乘胜役诸侯，盖六世矣。今诸侯服秦，譬若郡县。夫以秦之强，大王之贤，由灶上骚除，足以灭诸侯，成帝业，为天下一统，此万世之一时也。[1]

这里，李斯向秦王指明一个替代周王朝实现天下一统的大好时机已经到来，联系《公羊传》中的"大一统"和李斯所说的"一统"，这番言论与《公羊传》亦颇有一些相近之处。李斯曾与韩非一起受业于荀子，"学帝王之术"[2]，其政治思想受荀子的影响颇深。而荀子与《春秋》的关系非常密切，因此，李斯很有可能通过荀子而接触过公羊学说，从而成为其游说秦王统一天下的思想依据之一。在秦统一天下后，李斯等又上言建议采用"秦皇"称号：

> 昔者五帝地方千里，其外侯服夷服诸侯或朝或否，天子不能制。今陛下兴义兵，诛残贼，平定天下，海内为郡县，法令由一统，自上古以来未尝有，五帝所不及。[3]

很明显，在李斯看来，秦始皇的"一统"事业与此前的王者所为是有不同的性质的，联系《公羊传》末尾对现实当中没有真正王者的出现而所发出的慨

---

[1]《史记》卷87《李斯列传》，第2540页。
[2]《史记》卷87《李斯列传》，2539页。
[3]《史记》卷6《秦始皇本纪》，第236页。

叹，可以说推进《公羊传》"大一统"理想成为现实的，正是秦的统一。这么说并不是要将《公羊传》同法家思想等同起来，因为二者虽有联系，在思想上却也存在着本质的差别。①但不可否认的是，《公羊传》所提倡的"大一统"，确实是在秦始皇和李斯那里才得到了真正地实现，而且这种"一统"不仅体现在军事、政治、经济等方面，在文化政策的制定上也是如此。比如，李斯就曾为此提出过屡遭后世唾骂的"焚书"建议：

> 古者天下散乱，莫之能一，是以诸侯并作，语皆道古以害今，饰虚言以乱实，人善其所私学，以非上之所建立。今皇帝并有天下，别黑白而定一尊。私学而相与非法教，人闻令下，则各以其学议之，入则心非，出则巷议，夸主以为名，异取以为高，率群下以造谤。如此弗禁，则主势降乎上，党与成乎下。禁之便。臣请史官非秦记皆烧之。非博士官所职，天下敢有藏《诗》、《书》、百家语者，悉诣守、尉杂烧之。有敢偶语《诗》《书》者弃市。②

李斯建议的"焚书"，是为了达到天下"一统"目的而提出的建议之一，因此不能把"焚书"仅仅看作其基于法家立场而对儒家开展的压制和迫害。因为在后来，公羊学家董仲舒提倡"大一统"，也曾建议实行儒家一尊的政策：

> 《春秋》大一统者，天地之常经，古今之通谊也。今师异道，人异论，百家殊方，指意不同，是以上亡以持一统；法制数变，下不知所守。臣愚以为诸不在六艺之科孔子之术者，皆绝其道，勿使并进。邪辟之说灭息，然后统纪可一而法度可明，民知所从矣。③

对比以上两段记载，李斯为达到思想的"一统"而建议"焚书"与董仲舒主

---

① 从政治观点上看，法家主张君主的绝对集权，而在《公羊传》和公羊学中却包含许多限制君权的思想，这是它们在政治思想上的本质差别。
② 《史记》卷6《秦始皇本纪》，第255页。
③ 《汉书》卷56《董仲舒传》，第2523页。

张的"罢黜百家,独尊儒术",两者所采取的手段虽然并不一样,但理由却几近相同,由此也可看到其思想上的一些必然联系。当然这种文化专制的做法,在历史上造成的消极影响要远远超出其所起到的积极作用,这是在论及《春秋》"大一统"时所不应讳言的。

因此站在今人的角度上,或许可以对"大一统"思想再加以重新理解与认识。所谓"一"并不是纯粹的单一,而是要看到"一"中还有"多","多"中更体现着"一"。因此"一统"也应当被理解为多样性的统一,而不是绝对的同一。事物只有在这种多样的统一中方能发展和保持长久。孔子所说的"和而不同"①的道理,就是中国传统文化当中很宝贵的思想。所以无论是从政治统治、经济发展还是从文化本身来讲,都要本着这种"和"的原则而不是一味地求"同"。在两千多年的时间长河中,"大一统"思想一直影响并作用于中国的历史进程,影响着人们的思想和感情。如果在当前和未来的社会发展当中,这种思想还要继续发挥它积极的影响与作用的话,那么强调"一统"中所包含的"多"与"和"的方面,是具有其现实意义的。

---

① 《论语·子路》,杨伯峻译注:《论语译注》,第141页。

第三章　先秦时期的华夷观及其文化特点

从历史上看，中国自夏商周三代以来就是一个多民族的国家，秦汉皇朝的建立，更奠定了其统一多民族国家的基础。虽然在此后漫长的历史发展过程中不乏分裂，但却始终保持着一种统一的趋势，并逐步形成了一个以汉族为主体的多民族共同体。"华夷之辨"作为历史上的一个古老论题，突出地显示了中华文化当中关于民族观念的特殊价值取向和分类标准。虽然在历朝历代这个论题都曾被人们反复地提出，但中国古代的华夷观，至少在春秋时代就已经形成。

一、"华夏"与"夷狄"

从人类自身发展的过程来看，以血缘为纽带的氏族和部落是其最初形成的共同体，这种原始的共同体，天然地具有牢固的内聚力和排他性。随着氏族和部落发展成为有共同地域、共同语言、共同经济生活和共同文化的古代民族，即使血缘关系不再成为联结共同体的纽带，共同体的内聚力和排他性作为心理状态的一种沉淀，也会被不同程度地继承下来。[①]这可以说是种族意识和民族观念之所以能够形成的一个重要原因。就中国古代社会的历史发展而言，其特点正在于进入文明阶段后氏族制的血缘关系继续存在。它不是从早期的氏族制度经过革命性的变革，变成以地缘关系为基础的国家，而是在这个进程中保存了氏族社会血缘关系的大量特点。正因为如此，先秦时期民

---

① 参见林甘泉：《夷夏之辨与文化认同》，《中国古代政治文化论稿》，合肥：安徽教育出版社，2004年，第312页。

族关系当中的这种内聚力和排他性在观念形态上具有了独特的特点。所谓"神不歆非类，民不祀非族"[①]、"非我族类，其心必异"[②]、"异姓则异德，异德则异类"[③]之类的说法，就是这种特点的突出表现。

随着历史的发展，至晚从春秋时期开始，这种意识逐渐发展成为以华夏为尊，而贬斥夷狄的强调"华夷之别"和"夷夏之防"的观念。所谓"裔不谋夏，夷不乱华"[④]，就明显地表现出这种意识。对《左传》所载孔子的这句话，孔颖达《疏》曰："中国有礼仪之大，故称夏；有服章之美，谓之华。"[⑤]"华""夏"二字古音接近，可以互假。"华"字本义为花，引申为文彩、文明；而"夏"原指地名，进而为族名、国名，又有大的意思。《说文》："夏，中国之人也。"段注曰："以别于北方狄，东北貉，南方蛮闽，西方羌，西南焦侥，东方夷也。"[⑥]华夏族的先民主要分布在黄河流域，也自称"诸华""诸夏"或"中国"，在其周围，还有一些其他族称的氏族部落，即被统称为"四夷"的蛮夷戎狄。

"华夷之别"意识产生的原因固然有多种，而其中一个最主要的因素，就是华夏族的社会发展领先于"四夷"。这种差异的存在，使得他们在政治和文化上都表现出一种特殊的优越感。所谓"耳不听五声之和为聋，目不别五色之章为昧，心不则德义之经为顽，口不道忠信之言为嚚。狄皆则之，四奸具矣"[⑦]。"夫戎、狄，冒没轻儳，贪而不让。其血气不治，若禽兽焉。"[⑧]这些言论反映出华夏族对夷狄所带有的一种文化上的轻蔑和鄙视的态度。另外，就经济生活而言，华夏族是以农耕为主的民族，周边的戎狄则多为游牧荐处的部落。游牧民族会定期地对农耕民族进行侵扰和掠夺，这种现象在世界古代历史当中是屡见不鲜的。因此，华夏族也会对夷狄采取一种戒备和仇恨的态度，从而产生了"戎狄豺狼"[⑨]"戎

---

① 《左传·僖公十年》，杨伯峻编著：《春秋左传注》，第334页。
② 《左传·成公四年》，杨伯峻编著：《春秋左传注》，第818页。
③ 《国语·晋语四》，第356页。
④ 《左传·定公十年》，杨伯峻编著：《春秋左传注》，第1578页。
⑤ （唐）孔颖达：《春秋左传注疏》，（清）阮元校刻：《十三经注疏》，第2148页。
⑥ （汉）许慎撰，（清）段玉裁注：《说文解字注》，第233页。
⑦ 《左传·僖公二十四年》，杨伯峻编著：《春秋左传注》，第425页。
⑧ 《国语·周语中》，第62页。
⑨ 《左传·闵公元年》，杨伯峻编著：《春秋左传注》，第256页。

狄若禽兽"①"戎狄无亲而贪"②等敌对意识。特别是自西周中叶以来，周王朝同南北民族的战争更是接连不断。周昭王死于南征，周宣王败绩于姜氏之戎，周幽王更是被犬戎所杀。进入春秋后，南方楚的崛起和向北、向东的扩张以及北方的戎狄对中原地区的不断侵扰，又是当时历史的一大变故。《公羊传·僖公四年》说："南夷与北狄交，中国不绝如线。"这正反映出华夏族面对这种社会现实所产生的危机感。

以上所列举的这些民族差异和民族矛盾是历史发展中的客观存在，反映了春秋时期民族关系发展的一个侧面。但从另一个方面来看，夷夏间交往活动的日益扩大和频繁，融合和同化的不断进行，又有一种凝聚力把他们联系起来，从而使得他们的关系越来越密切。

从民族融合的自然过程来看，华夏族本身就是民族融合的产物。夏、商、周三代王朝创始者的祖先与"东夷"和"西戎"都有着密切的关系。《史记》中有"禹兴于西羌"③的记载。傅斯年指出："商人虽非夷，然曾抚有夷方之人，并用其文化，凭此人民以伐夏而灭之，实际上亦可说夷人胜夏。"④周人则原本兴起于陕西中西部，与氐羌有密切的关系。周武王伐纣时所带领的军队就是由周人和庸、蜀、羌、髳、微、卢、彭、濮人所组成的多部族的联军。⑤而周大夫祭公更是说过"我先王不窋用失其官，而自窜于戎、狄之间"⑥，可见周人也承认自己的民族曾是戎狄。所以商人征服夏，周人征服商，都是周边的部族进入中原。他们建立王朝后，就以正统自居，称为"华夏"。至晚到春秋时期，曾经构成夏、商、周的各个部落的子孙之国，已经超越了各自族群的差异，从而形成了称为"诸夏"或"诸华"的同一个民族共同体了。

进入春秋后，华夏族和周边蛮夷戎狄的交往和融合得到了进一步的加强，从而把民族融合推进到更高的阶段。⑦春秋期间，"诸夏"各诸侯国贵族与戎狄通婚的现象并不少见。史书里记载的著名的例子就有：晋献公曾"娶二女

---

① 《国语·周语中》，第62页。
② 《左传·襄公四年》，杨伯峻编著：《春秋左传注》，第936页。
③ 《史记》卷15《六国年表》，第686页。
④ 傅斯年：《夷夏东西说》，《民族与古代中国史》，石家庄：河北教育出版社，2002年，第39页。
⑤ 参见《尚书·牧誓》，（清）阮元校刻：《十三经注疏》，182—183页。
⑥ 《国语·周语上》，第2—3页。
⑦ 瞿林东：《论春秋时期各族的融合》，《学习与探索》1981年第1期。

于戎,大戎狐姬生重耳,小戎子生夷吾",又伐骊戎,获骊姬以归,立为夫人。①晋文公重耳和晋大夫赵衰则分别娶了狄女季隗、叔隗,而后来晋景公之姐更是嫁给赤狄潞子婴儿为妻。类似的婚姻关系在其他的诸侯国中也屡有发生,如鲁僖公之母成风就是东方的夷族,就连周襄王也曾以狄女为后。②《睡虎地秦墓竹简·法律答问》更记载:"可(何)谓夏子?臣邦父、秦母谓(也)。"③按这条秦律的规定,父亲是臣属于秦的少数民族,母亲是秦人,其子称为"夏子","夏子"就是华夏人。秦简的时代虽晚至战国末期,但这条律令显然是春秋以来夷夏间民族融合进程的最为具体的反映。

在相互通婚的同时,华夏各诸侯国同夷狄等族的盟会也很频繁。《春秋》中就有"会戎于潜""卫人及狄盟""白狄及晋平"、诸侯与淮夷"会于申"等诸多记载。这些盟会的举行不但促进了各族间的交往和融合,有的也具有深远的政治意义。晋大夫"魏绛和戎"就是其中具有典型意义的事例。鲁襄公四年(公元前569年),作为山戎首领的无终子嘉父"使孟乐如晋,因魏庄子纳虎豹之皮,以请和诸戎"。晋悼公认为"戎狄无亲而贪",主张对山戎应该采取"伐"的策略,而晋大夫魏绛却根据当时内外形势极力主张"和戎"的方针,并且向悼公讲述了"和戎"会给晋国带来的"五利":

> 戎狄荐居,贵货易土,土可贾焉,一也。边鄙不耸,民狎其野,穑人成功,二也。戎狄事晋,四邻振动,诸侯威怀,三也。以德绥戎,师徒不勤,甲兵不顿,四也。鉴于后羿,而用德度,远至、迩安,五也。④

魏绛"和戎"的主张虽然是从利害得失角度进行考虑,但这种策略在客观上确实也起到了促进民族之间交往和融合的作用,不但使"公誉达于戎",而且对晋国的政治也产生了深远的影响。《国语》在记述晋国历史时曾总结说:"诸戎来请服,使魏庄子盟之,于是乎始复霸。"⑤这是把"和戎"作为晋悼公复

---

① 《左传·庄公二十八年》,杨伯峻编著:《春秋左传注》,第239页。
② 参见《左传·僖公二十一年》《国语·周语中》。
③ 睡虎地秦墓竹简整理小组编:《睡虎地秦墓竹简》,北京:文物出版社,1978年,第227页。
④ 《左传·襄公四年》,杨伯峻编著:《春秋左传注》,第939页。
⑤ 《国语·晋语七》,第436页。

兴霸业的一个重要原因来看待了。

除了以上所说民族融合的自然历史进程和政治因素之外，在先秦时期还有一个影响民族关系发展的重要因素，即各民族之间的文化影响和认同意识。华夏族所创造的礼乐文明对四周的夷狄产生了很大的影响，从而也促进了非华夏各族的华化。鲁襄公十四年（公元前559年），晋国执政范宣子同姜戎驹支发生争执，驹支虽然认为"我诸戎饮食衣服不与华同，贽币不通，言语不达"①，但他能赋《青蝇》以明其志，说明他对中原文化是很熟悉的。吴国公子季札在访问中原各国观礼听乐时所表现出的对华夏文化的素养也曾为中原人士所惊叹，而当时更是有所谓"天子失官，官学在四夷"②的说法。这些事例，都反映了华夏族文化的广泛传播和影响。

随着华夏族文化的影响面不断扩大，华夏文化也在不断吸收、融合周边文化于自己的肌体之中，从而又不断丰富了华夏族文化。《左传·僖公二十二年》记载平王东迁之时，周大夫辛有适伊川，"见被发而祭于野者"，就曾发出"不及百年，此其戎乎！其礼先亡矣"的感叹。伊川本为周地，可见那里的人们已经受到戎狄风俗的影响了。春秋时期鲁国也曾将"昧"与"任"两种音乐吸收进入太庙的祭乐当中。"昧"是东夷的音乐，"任"是南蛮的音乐，这种纳蛮夷之乐于太庙的做法，对于恪守宗周礼乐传统的鲁国来说，也是不寻常的。③此外，比较典型的例证还有《史记·秦本纪》中关于由余的记载：

> （戎王）闻缪公贤，故使由余观秦。秦缪公示以宫室、积聚。由余曰："使鬼为之，则劳神矣。使人为之，亦苦民矣。"缪公怪之，问曰："中国以诗书礼乐法度为政，然尚时乱，今戎夷无此，何以为治，不亦难乎？"由余笑曰："此乃中国所以乱也。夫自上圣黄帝作为礼乐法度，身以先之，仅以小治。及其后世，日以骄淫。阻法度之威，以责督于下，下罢极则以仁义怨望于上，上下交争怨而相篡弑，至于灭宗，皆以此类也。夫戎夷不然。上含淳德以遇其下，下怀忠信以事其上，一国之政犹一身之治，

---

① 《左传·襄公十四年》，杨伯峻编著：《春秋左传注》，第1007页。
② 《左传·昭公十七年》，杨伯峻编著：《春秋左传注》，第1389页。
③ 《礼记·明堂位》："昧，东夷之乐也。任，南蛮之乐也。纳夷蛮之乐于大庙，言广鲁于天下也。"[（清）阮元校刻：《十三经注疏》，第1489页］

不知所以治，此真圣人之治也。①

虽然《史记》中的这段记载很可能是采自战国以来的传说，未必就能作为信史看待。但这个故事却反映了当时人们对中原礼乐文化所存在的弊端的反思和对戎夷文化的优点的认识。由余本人大概就是一个戎狄化的华夏族的人，史载"其先晋人也，亡入戎，能晋言"②。秦穆公正是采纳了他的计谋而得以独霸西戎的。

二、先秦儒家学派的民族观

民族观的发展是伴随着民族本身以及民族关系的发展不断变化的，自春秋以来，在这种民族融合与文化交流的不断进行中，夷夏各族之间民族意识渐渐趋向模糊，这也造成了先秦时期民族观念当中"华夷之别"的族群区分界限往往表现出不甚明显的特点。其重点并不单纯着眼于种族或地域的不同，而更加反映在生产、生活方式以及以此为基础的行为方式和价值观等文化水平上的不同。这种思想在以孔、孟、荀为代表的先秦儒家学派当中表现得至为突出，对于后世民族观的发展也产生了深远的影响。

孔子本就是殷人之后，但在他的生平当中很难看到有所谓商、周间的民族界限的观念与意识。相反，对于"监于二代"的周礼，他却推崇备至，主张"郁郁乎文哉！吾从周"③。对待管仲，孔子一方面批评他不知礼，另一方面却对他相辅齐桓公的功绩评价道："管仲相桓公，霸诸侯，一匡天下，民到于今受其赐。微管仲，吾其被发左衽矣。"④虽然孔子对齐桓、管仲的"尊王攘夷"大为赞赏，但这并不是说他对夷狄是一概地加以排斥和歧视的。"被发左衽"指的是夷狄的风俗，孔子的这种感叹也主要是基于文化立场而发，所褒扬的"攘夷"也是指文化之夷，而并非种族之夷。夷夏间的差别，在孔子

---

① 《史记》卷5《秦本纪》，第192—193页。
② 《史记》卷5《秦本纪》，第192页。
③ 《论语·八佾》，杨伯峻译注：《论语译注》，第28页。
④ 《论语·宪问》，杨伯峻译注：《论语译注》，第151页。

那里与其说是一个种族上的问题，不如说是一种文化和政治上的差别。

开创私学是孔子重要的历史功绩之一，他对狄夷的态度也体现在这种实践当中。"有教无类"①是孔子兴办私学的方针。所谓"无类"，既可以解释为没有社会等级的差别，也可以理解为不受种族和地域的约束。因为孔子的弟子当中除了出身贫贱者之外，也有来自于楚、秦、吴等被视为夷狄之国的子弟。②而孔门高足子夏更是说过："君子敬而无失，与人恭而有礼。四海之内，皆兄弟也。"③《尔雅·释地》曰："九夷、八狄、七戎、六蛮，谓之四海。"郭璞注："九夷在东，八狄在北……六蛮在南。"④可见这里并没有排斥蛮夷戎狄的存在，而是将他们作为构成"天下"的一个不可缺少的部分来看待。

在政治上，孔子提倡"为政以德"⑤。在他看来，这种德政的原则同样也适用于对民族问题的处理。例如，对于"远人"即周边的夷狄，孔子认为要采用"不服，则修文德以来之。既来之，则安之"⑥的怀柔政策，这与一些人主张"德以柔中国，刑以威四夷"⑦是有所不同的。此后《中庸》也讲到为政有所谓的"修身""尊贤""亲亲""敬大臣""体群臣""子庶民""来百工""柔远人""怀诸侯"的"九经"之道。"柔远人"作为治理国家的一个重要方面被提了出来，是对孔子思想的进一步发展。

在对待夷狄的文化上，孔子也有一种虚心的态度。《左传·昭公十七年》："郯子来朝，公与之宴。昭子问焉，曰：'少暤氏鸟名官，何故也？'郯子曰：'吾祖也，我知之……'仲尼闻之，见于郯子而学之。既而告人曰：'吾闻之，"天子失官，官学在四夷"，犹信。'"⑧作为东夷的郯子却掌握华夏文化，所以孔子就向他学习。弟子樊迟问仁。孔子答曰："居处恭，执事敬，与人忠。虽之夷狄，不可弃也。"⑨弟子子张问行，孔子又说："言忠信，行笃敬，虽蛮

---

① 《论语·卫灵公》，杨伯峻译注：《论语译注》，第170页。
② 参见李启谦：《孔门弟子研究》，济南：齐鲁书社，1987年。
③ 《论语·颜渊》，杨伯峻译注：《论语译注》，第125页。
④ （清）阮元校刻：《十三经注疏》，第2616页。
⑤ 《论语·为政》，杨伯峻译注：《论语译注》，第11页。
⑥ 《论语·季氏》，杨伯峻译注：《论语译注》，第172页。
⑦ 《左传·僖公二十五年》，杨伯峻编著：《春秋左传注》，第434页。
⑧ 《左传·昭公十七年》，杨伯峻编著：《春秋左传注》，第1386—1389页。
⑨ 《论语·子路》，杨伯峻译注：《论语译注》，第140页。

貊之邦,行矣。言不忠信,行不笃敬,虽州里,行乎哉?"①可见孔子在对待夷狄的态度上不存在狭隘的民族观念,而是认为他们与诸夏之间存在着共同的道德标准。而对于夷狄的长处,他更是予以赞许:"夷狄之有君,不如诸夏之亡也。"②历代注家对此句的注释颇多异议,而以朱熹《论语集注》中引程子"夷狄且有君长,不如诸夏之僭乱,反无上下之分也"③之说为最宜。因为当时各诸侯国都有僭越行为,夷狄却有君长,便为孔子所肯定。孔子甚至也有要到"九夷"去的愿望,《论语·子罕》载:"子欲居九夷。"或曰:"陋,如之何?"子曰:"君子居之,何陋之有?"皇侃《义疏》引孙绰云:"九夷所以为陋者,以无礼义也。君子所居者化,则陋有泰也。"④夷狄地区虽然粗陋,但孔子坚信君子去了定能影响民众,使其有所改观。

　　荀子也曾说过:"体恭敬而心忠信,术礼义而情爱人,横行天下,虽困四夷,人莫不贵。"⑤这就是说即便是居住于"四夷"之地,只要不失其"礼",就能得到人们的尊敬和信任。这句话反过来的意思是,华夏族即使居住的地方不变,但如果失去了"礼",也会变成"夷狄"。对于作为"夏余"的杞国,《春秋》一贬再贬,自侯而伯,自伯而子,视其为夷狄,原因就在于其统治者舍弃了华夏文化的"礼",而接受了东夷的习俗。⑥

　　孟子也多次提到夷狄向华夏的转化,他曾举陈良的例子说:"吾闻用夏变夷者,未闻变于夷者也。陈良,楚产也,悦周公、仲尼之道,北学于中国。北方之学者,未能或之先也。彼所谓豪杰之士也。"⑦陈良是楚国人,本为"南蛮",却喜好"华夏"的文化,在孟子看来这正是"用夏变夷"的结果。虽然孟子只强调了"用夏变夷",而不承认夏也能够"变于夷",但在他的思想当中,民族的界限也是一种文化标准,而不是种族或地域的差别,即使是"蛮夷戎狄"只要学习到了"中国"的文化,就可以变为"华夏"。孟子还曾说过:

---

① 《论语·卫灵公》,杨伯峻译注:《论语译注》,第162页。
② 《论语·八佾》,杨伯峻译注:《论语译注》,第24页。
③ (宋)朱熹撰:《四书章句集注》,第62页。
④ (清)程树德撰,程俊英、蒋见元点校:《论语集释》,北京:中华书局,1990年,第606页。
⑤ 《荀子·修身》,(清)王先谦撰,沈啸寰、王星贤点校:《荀子集解》,第28页。
⑥ 《左传·僖公二十三年》:"十一月,杞成公卒。"书曰"子",杞,夷也。不书名,未同盟也。《左传·僖公二十七年》:"二十七年春,杞桓公来朝。用夷礼,故曰子。"(杨伯峻编著:《春秋左传注》,第403—404、443页)
⑦ 《孟子·滕文公上》,杨伯峻译注:《孟子译注》,第125页。

"舜生于诸冯，迁于负夏，卒于鸣条，东夷之人也。文王生于岐周，卒于毕郢，西夷之人也。地之相去也，千有余里；世之相后也，千有余岁。得志行乎中国，若合符节，先圣后圣，其揆一也。"①舜和周文王都是儒家尊奉的先圣，但在孟子口中他们却一是东夷，一是西夷，这更是夷可以变为夏的典范了。

在先秦儒家思想当中，"华夏"和"夷狄"的差别主要是根据文化和政治而言的，而在谈到这种差别的同时，他们也认识到一种民族性的形成与其所处的自然和社会环境息息相关。孔子就有"素夷狄，行乎夷狄"②的话，此后荀子更是指出："居楚而楚，居越而越，居夏而夏，是非天性也，积靡使然也。故人知谨注错，慎习俗，大积靡，则为君子矣；纵性情而不足问学，则为小人矣。为君子则常安荣矣，为小人则常危辱矣。"③他认为体现在一个人身上的民族特性，并不是与生俱来的，而是要受到其所处的社会文化环境的影响和制约。在《劝学》篇中，荀子也说道："干、越、夷、貉之子，生而同声，长而异俗，教使之然也。"④这里，作为民族区别上的自然血缘属性显然被忽略了，强调的是通过后天的学习和教化来完成风俗习惯和生活方式的养成。而在《礼记·王制》中对此有更详细的说明："中国戎夷，五方之民，皆有性也，不可推移。东方曰夷，被发文身，有不火食者矣。南方曰蛮，雕题交趾，有不火食者矣。西方曰戎，被发衣皮，有不粒食者矣。北方曰狄，衣羽毛穴居，有不粒食者矣。中国、夷、蛮、戎、狄，皆有安居、和味、宜服、利用、备器。五方之民，言语不通，嗜欲不同。"⑤虽然《王制》出于汉初儒生之手，这段文字却颇能反映先秦儒家对民族的构成、分布及其风俗的一些基本的观念。"五方之民"的生活、生产与习俗的差异，都是因为地理环境不同，为适应环境而形成的，非人力可以推移，因此《王制》提出对四方各族统一和管辖的方式也是"修其教不易其俗，齐其政不易其宜"。后世对边疆民族各种"因俗而治"的制度和策略，都是从这个总原则出发制定的。

---

① 《孟子·离娄下》，杨伯峻译注：《孟子译注》，第184页。
② 《礼记·中庸》，（清）阮元校刻：《十三经注疏》，第1627页。
③ 《荀子·儒效》，（清）王先谦撰，沈啸寰、王星贤点校：《荀子集解》，第144页。
④ 《荀子·劝学》，（清）王先谦撰，沈啸寰、王星贤点校：《荀子集解》，第2页。
⑤ （清）阮元校刻：《十三经注疏》，第1338页。

三、《春秋》经传与"华夷之辨"

以上对以孔子为代表的先秦儒家学派关于夷夏关系所作思考作了一番概略陈述,这些思想在《春秋》经传当中更有比较集中的反映。韩愈曾说过,"孔子之作《春秋》也,诸侯用夷礼,则夷之;进于中国,则中国之"①。这个论述确实把握了儒家思想当中华夷族群界限的特殊性格。虽然《春秋》并不像一些经学家所说的那样充满了种种的微言大义,但这种思想在此后的《公羊传》和《榖梁传》那里却得到了比较系统和全面的阐发。

在《公羊传》和《榖梁传》中,春秋时期的民族构成主要被分为"夷狄"和"诸夏"两个集团,其中的夷狄除了东夷、戎、戎蛮氏、白狄等明显带有"戎""狄"字眼的民族外,还指秦、楚、吴等国。所谓"《春秋》内诸夏而外夷狄"②,二传对于民族界限的划分是非常明确的,特别突出了民族差别的存在。

《春秋·庄公十八年》记:"夏,公追戎于济西。"《公羊传》云:

> 此未有言伐者,其言追何?大其为中国追也。此未有伐中国者,则其言为中国追何?大其未至而豫御之也。其言于济西何?大之也。③

在这段文字当中,《公羊传》一连用了三个"大"字,以此来表示对"追戎"这件事的重视和肯定。同时,作者更是夸赞鲁庄公能为"中国"追逐戎人,强调"追戎"并非是为鲁国而已,而是恩及整个"中国"。其实对于戎人的这次来犯,鲁国起先并不知晓,只是在其离开后才进行了追击,所以《春秋》经文只书"追戎"而未记载戎人的来犯。④对这次并不及时的"逐戎",《公羊传》显然作了夸大描述,不过是借此来宣扬其攘夷的主张罢了。《春秋·僖公

---

① (唐)韩愈:《原道》,《韩昌黎全集》,第174页。
② 《公羊传·成公十五年》,(清)阮元校刻:《十三经注疏》,第2297页。
③ (清)阮元校刻:《十三经注疏》,第2235页。
④ 《左传·庄公十八年》:"公追戎于济西。不言其来,讳之也。"杜注曰:"戎来侵鲁,鲁人不知,去乃追之,故讳不言其来。"[(清)阮元校刻:《十三经注疏》,第1773页] 按照这种解释,《春秋》之所以没有记载戎人的来犯,是因为讳言鲁国防御上的失误。

四年》曰:"楚屈完来盟于师,盟于召陵。"《公羊传》云:

> 屈完者何?楚大夫也。何以不称使?尊屈完也。曷为尊屈完?以当桓公也。其言盟于师、盟于召陵何?师在召陵也。师在召陵,则曷为再言盟?喜服楚也。何言乎喜服楚?楚有王者则后服,无王者则先叛。夷狄也,而亟病中国。南夷与北狄交,中国不绝若线。桓公救中国,而攘夷狄,卒怗荆,以此为王者之事也。[1]

春秋初期,民族矛盾和冲突日趋激烈,"南夷与北狄交,中国不绝若线"。在此时,齐桓公适时地打出了"尊王攘夷"的旗号,遏阻了楚狄的侵犯,终于使叛服无常、亟痛中国的楚屈服。《公羊传》对齐桓公这种"救中国而攘夷狄"的行为,不但大加赞赏,更是推许其为"王者之事"。可见,执守攘夷的主张,突出夷夏之别,是《公羊传》所强调的一个观点。

在强调夷夏之别的立场上,《穀梁传》并不逊于《公羊传》,但在表达方式上二者却各有侧重。大体说来,《穀梁传》主要是从《春秋》"属辞比事"的角度来对"夷狄"和"诸夏"加以区分的。例如,它发挥"日月时例",认为《春秋》在记事上遵循"中国谨日,卑国月,夷狄不日"[2]和"中国日,卑国月,夷狄时"[3]的原则。这就是说,按《春秋》对与夷狄相关的史事是不予记载日期的,以此来表示"夷狄"与"中国"的区别。对待夷狄之君,《穀梁传》也认为《春秋》不应记载他们的名字。《春秋·隐公七年》"滕侯卒"。《穀梁传》曰:"滕侯无名。少曰世子,长曰君,狄道也。"《穀梁传》所说的这种义例,很难和《春秋》的记载完全符合,实际上也是借此来表达它将"诸夏"与"夷狄"相区分的一种态度。《穀梁传》还认为,对于诸侯与夷狄的盟会,《春秋》也采用了不同的记载方式。如《春秋·宣公十一年》:"秋,晋侯会狄于欑函。不言及,外狄。"关于《春秋》中的"及"字,《穀梁传》认为有"书尊及卑"或"以尊及卑"的意思,所以《春秋》之所以不书"晋侯及狄会于欑函",就是因为要将狄人排除于"诸夏"之外。又如,《春秋》于成公

---

[1] (清)阮元校刻:《十三经注疏》,第2249页。
[2] 《穀梁传·宣公十五年》,(清)阮元校刻:《十三经注疏》,第2415页。
[3] 《穀梁传·襄公六年》,(清)阮元校刻:《十三经注疏》,第2426页。

十五年和襄公十年，分别记载了中原诸侯国与吴的两次盟会：

> 冬，十有一月，叔孙侨如会晋士燮、齐高无咎、宋华元、卫孙林父、郑公子鰌、邾娄人，会吴于钟离。①
>
> 十年春，公会晋侯、宋公、卫侯、曹伯、莒子、邾娄子、滕子、薛伯、杞伯、小邾娄子、齐世子光，会吴于柤。②

关于这两次盟会，虽然都是吴王夫差主会，但《春秋》在记载时却分别用了两次"会"字，使得盟会看似是中原诸侯先相会后，再与吴相会。《穀梁传》解释说，"会又会，外之也"，以此说明要将"夷狄"排斥于"诸夏"之外。在襄公十五年诸侯"会吴于柤"后，《春秋》紧接着又记载"夏，五月甲午，遂灭傅阳"。《穀梁传》对此又发论道："遂，直遂也。其曰遂何？不以中国从夷狄也。"③实际上是诸侯从吴以灭傅阳，但《穀梁传》认为"中国"之君不能从于"夷狄"，所以强调经文使用"遂"字来表示如同诸侯自行消灭傅阳，并没有跟从吴国的意思。

既然《公羊传》和《穀梁传》都主张夷夏之别，并以中国为尊，夷狄为卑，所以本着为尊者、亲者讳的原则，对于诸夏与夷狄战争中的失败，它们都主张应该予以讳言。如在《公羊传》中就有"不与夷狄之执中国也"④和"不与夷狄之获中国也"⑤的说法，而《穀梁传》更是认为在同夷狄的战争中"中国不言败"⑥，即对中国的失败不予记载。这种为中国讳败的观点自然也是与它们坚持"攘夷"的立场相一致的。

虽然在《公羊传》《穀梁传》二传当中对"夷狄"始终抱着一种排斥与蔑视的态度，于"夷夏之防""夷夏之别"则特别强调。不过如前文中提到的那样，"《春秋》诸侯用夷礼，则夷之；进于中国，则中国之"。对于《春秋》中的这种思想，《公羊传》《穀梁传》都予以明确阐发，从而极大地发展了自孔

---

① （清）阮元校刻：《十三经注疏》，第 2297 页。
② （清）阮元校刻：《十三经注疏》，第 2303 页。
③ （清）阮元校刻：《十三经注疏》，第 2427 页。
④ 分别见《公羊传·隐公七年》《公羊传·僖公二十一年》，（清）阮元校刻：《十三经注疏》，第 2209、2256 页。
⑤ 《公羊传·庄公十年》，（清）阮元校刻：《十三经注疏》，第 2232 页。
⑥ 《穀梁传·庄公十年》《穀梁传·昭公二十三年》，（清）阮元校刻：《十三经注疏》，第 2383、2439 页。

子以来的这种夷夏之间可以相互转化的民族观念。

在《公羊传》中对夷狄有七等尊卑不同的书法，即"州不若国，国不若氏，氏不若人，人不若名，名不若字，字不若子"①。其中称州名为最卑，称爵位为最尊。《公羊传》常以这种方法来表达对夷狄的进退褒贬。如对楚国，《公羊传·庄公十年》记曰：

秋九月，荆败蔡师于莘，以蔡侯献舞归。荆者何？州名也。②

在这里作为夷狄的楚是以"州"名，即"荆"出现的，显然处于七等中的最低的一等。《春秋·庄公二十三年》："荆人来聘。"《公羊传》云："荆何以称人？始能聘也。"何休《春秋公羊传解诂》曰："因其始来聘，明夷狄能慕王化，修聘礼，受正朔者，当进之，故使称人也。称人当系国，而系荆者，许夷狄者，不一而足。"③楚作为夷狄，愿意与中国交好，修习聘礼，这是由夷向夏转化的一个进步，所以也就由"州"进称为"人"了。到了文公九年，《春秋》记载："冬，楚子使椒来聘。"《公羊传》曰："楚无大夫？此何以书？始有大夫也。始有大夫，则何以不氏？许夷狄者，不一而足也。"④在这里，楚不仅称"子"，进到了七等中的最高一等，而且也有了大夫，礼制完备。虽然《公羊传》认为"许夷狄者，不一而足"，故对夷狄的大夫不记以氏，但夷夏间的差别却不是很明显了。应该指出，《公羊传》的这些解释不乏牵强附会和自相矛盾之处，但也说明了"夷狄"向"华夏"转化这样一个渐进的过程，从而反映出夷夏文化逐渐融合的一种历史趋势。

在《穀梁传》中也有"州不如国，国不如名，名不如字"⑤的说法，虽然在一些具体细节上和《公羊传》略有差异，但表达的基本思想却是一致的。而在"夷狄"向"华夏"转化的这个过程中，《穀梁传》更是明确说明，夷狄的进至是"善累而后进之"。《春秋·僖公十八年》记："冬，邢人、狄人伐

---

① 《公羊传·庄公十年》，（清）阮元校刻：《十三经注疏》，第2232页。
② （清）阮元校刻：《十三经注疏》，第2232页。
③ （清）阮元校刻：《十三经注疏》，第2237页。
④ （清）阮元校刻：《十三经注疏》，第2270页。
⑤ 《穀梁传·庄公十四年》，（清）阮元校刻：《十三经注疏》，第2383页。

卫。"狄人伐卫，是"夷狄"伐"中国"的行为，但《春秋》却为何要在这里称其为"人"呢？对此《穀梁传》解释说："狄其称人何也？善累而后进之。伐卫，所以救齐也，功近而德远矣。"① 原来在本年春，宋、曹、卫、邾四国伐齐，鲁国和狄都发兵救齐，被《穀梁传》所善。② 所以，在《穀梁传》看来，狄人在本年冬季的伐卫仍然是救齐的善举，两善相累，就被进之为"人"了。

当然，《公羊传》和《穀梁传》所讲的"夷狄"进于"中国"并不是一个简单的直线过程，其间也会发生许多反复。如果"夷狄"有不合于礼义的行为，那么即使他们已经渐进于"华夏"行列，也仍然会把他们再贬回"夷狄"当中。《春秋·襄公二十九年》："吴子使札来聘。"《公羊传》曰：

吴无君无大夫，此何以有君有大夫？贤季子也。何贤乎季子？让国也。……贤季子则吴何以有君有大夫？以季子为臣，则宜有君者也。③

《穀梁传》曰：

吴子使札来聘。吴其称子何也？善使延陵季子，故进之也。身贤，贤也，使贤，亦贤也。延陵季子之贤，尊君也。其名，成尊于上也。④

吴本是"无君无大夫"的夷狄，《春秋》在此则称其君为"吴子"。《公羊传》和《穀梁传》都认为由于来访者是吴国的公子季札，为了表示对这位贤者的尊敬，所以要进称吴君为"子"。

《春秋·定公四年》："冬十有一月庚午，蔡侯以吴子及楚人战于柏举⑤，楚师败绩。"《公羊传》云："吴何以称子？夷狄也，而忧中国。"《穀梁传》云："吴其称子，何也？以蔡侯之以之，举其贵者也。蔡侯之以之，则其举贵者，

---

① （清）阮元校刻：《十三经注疏》，第 2398—2399 页。
② 《穀梁传·僖公十八年》："五月戊寅，宋师及齐师战于甗。齐师败绩。战不言伐，客不言及；言及，恶宋也。狄救齐。善救齐也。" [（清）阮元校刻：《十三经注疏》，第 2398 页]
③ （清）阮元校刻：《十三经注疏》，第 2313 页。
④ （清）阮元校刻：《十三经注疏》，第 2432 页。
⑤ 《左传》作"柏举"，《公羊传》作"伯莒"，《穀梁传》作"伯举"，盖同音相假。

何也？吴信中国而攘夷狄，吴进矣。"①对于吴楚的柏举之战，《公羊传》和《穀梁传》都对吴表示了赞许。它们都认为《春秋》之所以要称吴君为"吴子"，是因为吴国帮助蔡国与楚交战，为了嘉勉吴国的"忧中国""信中国而攘夷狄"的行为，所以进吴君而称其为"子"，使它等同"中国"之君。可是当吴国击败楚国并攻入郢都之后，《春秋》却再没有使用"吴子"一词，而是直接记载"庚辰，吴入楚"。《公羊传》遂据此而发论道：

> 吴何以不称子？反夷狄也。其反夷狄奈何？君舍于君室，大夫舍于大夫室，盖妻楚王之母也。②

《穀梁传》也说：

> 何以谓之吴也？狄之也。何谓狄之也？君居其君之寝，而妻其君之妻；大夫居其大夫之寝，而妻其大夫之妻。盖有欲妻楚王之母者。不正，乘败人之绩，而深为利，居人之国，故反其狄道也。③

可见，对吴在占领楚国的都城郢都后居人之室、淫人妻女的贪暴行为，《公羊传》和《穀梁传》都加以无情地贬斥，将已经进为"中国"的"吴"，复贬退为"夷狄"。但到哀公十三年（公元前482年），《春秋》的记载当中却再次出现了"吴子"一词：

> 夏，许男成卒。公会晋侯及吴子于黄池。

对此《穀梁传》更发挥说：

> 黄池之会，吴子进乎哉！遂子矣。吴，夷狄之国也，祝发文身，欲因鲁之礼，因晋之权，而请冠、端而袭其藉于成周，以尊天王。吴进矣！

---

① （清）阮元校刻：《十三经注疏》，第2337、2444页。
② （清）阮元校刻：《十三经注疏》，第2337页。
③ （清）阮元校刻：《十三经注疏》，第2444页。

> 吴，东方之大国也，累累致小国以会诸侯，以合乎中国。吴能为之，则不臣乎？吴进矣！王，尊称也。子，卑称也。辞尊称而居卑称，以会乎诸侯，以尊天王。吴王夫差曰："好冠来！"孔子曰："大矣哉！夫差未能言冠而欲冠也。"①

依照《穀梁传》的说法，吴君在黄池之会上依据鲁国的礼仪，穿着玄端章甫的朝服，不但改变了原来的蛮夷习俗，而且抛弃了"王"的称号，自称为"子"，以表示愿意归顺为周王的臣下，因此吴就又进于"中国"之列，而要改称"吴子"了。

由此可见，《公羊传》《穀梁传》对"夷狄"的判断显然并非一味地加以排斥，而是要以行为的文明或野蛮，亦即文化的角度，来作为华夷判断的标准，这个文化的标准，就是以周礼为核心的行为准则。因此，即便原本属于华夏族的"中国"，如果所行非礼，同样也会被贬入"夷狄"之列。《春秋·昭公二十三年》记载："戊辰，吴败顿、胡、沈、蔡、陈、许之师于鸡父。"《公羊传》言道：

> 胡子髡、沈子楹灭，获陈夏啮。此偏战也，曷为以诈战之辞言之？不与夷狄之主中国也。然则曷为不使中国主之？中国亦新夷狄也。②

吴国在鸡父打败了顿、胡、沈、蔡、陈、许六国的联军，这是"夷狄"败"中国"，按照《公羊传》"不与夷狄之主中国"的说法，应该先记载中原诸国再记载吴国，但为什么《春秋》没有这样写呢？《公羊传》解释道："中国亦新夷狄也。"何休《春秋公羊传解诂》云："中国所以异乎夷狄者，以其能尊尊也。王室乱，莫肯救，君臣上下坏败，亦新有夷狄之行，故不使主之。"③因为当时周敬王因子朝之乱而居于狄泉，作为"中国"的顿、胡、沈、蔡、陈、许非但没有救助，反而跟从楚国同吴交战，所以《公羊传》就把它们当作"夷狄"来对待了。

---

① （清）阮元校刻：《十三经注疏》，第 2451 页。
② （清）阮元校刻：《十三经注疏》，第 2327 页。
③ （清）阮元校刻：《十三经注疏》，第 2327 页。

在"中国"可以退为"夷狄"的立场上,《榖梁传》表达比《公羊传》还要明确一些。如《春秋·昭公十二年》:"晋伐鲜虞。"《榖梁传》曰:

> 其曰晋,狄之也。其狄之何也? 不正其与夷狄交伐中国,故狄称之也。

范宁注曰:"鲜虞,姬姓,白狄也,地居中山,故曰中国。夷狄谓楚也。"[①]可见鲜虞本为夷狄,《榖梁传》将它错当成"中国"来看待了。按照它的说法,晋伐鲜虞时,楚也伐陈,在相同的时间内晋楚两国交伐"中国",所以要将晋贬为"夷狄"。再如《春秋·襄公三十年》记:"夏,四月,蔡世子般弑其君固。"《榖梁传》说:"其不日,子夺父政,是谓夷之。"[②]蔡世子般弑其君固是以臣弑君、子夺父政的非礼行为。在《榖梁传》看来,《春秋》没有对此事记载日期,也是要将其贬称为"夷狄"。

可以说,《公羊传》《榖梁传》虽然强调夷夏之别并始终坚持"攘夷"的主张,但这种立场并非是基于狭隘的民族主义,而是有着广泛的文化内涵。在二传当中,"中国"与"夷狄"的差别不是一种按照血缘和种族规定的固定不变的概念,而是要靠政治和文化来决定。它们所重视和强调的是"夷狄"向"华夏"转化,"夷狄"可以进为中国,"中国"也可以贬为夷狄,这种转化是以文化、礼制、风俗上的转变为根据的,主要是以其是否愿意接受华夏文化为标准,表达的是对中原礼乐文化的强烈认同。

以先秦儒家为代表的民族观,既具有以华夏为尊,轻视蛮夷、戎狄的一面,更有兼容并包、促进民族亲善与交融的一面,而以文化作为区分华夷的首要标准,促进了民族间的认同和融合。可以说,这是中国传统"华夷观"的基本特点,此后历朝历代关于华夷关系的种种讨论,都离不开这些特点。从中国的历史上来看,虽然少数民族曾经不止一次地进入中原并建立政权,但是华夏文化非但没有因此消亡或中断,反而以其强大的生命力和凝聚力同化了这些民族,使他们也融入中华民族的肌体当中。之所以会产生如此的现象,儒家思想所提倡的这种开放性的民族观念无疑曾起到过极为重要的作用,这也是中国统一多民族国家的传统之所以形成、发展并且能够一直延续至今的一个不可忽视的因素。

---

① (清)阮元校刻:《十三经注疏》,第 2436 页。
② (清)阮元校刻:《十三经注疏》,第 2432 页。

第四章 《左传》的"天道"观

"天人关系"是中国古代哲学思想的一个中心问题，也是中国古代史学当中的重要命题，与哲学史上讨论的"天人合一""天人相分""天人感应"等有所不同，中国古代史学中关于"天人关系"的认识和讨论则主要涉及如何看待社会存在的形式和历史动因等方面的问题。就先秦时期历史观的发展而言，人们在看待和讨论社会历史动因这一问题时，也主要是沿着"天人关系"这条线索来展开思考的。从甲骨文、金文以及《诗经》《尚书》等记载来看，古老的天人关系主要涉及至上神和最高统治者的关系。随着时代变迁，大约从西周末年开始，人们对传统的"天命"已经开始产生怀疑和动摇，这也使他们对社会和历史的思考逐渐从原来"天命"的观点转而向"人事"方向探求。[①]这种思想上的变化，在此后的《左传》中表现得更为突出，从而反映出中国古代历史观发展的一个明显且重要的变化。

一、《左传》中的"天"

关于"天"或"天道"的思想，《左传》不乏记述，在哲学史、思想史研究中亦不乏相关论述，考虑到"天"这一观念在中国传统文化当中所具有的复杂性和多样性，也导致了人们对其定义、定性的广泛讨论。不过可以肯定的是，《左传》中出现的"天"或"天道"观念虽然在一定程度上仍然继承了《诗经》《尚书》中那种自然或人间祸福主宰者的思想，但可以看到其间确实也发生了许多明显的变化。在具体运用上，它们的含义或侧重虽各有不同，

[①] 参见瞿林东：《中国古代历史理论发展大势》，《河北学刊》2011年第6期。

但大体上仍可以概括为"主宰性"的天、"命运性"的天和"法则性"的天这三种类型。

关于第一类"主宰性"的天,《左传·宣公三年》记载:

> 楚子伐陆浑之戎,遂至于雒,观兵于周疆。定王使王孙满劳楚子。楚子问鼎之大小、轻重焉。对曰:"在德不在鼎。……成王定鼎于郏鄏,卜世三十,卜年七百,天所命也。周德虽衰,天命未改。鼎之轻重,未可问也。"①

面对意欲北上图霸的楚庄王,王孙满指出周王朝的合法性"在德不在鼎",这显然是周初统治者所确立的"天命"观点。同时,王孙满又指明周德虽然已经衰落,却并未失去"天命"的佑护,周的福祚是由天所决定的。这种讲法虽不乏矛盾之处,总的来说仍是以"天命"作为人事主宰。相似的例子还有《左传·昭公七年》:

> 卫齐恶告丧于周,且请命。王使郕(成)简公如卫吊,且追命襄公曰:"叔父陟恪,在我先王之左右,以佐事上帝,余敢忘高圉、亚圉?"②

成简公代表周王吊丧于卫国,吊辞中说希望卫襄公升天后,在周的先王左右,共同服侍上帝。这表示王公死后可升天为神,显然和《诗经》中"文王陟降,在帝左右"③的观念是一致的。

《左传》中第二类"天"的用法是倾向于将其作为一种命运式的理解。例如,楚成王评价晋文公所说:"晋侯在外,十九年矣,而果得晋国。险阻艰难,备尝之矣;民之情伪,尽知之矣。天假之年,而除其害。"④鲁僖公夫人姜氏归于齐,"将行,哭而过市,曰:'天乎!仲为不道,杀嫡立庶'"⑤。前

---

① 杨伯峻编著:《春秋左传注》,第 669—672 页。
② 杨伯峻编著:《春秋左传注》,第 1294 页。
③ 《诗经·大雅·文王》,(清)阮元校刻:《十三经注疏》,第 504 页。
④ 《左传·僖公二十八年》,杨伯峻编著:《春秋左传注》,第 456 页。
⑤ 《左传·文公十八年》,杨伯峻编著:《春秋左传注》,第 632 页。

者讲的是晋文公被天赋予了年寿，因而得以获得君位，而后者所说的"天"更像是针对命运的不公而发出的哀叹。显然，在这两例中"天"都具有一种命定式的意义，这种意义上的"天"虽然与第一种"主宰性"的天有相似之处，却不具备后者所具有的那种信仰上的意义了。

最值得注意的还是第三类"天"的用法，这是一种近似于"法则"的"天"，在具体表现上又有不同的偏向。如鲁国的季文子所说的"礼以顺天，天之道也。己则反天，而又以讨人，难以免矣"[1]，齐国的晏婴说的"君人执信，臣人执共。忠、信、笃、敬，上下同之，天之道也"[2]。这些所谓的"天之道"，显然是针对人间政治秩序而言的。而楚武王夫人邓曼所说的"盈而荡，天之道也"[3]和伍子胥所说的"盈必毁，天之道也"[4]，讲的都是物极而反的道理，这又是将"天道"作为一种自然或社会的普遍法则来看待了。除此之外，晋大夫董叔所说的"天道多在西北"[5]，则是针对天象的变化而言，更接近于自然的意味。虽然这些例子有所差别，但它们却都是将"天"或"天道"作为一种法则和秩序的代表来加以认识的。

以上对《左传》中出现的"天"作了一个大略的分类和说明，值得注意的是，在《左传》中这三种"天"虽然同时并存，但作者在对待它们的态度上却有所差别，从中不难发现《左传》对"天"在观念上所做的一些新的发展。

二、"天道"的新发展

概括来说，这种发展至少表现在以下两种倾向上：第一种是《左传》中的"天"越来越脱离之前的那种"赏善而罚淫"的具有主宰性、正义性的"天命"的思想，从而成为一种命定的或法则式的"天"；第二种倾向则是出现了一种经由"天象"的变化规律来推及"人事"变迁的"推天道以明人事"[6]的

---

[1]《左传·文公十五年》，杨伯峻编著：《春秋左传注》，第614页。
[2]《左传·襄公二十二年》，杨伯峻编著：《春秋左传注》，第1068页。
[3]《左传·庄公四年》，杨伯峻编著：《春秋左传注》，第163页。
[4]《左传·哀公十一年》，杨伯峻编著：《春秋左传注》，第1665页。
[5]《左传·襄公十八年》，杨伯峻编著：《春秋左传注》，第1043页。
[6]（清）永瑢、纪昀主编：《四库全书总目提要·经部·易类》小序，海口：海南出版社，1999年，第13页。

思维方式。

不可否认，对于"神福仁而祸淫"观念的表达，在《左传》中是一再出现的，如书中随处可见的"天福""天祚""天禄""天罚"等说法，都是这类思想的表现。但对比《诗经》和《尚书》中的"天命"观念，《左传》中的"天"却越来越脱离了那种较为单一的性质，而转变为一种命运式和法则式的理解。可以说，"天"的主宰性和道德性的意义变得淡薄了。这种变化是《左传》在"天人关系"问题上最值得注意的现象。例如《左传·襄公二十八年》载：

> 子服惠伯谓叔孙曰："天殆富淫人，庆封又富矣。"穆子曰："善人富谓之赏，淫人富谓之殃。天其殃之也，其将聚而歼旃。"①

作为齐国叛臣的庆封，逃到吴国后非但没有遭到天的惩罚，而且还成了富人。对于这个现象，鲁国的子服惠伯觉得不可理解，乃有了"天殆富淫人"的感叹，虽然叔孙穆子认为这并不是上天的赏赐，而是进一步加重其罪孽的"天殃"。但通过这段谈话可以看到，这里"天"的性质已经与传统意义上那种正义凛然的"天"不太相同了。

这种天助无道的事，在《左传》里还有其他的例子，如秦国的公子鍼所说的"国无道而年谷和熟，天赞之也。鲜不五稔"②。这个使无道之国以年谷成熟的"天"，对比原来祸淫福仁的"天"的秩序而言，可以说是完全相反的现象。又如楚武王侵随时，季梁为劝阻随侯不要追击故意示弱的楚军时说："天方授楚，楚之羸，其诱我也。"③这个佑助侵略者的"天"，如果依照周初的"天命"观念来看，也一定是解释不通的。

从上面列举的几个事例可以看出，虽然有些时候《左传》中对国家的兴亡和事业的成败在原因上还是归结于"天"之所为，但这种"天"却逐渐疏离了传统的那种人格的性质。例如，卫国仲由所说的"天或者以陈氏为斧斤"④，这里的"天"显然具有指代陈氏代齐这一历史趋势的含义。再如晋大夫司马

---

① 《左传·襄公二十八年》，杨伯峻编著：《春秋左传注》，第1149页。
② 《左传·昭公元年》，杨伯峻编著：《春秋左传注》，第1215页。
③ 《左传·桓公六年》，杨伯峻编著：《春秋左传注》，第111页。
④ 《左传·哀公十五年》，杨伯峻编著：《春秋左传注》，第1692页。

第四章 《左传》的"天道"观　71

侯所说的"晋、楚唯天所相"①，晋大夫范匄所说的"齐、晋亦唯天所授"②等，它们讲的都是天授福于晋、楚或齐，但对此却都没有说明其理由。对比起《尚书·周书》中周人不厌其烦地做"皇天无亲，惟德是辅"之类的宣传来，这里基本上没有表示出它们应该受"天"佑助在"德"上的合理性，而是更多地包含对时势方面的思考。更具代表性的例子，见于襄公九年。郑国由于战败而与诸侯在戏结盟之际，郑国大夫公子騑说："天祸郑国，使介居二大国之间。"③这个"天祸"就是指郑国在地理上自然地夹于晋、楚二国之间，而不得不奔走听命的现实环境。归纳起来，这些例子中所显示的"天"尽管在一定程度上还保留有《诗经》和《尚书》中"天"的那种性质，却逐渐加重了围绕人的命运以及国家的环境与时势等这种外在的、机械的特征。可以说，正是在这种转变过程中，传统"天命"思想的作用在《左传》里被不知不觉地削弱了。

　　对比传统的"天命"观念，《左传》中"天"的第二种倾向是从天上日月星辰变化的角度来谈论"天道"，并以这种天象的变化来推测人事上的凶吉祸福。这种"推天道以明人事"的观念，是伴随着上古渐次发达的观天星占（星象）之术而产生的。作为古老的农耕文明，中国古代对天象的观测和记录由来已久，《尚书·尧典》记载帝尧"乃命羲和"所做的一切，就集中在"历象日月星辰，敬授人时"上。在此后的《易传·系辞》中则有"仰以观于天文，俯以察于地理，是故知幽明之故"之类的话，已隐含有用观测天象以占知人事凶吉的意思。更为明确的一段论述则是："天垂象，见吉凶，圣人象之。""天垂象"说的是天象的变化，"见吉凶"是指它们能反映出人事上的祸福凶吉，"圣人象之"乃能明乎治世之理，这里已经明确设定了天象变化和社会人事变动之间的关联。此外《周礼》中也有专门执掌天象之占的官员"保章氏"，其主要职责就是通过记载星辰日月的合会变动，以观察天下祸福的变迁，辨明吉凶。④《易传》大体写成于战国时期，《周

---

① 《左传·昭公四年》，杨伯峻编著：《春秋左传注》，第 1246 页。
② 《左传·成公二年》，杨伯峻编著：《春秋左传注》，第 799 页。
③ 《左传·襄公九年》，杨伯峻编著：《春秋左传注》，第 969 页。
④ 《周礼·保章氏》载："保章氏掌天星，以志星辰、日月之变动，以观天下之迁，辨其吉凶。以星土辨九州之地，所封封域，皆有分星，以观妖祥。以十有二岁之相，观天下之妖祥。以五云之物，辨吉凶、水旱、降丰荒之祲象。以十有二风，察天地之和命、乖别之妖祥。"

礼》的成书可能还要晚一些，但这种认为天上星辰日月的位置变动与地上人事的祸福相对应的观念的提出却更早。从《左传》中记载的周王室的史佚、苌弘，宋国的子韦，郑国的裨灶等以"传天数"而著称的人物看①，当时人们利用"天道"的变化来推知"人事"的做法已经很普遍了。如《左传·昭公十一年》：

> 景王问于苌弘曰："今兹诸侯何实吉？何实凶？"对曰："蔡凶。此蔡侯般弑其君之岁也，岁在豕韦，弗过此矣。楚将有之，然壅也。岁及大梁，蔡复，楚凶，天之道也。"②

周景王向苌弘询问诸侯的凶吉，苌弘回答说蔡国凶，并从"天之道"的角度作了解释：这一年岁星（木星）运行到豕韦之次，恰好是蔡灵侯杀死他君父的年份，楚国因而会占领蔡国。但是当岁星转移到大梁之次时，蔡国又会复兴，而楚国则会遭遇凶险。这里苌弘所说的"天之道"是指岁星的运行迁移，他正是通过这个来预测各诸侯国的兴衰变迁。

再如鲁昭公九年，陈国发生了火灾，郑国的裨灶通过火星（大火星，心宿二，天蝎座α）的迁移变动对陈国和楚国的国运进行了预测：

> 郑裨灶曰："五年陈将复封，封五十二年而遂亡。"子产问其故。对曰："陈，水属也；火，水妃也。而楚所相也。今火出而火陈，逐楚而建陈也。妃以五成，故曰五年。岁五及鹑火，而后陈卒亡，楚克有之，天之道也，故曰五十二年。"③

裨灶认为陈属于水，而楚属于火。现在火星出来陈国就发生了火灾，意味着将驱逐楚国而重新复国。他通过岁星的运转由此进一步推知，陈国在五

---

① 《史记·天官书》载："昔之传天数者：高辛之前，重、黎；于唐、虞，羲、和；有夏，昆吾；殷商，巫咸；周室，史佚、苌弘；于宋，子韦；郑则裨灶；在齐，甘公；楚，唐眜；赵，尹皋；魏，石申。"（《史记》卷27《天官书》，第1343页）
② 《左传·昭公十一年》，杨伯峻编著：《春秋左传注》，第1322页。
③ 《左传·昭公九年》，杨伯峻编著：《春秋左传注》，第1310页。

十二年以后将会灭亡。一年后，有一颗星在婺女宿出现，裨灶再次向子产预言了晋君的死期：

> 七月戊子，晋君将死。今兹岁在颛顼之虚，姜氏、任氏实守其地，居其维首，而有妖星焉，告邑姜也。邑姜，晋之妣也。天以七纪，戊子逢公以登，星斯于是乎出，吾是以讥之。[①]

裨灶的"天道"之论，现在已很难解释，但总的原则却是明确的，即都认为天上星辰的变动会与地上的人事变迁相对应。

通过上面列举的事例可以看出，《左传》中这种"推天道以明人事"的观念尽管在一定程度上还保留着殷周时期"天命"观念的影响，但与后者也有很大的不同，它更多地包含了自然的成分。具体来说，它所侧重的不是自然和社会的最高主宰，而是关注各个具体的星象变化所对应的具体的人事，这种解释无疑比卜辞中的"帝其令雨""帝其令风"以及《周诗》中"天笃降丧"[②]的观念更前进了一步。区别就在于，它不是简单地把自然和人事的一切变化归于至上神，而是试图在天象变化的现象当中找到关于社会事变和人事祸福的某种具体联系。[③]这种观念包含有原始天文学的成分，但主要还是在宣扬一种以天象来附会人事的感应论，这也成为此后秦汉时期"天人感应"思想的一个重要来源。

综合以上的分析，《左传》中的"天"和"天道"观越来越有一种法则化和自然化的倾向，虽然传统的"天命"思想在全书中不时地出现，但它的那种"至上性"和"主宰性"却在有意无意间被渐渐削弱。这也使得《左传》在对社会和历史进行思考的时候，更多地转向人事方面来寻找原因了。

[①] 《左传·昭公十年》，杨伯峻编著：《春秋左传注》，第1314—1315页。
[②] 《诗经·大雅·召旻》，（清）阮元校刻：《十三经注疏》，第579页。
[③] 天文学的发展本身就会带来对传统的天命观点的冲击。如范文澜在《中国通史简编》中指出："东周时期天文历学的显著进步，有助于人对自然界的认识，战争胜败依靠人力计谋，不依靠鬼神凶吉，也都使人感到天命神鬼的虚幻。"（范文澜：《中国通史简编》，北京：人民出版社，1949年，第1编，第195—196页）

三、言天道神鬼，未尝废人事

王充曾在《论衡·案书》中评价《左传》，说它"言多怪，颇与孔子不语怪力相违反也"。不可否认，《左传》中的确充斥着不少关于鬼神、占卜以及详梦、预言的记载，并且也不时地表明神鬼的存在和占卜预言的可信。所以后来的学者在称赞"事莫备于《左氏》"的时候，总不免要加上些"浮夸""好怪""失之诬"之类的贬损之辞。

如何来理解《左传》的"言多怪"呢？从一方面看，远古巫史不分，祝宗卜史职掌相近，上古史官的职责在很长时间里要兼记天人两方面的事，所以史书必然会夹杂大量神鬼卜筮的记载。虽然《左传》未必一定出自鲁国太史左丘明之手，但它深受史官文化的影响却是可以肯定的。凌稚隆在《春秋左传注评测义》中就曾说："《左传》为文章之冠……而说者往往病其诬……然变幻非可理推，古今自不相及，安知事果尽诬，非沿旧史之失耶？"[1]《左传》中所记载的神鬼灾异卜筮详梦之事可能是沿诸旧史，未必为作者所自创。另一方面，《左传》作为一部史书，记载的这些内容也正是对春秋时期思想信仰状况的客观反映，这也是符合史书记载要求的。

需要指出的是，虽然《左传》带有浓厚的神道鬼怪气氛，不过从全书的内容来看，无论文字比例还是重心所在，突出的却是人而不是神鬼的内容。相对于书中神鬼的记载，《左传》更是着力表现"人事"在社会历史中的作用。前人对此早有议论，如清代学者姜炳璋就曾指出《左传》关于神鬼的记载："其所详者，往往在于君、卿、大夫言语、动作、威仪之间，及人事之治乱敬怠。"[2]汪中也说过《左传》言天道、神鬼、灾祥、卜筮、梦皆"未尝废人事也"[3]。他们都认为《左传》在记载天道神鬼的同时，也强调了人事的重要。对于他们所指出的这个特点，我们还可以做进一步的分析。

上文已经提到，"推天道以明人事"是《左传》"天道"观念中的一个重

---

[1]（明）凌稚隆：《春秋左传注评测义》，万历十五年（1587年）刻本。
[2]（清）姜炳璋：《读左补义·纲领下》，乾隆三十七年（1772年）尊行堂刻本。
[3]（清）汪中：《述学·内篇》卷2"左氏春秋释疑"条，问礼堂刻本。

要表现，但对这种依照天象的变化来附会人事的做法，《左传》作者的态度却是复杂的。一方面，通过这些预言以及事后的应验，似乎证明了"天道"的可信；另一方面，却又记载了当时许多有识之士的言论，来怀疑或否定"天道"的作用。综合全书的内容来看，在更多的情况下，《左传》还是从人事方面而不是天道方面来看待这些问题。

例如，鲁襄公九年（公元前564年）宋国发生火灾，时人认为这与"天道"有关，晋悼公就此问于大夫士弱。士弱是熟谙"天道"的人，他向晋悼公讲述了历史上陶唐氏和商人都通过观测大火星以计时，同时也指出商人对于历史上祸败灾乱的观察都是始于大火星的变化，所以通过它的运动，就能了解"天道"。不过，当晋悼公又问到灾祸是否一定都是由"天道"决定而不可避免的时候，士弱却断然指出："在道。国乱无象，不可知也。"[①]虽然士弱一方面还在大讲"天道"的道理，另一方面却认为国家的治乱兴衰与天象的变化并没有必然的联系，这在一定程度上就淡化了"天道"的作用，而突出了"人事"。

又如，鲁襄公十八年（公元前555年），楚师伐郑，在判断楚军成败与否的问题上，晋国内部出现了不同的意见。师旷通过歌风，判断楚军必无功而返[②]；董叔也说："天道多在西北。南师不时，必无功。"[③]大夫叔向却认为关键是"在其君之德"。他没有正面回答"天道"如何，而是指出成败与否与君主的"德"即行为有关。[④]

鲁昭公二十六年（公元前516年），齐国的上空出现彗星，齐景公要祝史进行禳祭，以消除灾祸，大臣晏子则表示反对。《左传》记载道：

[①]《左传·襄公九年》："晋侯问于士弱曰：'吾闻之，宋灾于是乎知有天道，何故？'对曰：'古之火正，或食于心，或食于咮，以出内火。是故咮为鹑火，心为大火。陶唐氏之火正阏伯居商丘，祀大火，而火纪时焉。相土因之，故商主大火。商人阅其祸败之衅，必始于火，是以日知其有天道也。'公曰：'可必乎？'对曰：'在道。国乱无象，不可知也。'"（杨伯峻编著：《春秋左传注》，第963—964页）

[②]《周礼·春官》有大师"执同律以听军声而诏吉凶"的记载。师旷歌（风），即是一种以乐律卜吉凶的预测。

[③] 杨伯峻注："天道为木星所行之道。此年木星在黄道带经过娵訾，于十二支中为亥，故云天道在西北。"（杨伯峻编著：《春秋左传注》，第1043页）

[④]《左传·襄公十八年》："晋人闻有楚师，师旷曰：'不害。吾骤歌北风，又歌南风，南风不竞，多死声。楚必无功。'董叔曰：'天道多在西北。南师不时，必无功。'叔向曰：'在其君之德也。'"（杨伯峻编著：《春秋左传注》，第1043页）

无益也，只取诬焉。天道不谄，不贰其命，若之何禳之？且天之有彗也，以除秽也。君无秽德，又何禳焉？若德之秽，禳之何损？……若德回乱，民将流亡，祝史之为，无能补也。①

晏子从逻辑的正反两面论证了禳祭的无益：既然彗星出现，是"除秽"的象征，如果君主德行有秽，那么彗星的出现不是禳祭可以阻止的；如果君主没有乱德，那又何患于彗星而必须进行禳祭呢？所以晏子主张以修德利民来防御灾害，反对用祭祀来应对星象的变异。像叔向和晏婴这样不去说"天道"如何，而是把看问题的着眼点转向"德行"这样的"人事"上来，从"人事"本身解释社会现象，反映了他们历史认识的提高。《左传》特别记载下这些事例，对他们的观点也是赞同的。

在《左传》中更记载了一些怀疑甚至否定"天道"的言论。例如鲁昭公十七年（公元前525年）冬，彗星出现，鲁国的申𫑡须和梓慎都预言次年将有火灾，郑国的裨灶请求子产用玉器进行祭祀祈禳，以防止郑国的火灾，遭到子产的拒绝。第二年（公元前524年）五月，宋、卫、陈、郑四国果然发生火灾，《左传》继而写道：

　　裨灶曰："不用吾言，郑又将火。"郑人请用之，子产不可。子大叔曰："宝以保民也，若有火，国几亡。可以救亡，子何爱焉？"子产曰："天道远，人道迩，非所及也，何以知之？灶焉知天道？是亦多言矣，岂不或信？"遂不与。亦不复火。②

对于裨灶的要求，子产不但不同意，而且还对子大叔讲了一番天道幽远、人道切近，二者不相关联的见解。子产虽没有直接否定"天道"的存在，但从侧面否定了它的作用。最终郑国并没有像裨灶预言的那样发生灾害，《左传》记载下这件事情的结果，充分表达了对子产明智之举的赞许。

与此相关的另一个问题是《左传》对卜筮的记载。通过这些记载，不但

---

① 《左传·昭公二十六年》，杨伯峻编著：《春秋左传注》，第1479—1480页。
② 《左传·昭公十八年》，杨伯峻编著：《春秋左传注》，第1395页。

可以看到当时人们对占筮活动所持的态度和观念，同时也反映了《左传》作者对"神意"和"人事"关系所做的某种思考。例如，书中记载晋献公当年要嫁女于秦伯之前筮问吉凶，史苏筮后说不吉，但献公没有听从占筮的指示，仍然嫁伯姬于秦。后来晋惠公在韩之战中被秦军俘虏，因而抱怨其父当初不听史苏的筮占，应验了凶兆。跟随惠公的晋大夫韩简却说：

> 龟，象也；筮，数也。物生而后有象，象而后有滋，滋而后有数。先君之败德，乃可数乎？史苏是占，勿从何益？[1]

这就是说，吉与凶的造成，都与人的"德"有关，而"德"的败坏不是筮之"数"所能预测或把握的。如果败德不修，即使按照筮占的指示去做，也不会有益处。这里的"德"不是仅指人的道德，而是可以理解为广义上的人事行为。

相似的例子还有穆姜所作的占筮。穆姜是鲁宣公夫人，因欲废成公而立其奸夫叔孙侨如为国君，在事败后被迁于东宫。在入迁前，她作了一次占筮，得到了《艮》之《随》的结果。负责占筮的史官认为《随》是出走的意思，劝穆姜赶紧出逃。对此，穆姜并不相信：

> 姜曰："亡！是于《周易》曰：'《随》，元、亨、利、贞，无咎。'元，体之长也；亨，嘉之会也；利，义之和也；贞，事之干也。体仁足以长人，嘉德足以合礼，利物足以和义，贞固足以干事。然，故不可诬也，是以虽《随》无咎。今我妇人，而与于乱。固在下位，而有不仁，不可谓元。不靖国家，不可谓亨。作而害身，不可谓利。弃位而姣，不可谓贞。有四德者，《随》而无咎。我皆无之，岂《随》也哉？我则取恶，能无咎乎？必死于此，弗得出矣。"[2]

在穆姜看来，虽然《随卦》中所说的"元、亨、利、贞"是吉而无咎的意思，

---

[1]《左传·僖公十五年》，杨伯峻编著：《春秋左传注》，第365页。
[2]《左传·襄公九年》，杨伯峻编著：《春秋左传注》，第965—966页。

但她认为只有具备仁、礼、义、贞"四德"的人,得到《随卦》才能吉而不凶,她因自己的行为造成了国家的动乱,缺乏"四德",所以必然不能无咎。显然,穆姜把"德"与"福"当作了一种因果关系来看待,无德者不能得福,也就是说福祸不决定于卜筮,而依赖于人的行为。

再如,昭公六年(公元前536年)楚国伐吴,吴王派其弟蹶由犒劳楚师,楚人将其抓住准备衅鼓,并询问蹶由来之前的占卜是否吉利,蹶由不但回答说吉利,而且还向楚王讲了一番关于卜筮的道理:

> 寡君闻君将治兵于敝邑,卜之以守龟,曰:'余亟使人犒师,请行以观王怒之疾徐,而为之备,尚克知之!'龟兆告吉,曰:'克可知也。'君若欢焉好逆使臣,滋敝邑休息,而忘其死,亡无日矣。今君奋焉震电冯怒,虐执使臣,将以衅鼓,则吴知所备矣。敝邑虽羸,若早修完,其可以息师。难易有备,可谓吉矣。且吴社稷是卜,岂为一人?使臣获衅军鼓,而敝邑知备,以御不虞,其为吉,孰大焉?国之守龟,其何事不卜?一臧一否,其谁能常之?城濮之兆,其报在邲。今此行也,其庸有报志?[①]

这番话讲得十分机智,也十分大胆。蹶由首先阐述了"社稷是卜,岂为一人"的观点,就是说对卜问所显示一时一事的吉凶顺逆并不重要,重要的是个人对国家社稷所负担的责任。接着,他又指出占卜的结果不一定就会应验在固定的一件事情上,所谓"一臧一否,其谁能常之",没有人能够保证永远得吉,这就近乎否定了卜筮的实际预测意义。

通过以上例子,不难总结《左传》对卜筮所持有的态度:首先,对于卜筮,《左传》不是完全予以反对的,而是在许多场合中宣传它的可信。其次,对于卜筮预测及其所带来的结果,《左传》却往往是从"德",也就是从"人事"的角度来加以说明。这里具有决定意义的已经不再是某种外在的、具有主宰力的神意,而是要靠人的具体行为来决定。最后,由于对祸福与"德"在因果关系上的强调以及对祸福做了一种无常的解释,在一些情况下,就连卜筮所应该具有的实际预测意义也被否认了。

---

① 《左传·昭公五年》,杨伯峻编著:《春秋左传注》,第1271—1272页。

第四章 《左传》的"天道"观

在对待"神意""灾异"与"人事"之间关系的问题上,《左传》中更是出现了"吉凶由人"的说法。《左传·僖公十六年》载:

> 陨石于宋五,陨星也。六鹢退飞,过宋都,风也。周内史叔兴聘于宋,宋襄公问焉,曰:"是何祥也?吉凶焉在?"对曰:"今兹鲁多大丧,明年齐有乱,君将得诸侯而不终。"退而告人曰:"君失问。是阴阳之事,非吉凶所生也。吉凶由人。吾不敢逆君故也。"[①]

天上落下陨石,风把鸟吹得退飞,这些是自然界出现的一些异常现象,宋襄公怀疑这些自然变化预示着人事的吉凶。而周内史叔兴所说的阴阳之事"非吉凶所生",完全是以一种自然主义的态度来解释这些异常现象。对于人事的吉凶,他也认为与神鬼或天象无关,只与人自身有关。这种"吉凶由人"的看法,已经是以"人"的因素来看待社会和历史发展了。正是在这种气氛下,"人"的地位也渐渐被提升起来。《左传·襄公二十三年》记:

> 季氏以公鉏为马正,愠而不出。闵子马见之,曰:"子无然。祸福无门,唯人所召。为人子者,患不孝,不患无所。敬共父命,何常之有?若能孝敬,富倍季氏可也。奸回不轨,祸倍下民可也。"[②]

"祸福无门,唯人所召",这样的观念已经突破了神灵赐福降祸的认识,而把人的一切福祸归因于人的行为。这就使得人们对人生、社会、历史等诸多问题进行思考的时候,会将眼光更多地转向人事。"吉凶由人""祸福无门,唯人所召"这些观念从侧面也表达了《左传》历史观点中的一个重要认识。

以上分别从天道、卜筮以及自然异常三个方面,对《左传》言天道神鬼未尝废人事的思想特点做了说明。限于时代,《左传》在对待神鬼、占卜以及自然灾异的问题上,不能也不可能采取完全否定的态度。但可贵的是,它在好言神怪的同时,更加强调的是人事的因素,特别突出了人在历史中的作用。

[①]《左传·僖公十六年》,杨伯峻编著:《春秋左传注》,第369页。
[②]《左传·襄公二十三年》,杨伯峻编著:《春秋左传注》,第1079—1080页。

这种看似有点矛盾的态度，正说明《左传》在对"天人关系"这一问题所做的历史思考上，存在着一个不断认识的复杂过程，而这种矛盾恰也反映出先秦时期人们对历史动因的思考由重视天命和神意转向重视"人事"。可以说，《左传》所体现的正是先秦史学当中历史思想从重视天命到重视人事这样一个重要的转折。这种思想也为后来包括司马迁在内的史学家所继承，从而对中国史学中人本主义精神的发展产生了推动作用。

第五章　《左传》的历史变易思想

　　《左传》作为先秦时期的一部重要文化典籍，全面而详细地反映了中国古代社会、经济、思想文化等多方面的内容。但从其着力所在和精彩之笔来看，《左传》最重要的历史价值在于它详尽、深刻且生动地记述了春秋时期200多年来政治的变迁，并且鲜明地体现了这一变革时期的时代精神。宋儒吕祖谦曾说："看《左传》须看一代之所以升降，一国之所以盛衰，一君之所以治乱，一人之所以变迁，能如此看则所谓先立乎其大者。"[1]他已经指出关注社会历史的变化应是阅读《左传》的要义所在。现代学者更是站在历史观的角度阐发《左传》的思想价值。如戚立煌认为《左传》的思想当中含有社会进化的思想。[2]白寿彝也指出，"《左传》在全书范围内展开了春秋时期社会矛盾的记述，视旧社会秩序的破坏是历史发展必然的结果"，"表现出一种历史观点和进步的政治观点"。[3]这些论述都涉及到《左传》历史思想的重要方面。

　　从比较开阔的视野看，《左传》关于历史的记述上启传说时代，下迄三家分晋，内容非常丰富，但就其重点而言，则主要集中于整个春秋时期。如《左绣》所讲到的，"春秋之局凡三变：隐桓以下，政在诸侯；僖文以下，政在大夫；哀定以下，政在陪臣"[4]。王室衰落、大国争霸、大夫专政以及政在陪臣等几个方面确实是整个春秋史中最值得注意的关目。如果以《左传》的记载来划分，隐桓二公到庄闵时期，是王权衰落、诸侯雄起、礼乐征伐出自诸侯

---

[1] （清）朱彝尊撰，中华书局编辑部编：《经义考》卷169，第876页。
[2] 参见戚立煌：《〈左传〉历史观初探》，吴泽主编，袁英光编选：《中国史学史论集》，上海：上海人民出版社，1980年，第1册，第90—94页。
[3] 白寿彝：《中国史学史研究任务的商榷》，《白寿彝史学论集》，北京：北京师范大学出版社，1994年，下册，第596页。
[4] （清）冯李骅、陆浩评辑：《左绣·春秋三变说》，常州日新书庄（1926年）刻本。

的时代；从僖公到襄公，新的政治秩序逐渐确定，卿大夫执政的情况在各国非常普遍，是所谓"礼乐征伐自大夫出"的时期；昭公以降，则进入春秋的末期，大夫与大夫之间、大夫与家臣之间的斗争此起彼伏。这几个方面都突出反映了春秋200余年的政治走向和社会变迁。《左传》不但详细地记载了这样的历史过程，而且在丰富的史实记述中显示出独特的历史眼光，充分肯定了春秋时期社会历史的变化。

一、关于王室衰微的认识

春秋上承"礼乐征伐自天子出"①的西周，下启列国争雄的战国，它既标志了旧的社会制度的逐渐衰亡，又预示着新的社会制度的悄然诞生。随着周室的东迁和各诸侯国实力的增强，原为天下共主的周天子地位日渐衰落，逐步丧失了对诸侯国的控制能力，甚至等同于一般的诸侯而丧失其尊严。《左传》对周王室的衰落，并不抱有太多的同情，相反，通过大量的历史记载和相关的评论，充分肯定了"王室而既卑矣，周之子孙日失其序"②的历史趋势。这种态度，最集中地反映在对春秋初期周郑关系的论述当中。

郑在春秋初期是一个有着特殊地位的诸侯国，它与王室的关系最为密切，产生的影响也非常深远。"周之东迁，晋、郑焉依"③，东周的建立主要依靠晋国和郑国力量的支持。春秋初期郑武公和郑庄公都曾做过王室的卿士，拥有很大的权力。出于削弱郑国势力的考虑，周平王曾有意将朝政分于郑庄公与虢公共掌，招致"郑伯怨王"。为了安抚郑国，周平王和郑国交换太子为质。周桓王即位后，欲将朝政全部划归虢公掌握，又引起了郑庄公的不满，导致"周郑交恶"④。桓王十三年（公元前707年），周人终于"夺郑伯政"，郑庄公于是不朝，引发周郑繻葛之战，结果"王卒大败"，就连周王本人也被"射

---

① 《论语·季氏》，杨伯峻译注：《论语译注》，第174页。
② 《左传·隐公十一年》，杨伯峻编著：《春秋左传注》，第75页。
③ 《左传·隐公六年》，杨伯峻编著：《春秋左传注》，第51页。
④ 《左传·隐公三年》，杨伯峻编著：《春秋左传注》，第27页。

王中肩"①，周天子的地位与权威在此已是扫地殆尽了。

从《左传》对上述史事的布局选摘来看，则不难察觉其思想倾向。如写"王贰于虢""周郑交质"②，接着交代桓王不礼郑伯、桓王失政、王夺郑伯政、王以诸侯伐郑等诸般事项。虽然周郑交兵，但在郑"射王中肩"后郑庄公仍旧"使祭足劳王，且问左右"③。从这一系列连贯的叙述中可见，《左传》作者所强调的是周桓王的"不君"于前，郑庄公的"不臣"于后，明显地含有袒护郑国的意味。

这种思想倾向更是集中反映在《左传》作者对上述史事所做的评论中，如针对"周郑交质"和以后的"周人将畀虢公政"，《左传》君子曰：

信不由中，质无益也。明恕而行，要之以礼，虽无有质，谁能间之？苟有明信，涧、溪、沼、沚之毛，蘋、蘩、蕴藻之菜，筐、筥、锜、釜之器，潢、污、行潦之水，可荐于鬼神，可羞于王公，而况君子结二国之信，行之以礼，又焉用质？《风》有《采蘩》《采蘋》，《雅》有《行苇》《泂酌》，昭忠信也。④

"周郑交质"是春秋时期第一次严重触动周天子至尊地位的大事，因为交质并不只是表面上的取信于对方，而是行于诸侯国之间为取信而采取的不得已的行为。在西周宗法分封制度下，周天子是高于所有诸侯的"天下共主"，此时却要与处于次级地位的诸侯国国君交质，这种行为显然是王室衰微最明显的例证。对于这种政治关系的变化，《左传》的作者非但没有表示出任何的诧异和谴责，相反，却讲述了一番"结二国之信"的道理，并就此批评了王室对郑的"无信"，显然已经把周与郑的君臣关系降低为平列的国家关系了。

再如，桓王二年（公元前718年），"周郑交恶"后，郑庄公仍去朝见周王，但桓王不加礼遇。《左传》记载周公黑肩的话说："我周之东迁，晋、郑

---

① 《左传·桓公五年》，杨伯峻编著：《春秋左传注》，第106页。
② 《左传·隐公三年》，杨伯峻编著：《春秋左传注》，第26—27页。
③ 《左传·桓公五年》，杨伯峻编著：《春秋左传注》，第106页。
④ 《左传·隐公三年》，杨伯峻编著：《春秋左传注》，第27—28页。

焉依。善郑以劝来者，犹惧不蔇，况不礼焉？郑不来矣。"①借此《左传》作者对周桓王的无礼行为进行了指责。此后周桓王又"取邬、刘、蒍、邘之田于郑，而与郑人苏忿生之田"②，使周郑原来的矛盾进一步加剧。《左传》作者又加以评论道：

> 君子是以知桓王之失郑也。恕而行之，德之则也，礼之经也。己弗能有，而以与人。人之不至，不亦宜乎？③

此处更是直接指出对于天子的式微，周王应自负其责。

针对《左传》中的这些记载，后世的学者遂有"天王下威、郑伯不王"④的讥讽，但使他们更为不满的还是《左传》作者的那些评论。如宋儒吕祖谦在《左氏续说·纲领》就曾论道：

> 左氏生于春秋时，为习俗所移，不明君臣大义，视周室如列国，如记周郑交质，此一病也。

明人郝敬也指出：

> 郑庄公为平王卿士，怨王之贰于虢也。盟王而质王子，又取周之禾麦，狂悖无礼已甚。而传曰信不在质，非也。虽信在质，宁讵可。又曰周郑交质、周郑交恶。夫周郑无等，岂《春秋》立言之法与？

他还说道：

> 周桓公（按：当作周桓王）以苏忿生十二邑之田，易郑四邑。《传》曰："己不能有，而以与人，人之不至，不亦宜乎？"此言非所论于天子

---

① 《左传·隐公六年》，杨伯峻编著：《春秋左传注》，第51页。
② 《左传·隐公十一年》，杨伯峻编著：《春秋左传注》，第76页。
③ 《左传·隐公十一年》，杨伯峻编著：《春秋左传注》，第77页。
④ 吴闿生著，白兆麟校注：《左传微》卷1"周郑繻葛之战"，合肥：黄山书社，1995年，第16页。

也。《诗》云:"普天之下,莫非王土。"周室虽衰,《春秋》之义不衰王室,何为其不能有乎?①

就连颇有批判精神的顾炎武也认为:

> 记周事曰"王贰于虢","王叛王孙苏",以天王之尊而曰"贰"曰"叛",若敌者之辞,其不知《春秋》之义甚矣。②

以上笔者罗列了宋明清三代学者的评论,是为了说明对《左传》中不明君臣大义,视周室如列国这一点上,历代学者看法比较一致。他们如此评价《左传》,自然是受传统儒家政治伦理观念的影响。站在今人的角度来看待这些批评,却也从另一个方面反衬出《左传》在看待天子式微、诸侯雄起这一社会变化时所表现出的一种特有的历史观。

二、关于大国争霸的评论

与对待周王室态度相对应的是,《左传》对春秋时期大国争霸局面的赞许和肯定。《左传》认为在天子式微的情况下,霸主是维护天下安定不可缺少的力量。如书中记载:"凡诸侯小国,晋、楚所以兵威之,畏而后上下慈和,慈和而后能安靖其国家,以事大国,所以存也。无威则骄,骄则乱生,乱生必灭,所以亡也。"③这些话虽然是出自宋大夫子罕之口,实则表达了《左传》作者对春秋时期政治走向的一种历史思考。

为此《左传》特别肯定了齐桓公、晋文公所建立的霸业,歌颂他们的功绩。如书中具体记载了齐桓公击退北狄对中原的侵扰,救邢存卫的业绩,不

---

① (明)郝敬:《春秋非左》,上卷,丛书集成初编本,北京:中华书局,1991年,第2、4页。
② (清)顾炎武著,(清)黄汝成集释,栾保群、吕宗力校点:《日知录集释:全校本》卷4"王贰于虢"条,第237页。
③ 《左传·襄公二十七年》,杨伯峻编著:《春秋左传注》,第1135—1136页。

但评论道"凡侯伯,救患、分灾、讨罪,礼也"①,更称赞说"邢迁如归,卫国忘亡"②。这充分肯定了齐桓公攘夷狄、存小国的历史功绩。书中又记载了齐桓公大会诸侯于葵丘(公元前651年)的经过,并加以评论说:"会于葵丘,寻盟,且修好,礼也。"③作者表彰了桓公为稳定中原政治秩序所做的业绩。关于晋文公重耳,书中更是着力叙述他流亡在外十余年,备尝艰难险阻的经历,以表现其称霸的必然性。关于晋文公霸业的实现,作者指出:"晋侯始入而教其民,二年,欲用之。子犯曰:'民未知义,未安其居。'于是乎出定襄王,入务利民,民怀生矣。将用之。子犯曰:'民未知信,未宣其用。'于是乎伐原以示之信。民易资者,不求丰焉,明征其辞。公曰:'可矣乎?'子犯曰:'民未知礼,未生其共。'于是乎大蒐以示之礼,作执秩以正其官。民听不惑,而后用之。出谷戍,释宋围,一战而霸,文之教也。"④说明晋文公为建立霸业,做了教民、利民等诸项准备,深得民众的支持,从而能够在城濮之战中打败楚国,成为中原霸主。《左传》通过这些记载和评论,具体地证明大国争霸符合当时的历史需要。⑤

与此相关的是,《左传》的作者毫不掩饰地记载了春秋期间大国吞并小国、灭同姓的历史事实。如书中记载晋国司马女叔侯的话说:"虞、虢、焦、滑、霍、杨、韩、魏,皆姬姓也,晋是以大。若非侵小,将何所取?武、献以下,兼国多矣,谁得治之?"⑥认为大国吞并小国是很自然的事情。又借鲁大夫子服景伯的话说道:"禹合诸侯于涂山,执玉帛者万国。今其存者,无数十焉。"⑦更是从远古的历史出发来看待兼并和灭国的问题。一方面是《左传》作者对齐桓、晋文"存亡继绝"的赞扬,另一方面又毫不掩饰对大国兼并小国这一历史事实的肯定。这看似矛盾的思想,实际上"可以看做是作者希望能在霸业的基础上,由一个强大的国家拨乱反正,安定征伐不已的政治局面"⑧。

---

① 《左传·僖公元年》,杨伯峻编著:《春秋左传注》,第278页。
② 《左传·闵公二年》,杨伯峻编著:《春秋左传注》,第273页。
③ 《左传·僖公九年》,杨伯峻编著:《春秋左传注》,第326页。
④ 《左传·僖公二十七年》,杨伯峻编著:《春秋左传注》,第447页。
⑤ 参见陈其泰:《史学与中国文化传统》,北京:学苑出版社,1999年,第66页。
⑥ 《左传·襄公二十九年》,杨伯峻编著:《春秋左传注》,第1160页。
⑦ 《左传·哀公七年》,杨伯峻编著:《春秋左传注》,第1642页。
⑧ 戚立煌:《〈左传〉历史观初探》,吴泽主编,袁英光编选:《中国史学史论集》,第1册,第91页。

正因为如此,《左传》作者对战争有着独特的见解。关于春秋时期的战争,孟子早有"春秋无义战"[①]的评价,颇能代表先秦儒家对战争所作思考的一个方面。与孟子的思想有所不同,《左传》作者一方面指出战争是民众的残夷和小国的灾难[②];另一方面,则用发展的眼光,肯定了战争在历史进程中的积极方面。

首先,《左传》对战争的作用有着比较深入的理解,这在书中记载晋楚邲之战后楚庄王和大夫潘党论"武"的言论中有充分表达:

> 夫文,止戈为武。武王克商,作《颂》曰:"载戢干戈,载櫜弓矢。我求懿德,肆于时《夏》,允王保之。"又作《武》,其卒章曰:"耆定尔功。"其三曰:"铺时绎思,我徂维求定。"其六曰:"绥万邦,屡丰年。"[③]

"武"字原本是象形字,甲骨文及金文当中"武"字皆像人持戈而行,并没有包含别的特殊含义。楚庄王却认为"武"是由"止"与"戈"组成,意为平息战乱、停止武力,这是取其会意。虽然从文字学上看,这种解释并不正确,但它却反映了对战争作用的一种新认识。[④]楚庄王又进而指出:"夫武,禁暴、戢兵、保大、定功、安民、和众、丰财者也,故使子孙无忘其章。"[⑤]他认为"武"有禁止强暴、消弭兵争、保持强大、巩固功业、安定百姓、调和大众、丰富财富等诸多作用,这便赋予了战争以丰富的社会历史意义。这些话语虽然出自楚庄王之口,但综合《左传》全书的思想倾向,实则表明了作者对春秋时期诸侯国之间战争的一种历史思索,即在周室衰微、大国争霸的形势下,战争无可避免;战争虽有祸民伤财的一面,但它在历史进程中所起

---

① 《孟子·尽心下》,杨伯峻译注:《孟子译注》,第 324 页。
② 《左传·襄公二十七年》载:"兵,民之残也,财用之蠹,小国之大灾也。"(杨伯峻编著:《春秋左传注》,第 1129 页)
③ 《左传·宣公十二年》,杨伯峻编著:《春秋左传注》,第 744—745 页。
④ 这种认识随之也被后世广泛认同,产生了很大的影响。如《说文》:"'武'楚庄王曰:夫武,定功戢兵,故止戈为武。"《汉书·武五子传》赞曰:"是以仓颉作书,'止''戈'为'武'。圣人以武禁暴整乱,止息干戈,非以为残而兴纵之也。"这些解释均出自《左传》。
⑤ 《左传·宣公十二年》,杨伯峻编著:《春秋左传注》,第 745—746 页。

的积极作用也是其他手段无法替代的。

《左传》对战争的思考还反映在它反对"去兵"的态度上,这集中表现在有关"弭兵"之会的记载当中。春秋期间,先后举行过两次"弭兵"之会,均由宋国发起和主持。第一次是在公元前579年,由宋国执政华元发起,约合晋、楚于宋相会,订立盟约。第二次是在公元前546年,由宋大夫向戌发起,约合包括晋、楚、齐、秦在内的14个国家于宋会盟。晋、楚争霸的势均力敌和各诸侯国内部矛盾斗争的日益激化,是促使这两次弭兵之会出现的根本原因。对此,《左传》的作者是有深刻认识的。如第一次弭兵之会后仅三年,楚国就撕毁盟约,重开战端。《左传·成公十五年》特别记载了楚国大夫子囊对此的疑问和执政子反做出的回答,"子囊曰:'新与晋盟而背之,无乃不可乎?'子反曰:'敌利则进,何盟之有?'"借此说明所谓"弭兵"只不过是晋、楚两国借用人们渴求和平的愿望而赢得的喘息之机而已。至于第二次弭兵之会,《左传》更是从一开始就指出了宋大夫向戌"欲弭诸侯之兵"是"以为名",然后又借用晋国赵文子、齐国陈文子的话说"虽曰不可,必将许之","且人曰弭兵,而我弗许,则固携吾民矣!将焉用之?"道出了弭兵之盟的脆弱本质。最后,《左传》又特别记载了宋大夫子罕对发动弭兵的向戌所做的评论:

> 天生五材,民并用之,废一不可,谁能去兵?兵之设久矣,所以威不轨而昭文德也。圣人以兴,乱人以废。废兴、存亡、昏明之术,皆兵之由也,而子求去之,不亦诬乎![1]

显然,《左传》作者在这里又借用子罕之口表达了他的战争观点,即认为战争是历史上长期存在而不可避免的客观现象,它的废存并不会以个人的意志为转移。这种从历史的角度来肯定战争合理性的见解是比较独特的。

虽然《左传》在一定程度上肯定了春秋时期战争的合理性,但这并不代表《左传》的作者便认同那种单纯的"武力"方式,正相反,在绝大多数情况下,《左传》在对待春秋霸者的评判态度上更多地是肯定其"德"的方面,

---

[1]《左传·襄公二十七年》,杨伯峻编著:《春秋左传注》,第1136页。

第五章　《左传》的历史变易思想

这与孟子、荀子的观点有很大的不同。

对于春秋时代的霸主，孟子曾有"五霸者，三王之罪人也"①的评价。所谓"三王"，即指夏禹、商汤、文武周王，"五霸"按通行之说是为齐桓公、晋文公、秦穆公、宋襄公与楚庄王。②孟子比较了两个不同的时代，即春秋和春秋之前的三代。在他看来，这两个时代确实也各自代表了两种不同的政治理念和政治精神。他之所以讲"五霸"是"三王"的罪人，是因为"三王"的时代代表着"王道"的化行③，而"五霸"的时代则是"搂诸侯以伐诸侯"④的力政时期。这种"王"与"霸"的分别，也反映了儒家政治理念当中"德"与"力"的差别，因此孟子也曾说道：

> 以力假仁者霸，霸必有大国；以德行仁者王，王不待大。⑤

在他看来，"仁政"是"王道"之本，而五霸不过是依恃实力，"假仁"而称霸诸侯。"以力服人者，非心服也，力不赡也。""以德服人者，中心悦而诚服也。"⑥所以只有依靠道德实行仁义，才可以使天下归服。可见，孟子将能否真正实行仁政，作为衡量"王"与"霸"的标准。这里的"王"和"霸"不但代表了历史阶段上的差异，同时也蕴含着价值上的评判。

孟子之后，荀子对"王"与"霸"有更专门的阐释。他认为"用国者，

---

① 《孟子·告子下》，杨伯峻译注：《孟子译注》，第287页。
② 关于"五霸"，说法不一。杨伯峻先生曾指出其说有四：（甲）夏代之昆吾氏，殷代之大彭氏、韦豕氏，周之齐桓公、晋文公（《白虎通·号篇》）。但以《孟子》"五霸，桓公为盛"之语观之，显然此说不是孟子之意。（乙）齐桓公、晋文公、秦穆公、楚庄王、吴王阖闾（《白虎通·号篇》）。（丙）齐桓公、晋文公、秦穆公、宋襄公、楚庄王（《白虎通·号篇》赵岐注同）。以《孟子》"秦穆公用之而霸"观之，孟子所谓五霸，必是此两说中之一。（丁）齐桓公、晋文公、楚庄王、吴王阖闾、越王勾践（《荀子·王霸篇》）。此说无秦穆公，当不合孟子之意。（杨伯峻译注：《孟子译注》，第289页）
③ 譬如"春省耕而补不足，秋省敛而助不给。入其疆，土地辟，田野治，养老尊贤"（《孟子·告子下》）等等。此外孟子所说的"王道"还可以从他以下的话中求得："五亩之宅，树之以桑，五十者可以衣帛矣。鸡豚狗彘之畜，无失其时，七十者可以食肉矣。百亩之田，勿夺其时，数口之家可以无饥矣。谨庠序之教，申之以孝悌之义，颁白者不负戴于道路矣。七十者衣帛食肉，黎民不饥不寒，然而不王者，未之有也。"（《孟子·梁惠王上》）这样的话孟子在游说梁惠王、齐宣王时都曾说过，可见是其所主"王道"最具体的内容。
④ 《孟子·告子下》，杨伯峻译注：《孟子译注》，第287页。
⑤ 《孟子·公孙丑上》，杨伯峻译注：《孟子译注》，第74页。
⑥ 《孟子·公孙丑上》，杨伯峻译注：《孟子译注》，第74页。

义立而王，信立而霸"①是区分王、霸的标准。对于"春秋五霸"，他更复评论说："故齐桓、晋文、楚庄、吴阖闾、越勾践，是皆僻陋之国也，威动天下，强殆中国，无它故焉，略信也。是所谓信立而霸也。"荀子对"五霸"虽然没有采取孟子那样轻蔑的态度，而是有所肯定，但总体说来，他似乎也是批评多于肯定的。如他说：

  然而仲尼之门人，五尺之竖子言羞称乎五伯，是何也？曰：然。彼非本政教也，非致隆高也，非綦文理也，非服人之心也。乡方略，审劳佚，畜积修斗而能颠倒其敌者也。诈心以胜矣。彼以让饰争，依乎仁而蹈利者也，小人之杰也，彼固曷足称乎大君子之门哉！②

这里所谓的"让饰争，依乎仁而蹈利者"，确实与孟子说的"以力假仁者"有着异曲同工之处。但从儒家思想的发展轨迹来看，早期儒家学派对先王和春秋霸主的评价也并非像他们那样有着明显的反对态度。例如，在孔子那里，尧、舜、禹等先王确实是最高的德治典型，但对所谓行使"力政"的春秋霸者，他也并非是一概反对。例如，孔子就曾说过"晋文公谲而不正，齐桓公正而不谲"③。从不将"仁"轻许于人的他，对齐桓公和管仲却有着超乎寻常的评价。④这与后来主张"仲尼之徒无道桓、文之事者"⑤，评价管仲"功烈如彼其卑"⑥的孟子形成截然的反差。用此核之于《左传》，其中关于霸者的评价似乎也更多地强调其"尚德""行礼"等方面。

  这里首先要作一点字义上的说明。关于"霸"，《说文解字》曰："月始生魄然也，承大月二日，小月三日。"核对金文中的记载，"霸"字皆作此解。"王霸"之"霸"，原本当作"伯"字。《说文解字》："伯，长也。"《左传·成公二年》孔颖达疏引郑玄云："天子衰，诸侯兴，故曰霸。霸，把也，言把持王

---

① 《荀子·王霸》，(清)王先谦撰，沈啸寰、王星贤点校：《荀子集解》，第202页。
② 《荀子·仲尼》，(清)王先谦撰，沈啸寰、王星贤点校：《荀子集解》，第107—108页。
③ 《论语·宪问》，杨伯峻译注：《论语译注》，第151页。
④ 如"桓公九合诸侯，不以兵车，管仲之力也。如其仁，如其仁。""管仲相桓公，霸诸侯，一匡天下，民至于今受其赐。微管仲，吾其被发左衽矣。"(《论语·宪问》)等等。
⑤ 《孟子·梁惠王上》，杨伯峻译注：《孟子译注》，第14页。
⑥ 《孟子·公孙丑上》，杨伯峻译注：《孟子译注》，第56页。

者之政教，故其字或作伯，或作霸也。"①郑玄用"把"释"霸"，恐为附会之词。据罗根泽考证："王霸之霸，时亦作伯。但'伯'义《说文》训长，在周为制度名词，为侯伯之伯，无后世王霸之义也。后世王霸之霸，盖因伯长之义，遂谓势能诸侯之长者为伯；而又恐与侯伯字溷，故时借霸字为之。"②核之先秦典籍，以"伯"为"霸"者，至《论语》始有一见③，此后《左传》当中遂屡见"霸"字，且与"伯"字多有混用④。其中《左传·成公二年》的一例颇值得留意：

  四王之王也，树德而济同欲焉；五伯之霸也，勤而抚之，以役王命。⑤

这里出现的"王""霸"对举，虽然与孟子所说的"王"与"霸"的分别略有不同⑥，但我们不妨再结合书中一些具体的叙述，来看待这个问题。

  较为典型的一段记载是在《左传·成公十六年》，曹人向晋恳求复国之辞中有云："君唯不遗德刑，以伯诸侯。"即指出"以伯（霸）诸侯"的凭借是"不遗德刑"。而这种依靠"德"与"刑"成霸的思想，在《左传》记述当中更是被不断地反复称述。如僖公七年：

  招携以礼，怀远以德。德、礼不易，无人不怀。⑦
  且夫合诸侯，以崇德也。会而列奸，何以示后嗣？夫诸侯之会，其

---

① （清）阮元校刻：《十三经注疏》，第1895页。
② 罗根泽：《古代政治学中之"皇""帝""王""霸"》，《诸子考索》，北京：人民出版社，1958年，第116页。
③ 《论语·宪问》曰："管仲相桓公，霸诸侯，一匡天下。"
④ "霸"字如："齐始霸也。"（庄公十五年）"间携贰，覆昏乱，霸王之器也。"（闵公元年）"是以知其不遂霸也。"（僖公二十二年）"四王之王也，树德而济同欲焉；五伯之霸也，勤而抚之，以役王命。"（成公二年）"士之二三，犹丧妃耦，而况霸主？霸主将德是以。"（成公八年）"疆场霸说于曹伯。"（哀公七年）"伯"字如："诸侯无伯。"（僖公十九年）"君唯不遗德刑，以伯诸侯。"（成公十六年）"宜晋之伯也。"（襄公二十七年）"王伯之令也。"（昭公元年）"以是求伯，必不行矣。"（哀公元年）诸"伯"字均与"霸"义无殊。（参见罗根泽：《诸子考索》，第116页。）
⑤ 《左传·成公二年》，杨伯峻编著：《春秋左传注》，第798页。
⑥ 杨伯峻在注释中指出："'王''霸'对言，与战国时'王''霸'对言意义稍有不同……《春秋》则以统一天下者为'王'，能为当时天下共主效力者为'霸'。"（杨伯峻编著：《春秋左传注》，第798页）当然《左传》在这里记载的只是齐国宾媚人（国佐）的话，所以可以看作是春秋时期的观念的表达，但考虑到《左传》成书于战国时代，则全书中反映出的"王""霸"的思想，却不能不视为战国的产物。
⑦ 《左传·僖公七年》，杨伯峻编著：《春秋左传注》，第317页。

> 德、刑、礼、义，无国不记。记奸之位，君盟替矣。作而不记，非盛德也。①

> 贰而执之，服而舍之，德莫厚焉，刑莫威焉。服者怀德，贰者畏刑，此一役也，秦可以霸。②

> 大适小有五美：宥其罪戾，赦其过失，救其菑患，赏其德刑，教其不及。小国不困，怀服如归。是故作坛以昭其功，宣告后人，无怠于德。③

这类"德"与"刑"并举的思想，显然与孟子所说的"以力假仁"的评价有很大的差异。可以说在大多数情况下，《左传》作者对霸者是肯定其"德"的方面，而否定其"力"的方面的。例如，楚大夫屈完对齐桓公说："君若以德绥诸侯，谁敢不服？君若以力，楚国方城以为城，汉水以为池，虽众，无所用之。"④强调的是"德"而不是"力"。周宰孔对晋献公说"齐侯不务德而勤远略"⑤，肯定的也是"德"，却否定了"远略"。郑子良说"晋、楚不务德而兵争"⑥，主张霸者应务"德"而不从"兵"。

这种从"德"而不从"力"的倾向，在《左传》关于楚庄王霸业的记载中有更突出的反映。鲁宣公十二年（公元前 597 年），楚军破郑，郑襄公降楚。楚庄王的左右主张灭郑，楚庄王不纳，而与郑结盟而还。这件事情正是霸者德、刑并重的典型事例。所以接下来《左传》记述晋楚邲之战前，借晋国士会（随武子）之口评论楚庄王道：

> 楚君讨郑，怒其贰而哀其卑。叛而伐之，服而舍之，德、刑成矣。伐叛，刑也；柔服，德也，二者立矣。⑦

士会因此主张，不可与"德、刑成矣"的楚交战。但晋国中军佐先縠（彘子）

---

① 《左传·僖公七年》，杨伯峻编著：《春秋左传注》，第 318—319 页。
② 《左传·僖公十五年》，杨伯峻编著：《春秋左传注》，第 366 页。
③ 《左传·襄公二十八年》，杨伯峻编著：《春秋左传注》，第 1144—1145 页。
④ 《左传·僖公四年》，杨伯峻编著：《春秋左传注》，第 292—293 页。
⑤ 《左传·僖公九年》，杨伯峻编著：《春秋左传注》，第 327 页。
⑥ 《左传·宣公十一年》，杨伯峻编著：《春秋左传注》，第 711 页。
⑦ 《左传·宣公十二年》，杨伯峻编著：《春秋左传注》，第 722 页。

却不同意:

> 晋所以霸,师武、臣力也。今失诸侯,不可谓力;有敌而不从,不可谓武。由我失霸,不如死。①

士会注重的是霸者"德"与"刑"兼备,而先縠却认为晋国的霸业是"师武、臣力"的结果,主张有"武"与"力"足矣,而"德"的因素却不在考虑之中。《左传》作者通过叙事间接地显示了"德刑"与"武力"两种相反的论调,对这两种相反的论调,也明确地作了裁决,即信奉"武力"的主战论者先縠率晋军与楚战于邲,结果被打败。就《左传》在这里的叙述而言,具备"德行"优于只依赖"武力"的判断,表达得十分明确。

关于"伐叛,刑也;柔服,德也"的思想,《左传》在其他地方也常涉及。如齐桓公"迁邢封卫",是最著名的"存亡继绝"的事。对此,《左传》评价道:"凡侯伯,救患、分灾、讨罪,礼也。"②又如,楚平王复封已设为县的陈、蔡,《左传》称赞"礼也"③。如果就内容来区分这些作为,则"恤患补阙""救患分灾""复封"属于"德","正违治烦""讨罪"则相当于"刑"。可以说,《左传》中的霸者,在这样的意义下,是"德"与"刑"并用,借此保持中原秩序。所以,《左传》作者反对只要有"武力"就足够的极端论,但也绝不是说霸者完全不使用"武力",正常的做法是保持"德"与"刑"的平衡。④

《左传》中关于霸者的思想也见于其对于"信"的强调。如其记载晋文公伐原,当其得知受到包围的原不久降服后,乃决定撤兵。《左传》借文公之口讲出了"信"在政治中的作用:"信,国之宝也,民之所庇也。得原失信,何以庇之,所亡滋多。"而在此后回顾晋文公的霸业时作者又讲道:

> 晋侯始入而教其民,二年,欲用之。子犯曰:"民未知义,未安其居。"

---

① 《左传·宣公十二年》,杨伯峻编著:《春秋左传注》,第726页。
② 《左传·僖公元年》,杨伯峻编著:《春秋左传注》,第278页。
③ 《左传·昭公十三年》,杨伯峻编著:《春秋左传注》,第1361页。
④ 参见小仓芳彦:《〈左传〉中的霸与德》,刘俊文主编,许洋主等译:《日本学者研究中国史论著选译》第7卷,北京:中华书局,1993年。

于是乎出定襄王，入务利民，民怀生矣。将用之。子犯曰："民未知信，未宣其用。"于是乎伐原以示之信。民易资者，不求丰焉，明征其辞。公曰："可矣乎？"子犯曰："民未知礼，未生其共。"于是乎大蒐以示之礼，作执秩以正其官。民听不惑，而后用之。出谷戍，释宋围，一战而霸，文之教也。①

"义""信""礼"被当作"文之教"的几个因素被提出，其中"信"作为文公得以称霸的一种重要的方面被予以强调。

《左传》对霸者"信"的强调，又往往是同"礼"的要求相结合的。如成公十五年（公元前576年），距第一次弭兵之盟仅三年，楚国就要破坏盟约。楚国公子贞说："新与晋盟而背之，无乃不可乎？"楚国主帅子反却说："敌利则进，何盟之有？"对此申叔时加以评论曰："子反必不免。信以守礼，礼以庇身，信、礼之亡，欲免，得乎？"②第二年（公元前575年）爆发晋楚鄢陵之战，子反因战败而被迫自杀，应验了申叔时的预言。通过这个事例，《左传》向人们说明了讲礼修信才是成就霸业的必要条件。

由上述论述可知，《左传》并没有出现像孟子那样严格的"王""霸"差别观念，更没有把"霸"与"力政"等同起来，而是反对绝对的"尚力"的政治原则。由此，《左传》对霸者倒是提出了"尚德""行礼""重信"等一系列的评价标准。显然，《左传》是把这样的霸者作为春秋历史当中稳定社会政治秩序的主要力量来看待的。

三、社稷无常奉，君臣无常位

针对春秋时期的社会变动，孔子曾经这样评价："天下有道，则礼乐征伐自天子出；天下无道，则礼乐征伐自诸侯出。自诸侯出，盖十世希不失矣；自大夫出，五世希不失矣；陪臣执国命，三世希不失矣。"③从政治关系的角

---

① 《左传·僖公二十七年》，杨伯峻编著：《春秋左传注》，第447页。
② 《左传·成公十五年》，杨伯峻编著：《春秋左传注》，第873页。
③ 《论语·季氏》，杨伯峻译注：《论语译注》，第174页。

度看，整个春秋恰是一个自上而下的政权下移和由下而上的层层僭越的时代。与孔子的态度不同，对于这种社会变动，《左传》的作者却明显地持有一种肯定的态度。《左传·昭公三十二年》记载：

> 赵简子问于史墨曰："季氏出其君，而民服焉，诸侯与之；君死于外而莫之或罪，何也？"对曰："物生有两、有三、有五、有陪贰。故天有三辰，地有五行，体有左右，各有妃耦，王有公，诸侯有卿，皆有贰也。天生季氏，以贰鲁侯，为日久矣。民之服焉，不亦宜乎！鲁君世从其失，季氏世修其勤，民忘君矣。虽死于外，其谁矜之？社稷无常奉，君臣无常位，自古以然。故《诗》曰：'高岸为谷，深谷为陵。'三后之姓于今为庶，主所知也。在《易》卦，雷乘《乾》曰《大壮》䷡，天之道也。"①

当时鲁国的政治形势是政在季氏，鲁昭公虽谋去季氏，但未能成功，只好出奔于外，最终死于乾侯。晋国的正卿赵简子为此问于史墨：鲁国国君死于外，而人民却不闻不问，季氏出其君，人民却都服从，这是什么原因？史墨的回答首先指出了一个事实，即鲁国的政权旁落大夫之手已经很久了，鲁国的国君世代放纵安逸，而季氏世代勤勉，所以人民忘掉了国君而拥护季氏是很自然的事情。由这一事实出发，史墨更讲到了一个带有规律性的认识，即"社稷无常奉，君臣无常位，自古以然"。社稷没有固定不变的祭祀者，君臣没有固定不变的地位，自古以来就是这样。所以虞、夏、商三王的子孙们在今天成为平民也就不足为怪了。值得注意的是，史墨对于政治上的这种变动，正是以"天之道"的规律来加以说明的。他特别列举了《诗经》和《周易》②来说明这个事实。史墨在这里所说的"天之道"不是传统地把天象和人事相附会，而是通过自然界的对立转换、相互变化的规律来说明历史的变化。这种认识虽然出自史墨，但也充分地代表了《左传》作者自己的观点，可以

---

① 《左传·昭公三十二年》，杨伯峻编著：《春秋左传注》，第 1519—1520 页。
② 《大壮》由乾和震组成，乾代表君，震代表臣，震在乾上，君臣易位，表明卿大夫势力的强壮。《大壮·象》曰："《大壮》，大者壮也，刚以动，故化。《大壮》'利贞'，大者，正也。正大，而天地之情可见矣。"史墨据此指出雷（震）在天（乾）上是符合规律的。

看作是他对历史变化所做的具有理论意义的概括。①

这种对社会历史变化持肯定态度的观点，还可以从书中所记晏子和叔向论齐、晋两国公室和贵族衰落的情况中看到。鲁昭公三年（公元前539年），齐国的晏子出访晋国，晋大夫叔向向他问起齐国的情况，晏婴回答道：

> 此季世也，吾弗知齐其为陈氏矣。公弃其民，而归于陈氏。齐旧四量，豆、区、釜、钟。四升为豆，各自其四，以登于釜。釜十则钟。陈氏三量皆登一焉，钟乃大矣。以家量贷，而以公量收之。山木如市，弗加于山；鱼、盐、蜃、蛤，弗加于海。民参其力，二入于公，而衣食其一。公聚朽蠹，而三老冻馁，国之诸市，屦贱踊贵。民人痛疾，而或燠休之。其爱之如父母，而归之如流水。欲无获民，将焉辟之？箕伯、直柄、虞遂、伯戏，其相胡公、大姬已在齐矣。

叔向也就此透露了晋国的情况：

> 虽吾公室，今亦季世也。戎马不驾，卿无军行，公乘无人，卒列无长。庶民罢敝，而宫室滋侈。道馑相望，而女富溢尤。民闻公命，如逃寇仇。栾、郤、胥、原、狐、续、庆、伯降在皂隶，政在家门，民无所依。君日不悛，以乐慆忧。公室之卑，其何日之有？《谗鼎之铭》曰："昧

---

① 与此相关的一个问题，是《左传》袒护季氏的立场。童书业曾说："左氏固亦有贬季氏等语，然不代表其主要思想（或所据史料如此），而袒季氏之立场，则非常明显。"（童书业著，童教英校订：《春秋左传研究：校订本》，北京：中华书局，2006年，第233页）童氏说的袒季氏之立场，除了昭公三十二年的材料可兹证明外，哀公二十七年的一段记载颇值得重视："公患三桓之侈也，欲以诸侯去之。三桓亦患公之妄也，故君臣多间。公游于陵阪，遇孟武伯于孟氏之衢，曰：'请有问于子，余及死乎？'对曰：'臣无由知之。'三问，卒辞不对。公欲以越伐鲁，而去三桓。秋八月甲戌，公如公孙有陉氏，因孙于邾，乃遂如越。国人施公孙有山氏。"《史记·鲁周公世家》则有三桓攻鲁哀公及哀公出奔并复归死于有山氏之事的记载："二十七年春，季康子卒。夏，哀公患三桓，将欲因诸侯以劫之，三桓亦患公作难，故君臣多间。公游于陵阪，遇孟武伯于街，曰：'请问余及死乎？'对曰：'不知也。'公欲以越伐三桓。八月，哀公如陉氏。三桓攻公，公奔于卫，去如邹，遂如越。国人迎哀公复归，卒于有山氏。子宁立，是为悼公。"这段记载和《左传》颇有出入。童书业认为这是因为《左传》为季氏作的隐讳，并进一步考证指出："公孙有山氏为季氏党（参哀公二十四年《传》），受季氏命暗杀哀公，完全有可能。观上《传》末云：'国人施公孙有山氏。'苟无弑君之罪，恐不得有此事。哀公谥为'哀'，不谥为'出'，亦可证其被弑。"（《春秋左传研究：校订本》，第233页）《左传》为季氏所作的隐讳，固然是因为年代接近，为了躲避直书统治者可能带来的危害而有所忌讳，但他袒护季氏的立场也与他赞同社会变动的历史观点颇相一致。

旦丕显，后世犹怠。"况日不悛，其能久乎？①

晏子和叔向的这段对话都是有感于世变而发的，是对春秋晚期公室和贵族衰败的一段具体的描述。他们提到的这些大族，许多都已经"降在皂隶"②，这清楚地揭示出当时的社会已在剧变当中。而在他们看来，"政在家门"即政权逐渐由公室传入私家也是不可逆转的历史趋势。通过这样的记载，明显地表达了《左传》作者对诸侯国内新兴政治力量的拥护和对公室昏庸贪婪的谴责。

与大夫专政相对应的是各诸侯国中大夫的家臣在春秋后期地位的上升。根据童书业的看法，卿大夫分置侧室、大夫有贰宗，盛行于春秋后期，这一时期天子、诸侯的政治地位下降，天子无权，政在大夫，这也同时意味着在宗法上"大宗"的地位下降。③在这个变化的潮流中，不仅诸侯不理会周天子的权威，在诸侯国内，侧室、贰宗也常常冒出政坛，甚至凌驾于公卿大夫之上，大贵族的家宰甚至可以独揽国政。像这样"执国命"的陪臣，在鲁国有季孙氏的阳虎、孟孙氏的公敛处父，在齐国有陈氏的陈豹，在卫国有孔氏的浑良夫，等等。

针对这种情况，孔子曾有"禄之去公室五世矣，政逮于大夫四世矣，故夫三桓之子孙微矣"④的感叹。鲁国自桓公以后，公室渐弱，政权下移，政逮于孟孙、叔孙、季孙三家，即"三桓"。而到孔子时，"三桓"又渐衰微，政权有下逮于陪臣之手的趋势。所以孔子的这种感叹主要是针对鲁国当时的情况而发的。不过他对攫取政治权力的陪臣们的态度却是复杂的。一方面他反对"陪臣执国命"的现象，对于像阳虎这样的人一直采取回避的态度⑤；另一方面，对欲"张公室"的陪臣们，孔子似乎也寄寓着某种政治希望。例如他

---

① 《左传·昭公三年》，杨伯峻编著：《春秋左传注》，第1234—1237页。
② 杜注："皂隶，贱官。"[（战国）左丘明撰，（西晋）杜预集解：《左传（春秋经传集解）》，上海：上海古籍出版社，1997年，第1222页]所以不是说这些人都沦为奴隶，而是他们中的很多人沦落到比较低的社会阶层中去了。
③ 参见童书业著，童教英校订：《春秋左传研究：校订本》，第108—114、310—311页。
④ 《论语·季氏》，杨伯峻译注：《论语译注》，第175页。
⑤ 参见《论语·阳货》，杨伯峻译注：《论语译注》，第180页。

就曾准备响应公山弗扰和佛肸的召唤①，以至于引起了子路的不满②。这反映出孔子政治思想中理想与现实相冲突的一面。

与孔子的暧昧相比，《左传》对这些陪臣却表现出另一种态度。我们不妨来看书中有关鲁国南蒯叛乱的记载。南蒯是季氏的家臣，却以费邑反叛季氏。当他欲造反时，《左传》作者就借其乡人之语："恤恤乎，湫乎，攸乎！深思而浅谋，迩身而远志，家臣而君图，有人矣哉"，指责了他的做法是志高而谋浅。当南蒯叛乱失败后，逃到齐国，《左传·昭公十四年》又记载：

> 侍饮酒于景公。公曰："叛夫！"对曰："臣欲张公室也。"子韩皙曰："家臣而欲张公室，罪莫大焉。"③

对于子韩皙的话，故有人目其为"当时流俗之言"④，但通过他所说的"罪莫大焉"，却明显透露出《左传》作者对"家臣而欲张公室"行为的反对。正如高士奇所说"去一三桓，而得一三桓"⑤。像阳虎、南蒯这样的家臣，以"张公室"为号召而发动叛乱，虽然可能只是一个政治幌子，但从这种形势下还是可以隐约看到宗法制下的那种封闭的主臣依附关系向未来君主集权下的官僚制演变的一个雏形。当然，由于时代的局限，这也是为《左传》作者所不及认识的了。

---

① 金履祥《通鉴前编》云："公山不狃以费畔季氏，佛肸以中牟畔赵氏，皆家臣畔大夫也。而召孔子，孔子虽卒不往，而云'欲往'者，盖大夫畔诸侯而陪臣以张公室为名也。"[（清）刘宝楠撰，高流水点校：《论语正义》，北京：中华书局，1990年，第681页]

② 《论语·阳货》载："公山弗扰以费畔，召，子欲往。子路不说，曰：'末之也，已，何必公山氏之之也？'子曰：'夫召我者，而岂徒哉？如有用我者，吾其为东周乎？'"又载："佛肸召，子欲往。子路曰：'昔者由也闻诸夫子曰："亲于其身为不善者，君子不入也。"佛肸以中牟畔，子之往也，如之何？'子曰：'然，有是言也。不曰坚乎，磨而不磷；不曰白乎，涅而不缁。吾岂匏瓜也哉？焉能系而不食？'"按：《论语》关于公山弗扰的记载颇与《左传》不合，而《史记·孔子世家》则采《论语》所记。对此历代学者多有论述，或有以《论语》所载为是者，或有据《左传》而疑《论语》《史记》者。诸说详见（清）刘宝楠撰，高流水点校：《论语正义》，第681—684页；程树德撰，程俊英、蒋见元点校：《论语集释》，第1190—1194页。

③ 《左传·昭公十四年》，杨伯峻编著：《春秋左传注》，第1364页。

④ （清）刘宝楠撰，高流水点校：《论语正义》，第681页。

⑤ （清）高士奇：《左传纪事本末》，北京：中华书局，1979年，第125页。

四、时代变动与政治伦理

与春秋时期政权下移现象相关的是各诸侯国中弑君事件的频繁发生。《春秋》之中有所谓"弑君三十六"之说①，据研究者指出，这正是宗法制度在瓦解时的表现②。通过《左传》对这些"弑君"事件表达的态度，既反映了作者的政治伦理思想，也显示出其历史观点的某些方面。

例如，《春秋·文公十六年》记曰："宋人弑其君杵臼。"《左传》解释道：

> 书曰"宋人弑其君杵臼"，君无道也。③

对于《左传》所说的这条春秋书法，不妨对照先前的几段记载加以理解：

> 昭公将去群公子，乐豫曰："不可。公族，公室之枝叶也；若去之，则本根无所庇荫矣。葛藟犹能庇其本根，故君子以为比，况国君乎？此谚所谓'庇焉而纵寻斧焉'者也。必不可。君其图之！亲之以德，皆股肱也，谁敢携贰？若之何去之？"不听。穆、襄之族率国人以攻公，杀公孙固、公孙郑于公宫。六卿和公室，乐豫舍司马以让公子卬。昭公即位而葬。书曰"宋人杀其大夫"，不称名，众也，且言非其罪也。④

---

① （西汉）董仲舒：《春秋繁露·灭国》云："弑君三十六，亡国五十二。"按：（清）苏舆撰，钟哲点校《春秋繁露义证》云："'弑君'上疑夺《春秋》二字。"（北京：中华书局，1992年，第133页）《史记·太史公自序》云："《春秋》之中，弑君三十六，亡国五十二，诸侯奔走不得保其社稷者不可胜数。"
② 如王贵民指出："导原于宗法制度本身的矛盾，根植于古代社会贵族阶级本质之中，它的频繁出现，是宗法制度在瓦解时的表现，旧的贵族阶级在内部自我残杀中的削弱，可以说是旧事物的衰亡，在这一点看，它具有一定的社会意义。但是旧事物的衰亡，并不等于是新事物的出现。它是一种自发的阶级变动，而不是新阶级主动自觉的阶级斗争，它对社会历史发展并不能起直接的推动作用。"（《春秋"弑君"考》，《纪念顾颉刚学术论文集》，成都：巴蜀书社，1990年，第323—342页）。
③《左传·文公十六年》，杨伯峻编著：《春秋左传注》，第622页。
④《左传·文公七年》，杨伯峻编著：《春秋左传注》，第556—558页。

> 宋襄夫人，襄王之姊也，昭公不礼焉。夫人因戴氏之族，以杀襄公之孙孔叔、公孙钟离及大司马公子卬，皆昭公之党也。①
>
> 宋公子鲍礼于国人，宋饥，竭其粟而贷之。年自七十以上，无不馈诒也，时加羞珍异。无日不数于六卿之门。国之材人，无不事也；亲自桓以下，无不恤也。公子鲍美而艳，襄夫人欲通之，而不可，乃助之施。昭公无道，国人奉公子鲍以因夫人。……冬十一月甲寅，宋昭公将田孟诸，未至，夫人王姬使帅甸攻而杀之。②

宋昭公在即位前就曾谋去公族，从而引发宋国的内乱，此后又对宋襄公夫人（即昭公的祖母）不加礼遇，遂引起襄公夫人的怨恨，导致昭公党人被诛。而公子鲍却因其貌美和乐善好施深得襄公夫人喜爱和国人的拥护，最终在襄公夫人的帮助下弑昭公，而成为宋国的国君。所以在《左传》看来，宋昭公既不容于宋国的大夫和自己的祖母，也不为国人所支持，他的被弑完全是因为自己的"无道"行为所导致。这种对弑君事件的表述，还见于宣公四年传文中的"凡例"：

> 凡弑君，称君，君无道也；称臣，臣之罪也。③

实际上，《左传》所说的这些"弑君"的义例，并不能与《春秋》的记载完全符合。④不过通过以上这两个例子，却不难发现《左传》对弑君事件的态度。从"君无道""臣之罪"这样的说法来看，作者并不是一味地强调"臣之罪"，而是认为在有些情况下弑君的责任应由无道的君主来承担，这无异于主张在一定条件下弑君有其合理性的一面。

因为《左传》中的这两条义例涉及中国古代政治伦理中最为敏感的话题，所以在后世的学者当中也引发了很大的争议。如清儒万斯大就曾评论道：

---

① 《左传·文公八年》，杨伯峻编著：《春秋左传注》，第567页。
② 《左传·文公十六年》，杨伯峻编著：《春秋左传注》，第620—622页。
③ 《左传·宣公四年》，杨伯峻编著：《春秋左传注》，第678页。
④ 参见赵伯雄：《春秋学史》，济南：山东教育出版社，2004年，第294页。

> 《春秋》弑君，有称名、称人、称国之异。《左氏》定例，以为称君君无道，称臣臣之罪。甚矣！其说之颇也。孟子曰："世衰道微，邪说暴行有作。"所谓暴行，即弑父、弑君是也。所谓邪说，即乱臣贼子与其俦类，将不利于君，必饰君之恶，张己之攻，造作语言，诬惑众庶是也。有邪说以济其暴，遂若其君真可弑，而己可告无罪然者。相习既久，政柄下移，群臣知有私门，而不知公室。且邻封执政，相倚为奸，凡有逆节，多蔽过于君，鲜有罪及其臣者。如鲁、卫出君（鲁昭、卫献），师旷、史墨之言可证也。左氏之例亦犹是耳。噫！于弑君而谓君无道，是《春秋》非讨乱贼，而反为之先导矣。邪说之惑人，一至是乎。①

此后焦循更踵万氏之说，称"如所谓称君，君无道，显然谬乎孔子作《春秋》使乱臣贼子惧之义"②。比万氏更进一步的是，他又根据杜预对"传例"的解释，大肆抨击杜预的品行。③

就西周、春秋时期的宗法等级制度而言，并没有后世的那种严格意义上的君臣大义④，到了战国时期君臣关系更是处于一种复杂多变的状态。因此不能够用后来的那种君臣上下、尊卑主从的关系来对待《左传》的这种思想，万、焦二氏的批评不免以后律前。不过通过他们的批评，却说明了每一个时代的史学著作都有其特色，《左传》中的这些议论，实际上正表现了作者本身所感染的时代色彩。

即便是这样，《左传》作者在对待弑君的问题上有时却也不免显示出一种游移态度。这在书中关于"赵盾弑其君"的叙述上，表现得最为突出。《左传·宣公二年》载：

---

① （清）万斯大：《学春秋随笔》"卫州吁弑其君完"条，（清）阮元编：《皇清经解》卷50，上海：上海书店影印本，1988年，第328页。
② （清）焦循：《春秋左传补疏》，（清）阮元编：《皇清经解》卷1161，第671页。
③ 参见刘家和：《从清儒的臧否中看〈左传〉杜注》，《史学、经学与思想：在世界史背景下对于中国古代历史文化的思考》，第269页。
④ 例如当时鲁国的里革和晋国的师旷等人都曾有过国君被逐、被弑乃是"君之过"的言论。参见《国语·鲁语上》《左传·襄公十四年》。

> 赵穿杀灵公于桃园。宣子未出山而复。大史书曰"赵盾弑其君"，以示于朝。宣子曰："不然。"对曰："子为正卿，亡不越竟，反不讨贼，非子而谁？"宣子曰："呜呼！诗曰'我之怀矣，自诒伊戚，'其我之谓矣。"孔子曰："董狐，古之良史也，书法不隐。赵宣子，古之良大夫也，为法受恶。惜也，越竟乃免。"①

由于《左传》在前文当中，就已经明言"晋灵公不君"，因此可以认为，晋灵公的被弑应该是因为其自身的暴虐行为所致。作为正卿的赵盾虽然不是弑君的直接凶手，但其"亡不越竟，反不讨贼"，因此被太史董狐在国史上书以"赵盾弑其君"。《左传》作者引用孔子的评论称赞董狐的"书法不隐"，似乎承认赵盾应当承担弑君的责任；但他又认为赵盾"越竟乃免"，更表达了对赵盾的同情。这种复杂的心态，正是"罪君"与"罪臣"两条原则的冲突。君臣关系中的这种是非曲直，本身就是中国古代政治伦理的一个死结，反映在孔子身上的这种矛盾心情，也正体现了《左传》作者自身思想的矛盾。

通过以上的论述，可以看到在《左传》当中确实存在着一些在后人看来比较异端的思想。例如，北宋的刘敞曾有《左传》"是非谬于圣人"②的评论，他这种观点为后来的许多学者所赞同，如朱熹就指出：

> 左氏之病，是以成败论是非，而不本于义理之正。尝谓左氏是个滑头熟事、趋炎附势之人……陈君举说《左传》，曰："左氏是一个审利害之机、善避就底人，所以其书有贬死节等事。其间议论有机不是处：如周郑交质之类，是何议论！其曰：'宋宣公可谓知人矣，立穆公，其子飨之，命以义夫！'只知有利害，不知有义理。"③

---

① 《左传·宣公二年》，杨伯峻编著：《春秋左传注》，第662—663页。
② （宋）刘敞：《春秋权衡》卷1，《景印文渊阁四库全书》，台北：商务印书馆，1986年，第147册，第172页。
③ （宋）黎靖德编，王星贤点校：《朱子语类》卷83，北京：中华书局，1986年，第2149—2150页。

此后的学者,如吕大圭[①]、洪迈[②]、凌稚隆[③]、焦循[④]等对他们的观点又都有不同程度的发挥。总之,这些批评大都集中于《左传》"议论谴词颇有害理者"和"专以利害成败论人"两个方面。所谓"议论谴词多害理",当然是后人站在后世严防君臣大义的角度所做的判断,对此前文已有解析。至于说"专以利害成败论人",《左传》当中的种种记载很可能是沿诸前史,作者因此取裁而作为其以成败论人的证据,不过这也恰好证明了《左传》作者对社会历史变化所持肯定态度的观点。所以说《左传》所遭受的这些非议,不但没有降低其思想的价值,反而更可显示出其历史思想的时代特色。

[①]（宋）吕大圭："观其（《左传》）每述一事必究其事之所由,深于情伪熟于世故,往往论其成败而不论其是非,习于时世之所趋而不明乎大义之所在。言周郑交质而曰信不由中,质无益也。论宋宣公立穆公而曰可谓知人矣。鬻拳强谏楚子,临之以兵,而谓鬻拳为爱君。赵盾亡不越竟,反不讨贼,而曰惜也,越竟乃免。此皆其不明理之故。"[（清）朱彝尊撰,中华书局编辑部编:《经义考》卷169,第877页]

[②]（宋）洪迈:《容斋三笔》卷14"左传有害理处"条,《容斋随笔》,上海:上海古籍出版社,1978年,第581页。

[③]（明）凌稚隆:"《左传》为文章之冠,……而说者往往病其诬,……其所纪妖祥梦卜鬼怪神奇一一响应,似属浮夸。然变幻非可理推,古今自不相及,安知事果尽诬,非沿旧史之失耶?惟是专以利害成败论人,故先为异说于前以著其验,此朱子亦得以大病訾之尔。"[《春秋左传注评测义》,万历十五年（1587年）刻本]

[④]（清）焦循:"盖左氏生春秋后,目睹七国将兴,每于其世此之见于《春秋》者,必预著其详,曲为之说。如陈氏,则谓五世其昌,八世莫京;魏氏,则谓公侯子孙,必复其始。而赵盾弑君,更为多方解免,不顾圣经之书法,先儒谓其'好以成败论人',而'是非谬于圣人,良不诬也。"[《春秋左氏传补注》卷3,（清）阮元编:《皇清经解》卷1161,第671页]

第六章　何休"公羊三世说"的思想渊源与社会基础

关于何休"公羊三世说"的内容、特点与影响，前人已作过一些研究，成果虽不可谓不丰，但一些相关的具体环节和深层次问题尚存在进一步讨论的空间，如"三世说"与谶纬的关系，东汉末的社会矛盾和清流对其的影响等。这两个问题相互联系，构成了汉代公羊学说的一个重要侧面。

一、"三世说"与谶纬

经学史家周予同在《〈春秋〉与〈春秋〉学》一文中曾将两汉公羊学的发展归纳为从《公羊传》的产生到汉初董仲舒等的发挥，再到纬书的加入和汉末何休的总结四个阶段。[①]这种总结，对我们认识公羊学说在两汉期间的发展确实能起到标示性的作用。如果说由于《公羊传》及董仲舒《春秋繁露》与何休《公羊解诂》的存世，第一、二、四阶段在一定程度上尚能为我们所熟悉的话，那么对于第三个阶段，由于文献的零散或缺失，却往往被人们所忽视。但就两汉公羊学的发展而言，这个阶段恰恰处于承上启下的重要位置。虽然公羊学派与穀梁以及左氏学派相争，公羊学中的家法与章句的形成等问题始终贯穿其间，使得公羊学在这个阶段的发展呈现出多样性的特点，但谶纬与公羊学说间的相互杂糅、相互影响无疑也是一个值得特别关注的问题。

[①] 周予同：《〈春秋〉与〈春秋〉学》，朱维铮编校：《周予同经学史论》，上海：上海人民出版社，2010年，第350页。

第六章 何休"公羊三世说"的思想渊源与社会基础

谶纬之学在汉代的发展与繁盛本就与今文经学有着密切的联系。清人徐养原曾说:"图谶乃术士之言,与经义初不相涉。至后人造作纬书,则因图谶而牵合于经义。其于经义,皆西京博士家言,为今文之学者也。"①所言可谓恰当。另外在今文经学中又以公羊学对谶纬的影响最为直接,如钟肇鹏在仔细考察了谶纬同今文经学的关系后,指出"在今文经学中,又以《公羊春秋》对谶纬的影响最大"②。陈苏镇也认为,"谶纬内容十分庞杂,但主题思想属于西汉今文经学,尤其是《春秋》公羊学"③。前辈学者的这些研究都显示出公羊学和谶纬间的密切关联。应该说,这种关联不但表现为后者在内容和思维方式上受到前者的影响,也表现为前者在不断缔造其学说的过程中对后者的吸纳与改造。这在此后何休的公羊学理论中表现得尤为明显。在对《公羊传》进行注解时,他不但频频引用纬书的内容,而且正如苏舆所说:"何氏注《传》,喜言灾异,虽本家法,而传会可议者多。"④灾异与谶纬本就密不可分,故"虽本家法"但仍多有"传会可议者",应该是指何休一方面继承了董仲舒、胡毋生、李育、羊弼等前代公羊学大师的经说,另一方面又采纳了谶纬中的许多奇怪意见,从而造就了不少"非常异议可怪之论",在他的公羊学说中占有核心地位的"三世说"也与此有关。

这种关联首先便表现在何休对《春秋》"三世"所采用的分期标准上。"三世说"的一个基本内容就是对《春秋》所载历史的三时段划分,它源自《公羊传》中三次提到的《春秋》"所见异辞,所闻异辞,所传闻异辞"⑤。如《春秋·隐公元年》载:"公子益师卒。"《公羊传》释云:

何以不日?远也。所见异辞,所闻异辞,所传闻异辞。⑥

按照这种解释,《春秋》没有记载公子益师去世的具体日期,正是因为距离孔

---

① (清)徐养原:《纬候不起于哀平辨》,(清)阮元、王先谦编:《清经解》,南京:凤凰出版社影印本,2005年,10834页。
② 钟肇鹏:《谶纬论略》,沈阳:辽宁教育出版社,1991年,第116页。
③ 陈苏镇:《两汉之际的谶纬与〈公羊〉学》,《文史》2006年第3辑。
④ (清)苏舆撰,钟哲点校:《春秋繁露义证》,第374页。
⑤ 分别见隐公元年、桓公二年、哀公十四年。
⑥ (清)阮元校刻:《十三经注疏》,第2200页。

子之时年代久远而无法确知的缘故。众所周知,历史记载的一般状况是时间距离越近记载越清楚和详细,越远则越模糊和简略。《公羊传》所说的"异辞"实际上反映了《春秋》的一种记事原则,即因为时间远近、内容详略各有不同,所以造成了其中的文辞有"所见""所闻"和"所传闻"的差异。在《公羊传》中也时常出现"远也""祖之所逮闻也""无闻焉尔"之类的阐述,就是对此的解说。与之类似,《穀梁传》中也有"立乎定、哀,以指隐、桓,隐、桓之日远矣"[①]的话。而在古希腊的史学家当中,亦不乏相近的看法,如希罗多德在其著作里已经有意识地将自己所目睹的事情和所听到的传说加以区分[②],修昔底德也曾提出在历史撰述时首先要信任自己的耳目和可靠证人的耳目[③]。可见,这种将亲历的事与靠耳闻得知的事要予以区别的认识,并非《公羊传》所独有,而是中外学者的共识了。

不过,此后的公羊学大师董仲舒却将《公羊传》的这种说法加以发挥改造,提出了《春秋》"三等"的观点,如他指出:

> 《春秋》分十二世以为三等,有见,有闻,有传闻。有见三世,有闻四世,有传闻五世。故哀、定、昭,君子之所见也。襄、成、文、宣,君子之所闻也。僖、闵、庄、桓、隐,君子之所传闻也。所见六十一年,所闻八十五年,所传闻九十六年。[④]

从而将《春秋》分为三个时段,即哀、定、昭三公为"有见三世",襄、成、文、宣四公为"有闻四世",僖、闵、庄、桓、隐五公为"有传闻五世",以

---

① 《穀梁传·桓公十四年》,(清)阮元校刻:《十三经注疏》,第 2377 页。
② 如在写埃及的历史时,希罗多德曾说道:"这些埃及的故事是为了给那些相信这样故事的人来采用的;至于我个人,则在这全部历史里,我的规则是我不管人们告诉我什么,我都把它记录下来。"而写到阿尔哥斯人和希腊人的时候,他更是指出:"至于我本人,则我的职责是把我所听到的一切记录下来,虽然我并没有任何义务来相信每一件事情;对于我的全部历史来说,这个说法我以为都是适用的。"〔古希腊〕希罗多德:《希罗多德历史:希腊波斯战争史》,王以铸译,北京:商务印书馆,1959 年,第 165、525 页)
③ 如修昔底德指出:"关于战争事件的叙述,我确定了一个原则:不要偶然听到一个故事就写下来,甚至也不单凭我自己的一般印象作为根据;我所描述的事件,不是我亲自看见的,就是我从那些亲自看见这些事情的人那里听到后,经过我仔细考核过了的。"〔古希腊〕修昔底德:《伯罗奔尼撒战争史》,谢德风译,北京:商务印书馆,1960 年,第 17—18 页)
④ (汉)董仲舒:《春秋繁露·楚庄王》,(清)苏舆撰,钟哲点校:《春秋繁露义证》,第 9—10 页。

第六章 何休"公羊三世说"的思想渊源与社会基础　107

此来对应《春秋》中的异辞。此后，何休在注解《公羊传》的"所见异辞，所闻异辞，所传闻异辞"时也说：

> 所见者，谓昭、定、哀，己与父时事也。所闻者，谓文、宣、成、襄，王父时事也。所传闻者，谓隐、桓、庄、闵、僖、高祖、曾祖时事也。①

所用标准与董仲舒的"三等"完全一致。正因为如此，研究者们在论述何休"三世说"时往往会强调它与董仲舒学说的承接关系，甚至把二者等同起来。不过，在《公羊解诂》权威的注释者徐彦那里，对此却有另一种解释。在上引《公羊解诂》文后的《疏》中，他写道：

> 孔子亲仕之定、哀，故以定、哀为己时。定、哀既当于己，明知昭公为父时事。知昭、定、哀为所见，文、宣、成、襄为所闻，隐、桓、庄、闵、僖为所传闻者，《春秋纬》文也。

按照徐彦的说法，何休对"三世"分期的依据并非因袭董仲舒，而是来自纬书中的《春秋纬》。汉代流传的《春秋纬》共有 14 种，徐彦并未注明何休援引的是哪一种。不过从前《疏》中所引"《演孔图》云文、宣、成、襄，所闻之世也"的话来看，这里的《春秋纬》最有可能就是《演孔图》。②虽然有人认为徐彦在为《公羊解诂》作《疏》时对董仲舒的著作根本不曾留意③，但考虑到徐彦所处时代距离何休尚自不远，对此当有所知④，而何休所归纳的公羊学中的"三科九旨""五始""七等"等概念，很多都是出自纬书，所以他的这种解释恐怕很有可能就不是其一偏之见了。

必须指出的是，本文所论何休"三世"分期来自于《春秋纬》，并不是要就此否定何休在"三世"分期上与董仲舒的联系。虽然何休在著作中从未提

---

① （清）阮元校刻：《十三经注疏》，第 2200 页。
② （清）马国翰辑：《玉函山房辑佚书·经编·纬书类》，扬州：广陵书社影印本，2005 年，第 2198 页。
③ （清）陈澧：《东塾读书记（外一种）》十，北京：生活·读书·新知三联书店，1998 年，第 200 页。
④ 关于徐彦的生平始末，史载有缺，按照清代学者的考证，似以北朝人为妥。

及董仲舒，但对比《春秋繁露》和《公羊解诂》，确实不难发现从董仲舒到何休很多观点上有着明显的承袭关系。[①]同样，纬书也与董仲舒有着密切的联系。《春秋繁露》虽然不是谶纬，但《春秋纬》中许多对《春秋》的解释与发挥都源自该书。所以不妨说，《演孔图》中的"三世"正是承袭了董仲舒的"三等"说，而后又为何休所采纳，从而形成其"三世说"的分期标准。特别是考虑到下面将要提到的在董仲舒之后公羊学说中关于"三世"分期还存在着多种说法，对这种承接过程的强调就显得非常必要了。

二、关于"三世"分期的不同标准

徐彦在《公羊传疏》卷首的长篇疏文中，又提到了另外两种"三世"分期标准：

> 问曰：郑氏云："九者，阳数之极"，九九八十一，是人命终矣，故《孝经援神契》云"《春秋》三世，以九九八十一为限"。然则隐元年尽僖十八年为一世，自僖十九年尽襄十二年又为一世，自襄十三年尽哀十四年又为一世，所以不悉八十一年者，见人命参差，不可一齐之义。又颜安乐以襄二十一年孔子生后，即为所见之世。颜、郑之说，实亦有途，而何氏见何文句，要以昭、定、哀为所见之世，宣、文、成、襄为所闻之世，隐、桓、庄、闵、僖为所传闻之世乎？[②]

《公羊传疏》卷首的疏文，是徐彦以自设问答的形式，用以解答公羊学的一些基本问题。其中特别提到这两种不同于何休"三世说"的说法，应当是考虑到二者在当时的影响，而不得不加以解释和澄清。

徐彦所举第一种"三世说"出自于《孝纬·援神契》，这是为了解释《春秋》首尾为何是242年的一种离奇的说法，即以人寿（一世）为81年为限，

---

① 参见（清）陈澧：《东塾读书记（外一种）》十，第200—202页。
② （清）阮元校刻：《十三经注疏》，第2195页。

从而推算出《春秋》当以隐公元年到僖公十八年为一世,僖公十九年到襄公十二年为一世,襄公十三年到哀公十四年又为一世。至于何休的"三世说"为何要依据《春秋纬》的标准,却没有采纳《孝纬》,徐彦解释道:"《援神契》者,自是《孝经纬》横说义之言,更作一理,非是正解《春秋》之物,故何氏自依《春秋说》为正解明矣。"[①]从两汉春秋学的发展来看,西汉时期,《春秋》在"六经"当中与《易》的关系最为接近,从而构成了当时"天人之学"的两极,但自东汉以来,其与《孝经》的结合却愈加紧密。郑玄就曾把《春秋》与《孝经》当作"就艺"中的"大经"与"大本"看待,在纬书的残文中我们也不止一次地看到,《孝经》与《春秋》被纠缠在一起。这种学风在何休那里也有明显的体现,如《解诂序》开篇第一句话"昔者孔子有云:'吾志在《春秋》,行在《孝经》。'此二学者,圣人之极致,治世之要务也"[②],便是出自《孝纬·钩命决》,而《公羊解诂》全书对《孝纬》的引用更不乏其例。所以说何休有意识地轻视或排斥《孝纬》的说法,并不可靠。

关于这个问题,王充《论衡·正说》的一段记述恰恰给出了一个很好的解答:

> 或说《春秋》二百四十二年者,上寿九十,中寿八十,下寿七十。孔子据中寿三世而作,三八二十四,故二百四十年也。又说为赤制之中数也。又说二百四十二年,人道浃,王道备。夫据三世,则浃备之说非;言浃备之说为是,则据三世之论误。二者相伐而立其义,圣人之意何定哉?[③]

王充提到的"三世说"与《援神契》的"三世说"基本相同,都是为了说明《春秋》首尾年数而造,所不同者只是在一世的年限上,后者为81年,前者为80年。王充敏锐地察觉到这种"中寿三世说"与公羊家们宣扬的《春秋》二百四十二年,人道浃,王道备"之间的矛盾。更指出按照这种"中寿三世说"推算,《春秋》的记载年限应当是240年,而不是现在的242年。王

---

① (清)阮元校刻:《十三经注疏》,第2195页。
② (清)阮元校刻:《十三经注疏》,第2190页。
③ 刘盼遂:《论衡集解》,北京:古籍出版社,1957年,第554—555页。

充的论断的确很难反驳。按《公羊传·哀公十四年》载:"《春秋》何以始乎隐? 祖之所逮闻也,所见异辞,所闻异辞,所传闻异辞。何以终乎哀十四年? 曰:'备矣!'"这是对《春秋》终始问题的解答。孔子作《春秋》当哀公之世,所以把终点放在此时并不奇怪,具体止笔于哀公十四年,是因为"获麟"之事发生于该年。麒麟作为祥瑞,正象征着"王道"。《公羊传》曰"备矣",何休注:"人道浃,王道备。"都是从这个角度来说的。《春秋》为何始于隐公? 主要的原因则是从哀公上推到隐公,正好凑足了十二位鲁君。因为在古人看来,十二是"制礼上物"不可超越的"天之大数"。[①]当时学者著书立说,往往法天之数以列篇章。孔子作《春秋》历十二公、吕不韦编《吕氏春秋》列"十二纪"均为显例。即使到了西汉,司马迁《史记》设"十二本纪"和"十二诸侯年表",实际上也是受到《春秋》十二公的影响。对于此节,何休绝非毫不知晓。所以在隐公元年的注文中他才写道:"《春秋》据哀录隐,上治祖祢,所以二百四十二年者,取法十二公,天数备足,著治法式。"[②]这就在《春秋》二百四十二年,"人道浃,王道备"之外又加入了"天数备足"的解释。正因为如此,何休在宣扬《春秋》"浃备"的同时[③],很难再采用《援神契》中按照人寿核算的"三世说",这也是他在阐发"三世"分期的时候有意回避《孝纬》的原因。

徐彦《疏》中提到的第二种"三世说",出自西汉宣帝时的公羊学者颜安乐。汉代公羊学主要传自董仲舒,仲舒又授褚大、嬴公、段仲、吕步舒,嬴公授孟卿、眭孟。眭孟授严彭祖和颜安乐,由此《公羊》分为严、颜二学。[④]颜安乐虽为董仲舒嫡传眭孟的高徒,但在"三世异辞"的时段划分上,他并未遵从董仲舒之说,而是以襄公二十一年孔子出生以后为"所见世"。东汉延续西汉立五经十四博士的传统,于《春秋》仅立严氏、颜氏两家。颜氏之说是东汉太学中讲授的正统公羊学说,应该被当时的公羊习学者所普遍持守。尽管我们无法确知何休和太学的关系,但从《公羊解诂序》里对他们所用的"倍经任意""反传违戾""俗儒"等描述来看,何休对太学中的严、颜之学

[①]《左传·哀公七年》,杨伯峻编著:《春秋左传注》,第1641页。
[②](清)阮元校刻:《十三经注疏》,第2200页。
[③]《公羊传·哀公十四年》:"何以终乎哀十四年? 曰:备矣。"何休注云:"人道浃,王道备。"
[④]《汉书》卷88《儒林传》,第3616—3617页。

当是抱着一种鄙视态度的。关于何休的师承，文献记载不详，后世学者亦众说纷纭[1]，不过可以肯定的是，何休是贯通诸学的"通儒"式的人物，绝非那种拘于家法师说的"章句之儒"。正因如此，这也使得他的许多观点与当时正统的公羊学说有很大的不同。在"三世"异辞的分期上，他确实采取了与统治太学的家法师说相对立的观点，并依据纬书回归到公羊先师董仲舒那里。这也恰好可与范晔在《后汉书》中对他"不与守文同说"[2]的评语相印证。

三、"王鲁"与"新王"

除了"三世异辞"的分期外，何休"三世说"不与守文同说的地方，更在于他在此基础之上推演出的"衰乱世"到"升平世"再到"太平世"的历史递进模式。何休对"三世"的这种解说，许多思想元素都来源于前代公羊先师，而他的创获之处正是将那些原本不相统属的义法熔铸一炉，从而成为一个有机的思想体系。追寻这些思想元素，不难发现也有谶纬的影响存乎其间。

如在对"三世"的说明上，他指出："所以三世者，礼：为父母三年，为祖父母期，为曾祖父母齐衰三月。立爱自亲始，故《春秋》据哀录隐，上治祖祢。"[3]较之董仲舒用"情"来解释《春秋》的异辞，何休改用丧服来解说"三世"，这便是《孝纬》将《春秋》之义统一于孝道的论调。

又如何休使用的"太平""升平"的概念及其连用的方式，也受到了纬书的影响。《隋书·袁充传》引京房《别对》云："太平日行上道，升平行次道，霸世行下道。"段熙仲曾据此认为何休的"三世说"出自于京房。[4]作为汉代象术易代表的孟京易学，与东汉流行的谶纬有着紧密的关系，《易纬》本就是由孟京易学发展而来。[5]不过，将"太平""升平"等词语联系在一起而出现

---

[1] 参见黄朴民：《何休评传》，南京：南京大学出版社，1998年，第40—44页。
[2]《后汉书》卷79下《儒林列传下》，第2583页。
[3]（清）阮元校刻：《十三经注疏》，第2200页。
[4] 段熙仲著，鲁同群等点校：《春秋公羊学讲疏》，南京：南京师范大学出版社，2002年，第496页。按：《隋书·天文志》亦载此语。
[5] 钟肇鹏：《谶纬论略》，第134页。

的情况，却不只存在于京氏《易》中，它们在《孝纬》《礼纬》和《春秋纬》等纬书中更频繁地出现。如《孝纬·援神契》："十世升平至德通神明。"（《文选·曹子建求自试表序》引）《孝纬·钩命诀》："明王用孝升平致誉。"（《文选·张平子东京赋》注、《曹子建求自试表》注引）《礼纬·斗威仪》："政太平则日五色，政公平则日黄中而赤晕，政和平则日黄中而黑晕，政象平则日黄中而白晕，政升平则日黄中而青晕。"（《太平御览》卷三）"政太平则月多耀，政颂平则赤明，政和平则黑明，政象平则白明，政升平则青明。"（《太平御览》卷四）"君承土而王，其政太平，则日五色无主。君承木而王，其政升平，则黄中青晕。乘火而王，则黄中而赤晕。乘金而王，则黄中而白晕。乘水而王，则黄中而玄晕。"（《太平御览》卷八百七十二）这些例子清楚地表明，何休"三世说"中使用的"太平"与"升平"概念及其连用的方式，最有可能源于纬书。

可以说，何休的"三世说"正是糅合了前代公羊师说以及谶纬学说的思想资料而加以改造形成的。从经学的方法上看，其最大的特点便是将公羊学说中原有的"异内外"与"三世异辞"两个命题相互结合，从而形成了"内其国而外诸夏"的"所传闻之世""内诸夏而外夷狄"的"所闻之世"和"夷狄进至于爵，天下远近大小若一"的"所见之世"。《春秋》由此也便成为一幅由治起于衰乱到见治升平再到著治太平的理想的政治图示和发展途径。在这幅治理图示中，《春秋》将王者的立场托诸鲁国，并随时间的推移，"王化"逐渐向周围扩散，由鲁而诸夏，由诸夏而夷狄，从而终于达到"太平"的至治。公羊学理论将王者托诸鲁，"缘鲁以言王义"[1]，不过是将鲁国作为一种政治模板，借以阐发自己的政治理论。可是这种"王鲁"说对汉代的儒生来说，却有另一层深刻的意义，即如何看待孔子的地位以及他和汉朝的关系问题。

《春秋·哀公十四年》："西狩获麟。"《公羊》释曰：

麟者，仁兽也。有王者则至，无王者则不至。[2]

---

[1]（汉）董仲舒：《春秋繁露·奉本》，（清）苏舆撰，钟哲点校：《春秋繁露义证》，第279页。
[2]（清）阮元校刻：《十三经注疏》，第2352—2353页。

第六章 何休"公羊三世说"的思想渊源与社会基础 113

在这种略带神秘的解释中，麒麟这种异兽的出现，便包含着周亡之征和新王将兴这两种意义。董仲舒说过孔子作《春秋》是"立新王之道"①。但这个新王是谁，他并没有明确说明。徐复观在论及董仲舒思想时曾指出："'以《春秋》当新王'，若仅就孔子作《春秋》，制义法，以示后王有所准绳法式，这是可以成立的。但仲舒之所谓'新王'，固然不是像汉的《公羊》博士们为了巩固自己地位而说《春秋》是为汉立法，也不是泛指为后王立法，而实是以孔子即是新王；孔子作《春秋》，即是孔子把新王之法，表现在他所作的《春秋》里面。但孔子毕竟是一个平民，抽象地说孔子是'素王'，固未尝不可。可是《春秋》二百四十二年的纪录，都是历史事实；在具体的历史事实中，如何能安置一位抽象的素王呢？仲舒于是把鲁国当作是新王的化身，而出现'王鲁'的说法；'王鲁'，是说孔子在《春秋》中赋予鲁国以王的地位。而鲁国之王，并不是鲁君而是孔子自己。"②这种看法绝非凿空之论，因为王充《论衡·指瑞》中的一段记载早已透露出这样的信息，"《春秋》曰：'西狩获死麟。'人以示孔子，孔子曰：'孰为来哉？孰为来哉？'反袂拭面，泣涕沾襟。儒者说之，以为天以麟命孔子，孔子不王之圣也"。这里所说的孔子事出自《公羊传》的记载，故王充所谓的儒者也必为公羊学者无疑。虽然在历史当中的孔子并非真的成为王者，但从"天以麟命孔子"这句话看出，这些公羊学者将麒麟的出现视为孔子受命的祥瑞。如果再联系汉宣帝时眭孟引述其先师董仲舒"虽有继体守文之君，不害圣人之受命"③的话，便不难理解公羊家这种观点的真正含义了。如王葆玹曾指出的那样，公羊家以麟为孔子受命之瑞，"这样的主张给人以野心勃勃的印象，似乎儒家不是一个可以辅佐任何朝廷的学派，而是一个拥戴孔氏而自有其宗教信仰与政治抱负的集团"④。如果将这样的主张在逻辑上作合理的延伸的话，其结论必定是在王朝更迭的顺序上，取代周而王天下的本来应当是孔子。对于实际存在的汉朝来说，这无疑是一种危险的理论。刘姓天子们非但不会认同此说，更要想办法对其加以压制和取缔。许慎《五经异议》记载：

---
① （汉）董仲舒：《春秋繁露·玉杯》，（清）苏舆撰，钟哲点校：《春秋繁露义证》，第28页。
② 徐复观：《两汉思想史》第2卷，上海：华东师范大学出版社，2001年，第214—215页。
③ 《汉书》卷75《眭两夏侯京翼李传》，第3154页。
④ 王葆玹：《今古文经学新论》，第256页。

> 公羊说：哀十四年获麟，此受命之瑞，周亡失天下之异。左氏说：麟是中央轩辕大角兽，孔子修《春秋》者，礼修以致其子，故麟来为孔子瑞。……许慎谨按：公议郎尹更始，待诏刘更生等议石渠，以为吉凶不并，瑞灾不兼，今麟为周亡天下之异，则不得为瑞，以应孔子至。①

尹更始与刘更生（向）都是石渠阁会议中穀梁学派的代表，他们提出麟"不得为瑞，应孔子至"的观点，显然是为驳斥"麟来为孔子瑞"②的说法而发。石渠阁会议的实质便是穀梁之学在汉宣帝的扶植下，对公羊学派进行压制。穀梁学者否认"麟为孔子受命之瑞"，正是为了迎合刘姓天子的意向。许慎的这段记载，恰好从一个方面说明了宣帝时"穀梁大盛"的原因。

正因为如此，此后的公羊学理论在对待将兴的"新王"究竟是孔子还是代周而起的汉朝这一问题上，态度便发生了明显的变化。特别是在何休那里，这种"麟为孔子受命之瑞"的理论更遭遇了彻底的颠覆。《公羊传·哀公十四年》"孔子曰：'孰为来哉，孰为来哉！'反袂拭面，涕沾袍"。何休注云：

> 夫子素案图录，知庶姓刘季当代周，见薪采者获麟，知为其出，何者？麟者，木精。薪采者，庶人燃火之意，此赤帝将代周居其位，故麟为薪采者所执。西狩获之者，从东方王于西也，东卯西金象也；言获者，兵戈文也；言汉姓卯金刀，以兵得天下。……夫子知其将有六国争强，从横相灭之败，秦项驱除，积骨流血之虐，然后刘氏乃帝，深闵民之离害甚久，故豫泣也。③

按照谶纬图录的说法，《公羊传》提到的"薪采者"与"西狩获麟"正暗指取代周朝而起以火德为王的新的刘姓王朝。④于是在何休的笔下，"麟为孔子受

---

① （清）阮元校刻：《十三经注疏》，第1425页。
② 按照王葆玹考证许慎《五经异议》中所说左氏以为"麟来为孔子之瑞"，应当是沿袭公羊"麟为孔子受命之瑞"之说。（《今古文经学新论》，第254页）其说甚是。
③ （清）阮元校刻：《十三经注疏》，第2353页。
④ 按照这种解释，麟为木精，木色苍，象征着木德的姬周王朝。火燃薪，采薪者获麟，正象征代周而起的以火德而王的新的王朝。西狩获麟，由东往西而去，东卯西金，卯金合在一起就是刘（劉）字，所以这个新王朝便是指汉朝。

命之瑞"就一变而为汉兴的祥瑞了。所以他接着又说：

> 得麟之后，天下血书鲁端门曰："趋作法，孔圣没，周姬亡，彗东出，秦政起，胡破术，书记散，孔不绝。"子夏明日往视之，血书飞为赤乌，化为白书，署曰《演孔图》，中有作图制法之状。孔子仰推天命，俯察时变，却观未来，豫解无穷，知汉当继大乱之后，故作拨乱之法以授之。[1]

就这样，孔子的《春秋》便也被当成是为汉而制作的一部拨乱反正的法典了。何休这些说法来自《书纬·中侯》和《春秋纬·演孔图》，这是他喜引纬书的明证。值得注意的是，"《春秋》为汉制法"一直被人们看成是汉代公羊学中的一个重要命题，不过在董仲舒那里只是含糊地提到"孔子立新王之道"[2]《春秋》应天作新王之事"[3]，对这个命题做出明确表述的却是产生于哀平之际的纬书。除去上列何休转述的例子外，还有《春秋纬》中"孔子曰：'丘览史记，援引古图，推集天变，为汉帝制法，陈述图录'。""丘水精，治法，为赤制方。"（《春秋公羊传注疏》卷一引）《孝纬·援神契》："玄丘制命，帝卯行。"（《鲁相史晨碑》引）等等。就这样，在纬书中孔子便成为为汉立法的先知，而刘邦则是受命的圣王了。

正如前文所提到的，今文经中公羊学对谶纬的影响最为直接，纬书中的这种观点自然是谶纬与当时的公羊学说相互影响、相互杂糅而成。联系我们在前文中提到的董仲舒之后公羊学中出现的"麟来为孔子瑞"的观点，公羊学说的这种转变是非常明显的。造成这种转变的一个主要原因就是，公羊学者鉴于这种观点在政治上的危险性，便利用谶纬将其改造成为"麟为汉将受命之瑞"了，其时当发生于宣帝石渠阁会议后至哀平之际。这对于此后公羊学的发展来说是极为重要的。自石渠阁会议以来，穀梁之学大胜，王莽当政后，又扶持《左传》《周礼》等古文经，公羊的地位可谓岌岌可危了。不过经历了两汉之际的动荡后，在东汉的春秋学领域内，公羊学之所以能排挤穀梁学和左氏学说，在太学中取得独尊的地位，除去东汉的建立者刘秀对谶纬特

---

[1]（清）阮元校刻：《十三经注疏》，第2354页。
[2]（汉）董仲舒：《春秋繁露·玉杯》，（清）苏舆撰，钟哲点校：《春秋繁露义证》，第28页。
[3]（汉）董仲舒：《春秋繁露·三代改制质文》，（清）苏舆撰，钟哲点校：《春秋繁露义证》，第187页。

别崇信外，公羊学利用谶纬提出的"麟为汉将受命之瑞""《春秋》为汉制法"能够为刘汉皇朝的权威和法统提供理论基础，恐怕也是一个重要的因素。

行文至此，我们不禁要问"《春秋》为汉制法"与何休"三世说"的联系又在哪里呢？人们在讨论何休的历史哲学时，都会涉及"三世说"中由"衰乱"而"升平"进而"太平"的发展过程和真实的春秋历史却是一个愈发混乱的乱世这一对难解的矛盾。造成这种矛盾的原因，恰是何休在描述这种发展过程时依据的是《春秋》文辞上的差异（"异辞"），而不是实际历史的变化。当然，在这当中却也不排除有对实际历史发展的认识作为其理论的背景。如刘家和先生所说，"汉代公羊学家的由衰乱而升平而太平的三世说虽确有夸大之处（如天下远近大小若一，在今天的世界上也达不到），但并非完全荒谬绝伦，而是有其相当切实的历史基础的"[①]。如果从何休强调的"《春秋》为汉制法"这一角度来看，出自于《春秋》文辞中的这个从"衰乱"而"升平"进而"太平"的变化过程，不正是汉皇朝统一扩张以及民族渐趋融合的历史过程的写照吗？

四、太平思想与汉末清流

与之前宣扬《春秋》为汉而作和"麟为孔子受命之瑞"的公羊学家们不同，何休所处的桓灵时期，东汉皇朝已经处于风雨飘摇之际。因此，无论是作为学说的缔造者还是实际政治的参与者，这种理论对他来说都有着特殊的意义。在他看来，"上有圣帝明王，天下太平，然后乃至"的麒麟，理所当然的应该是"圣汉将兴之瑞"。但是在何休的周围，丝毫不存在能够称作太平的状态。如同春秋是乱世一样，何休的时代也是乱世。所以，何休在"三世说"中强调的"太平世"便带有一种寄托于自身所处乱世的感怀与期许，更蕴含着对现实的关注和经世的情怀。这种情怀和他党人的身份以及与清流的密切联系有直接的关系。

[①] 刘家和：《史学的悖论与历史的悖论》，《史学、经学与思想：在世界史背景下对于中国古代历史文化的思考》，第391页。

第六章　何休"公羊三世说"的思想渊源与社会基础

政治上，何休始终作为清流人物中的一员而参与其中。据《后汉书·儒林列传》记载，仕途上的"以列卿子诏拜郎中"和地方州郡的征辟，似都非其所好。可是对清流首领太傅陈蕃的征召，他却欣然响应。建宁元年（168年）陈蕃死后，何休作为其门生故吏受到牵连，在第二次党锢之祸中遭到禁锢，直到光和二年（179年），朝廷对党禁部分解除后，何休才得以重入仕途，却因受到宦官的排挤，未能得到重用，只担任了闲职的议郎，这与他党人的身份不无关系。

东汉朝廷的党锢政策一方面禁闭了有正义感的士人进入仕途的途径，另一方面也刺激了他们内在的进行著述的欲求。在此期间，"以著述为事"成为许多党人的共同行动。从后史描写他们所用的"慨然""自伤""发愤"之类的词语看，这些著述不仅是禁锢者们为排解孤寂而为之，更表达了他们对现实社会和政治的关切与反思。和他们一样，何休的《公羊解诂》也是在这个时期写成的，借助于注解这种形式，曲折地表达了对时政的讥刺以及在《春秋》和汉制之间寻求脉络的态度[①]，从而与当时的清流思潮相互映衬。

如对《公羊传》"宋三世无大夫，三世内娶也"一句，何休在僖公二十五年和文公八年的注文中分别解释说："三世谓慈父、王臣、处臼也。内娶大夫女也。言无大夫者，礼不臣妻之父母，国内皆臣，无娶道，故绝去大夫名，正其义也。外小恶正之者，宋以内娶，故公族以弱，妃党益强，威权下流，政分三门，卒生篡弑，亲亲出奔，疾其末，故正其本。"[②]"宋以内娶，故威势下流，三世妃党争权相杀，司城惊逃，子哀奔之，主或不知所任，朝廷久空。"[③]"三世内娶"本只关涉殷人的婚制与礼俗的问题[④]，何休却据此联系宋国此后发生的妃党相争，这样的引申已经超出了单纯的为经注释的范围，言外之意便是在述说东汉中期以后外戚弄权的政治状况。又如与外戚交替弄权的宦官，何休在《公羊解诂》中也使用了一种隐蔽的手法加以抨击。针对《公羊传·襄公二十九年》"君子不近刑人，近刑人则轻死之道也"的传文，他解

---

① 参见〔日〕吉川忠夫：《六朝精神史研究》，王启发译，南京：江苏人民出版社，2010年，第58页。
② （清）阮元校刻：《十三经注疏》，第2259页。
③ （清）阮元校刻：《十三经注疏》，第2269页。
④ 参见牟润孙：《宋人内婚》，《注史斋丛稿：增订本》（第2版），北京：中华书局，2009年。

释说:"刑人不自赖,而用作阍,由之出入,卒为所杀,故以为戒。"[1]而在此后哀公四年(公元前491年)"盗杀蔡侯申"时又解释说:"罪人者,未加刑也。蔡侯近罪人,卒逢其祸,故以为人君深戒。"[2]东汉时期,"刑人""刑隶""刑余"以及"司昏守夜"等称呼往往都被当成对宦官的蔑称,何休在这里正是巧妙地运用《春秋》的实例来告诫统治者宠幸宦官所带来的祸患。关于用人与选举制度,何休在《公羊解诂》亦曾言道:"当春秋时,废选举之务,置不肖于位,辄退绝之以生过失,至于君臣忿争出奔,国家之所以昏乱,社稷之所以危亡,故皆录之。录所奔者为受义者,明当受贤者,不当受恶人也。"[3]同时何休还借用鲁国叔肸的例子,"宣公篡立,叔肸不仕其朝,不食其禄,终身于贫贱,故孔子曰:'笃信好学,守死善道。危邦不入,乱邦不居。天下有道则见,无道则隐。'此之谓也。礼,盛德之士不名,天子上大夫不名。《春秋》公子不为大夫者不卒,卒而字者,起其宜为天子上大夫也。孔子曰:'兴灭国,继绝世,举逸民,天下之民归心焉。'"[4]虽然说的是春秋的问题,但明显是针对当时由于浊流势力的干扰而造成的原有的征辟和选举制度混乱的问题,以及宦官"宠贵无极,子弟亲戚,并荷荣任"[5]的现状来说的。这种极力主张选用贤者和选拔逸民的观点,也正和太学中清流们"文学将兴,处士复用"[6]的呼吁相一致。

从上述的这些事例不难发现,何休《公羊解诂》的观点在许多方面都受到了当时清流的影响。他在"三世说"中提出的"太平世"也打上了这种烙印。《后汉书·陈蕃列传》载:"蕃与后父大将军窦武,同心尽力,征用名贤,共参政事,天下之士,莫不延颈想望太平。"很早以来,对"太平"的期望便是儒家政治思想中的最高标准,对于身处东汉末年政治漩涡中的清流们,这种标志更是有着特别的意义。被称为"不畏强御陈仲举"的陈蕃,素为太学生所敬重,是当时著名的"一世之所宗"的"三君"之一,更是清流的领袖人物。灵帝继位后,陈蕃与外戚窦武一起,征集天下名贤共参国事,借以反

---

[1] (清)阮元校刻:《十三经注疏》,第2313页。
[2] (清)阮元校刻:《十三经注疏》,第2347页。
[3] (清)阮元校刻:《十三经注疏》,第2200页。
[4] (清)阮元校刻:《十三经注疏》,第2288页。
[5] 《后汉书》卷43《朱晖列传附孙穆列传》,第1472页。
[6] 《后汉书》卷53《申屠蟠列传》,第1752页。

抗宦官专权。"想望太平"便代表了当时清流士人对政治变革的热烈期待之情。作为陈蕃辟召者之一的何休，自也被这种"太平"的期望所感染。虽然此后陈蕃、窦武谋诛宦官事败被杀，何休也因此遭到禁锢，但这种对现实"太平"的想望，在他的"三世说"中却以经学的方式得以观念化了。

对"太平"的想望，并不只限于东汉精英阶层的儒家士大夫范围内，作为一种社会思潮，它有着更广泛的社会基础。在东汉兴起的作为"民间思想"代表的道教，对此便有更多的关注。在汉代至少就有两部以"太平"命名的道经：一部是西汉成帝时期，齐地方士甘忠所撰的《包元太平经》；另一部是东汉顺帝时，宫崇将其师于吉所撰进呈朝廷的《太平清领书》，也就是传世的《太平经》。东汉黄巾起义所依托的宗教组织称为"太平道"，其依据的宗教经典便是《太平经》。冯友兰曾认为，何休提出的"太平世"的概念"可能是从当时农民起义的思想中接受过来的，可能是农民起义思想的曲折反映"[①]。何休与"太平道"的兴起恰好处于同一时代，从将"太平"作为一种广泛的社会思潮的角度看，二者间存在相互影响的可能性很大。但是要讲到二者在思想上的具体联系，还要在《公羊解诂》与《太平经》的仔细比对中才能求得。

不可否认，何休《公羊解诂》中的一些观点的确与《太平经》的思想有相近之处。如他所说的"天地所生，非一家之有，有无当相通"[②]，以及"名山大泽不以封诸侯，以为天地自然之利，非人力所能加，故当与百姓共之"[③]等，便与《太平经》中主张的"财物乃天地中和所有，以共养人也"[④]，任何人不得独占的论调颇为相同。又如关于社会模式，《太平经》中把社会分为三个等次，即"太平""中平"和"不平"，并认为"太平"是最完满的社会，"逢其太平，则可安枕而治；逢其中平，则可力而行之；逢其不平，则可以道自辅而备之"[⑤]。这也与何休讲的"衰乱""升平""太平"层级递进有相似之处。

不过就对"太平"所做的描述和理解来看，二者间却又存在着很大的区别。《太平经》对"太平"的解释多是从宇宙和合的角度说的，如"太者，大

---

① 冯友兰：《中国哲学史新编》（中卷），北京：人民出版社，1998年，第348页。
② （清）阮元校刻：《十三经注疏》，第2199页。
③ （清）阮元校刻：《十三经注疏》，第2222页。
④ 王明编：《太平经合校》，北京：中华书局，1960年，第247页。
⑤ 王明编：《太平经合校》，第178页。

也，乃言其积大行如天，凡事大也，无复大于天者也。平者，乃言其治太平均……气者，乃言天气悦喜下生，地气顺喜上养；气之法行于天下地上，阴阳相得，交而为和，与中和气三合，共养凡物，三气相爱相通，无复有害者。太者，大也；平者，正也；气者，主养以通和也；得此以治，太平而和，且大正也，故言太平气至也"。在这种"太平"的状态下，天气、地气与和气，相互间发生联系，但不产生矛盾，彼此和谐发展，以供养万物。与之相应，在人类社会中，人也分别有男、女、子的关系和君、臣、民的地位，"男女相通，并力同心共生子。三人相通，并力同心，共治一家。君臣民相通，并力同心，共成一国"①。人与人之间公平相待，和睦相处，每个人都尽自己的社会责任和义务。可见，在《太平经》中"太平"的基本精神就是要使处于社会各种不同地位的人们的要求都得到合理的满足，各个阶层的利益互不侵犯。这里调和论的色彩是非常明显的，而在何休描述的"太平世"中却很少看到这样的内容。

另外，《太平经》中阐发的一个重要内容就是"均平""均财""均化"之类的平均思想。它是从天生人和财这个意义上来阐述这种平均思想的，"此财物乃天地中和所有，以共养人也。此家但遇得其聚处，比若仓中之鼠，常独足食，此大仓之粟，本非独鼠有也；少内之钱财，本非独以给一人也；其有不足者，悉当从其取也"②。人们在财产面前是平等的，人人都有权享用社会财富，不许有人像仓鼠那样，把财产据为己有。不过，作者所说的财产却仅限于钱粮等生活资料，不包括生产资料如土地等，它只是想通过解决社会消费品分配领域的不合理问题，来改善社会关系。反观何休，虽然他也在讲"财富均平"，但他理解的"太平"却是建立在作为财富的生产资料（土地）与劳动平均化的井田制的基础之上的："颂声者，大平歌颂之声，帝王之高致也。《春秋》经传数万，指意无穷，状相须而举，相待而成，至此独言颂声作者，民以食为本也。夫饥寒并至，虽尧、舜躬化，不能使野无寇盗；贫富兼并，虽皋陶制法，不能使强不陵（凌）弱，是故圣人制井田之法而口分之。"③在何休看来，造成社会动荡的原因便是由于百姓的饥寒引发的"野有寇盗"以

---

① 王明编：《太平经合校》，第148—149页。
② 王明编：《太平经合校》，第247页。
③（清）阮元校刻：《十三经注疏》，第2287页。

及贫富分化造成的以强凌弱,改变这种状况从而达至"太平"的途径便是恢复古老的井田制。为此他在注释中更是对井田制和以此为基础的社会做了非常详尽的描述,从而勾勒出一幅太平盛世的图景。

这种思想并不是何休的发明。自孟子以来直至东汉,人们对井田制的设想从未间断过。作为思想领域内的一个传统,恢复井田以行仁政,在东汉后期随着土地兼并问题的日益严重而得到了有力光大。[1]当时的思想家崔寔、仲长统等都曾提出恢复井田的主张。如仲长统《损益篇》云:"今欲张太平之纪纲,立至化之基趾,齐民财之丰寡,正风俗之奢俭,非井田实莫由也。"[2]将实行井田制当成是"太平之纪纲",确实为当时学者的共同认识。

何休"太平世"以井田制为中心,很大程度上也与这种思想潮流相一致。不过与其他学者抨击的豪家的贪婪以及由此引起的财富积聚和土地兼并不同,何休在《公羊解诂》中对此似乎并没有过多谴责,而是将重点放在与井田相互配合的地方制度方面来加以解说,如他说:

> 在田曰庐,在邑曰里。一里八十户,八家共一巷。中里为校室,选其耆老有高德者名曰父老,其有辨护伉健者为里正,皆受倍田,得乘马。父老比三老孝弟官属,里正比庶人在官吏。民春夏出田,秋冬入保城郭。田作之时,春,父老及里正旦开门坐塾上,晏出后时者不得出,莫不持樵者不得入。五谷毕入,民皆居宅,里正趋缉绩,男女同巷,相从夜绩,至于夜中,故女功一月得四十五日作,从十月尽正月止。男女有所怨恨,相从而歌,饥者歌其食,劳者歌其事。男年六十,女年五十无子者,官衣食之,使之民间求诗,乡移于邑,邑移于国,国以闻于天子,故王者不出牖户尽知天下所苦,不下堂而知四方。[3]

显然,在何休所描绘的这套制度中,"里"作为一个能够做到"财富均平"的基层单位被加以强调。这种理想社会便是由里为基础,从里到乡、邑再到

---

[1] 黄朴民:《何休评传》,第229页。
[2]《后汉书》卷49《仲长统列传》,第1651页。
[3] (清) 阮元校刻:《十三经注疏》,第2287页。

国而逐层统一起来。这种思想的来源是儒家经典中记载的古老制度，可是如果将东汉乡邑制与朝着崩坏方向发展的现实相比较，就会发现这种强调并非只是建立在复古的空想中，而是有着明确的现实意义。导致东汉政权走向瓦解的政治原因除了在朝廷上把持权柄的宦官和他们的敌手之间的斗争外，另一种力量便是根深蒂固的地方主义，即主要是拥有特殊土地利益的地方豪族和庞大的家族势力对地方权力的侵夺。东汉后期的社会现实是地方的豪族倚仗财力与武力，十分露骨地想支配自己周遭的乡邑社会，在这种被学者们称之为"豪族的领主化"的过程中，引发了小农阶层没落，同时也加速了豪族内部分化，导致了古老的乡邑秩序解体。何休非常敏锐地察觉到这种变化，并且提醒统治者们重建这种地方基层秩序对稳定国家的重要性。伴随乡邑秩序解体，东汉原有的选举之法也受到不同程度地破坏。因此何休更加以强调：

> 十月事讫，父老教于校室，八岁者学小学，十五者学大学，其有秀者移于乡学，乡学之秀者移于庠，庠之秀者移于国学。学于小学，诸侯岁贡小学之秀者于天子，学于大学，其有秀者命曰造士，行同而能偶，别之以射，然后爵之。士以才能进取，君以考功授官。①

建立在这种制度描述下的论证，不也表达了清流人士呼吁吸纳有德的贤人以及遵守选拔人才的乡举里选之法的立场吗？由此便可以看出，尽管何休对"太平世"的描绘具有某种程度的空想成分，但这些设计与现实的关联程度是非常深刻的，其背景正是古老乡邑秩序迅速崩溃的状态。与当时清流人士的策略性的建议和批判式的议论不同，这些思想恰是通过借助《春秋公羊传》这一经典注释方式间接地表达出来的，在委婉与平实之中有时却又不免有些晦涩和诡谲了。

因此，我们不妨这样评论何休的"三世说"，从思想源流和路径上讲，其中既有对前代公羊学说的沿袭，又夹杂了大量谶纬的内容；从思想的社会基础来看，汉末的社会矛盾和清流思潮在其中起到了激励作用，使之成为东汉

---

① （清）阮元校刻：《十三经注疏》，第 2287 页。

后期儒家思想当中的一种最为独特的理论。或许正是因为这种理论的晦涩与怪异，它在何休身后几成绝响，更不乏有人将何休骂作"公羊罪人"[①]。不过自晚清以降，在龚自珍、魏源、康有为、梁启超等的发扬下，这种理论不但在维新变法中成为宣扬变法的思想武器，更成为传统中国接受西方近代进化论的内在基础，从而推进了19世纪中国学术实现向近代学术的飞跃。由此看来，何休又何尝不是"公羊功臣"呢！

---

① （清）皮锡瑞：《经学通论》四《春秋》，"论存三统明见董子书并不始于何休据其说足知古时二帝三王本无一定"条，第7—8页。

第七章 《春秋公羊传》复仇论浅议

"血亲复仇"是人类社会在远古氏族时期曾经盛行过的历史文化现象，作为一种原始遗俗，在此后的社会里也曾不断地出现，这在世界上不同国家、地区和民族当中都不乏其例。不过对于中国古代的复仇而言，一个突出的特点就是它与社会意识形态关联紧密，不但在众多的文学作品和历史撰述中，对正义的复仇给予了赞颂，就连儒家经典里，复仇行为在一定程度上也得到了认可，甚至是鼓励，这其中尤以解说《春秋》"微言大义"的《公羊传》最为突出，以致对两汉时代的社会风气都产生过很大的影响。对此问题，学界已不乏论述[①]，不过就《春秋公羊传》本身而言，其复仇论的特点是什么？它和先秦儒家思想又有着怎样的关联？对于这些问题，还需作进一步的分析。

一、儒家经典中关于复仇的规定

在儒家经典当中，涉及复仇问题的除《公羊传》外，还有《礼记》（包括《大戴礼记》）和《周礼》，在论述《公羊传》之前，有必要对它们略加阐述。《礼记·曲礼》记载：

> 父之仇，弗与共戴天。兄弟之仇，不反兵。交游之仇，不同国。[②]

[①] 参见周天游：《两汉复仇盛行的原因》，《历史研究》1991 年第 1 期；刘厚琴：《论儒学与两汉复仇之风》，《齐鲁学刊》1994 年第 2 期；蒋庆：《公羊学引论》，沈阳：辽宁教育出版社，1995 年；臧知非：《春秋公羊学与汉代复仇风气发微》，《徐州师范学院学报（哲学社会科学版）》1996 年第 2 期；陈恩林：《论〈公羊传〉复仇思想的特点及经今、古文复仇说问题》，《社会科学战线》1998 年第 2 期，等等。
[②] （清）阮元校刻：《十三经注疏》，第 1250 页。

对朋友的仇人，不与他同住一国；对兄弟的仇人，要随时携带兵器在身边准备报仇；对父亲的仇人，则不共戴天。这是根据血缘亲疏的差异，规定对仇人的不同态度。类似的话在《大戴礼记·曾子制言》中也有出现：

> 父母之仇，不与同生；兄弟之仇，不与聚国；朋友之仇，不与聚乡；族人之仇，不与聚邻。①

内容与《曲礼》大同小异，只是在范围上又增加了"族人之仇"，态度更为缓和而已。《礼记·檀弓》中也记载有孔子和弟子子夏关于复仇的对话：

> 子夏问于孔子曰："居父母之仇，如之何？"夫子曰："寝苫枕干，不仕，弗与共天下也。遇诸市朝，不反兵而斗。"曰："请问居昆弟之仇，如之何？"曰："仕弗与共国，衔君命而使，虽遇之，不斗。"曰："请问居从父昆弟之仇，如之何？"曰："不为魁，主人能，则执兵而陪其后。"②

对比起来，这里对复仇所做的要求更为具体，从"寝苫枕干"③"不仕""执兵而陪其后"之类的话来看，执行复仇的手段也更为激烈。不过总的来说，《礼记》诸篇所讲的复仇主要集中在家族的范围之内，而对于朋友、族人等，则主张采取"不与聚乡""不与聚邻"的避仇方式。虽然在父母、兄弟之仇的问题上说了一些"弗与共戴天""不反兵"之类的比较过激的话，那也是为了照顾"孝悌"原则。这自然不同于"一饭之德必偿，睚眦之怨必报"④的态度。

复仇作为一种运用暴力的手段，对社会当中礼的秩序和法的威严来说，是一种冲击和危害，因此即便在强调为"孝悌"而复仇的儒家当中，它的范围和方式也是被严格限制的。《周礼》对此就作了种种要求，如"凡报仇者，书于士，杀之无罪"⑤，即规定复仇的人必须要到官府里经过一定法律手续呈报备案后才

---

① （清）王聘珍撰，王文锦点校：《大戴礼记解诂》，北京：中华书局，1983年，第91页。
② （清）阮元校刻：《十三经注疏》，第1284—1285页。
③ 郑玄注曰："虽除丧，居处犹若丧也。干，盾也。"《广韵》："苫，草覆屋。又凶服者以为覆席也。"
④ 《史记》卷79《范雎蔡泽列传》，第2415页。
⑤ 《周礼·秋官·朝士》，（清）阮元校刻：《十三经注疏》，第878页。

能行动。《地官·司徒》里更有专门负责管理报仇事务的"调人"一职：

> 掌司万民之难而谐和之。凡过而杀伤人者，以民成之。鸟兽亦如之。凡和难，父之仇辟诸海外，兄弟之仇辟诸千里之外，从父兄弟之仇不同国。君之仇眡父，师长之仇眡兄弟，主友之仇眡从父兄弟。弗辟，则与之瑞节而以执之。凡杀人有反杀者，使邦国交仇之。凡杀人而义者，不同国，令勿仇，仇之则死。凡有斗怒者，成之；不可成者，则书之。先动者，诛之。①

可见在处理复仇的问题上，《周礼》所采取的是较《礼记》更为明确的"避仇"的方式，即仇人到海外、千里之外甚至异国等远隔之地，其用意就是在于设法消除复仇。从"凡杀人而义者，不同国，令勿仇，仇之则死"②、"先动者，诛之"之类的要求可以看到，《周礼》不仅不是无条件地允许复仇，而且明显地具有限制复仇的意图。值得注意的是，对比《礼记》，在讲到复仇时，《周礼》除涉及父母、兄弟、叔伯等血缘关系，也强调了君臣、师友、主友之类的社会关系。这就将"血亲复仇"的义务扩大到家族的范围之外，从而使得原本作为一种家庭伦理（处理父母、兄弟关系的"孝悌"）表达方式的复仇，又结合了社会和政治伦理（处理君臣关系的"忠"）方面的因素。

这种将父母之仇与君臣之义联系在一起的观念，在《公羊传》中表达得非常清晰，而且也积极地给予了肯定。《春秋·隐公十一年》："冬十有一月壬辰，公薨。"《公羊传》曰：

> 何以不书葬？隐之也。何隐尔？弑也。弑则何以不书葬？《春秋》君弑贼不讨，不书葬，以为无臣子也。子沈子曰："君弑，臣不讨贼，非臣也。不复仇，非子也。葬，生者之事也。《春秋》君弑贼不讨，不书葬，以为不系乎臣子也。③

---

① （清）阮元校刻：《十三经注疏》，第732页。
② 原作"凡杀人而义者，不同国。"孙诒让谓衍"不"字，今据改。参见（清）孙诒让撰，王文锦、陈玉霞点校：《周礼正义》，北京：中华书局，1987年，第1031页。
③ （清）阮元校刻：《十三经注疏》，第2210页。

《春秋》对诸侯国国君的去世,一般除了要记其卒,也要记其葬,但鲁隐公却只记其薨,未载其葬。这是因为隐公被弑,弑君之贼却并未受到应有的惩罚,不载其葬是为了表达对没有尽到讨贼义务的臣子们的谴责。这段《春秋》经文并没有流露出丝毫有关复仇的意思,但在《公羊传》看来,《春秋》之所以要用如此的笔法,除了要表达上述的那层意思外,更包含了子替父和臣为君复仇的双重含义。诛讨弑君之贼是臣子们必尽的义务,这一点不仅为《春秋》所主张,也是当时礼法的要求,如《管子·大匡》说"凡贵贱之义,入与父俱,出与师俱,上与君俱,凡三者遇贼不死,不知贼,则无赦"[①],《礼记·檀弓》说"臣弑君,凡在官者杀无赦;子弑父,凡在宫者杀无赦"等。按照《左传·宣公二年》的记载,就是晋国的正卿赵盾,因为"反不讨贼"也会被史官作为弑君者记录在册。不过这只是对臣子义务的规定和要求,却从未被当成复仇行为来看待。将臣子讨伐弑君者与"血亲复仇"等同,这是《公羊传》复仇论所特有的。

二、从齐学的立场看《公羊传》的复仇论

《公羊传》复仇论的第二个特点是它明显地表达了齐人的政治立场和历史观点,从中不难窥见其齐学的特质。从学术渊源上看,《公羊传》的产生、流传和齐地、齐人都有着极为密切的关系,所以它常被视为今文经中齐学一派的代表。不过在《公羊传》众多叙述与议论当中,除了偶尔用到的一些齐地方言外,却很难见到齐人立场的流露,唯一的例外是对齐襄公灭纪复仇的记述。

《春秋·庄公四年》:"纪侯大去其国。"《公羊传》云:

大去者何?灭也。孰灭之?齐灭之。曷为不言齐灭之?为襄公讳也。《春秋》为贤者讳,何贤乎襄公?复仇也。何仇尔?远祖也。哀公亨乎周,纪侯谮之。以襄公之为于此焉者,事祖祢之心尽矣。尽者何?襄公

[①]《管子·大匡》,黎翔凤撰,梁运华整理:《管子校注》,载《新编诸子集成》,第370页。

将复仇乎纪，卜之曰："师丧分焉。""寡人死之，不为不吉也。"远祖者，几世乎？九世矣。九世犹可以复仇乎？虽百世可也。家亦可乎？曰：不可。国何以可？国君一体也。先君之耻，犹今君之耻也。今君之耻，犹先君之耻也。国君何以为一体？国君以国为体，诸侯世，故国君为一体也。今纪无罪，此非怒与？曰：非也。古者有明天子，则纪侯必诛，必无纪者。纪侯之不诛，至今有纪者，犹无明天子也。古者诸侯必有会聚之事，相朝聘之道，号辞必称先君以相接，然则齐、纪无说焉，不可以并立乎天下。故将去纪侯者，不得不去纪也。有明天子，则襄公得为若行乎？曰：不得也。不得，则襄公曷为为之？上无天子，下无方伯，缘恩疾者可也。①

在这一大段话当中存在着不少"异议可怪"的说法，可与《左传》和《穀梁传》中的记述略作对比。《左传》云："纪侯不能下齐，以与纪季。夏，纪侯大去其国，违齐难也。"此句说的是纪侯由于不堪齐国的压迫，而把政权交给了纪季，自己出逃，纪国也由此灭亡。虽然只是作了简单的陈述，并未加以评价，但却说明了纪国的灭亡原因是齐国的压迫。《穀梁传》则说："大去者，不遗一人之辞也。言民之从者，四年而后毕也。纪侯贤而齐侯灭之，不言'灭'而曰'大去其国'者，不使小人加乎君子。"该句指出因为纪侯贤德，所以在他出走后，老百姓便也都跟随他离去了。只从纪国的角度说"去"，而不从齐国的角度说"灭"，这种说法虽不免带有臆测的成分，但贬损齐国的态度却是鲜明的。对诸侯间相互"灭国"的行为，《春秋》是特别反对的，尤其是灭同姓之国，更是被当作"大恶"来看待。所以《左传》和《穀梁传》的解释应该说是比较符合《春秋》本义的。对比起来，《公羊传》的说法就非常特别了，不但对齐灭亡同为姜姓的纪国不加以谴责，却还说"上无天子，下无方伯，缘恩疾者可也"，公开支持齐国的侵略行为，这不但和《春秋》大义相违，就是和《公羊传》提倡的"尊王""大一统"也不符合。

另外，《公羊传》对齐襄公本人的评价也颇有可怪之处。因为按照《左传》等文献的记载，齐襄公不但曾和自己的妹妹通奸，暗杀了鲁桓公，而且对待

---

① （清）阮元校刻：《十三经注疏》，第 2226 页。

属下也非常苛刻暴虐，最终落得被弑的恶果。对于这样一个骄奢淫逸、行为放荡的人，《公羊传》却要把他当作"贤者"拿来表彰，这显然也不符合儒家通常的道德标准。对此，清人陈立就曾指出："齐襄利纪土地，自不言言。《春秋》因其托名复仇，即以复仇予之，予复仇，非予齐襄也。"[1] "借事明义"是今文家们解释春秋公羊义的特殊逻辑，但如果"借当时之事做一样子，其事之合与不合，备与不备，本所不计"[2]，其事不可"征实"的话，那所明之义又如何所托为真呢？所以如果认为《公羊传》的这些奇论是对复仇行为的一种特别的认可和赞赏固然可以成立，但要说它"非予齐襄"，却是严重地偏离了史实，对此可以结合一定的历史背景加以分析。

首先，是关于发生在西周的"哀公烹乎周"的事件。文献对此记载比较模糊，除了《史记·齐太公世家》提到"哀公时，纪侯谮之周，周烹哀公而立其弟静"外，就只有《竹书纪年》里写着"三年，致诸侯，烹齐哀公于鼎"。不过对于这个被烹的齐哀公，《诗序》中倒是有评价，把他说成是一个"荒淫怠慢"的君主。《齐风·还》序更有"哀公好田猎，从禽兽而无厌。国人化之，遂成风俗，习于田猎谓之贤，闲于驰逐谓之好焉"的记载。这可能才是哀公被周王所烹的主要原因。所以《公羊传》所说的纪侯之"谮"和西周"犹无明天子"，也只是站在齐人立场上的一种陈述罢了。

其次，所谓的齐对纪的"九世复仇"并非是《公羊传》的凭空杜撰。由于文献记载不足，西周时齐国与纪国间的具体瓜葛，现在已经很难明了，不过通过齐国的建国及以后发展的历程，却不难做出一个大体上的判断。齐和鲁作为周王室在东方最重要的两个诸侯国，是在周初周公平复"三监"后封在山东境内的。在此之前，该地区就已经存在许多邦国。齐、鲁的建国，势必会使得这些原有邦国的领地普遍出现被压迫、侵削的情况，从而引起双方之间的矛盾和对抗。例如，早在太公初封时就曾发生过"莱侯来伐，与之争营丘"[3]的事。莱国大约在殷商晚期就已存在，对齐的这种敌对状况，在西周时期一直长期保持，直到春秋时期，才被齐灭亡。有学者提出纪国就是莱国，

---

[1] （清）陈立撰：《公羊义疏》卷18，中华书局编辑部编：《清人注疏十三经》，北京：中华书局影印本，1998年，第4册，第154页。
[2] （清）皮锡瑞：《经学通论·春秋》，第21页。
[3] 《史记》卷32《齐太公世家》，第1480页。

虽然这种观点还值得进一步推敲，但从黄县出土的一些青铜器来看，纪与莱在春秋早期是有通婚关系的[1]，其中是否有借助姻亲以联合对抗齐国的用意，值得探讨。在西周时期，纪国也是山东地区的一个大国。考古发掘当中，纪侯器从寿光到莱阳直到烟台等地都有发现，可见其管辖范围之大。[2]虽然在政治的重要性上，纪国不如齐国，但就领域而言，却足以和齐国匹敌。作为实力相近的毗邻之国，相互间难免会发生矛盾和摩擦，它们的宿仇大约就在如此的背景下形成。

据《史记·齐太公世家》的记载，齐国自胡公以来，国都由营丘而薄姑、由薄姑而临淄的迁移路线，其所指向正是东面的纪国。进入春秋后，齐国日渐强盛，纪国更是成为其向东发展的障碍。齐僖公时，就曾和郑庄公合谋袭击纪国，虽然未获成功，但此后齐更加剧了对纪的侵削和蚕食。《春秋》经传中都普遍地记载了纪侯奔走于周天子和鲁国之间，谋求政治斡旋和干预，以图遏制齐国的东进与兼并的步伐。在这种情况下，复仇正是齐襄公借以消灭纪国的最好口实，这就把政治问题巧妙地转化为同姓部族间的"血亲复仇"，使得齐国获得了在道义上的依据。可以说"九世复仇"正是齐国在外交上使用的一个不错的政治借口，它充其量不过反映了春秋时期国家的政治当中依然保存有原始的"血亲复仇"的影子，绝非像蒋庆先生所说的"体现了在历史中追求自然公正的精神"[3]。试看300多年后，在汉武帝下达的"困胡"诏中不也写着"高皇帝遗朕平城之忧，高后时单于书绝悖逆。昔齐襄公复九世之仇，《春秋》大之"[4]之类的话吗？武帝公开以《公羊传》的复仇论来为自己发动对外战争寻找借口，目的无外乎是为了宣示正义，激励人民的情绪，以实现其"大一统"的政治目的。由此推彼，也就不难看出《公羊传》"九世复仇"的真正内涵了。

---

[1] 齐文涛：《概述近年来山东出土的商周青铜器》，《文物》1972年第5期。
[2] 李学勤：《夏商周与山东》，《烟台大学学报（哲学社会科学版）》2002年第3期。
[3] 蒋庆：《公羊学引论》，第331页。
[4] 《史记》卷110《匈奴列传》，第2917页。

三、复仇与政治伦理

《公羊传》复仇论的第三个特点是它宣扬了一种臣子可以向君主复仇的观点,这种思想在以"君为臣纲"为中心的传统政治伦理中是非同寻常的。《公羊传》记述伍子胥伐楚的故事时说:

> 伍子胥父诛乎楚,挟弓而去楚,以干阖庐。阖庐曰:"士之甚,勇之甚。"将为之兴师而复仇于楚。伍子胥复曰:"诸侯不为匹夫兴师,且臣闻之,事君犹事父也。亏君之义,复父之仇,臣不为也。"于是止。蔡昭公朝乎楚,有美裘焉,囊瓦求之,昭公不与,为是拘昭公于南郢,数年然后归之。于其归焉,用事乎河,曰:"天下诸侯,苟有能伐楚者,寡人请为之前列。"楚子闻之,怒。为是兴师,使囊瓦将而伐蔡。蔡请救于吴,伍子胥复曰:"蔡非有罪也,楚人为无道,君如有忧中国之心,则若时可矣。"于是兴师而救蔡。

对这个颇具传奇色彩的故事,《左传》《史记》《吴越春秋》都有记载,在此后的戏剧和文学里更是被大大地加以渲染。对比起来,《公羊传》的记述并不具生动性,而是着意讨论了这场复仇的合理和正义,所以特别借伍员之口强调"亏君之义,复父之仇,臣不为也","有忧中国之心,则若时可矣"。表示出他绝不单纯是为一己的私仇,而是把个人复仇和国家、华夏利益结合起来。传文接着指出:

> 曰:"事君犹事父也,此其为可以复仇奈何?"曰:"父不受诛,子复仇可也。父受诛,子复仇,推刃之道也。复仇不除害,朋友相卫,而不相迿,古之道也。"[1]

---

[1]《公羊传·定公四年》,(清)阮元校刻:《十三经注疏》,第2337页。

"父受诛"是指父有罪被杀,在《公羊传》看来,这种为父报仇只是没有意义的"推刃之道",是不被认可的,但如果在"父不受诛",即无罪被杀的情况下,儿子的复仇却是一种正当的行为。所以,虽然《公羊传》并不否认曾作为楚臣的伍子胥在叛逃到吴国后依然和楚王存在着君臣关系,但因其父无罪受诛,他向楚王复仇也就具有了完全的合理性。"父不受诛,子复仇可也",这种直接肯定臣子可以向无道的君主复仇的观点,是《公羊传》非常特别的思想,由于它涉及中国古代政治伦理有关君臣关系敏感而又难解的话题,所以即便两汉的公羊学家对此也很少提及。

应该说,《公羊传》这种复仇奇论反映出的是一种君臣之间具有相对而不是绝对关系的思想,这绝不是秦汉君主专制制度下的产物,而是古老的氏族社会民主思想的一种遗存。[1]那么它与以孔、孟、荀为代表的先秦儒家大师在思想上又有着怎样的关联呢?

前文所引《礼记·檀弓》记载了孔子与子夏关于复仇的对话,不过这是出于孔门七十子之门人所记闻,其时间绝不早于战国中期,很难作为孔子提倡复仇的明证。《论语》倒也曾透露了一些相关信息,《宪问》载:

> 或曰:"以德报怨,何如?"子曰:"何以报德?以直报怨,以德报德。"[2]

孔子并不提倡道家"报怨以德"[3]的方式,而是主张"以直报怨"。按照朱熹的解释,这就是要以正直之直来报答怨恨。[4]对此还有另一种看法,即认为这里的"直",应读为"值",表达的是以怨报怨的意思。[5]《礼记·表记》中也有如"以德报德,则民有所劝;以怨报怨,则民有所惩"和"以德报怨,则宽身之仁也;以怨报德,则刑戮之民也"等的话,似乎确实能与之对应。不过《礼记》中的这两句话的对象是有区别的,不能混同。后一句是针对个人

---

[1] 参见陈恩林:《论〈公羊传〉复仇思想的特点及经今、古文复仇说问题》,《社会科学战线》1998年第2期。
[2] 杨伯峻译注:《论语译注》,第156页。
[3] 《老子·七十九章》,陈鼓应:《老子今注今译》,北京:中华书局,1984年,第354页。
[4] 朱熹注曰:"于其所怨者,爱憎取舍,一以至公而无私,所谓直也。"
[5] 李零:《丧家狗:我读〈论语〉》,太原:山西人民出版社,2007年,第262页。

行为来说的，"以德报怨"不失为息事宁人的方法，而"以怨报德"却不免于刑戮。而前一句却明显是针对治民的君主来说的，讲的是如何"劝民"和"惩民"的问题。"血的复仇仅当作极端的，很少应用的手段，我们今日的死刑，只是这种复仇的文明形式。"[①]所以"以怨报怨"，不过是用来说明刑法的严厉罢了，不能与复仇完全等同。相反，在社会生活当中孔子是反对暴力的，他提倡人际关系要"恕"，要"和"。对待君臣关系，他虽主张"君使臣以礼，臣事君以忠"[②]，但并不把这种关系看得那样绝对，对于君臣间的矛盾也没有过于极端的言论。在孔子的思想当中，很难找到《公羊传》复仇论的因素。

荀子的社会政治观念更为清晰和明智，他把社会问题剥离为两个层面：非对抗性的矛盾交由"礼"去约束调理，即所谓的"防未然"；对抗性的矛盾则交由"法"去绳墨裁判，即所谓的"杜已然"。"杀人者不死而伤人者不刑，是谓惠暴而宽贼也。""杀人者死，伤人者刑，是百王之所同也。"[③]所以对于脱离法的约束而采取单纯暴力手段的复仇，荀子更是要反对的。

在孔、孟、荀当中，只有孟子的思想和《公羊传》的复仇论有些相似之处。如他曾说"杀人之父，人亦杀其父；杀人之兄，人亦杀其兄"[④]。对于"血亲复仇"，他并不反对。在谈到如何"不动心"时，他竟举北宫黝为例：

> 北宫黝之养勇也：不肤挠，不目逃，思以一豪挫于人，若挞之于市朝；不受于褐宽博，亦不受于万乘之君；视刺万乘之君，若刺褐夫；无严诸侯，恶声至，必反之。[⑤]

按照孟子的描述，北宫黝应该是一个近于游侠、刺客之流的人物，孟子把他作为"养勇"的标准，是抱着欣赏的态度来看待的。其实孟子本人就颇具侠士的味道，所以程子评价他"有些英气"，又不免有"圭角"。这就是说在他的思想中有些激进的成分。在君臣、君民关系上，他时常会流露出一些仇君

---

① 〔德〕恩格斯：《家庭、私有制和国家的起源》（第3版），中共中央马克思恩格斯列宁斯大林著作编译局译，北京：人民出版社，1999年，第89页。
② 《论语·八佾》，杨伯峻译注：《论语译注》，第30页。
③ 《荀子·正论》，（清）王先谦撰，沈啸寰、王星贤点校：《荀子集解》，第328页。
④ 《孟子·尽心下》，杨伯峻译注：《孟子译注》，第327页。
⑤ 《孟子·公孙丑上》，杨伯峻译注：《孟子译注》，第61页。

的倾向。如他把战国之君看作是"贼仁"又"贼义"的"残贼之人",并且主张好战者要受到严厉的报复①,又说"君之视臣如土芥,则臣视君如寇仇"②等。与他同时的思想家绝少说这种激进的话,此后的儒家对此也很少涉及。倒是在《公羊传》"父不受诛,子复仇可也"的观点中,可以看到孟子思想的一些特征,所以我们认为《公羊传》提倡的臣子对君的复仇,正是孟子一路思想的发展和延续。

不可否认,在《公羊传》的复仇论中,保存了很多原始"血亲复仇"与宣扬暴力的因素,这对于需要以礼与法规范秩序的文明社会来说,会起到一定的负面作用。不过,站在今天的立场上对它加以审视,其中也并非全无积极作用。

从历史上看,因为其理论与现实政治的紧密结合,和一些公羊学家(如叔孙通、公孙弘之流)的趋炎附势,使得汉代的公羊学总给人以投机钻营、趋时善变和为专制主义皇权打造理论的不良印象,甚至被纳入法家之流来看待。实际上这种观点并不全面。蒋庆就曾主张公羊学不是"政治化的儒学",而是"儒学传统中的批判儒学"。③虽然他否认公羊学"政治化"特性的观点还有待商榷,但公羊学(特别是汉代的公羊学)中确实有着一种强烈的政治批判功能。因为公羊学大师董仲舒就曾说过:

> 周道衰废,孔子为鲁司寇,诸侯害之,大夫壅之。孔子知言之不用,道之不行也,是非二百四十二年之中,以为天下仪表,贬天子,退诸侯,讨大夫,以达王事而已矣。④

班固在《汉书》中虽照抄《史记》的这段原文,却有意删去"贬天子",乃是察觉到此三字在政治上的敏感性。"贬天子"自然是公羊家之说,董仲舒以灾异说论高庙灾,其弟子眭孟引五德终始说论汉德已衰,要汉帝禅位于贤者等,

---

① 《孟子·梁惠王下》,杨伯峻译注:《孟子译注》,第42页。
② 《孟子·离娄下》,杨伯峻译注:《孟子译注》,第186页。
③ 参见蒋庆:《公羊学引论》,第1—27页。
④ 《史记》卷130《太史公自序》,第3297页。

都是显著的例子。从孟子所谓孔子"成《春秋》而乱臣贼子惧"[①]开始，儒家的政治学说和历史观念当中就明显地具备了一种政治批判意识。西汉的公羊家们所说的"贬天子"，亦延续了原始儒家的这种批判精神，这在汉代公羊学家宣称的"天子爵称""天子僭天"和灾异说当中都有着不同程度的反映。《公羊传》主张臣子可以向无道的君主复仇的理论，也是这种政治批判精神的表现。对照中国历史上两千多年的专制主义皇权，它不失为一种有价值的思想元素，这是我们在全面评价公羊学说和汉代儒学时应该注意的一个方面。

---

① 《孟子·滕文公下》，杨伯峻译注：《孟子译注》，第 155 页。

第八章 《春秋穀梁传》与法家思想

20世纪初日本汉学家本田成之在《春秋穀梁传考》一文中曾经谈到《穀梁传》所阐发的《春秋》义法中颇带有几分法家思想的色彩。[①]无独有偶，今人浦卫忠先生也曾著文考证汉初黄老思想与《穀梁传》的形成之间的关系。[②]虽然二家的立论角度与观点各自不同，但考虑到战国秦汉间的黄老、刑名法术之学本有着密切的关系，所以他们所谈的问题确是有许多相近之处。作为《春秋》三传之一的《穀梁传》，在学术上的影响虽远不及《左传》与《公羊传》，但毕竟也是代表了儒家思想的一部重要经典，其中为何会掺杂有法家的思想学说，这当然是个值得探讨的问题。顺着前贤们提出的问题，对《穀梁传》与法家思想的关联再来做一番梳理和辨析，想来不但对我们深入了解《穀梁传》会有些帮助，或许我们也能借此对西汉儒家政治学说中的某些方面有所发现。

一、《穀梁传》与尸子

说《穀梁传》和法家有些联系，在其传文中似乎就能找到一些直接的根据。与偏重于述史的《左传》不同，《穀梁传》重在对《春秋》"微言大义"进行解释与阐发。书中除了直接解经的文字外，也不乏对前代经师言语的引用，如"北宫子曰""穀梁子曰""尸子曰"等。其中总共两次提到了尸子，一次在隐公五年（公元前718年）："尸子曰：舞《夏》，自天子至诸侯皆用八

---

① 〔日〕本田成之：《春秋穀梁传考》，江侠庵编译：《先秦经籍考》，上海：上海文艺出版社，1990年。
② 浦卫忠：《论黄老思想对〈穀梁传〉的影响》，《中国社会科学院研究生院学报》1996年第2期。

第八章 《春秋穀梁传》与法家思想　137

俯。初献六羽，始厉乐矣。"一次在桓公九年："尸子曰：夫已，多乎道。"关于这个尸子，司马迁在《史记》中言之甚略，只是说道，"楚有尸子、长庐；阿之吁子焉。自如孟子至于吁子，世多有其书"①。后来刘向在《别录》中则另有记述：

> 楚有尸子，疑谓其在蜀。今按《尸子》书，晋人也，名佼，秦相卫鞅客也。卫鞅商君谋事画计，立法理民，未尝不与佼规之也。商君被刑，佼恐并诛，乃亡逃入蜀。自为造此二十篇书，凡六万余言。卒，因葬蜀。②

此外《汉书·艺文志》中也录有《尸子》二十篇，列于"杂家"。可见这个尸子名佼，曾经作过商鞅的门客，又曾作书《尸子》流于后世。如此看来，说《穀梁传》和法家有些渊源关系，确非空穴来风。

不过到了清代，《别录》说法却遭到了不少学者的质疑和反对。如阮元在《春秋穀梁传注疏校勘记序》中便指出：

> 隐五年、桓六年（按：应为九年）并引尸子。说者谓即尸佼，佼为秦相商鞅客，鞅被刑后，遂亡逃入蜀，而预为征引，必无是事。或传中所言者，非尸佼也。③

今文经学者廖平也认为尸子是：

> （《穀梁》）先师也……或以为佼，非也。④

虽然他们认定商君的老师尸子和《穀梁传》中的尸子不是一个人，却没有做出具体的考证。近人张西堂在考证《尸子》真伪问题时，对尸子和《穀梁传》的关系也持否定的态度。他认为既然尸子的言论出现在《穀梁传》当中，那

---

① 《史记》卷 74《孟子荀卿列传》，第 2349 页。
② （宋）裴骃《史记集解》引，《史记》卷 74《孟子荀卿列传》，第 2349 页。
③ （清）阮元校刻：《十三经注疏》，第 2362 页。
④ （清）廖平：《穀梁古义疏》，北京：中华书局，2012 年，第 39 页。

么定是一位"私淑孔子,服膺圣道"的经师,而这样的"圣人之徒",又怎么能与刻薄少恩的商君亲密呢?所以他认定作为商君老师的尸子必定也是任法重刑、弃知非智的主张者,和作为《穀梁传》经师的那个尸子绝不是一人。此外,他又根据《尸子》的佚文中"穀梁俶传《春秋》十五卷"的话,认为尸子已经见到著于竹帛的《穀梁传》,所以他更不可能是《穀梁传》中所提到的那个人了。①

围绕《尸子》一书的作者、时代及真伪问题多有纠葛,自不在本文讨论范围之内,但对于所谓《穀梁传》中尸子非尸佼的论证,这里却有商讨的必要。首先,张氏所举《尸子》的这条佚文,其真实性本就可疑。《汉书·艺文志》载"《穀梁传》十五卷",这与《尸子》所说的十九卷不相符合。而从《穀梁传》中"传曰""其一传"等引称看,在今《穀梁传》著于竹帛之前就早已有所谓的"传"在流传了,未必据此就能认定尸子已经见到著于竹帛的《穀梁传》。退而言之,即便《尸子》中关于《穀梁传》的记载或《穀梁传》中的"尸子曰"是后人窜入的,那岂不是正好说明了他们也认定尸佼和《穀梁传》有关系吗?其次,商鞅也并非只知任法重刑、弃知非智,如他见秦孝公时,先说之以"帝道"和"王道",再说以"霸道"。所谓"帝王之道"便是儒家宣扬的政治理论,只有"霸道"才是法家主张的"强国之术"。此外,商鞅和尸佼二者学说即使各不相同,也不妨碍其成为师生关系或共谋政事,这样的例子在战国很多,如曾子、荀子均为儒家名宿,而其弟子吴起、韩非、李斯则系法家。由此看来,张西堂关于尸子的推论也就很难成立了。尸子其人在《汉书·古今人表》中就有记载,品列中中,与北宫子、鲁子、公扈子、捷子、邹衍相次。北宫子、鲁子之名都见于《穀梁传》《公羊传》当中,可见这里所载的尸子自也是《穀梁传》当中的尸子。而在《汉书·艺文志》中《尸子》下,班固自注也说:"名佼,鲁人。秦相商君师之,鞅死,佼逃入蜀。"如果他们当真是两个人,在素以"方智"著称的《汉书》中,也应作一些说明。班固之时去古未远,相信在这个问题上是不会马虎的。钱穆先生曾考证尸子"亦治《春秋》,正名以治,为法家师,如吴起之流"②,从各方面来看,

---

① 张西堂:《尸子考证》,罗根泽编著:《古史辨》四,上海:上海古籍出版社,1982年。
② 钱穆:《先秦诸子系年》,第316页。

这样的推断较为稳妥。

关于《穀梁传》的作者和传授，记载颇为模糊，《汉书·艺文志》以为是穀梁子，而具体名字不详，后世学者又对此妄加猜测，如喜、嘉、淑、俶、寘等，又有说"受经于子夏，为经作传，故曰穀梁，传孙卿，孙卿传鲁人申公，申公传博士江翁"[①]。这些记载虽不尽可靠，但《穀梁传》最初在师徒父子之间口耳相传，到了西汉才与《公羊传》先后著于竹帛之上的成书过程却是可以肯定的。从"口说流行"到"著于竹帛"的这段时间，正是中国历史上社会和思想最富激荡变幻的时代，在此过程中《穀梁传》受到其他不同学派的影响，并吸收他们的学说也是可能的。统观《穀梁传》全文，其中确实不乏这种例子。如它讲"倍则攻，敌则战，少则守"，讲"道之贵者时，其行势也"，讲"善为国者不师，善师者不陈，善陈者不战，善战者不死，善死者不亡"，这些就接近于兵家的言论。再如"独阴不生，独阳不生，独天不生，三合然后生"，这样把传统的天生万物的观念和阴阳观念糅合在一起的生成论，和《周易》中讲的阴阳和合很不一样，却与董仲舒《春秋繁露》的讲法非常一致。此外值得注意的是文公六年的一段记载："上泄则下暗，下暗则上聋。且暗且聋，无以相通。……故士造辟而言，诡辞而出，曰：'用我则可，不用我则无乱其德。'"这分明已不再是说《春秋》的微言大义，而是在讲君主的御臣和臣子的侍君之技，其中便颇有些法家"术"的味道了。

二、《穀梁传》的尊王

以上提到的仅是《穀梁传》文中的一些零散的片断，考察它与法家思想的关系，还需着眼于其一贯的学术观点和政治主张。众所周知，战国秦汉间的法家有一个共同倾向，就是强公室而抑私门，尊君主而卑臣下，主张君主权力的绝对化。作为儒家经典的《春秋》虽然也讲"正名"，讲"尊王"，在这点上和法家主张的"循法正名"、君权至上等理论确有相近的方面。但孔子在《春秋》中寄予的政治理想主要是从端正君臣大义的名分出发，恢复"礼

---

① （唐）杨士勋：《春秋穀梁传注疏序》，（清）阮元校刻：《十三经注疏》，第2358页。

乐征伐自天子出"的政治秩序，这种秩序并不等同于后来法家所主张的那种绝对化了的君主集权与君主专制。相反地，《春秋》在"尊王"的同时，也时常流露出很强的政治批判精神。孟子就曾说过：

> 世衰道微，邪说暴行有作，臣弑其君者有之，子弑其父者有之。孔子惧，作《春秋》。《春秋》，天子之事也；是故孔子曰："知我者其惟《春秋》乎！罪我者其惟《春秋》乎！"①

又说：

> 王者之迹熄而《诗》亡，《诗》亡然后《春秋》作。晋之《乘》，楚之《梼杌》，鲁之《春秋》，一也：其事则齐桓、晋文，其文则史。孔子曰："其义则丘窃取之矣。"②

孟子所说的《春秋》之"义"绝不仅限于历史的记载，而是要通过对历史的评判和褒贬来作用于现实的社会政治。荀子也将《春秋》的特点概括为一个"微"字：

> 《春秋》之微也，在天地之间者毕矣。

杨倞注："微，谓褒贬沮劝。"③这就是说，《春秋》在遣词造句中暗寓对政治上是非善恶的肯定或者批判，这也可看作是对孟子所说"义"的一种略显含蓄的表达。由此可见，他们都是把《春秋》当作具有批判意识和批判精神的论政、议政的书来看待了。《春秋》的这种批判意识，在此后的公羊学中又有进一步的发挥。公羊学家董仲舒就曾说：

> 孔子知言之不用，道之不行也，是非二百四十二年之中，以为天下

---

① 《孟子·滕文公下》，杨伯峻译注：《孟子译注》，第155页。
② 《孟子·离娄下》，杨伯峻译注：《孟子译注》，第192页。
③ （清）王先谦撰，沈啸寰、王星贤点校：《荀子集解》，第12页。

仪表，贬天子，退诸侯，讨大夫，以达王事而已矣。子曰："我欲载之空言，不如见之于行事之深切著明也。"[1]

董仲舒对《春秋》的看法，显然是孟子、荀子的观点在逻辑上的合理延伸，不同的是，他对《春秋》批判对象的理解已不局限于"乱臣贼子"，而是连高高在上的天子也在批判的范围之内了。这些思想在《公羊传》及此后公羊家提倡的"大复仇""孔子当新王""天子一爵""天子僭天"等命题中也有不同程度的反映。反观《穀梁传》，虽然它与《公羊传》一样都是以阐述微言大义为主，但在它的《春秋》义法中，很难看到这种批判意识，相反，在政治观点上却往往表现出很强的尊君卑臣的思想，甚至有一种将君权绝对化了的倾向。

这种倾向在《穀梁传》对《春秋》文辞的解释中便有确实反映。如《春秋·隐公三年》记载周平王去世，曰"天王崩"。《公羊传》云："天子曰崩，诸侯曰薨，大夫曰卒，士曰不禄。"[2]这是解释《春秋》记载不同身份的人去世时所用的不同写法。《穀梁传》除蹈袭此说外，又对"崩"字大加阐扬：

高曰崩，厚曰崩，尊曰崩。天子之崩，以尊也。其崩之何也？以其在民上，故崩之。其不名何也？大上，故不名也。[3]

古者记死，尊卑同称，其间并无明显的区别。如《尧典》中便称尧之死为"徂落"，又说舜"陟方乃死"等。将"崩"作为天子死亡的特称，那是此后政治等级制度森严后的产物。"崩"字本义为山土因坏朽而产生的塌陷[4]，因为天子地位尊崇，于是便用山崩以喻其死。《穀梁传》所说，"高曰崩，厚曰崩，尊曰崩"，就已解释清楚，不过它又借此发挥，将天子称为"大上"，又说"以其在民上，故崩之"，强调天子完全凌驾于民众之上，高不可攀，这就将君主地位与权力绝对化了，表现出了很强的尊王思想。比之先秦儒家所说的"民

---

[1]《史记》卷130《太史公自序》，第3297页。
[2]（清）阮元校刻：《十三经注疏》，第2203页。
[3]（清）阮元校刻：《十三经注疏》，第2367页。
[4]《左传·成公五年》："山有朽壤而崩。"（杨伯峻编著：《春秋左传注》，第823页）

贵君轻",这种主张是很不寻常的。

　　尊王、尊周本是《春秋》重要的义法,而在三传当中,《穀梁传》对此的发挥最为清晰。如《春秋·庄公十六年》记齐桓公会诸侯"同盟于幽"。《公羊传》曰:"同盟者何?同欲也。"①《穀梁传》曰:"同者,有同也,同尊周也。"②《公羊传》只是说"同盟"有共同的目的,而《穀梁传》则明确说明这目的就是为了"尊周"。又如《春秋·隐公七年》:"冬,天王使凡伯来聘,戎伐凡伯于楚丘以归。"这里的"戎",《左传》《公羊传》均以为是戎狄,《穀梁传》却独唱异议说:

　　　　凡伯者何也?天子之大夫也。国而曰伐,此一人而曰伐,何也?大天子之命也。戎者,卫也。戎卫者,为其伐天子之使,贬而戎之也。楚丘,卫之邑也。③

春秋本有二楚丘:一为戎州己氏之邑,地界曹、宋之间,即杜预《春秋左传集解》所云济阴成武县西南;二为僖公二年(公元前658年)齐桓公迁卫之楚丘,地处滑县东,汉曾设置白马县。④此处楚丘当为戎地之楚丘,《穀梁传》不明地理,遂将两地相混,又不晓史实,错将此时之楚丘属卫国,更以此认定伐天子之大夫者为卫国,而贬斥其为夷狄。究其缘由,实在是由于《穀梁传》秉持鲜明的"尊王"立场,由此推测并牵强附会而来。

　　在《穀梁传》所记载和阐述的礼制中,也不乏类似的内容。如《春秋·隐公元年》记载:"冬,十有二月,祭伯来。"《春秋》此处记载颇为简略,以至于祭伯来鲁的原因,三传记载不尽相同。《左传》以其来鲁"非王命",《公羊传》以为"出奔",《穀梁传》则以为"来朝",且作进一步的说明:

　　　　其弗谓朝,何也?寰内诸侯,非有天子之命,不得出会诸侯。不正

---

① (清)阮元校刻:《十三经注疏》,第2234页。
② (清)阮元校刻:《十三经注疏》,第2384页。
③ (清)阮元校刻:《十三经注疏》,第2370页。
④ (清)顾栋高辑,吴树平、李解民点校:《春秋大事表·春秋列国都邑表》,北京:中华书局,1993年,第889页。

其外交，故弗与朝也。聘，弓镞矢不出竟场，束修之肉不行竟中，有至尊者，不贰之也。①

认定没有天子之命，诸侯间不得外交，又是用以强调天子尊者不贰的地位。与此相似者，《春秋·隐公九年》："春，天王使南季来聘。"《左传》和《公羊传》于此无说，独有《穀梁传》独发异议说："聘诸侯，非正也。"②认定只有诸侯聘问天子，而天子不能聘问诸侯。聘问实为西周、春秋时期周天子与诸侯国以及各诸侯国之间邦交中的一项重要礼仪。《周礼·秋官·大行人》记载："凡诸侯之邦交，岁相问也，殷相聘也，世相朝也。"除诸侯国间相互聘问外，天子亦可遣使聘问诸侯，如《周礼·秋官·大行人》："时聘以结诸侯之好，殷覜以除邦国之慝，间问以谕诸侯之志，归脤以交诸侯之福。"虽然《周礼》的记载与真实的历史间尚有差距，但以周代宗法分封制度言之，周天子仅为名义上的共主，与秦汉大一统后的体制绝不相似。证之《春秋》，周王室聘问诸侯之事可谓不绝于书，仅以鲁国隐、桓、庄三公时代而言，王室下聘鲁国就有六次。③周天子向诸侯行聘问之礼，实属当然之事。《穀梁传》的议论实以秦汉之后的制度来绳墨春秋时代，其用意还在强调天子至尊的地位。所以就连《穀梁传》忠实的注解者范宁对此都不能认同，只好用"宁所未详"④四个字来草草打发。

三、对君权的绝对化

关于君臣关系和朝代更替的讨论，更是先秦政治思想中的一个重要的话题。《论语·八佾》记载有孔子与鲁定公的一段对话，颇可代表先秦儒家在这个方面所持的观点。鲁定公问孔子："君使臣，臣事君，如之何？"孔子答道：

---

① （清）阮元校刻：《十三经注疏》，第 2366 页。
② （清）阮元校刻：《十三经注疏》，第 2371 页。
③ 分别是隐公七年："冬，天王使凡伯来聘。"隐公九年："天王使南季来聘。"桓公四年："夏，天王使宰渠伯纠来聘。"桓公五年："天王使仍叔之子来聘。"桓公八年："天王使家父来聘。"庄公二十三年："祭叔来聘。"（杨伯峻编著：《春秋左传注》，第 53、63、100、102、120、225 页）
④ （清）阮元校刻：《十三经注疏》，第 2371 页。

"君使臣以礼，臣事君以忠。"显然，孔子并没有从单一的方面解释君主的绝对权威，而是强调君臣双方各有的界限。到了孟子那里，对这个问题的看法更是发展成"君之视臣如手足，则臣视君如腹心；君之视臣如犬马，则臣视君如国人；君之视臣如土芥，则臣视君如寇仇"[1]这一套"轻君"的理论了。即便是强调礼制与刑法并兼的荀子，也是主张从道而不从君的。

以上列举的这些事例大略代表了先秦儒家在思考君臣关系上的发展轨迹，在《穀梁传》中虽然也不乏对这些问题的关注，但比之前者，却不难发现其间的确发生了一些根本性的转变。不同之处就在于，它抛弃了先秦儒家所秉持的"轻君""从道不从君"的观点，而代之以对君主绝对权力的极力维护和对"君尊臣卑"观点的大力宣扬。例如鲁桓公十一年（公元前701年），郑国的大臣祭仲被宋国所执，被迫在推翻郑国太子忽或让宋军攻打郑国而使郑国有亡国之虞之间作选择。祭仲经过权衡之后，答应了宋国的要求。《公羊传》在解说此事时，对于祭仲的做法大加褒奖，不但称赞"何贤乎祭仲，以为知权也"[2]，而且也据此演绎出一套颇具影响的"经权说"。而《穀梁传》对此的评价却正好相反：

> 祭仲易其事，权在祭仲也。死君难，臣道也。今立恶而黜正，恶祭仲也。[3]

在它看来，"死君难"是作为臣子之义，祭仲没有遵守这种"臣道"，却擅自废立国君，当然是要加以谴责的。在这里，《穀梁传》反对的当然不是随机应变的"从权"做法，而是看到像祭仲这样能够易主的权臣对君主权力所造成的威胁，强调君权不能旁落的观点。

这种观点在僖公八年（公元前652年）的一段记载中表达得更为充分。《春秋》载："公会王人、齐侯、宋公、卫侯、许男、曹伯、陈世子款盟于洮。"王人是周天子派来参加盟会的使者，因为其地位较低，没有名氏，所以只称其为"人"。对《春秋》的记载中为何要将这个地位低微的"王人"置于其他

---

[1]《孟子·离娄下》，杨伯峻译注：《孟子译注》，第186页。
[2]（清）阮元校刻：《十三经注疏》，第2219—2220页。
[3]（清）阮元校刻：《十三经注疏》，第2377页。

诸侯之上,《穀梁传》解释说:

> 王人之先诸侯,何也?贵王命也。朝服虽敝,必加于上;弁冕虽旧,必加于首;周室虽衰,必先诸侯。①

众所周知,春秋时期周天子权威衰弱,实际上已经不能行使天下共主的权力,《穀梁传》显然注意到了这个事实,所谓"朝服敝"与"弁冕旧",正象征了周王室的衰微。《穀梁传》强调尊周、尊王,所以认为《春秋》将"王人"序列于诸侯之上,乃是出于尊重周王命令的考虑。值得注意的是,《穀梁传》这种"服冕"的比喻,其实除了"尊周"外,更是古代政治伦理中将君臣关系绝对化的一种主张,从而与法家的理论同调了。因为在此之前,在韩非子的著作当中,早已出现相似的说法:

> 费仲说纣曰:"西伯昌贤,百姓悦之,诸侯附焉,不可不诛。不诛,必为殷患。"纣曰:"子言,义主,何可诛?"费仲曰:"冠虽穿弊,必戴于头;履虽五采,必践之于地。今西伯昌,人臣也,修义而人向之,卒为天下患,其必昌乎?人人不以其贤为其主,非可不诛也。且主而诛臣,焉有过?"②

不难看出,韩非引述故事中所用的"冠履"的比喻与《穀梁传》"朝服虽敝,必加于上;弁冕虽旧,必加于首"的说法如出一辙。韩非是绝对君主专制论者,极力主张维护君主神圣不可侵犯的权位。所以在他看来,即便是作为无道之主的殷纣和贤臣的文王,他们之间的君臣关系也是不容改变的。这个例子清楚地表明《穀梁传》虽与法家在学统上并无明显的相承关系,但却有着若干思想上的共通之处。有趣的是,这种"冠冕"说法在汉初黄生与博士辕固生在汉景帝面前辩论"汤武革命"时,也曾被加以引用:

---

① (清)阮元校刻:《十三经注疏》,第 2395 页。
② 《韩非子·外储说左下》,(战国)韩非著,陈奇猷校注:《韩非子新校注》,上海:上海古籍出版社,2000年,第 737 页。

黄生曰："汤武非受命，乃弑也。"辕固生曰："不然。夫桀纣虐乱，天下之心皆归汤武，汤武与天下之心而诛桀纣，桀纣之民不为之使而归汤武，汤武不得已而立，非受命为何？"黄生曰："冠虽敝，必加于首；履虽新，必关于足。何者，上下之分也。今桀纣虽失道，然君上也；汤武虽圣，臣下也。夫主有失行，臣下不能正言匡过以尊天子，反因过而诛之，代立践南面，非弑而何也？"辕固生曰："必若所云，是高帝代秦即天子之位，非邪？"于是景帝曰："食肉不食马肝，不为不知味；言学者无言汤武受命，不为愚。"遂罢。是后学者莫敢明受命放杀者。[1]

黄生就是《史记·太史公自序》中所说的司马谈曾"习道论于黄子"的黄子，应该是汉初黄老学派的一个重要人物。他举的"冠履"的例证与《穀梁传》和《韩非子》所说内容大体一致，都强调了君主的绝对权威性和君臣绝对化的政治名分。考虑到《穀梁传》文本的写成时间当晚于此时，显然《穀梁传》是受到黄生与《韩非子》的影响。此外，值得注意的是，与黄生辩论的辕固生是以治《齐诗》而著称当时的儒生，他所宣扬的正是《齐诗》"五际说"中的"汤武革命"论。而关于"汤武革命"话题的讨论，从《易·革卦·彖传》讲"汤武革命，顺乎天而应乎人"，到孟子所说的"闻诛一夫纣矣，未闻弑君也"[2]，以及荀子讲的"夺然后义，杀然后仁，上下易位然后贞，功参天地，泽被生民，夫是之谓权险之平，汤、武是也"[3]，表现的是先秦儒家学派中对待政治秩序和朝代更迭问题颇为近似的观点。在这一问题上，《穀梁传》的论调较之之前儒家的观点有很大的转变，明显带有法家思想的印迹。

四、鲁学与"穀梁大盛"的原因

按照人们习惯上对西汉今文经学派别的划分，《穀梁传》是"鲁学"，《齐

---

[1]《史记》卷121《儒林列传》，第3122—3123页。
[2]《孟子·梁惠王下》，杨伯峻译注：《孟子译注》，第42页。
[3]《荀子·臣道》，(清)王先谦撰，沈啸寰、王星贤点校：《荀子集解》，第257页。

诗》则属"齐学"①，从上例当中，我们似乎也能窥见《穀梁传》与今文经"齐学"一派在政治观点上的一些不同。"齐学"所宣扬的"革命"观点，显然并不为《穀梁传》所支持。而在西汉今文经"齐学"派儒者宣扬的"革命"说之外，他们对所谓的"禅让"学说也大有阐扬。尤其是自黄生与辕固生辩论，汉景帝说"言学者无言汤武受命"之后，儒生便也不敢再讨论有关"革命"的话题，而转以言说"禅让"之义了。与通过武力征伐来完成朝代更迭的"革命"不同，"禅让"以"尧舜禅让"为其政治理想与历史根据，是指天子主动将权位让贤的政治理论。《汉书·眭弘传》载：

> 眭弘字孟，鲁国蕃人也。……孝昭元凤三年正月，泰山莱芜山南匈匈有数千人声，民视之，有大石自立……是时昌邑有枯社木卧复生，又上林苑中大柳树断枯卧地，亦自立生，有虫食树叶成文字，曰"公孙病已立"，孟推《春秋》之意，以为"石柳皆阴类，下民之象，泰山者岱宗之岳，王者易姓告代之处。今大石自立，僵柳复起，非人力所为，此当有从匹夫为天子者。枯社木复生，故废之家公孙氏当复兴者也。"孟意亦不知其所在，即说曰："先师董仲舒有言，虽有继体守文之君，不害圣人之受命。汉家尧后，有传国之运。汉帝宜谁差天下，求索贤人，禅以帝位，而退自封百里，如殷、周二王后，以承顺天命。"②

眭弘应该并不知道"公孙病已"所指为日后即位的宣帝③，只是根据民间流传的异象推断"故废之家公孙氏当复兴"，主张刘氏应让位于贤人。眭弘受《春秋》于嬴公，为公羊大师董仲舒的再传弟子。他所凭借的正是传自其先师公羊大师董仲舒的有关"禅让"的理论。这一提议一经提出，眭孟便被霍光以"祆（妖）言惑众，大逆不道"的罪名处死。宣帝神爵二年（公元前60年），司隶校尉盖宽饶亦奏封事云：

---

① 《汉书·儒林传》载："宣帝即位，闻卫太子好《穀梁春秋》，以问丞相韦贤、长信少府夏侯胜及侍中乐陵侯史高，皆鲁人也，言穀梁子本鲁学，公羊氏乃齐学也，宜兴《穀梁》。"
② 《汉书》卷75《眭两夏侯京翼李传》，第3153—3154页。
③ 汉宣帝为戾太子之孙，武帝曾孙，小名又为"病已"，所以"公孙病已"实指宣帝。当时距离巫蛊之乱为时不远，太子党势力尚存，民间也普遍留有对太子的同情，而昭帝体弱，又无子嗣，因此"公孙病已立"应该是太子党势力为争取戾太子之子宣帝继承帝位所造的舆论。

《韩氏易传》言："五帝官天下，三王家天下，家以传子，官以传贤，若四时之运，功成者去，不得其人则不居其位。"①

宣帝廷议以盖宽饶意欲求禅，大逆不道，下狱，宽饶终自刭死。盖宽饶所援引的《韩氏易传》乃韩婴所传。韩婴为燕人，而燕齐二地，学风本就相近，所以他所持的观点，亦可看作是"齐学"一派的表达。

以上两个事例，大致可以看出今文经"齐学"一派学者在朝廷上对"禅让"学说的阐扬以及其后遭到朝廷的严厉压制。那么作为"鲁学"代表的《穀梁传》对此的态度又是怎样的呢？传文当中虽对此并没有明确的表达，但从隐公四年（公元前719年）的一段文字中也可隐约看出一些端倪。《春秋·隐公四年》载：

> 戊申，卫祝吁弑其君完。
> 九月卫人杀祝吁于濮。
> 冬十有二月，卫人立晋。

卫国的祝吁弑卫桓公，自立为君，此后卫人杀祝吁，立卫桓公之弟晋为国君，是为宣公，《春秋》的这几段经文便是对卫国内乱的记载。《穀梁传》对此评价说：

> 卫人者，众辞也。立者，不宜立者也。晋之名，恶也。其称人以立之，何也？得众也。得众则是贤也。贤则其曰不宜立，何也？《春秋》之义，诸侯与正而不与贤也。②

这里所说的"正"，便是指嫡系的正传。在《穀梁传》看来，晋虽是得到卫人拥护的贤者，但终因其不是嫡长，而缺乏继承君位的合法性，所以要遭到《春秋》的贬斥。这里虽没有提及"禅让"的问题，但这种"与正而不与贤"的

---

① 《汉书》卷77《盖诸葛刘郑孙毋将何传》，第3247页。
② （清）阮元校刻：《十三经注疏》，第2369页。

说法确实与之前儒家提倡的君位应给予贤者的主张格格不入。考虑上文中提到汉廷禁言"革命"与多次打击"禅让"提议的情况,《穀梁传》这些议论恐怕也并非是无的放矢。其中的原因,大概便要以《穀梁传》与《公羊传》在观点上的对立,以及穀梁学者与公羊学者在争立学官上的交锋来解释了。《穀梁传》在汉初的传授者,最早可追溯至武帝时期博士瑕丘江公。《史记·儒林列传》载:

> 瑕丘江生为《穀梁春秋》。自公孙弘得用,尝集比其义,卒用董仲舒。[1]

《汉书·儒林传》所载则略异于此:

> 瑕丘江公受《穀梁春秋》及《诗》于鲁申公,传子至孙为博士。武帝时,江公与董仲舒并……江公呐于口,上使与仲舒议,不如仲舒。而丞相公孙弘本为《公羊》学,比辑其议,卒用董生。于是上因尊《公羊》家,诏太子受《公羊春秋》。[2]

申公为西汉今文经学"鲁学"第一位大师,以传授《鲁诗》著称,至于《穀梁传》是否也经由其传授于瑕丘江公,班固的记录恐是有所疏漏。《汉书·终军传》:

> 元鼎中,博士徐偃使行风俗。偃矫制,使胶东、鲁国鼓铸盐铁。还,奏事,徙为太常丞。御史大夫张汤劾偃矫制大害,法至死。偃以为《春秋》之义,大夫出疆,有可以安社稷,存万民,颛之可也。[3]

徐偃为申公高徒,其所云《春秋》之义,当是出自其师申公的传授。不过他所说的"大夫出疆,有可以安社稷,存万民,颛之可也",正是援引自《公羊传·庄公十九年》"大夫受命不受辞,出竟有可以安社稷利国家者,则专之可

---

[1]《史记》卷121《儒林列传》,第3129页。
[2]《汉书》卷88《儒林传》,第3617页。
[3]《汉书》卷64下《严朱吾丘主父徐严终王贾传》,第2817—2818页。

也"。这条经文非但为《穀梁传》所无，而且就《穀梁传》的政治主张而言，更是极力反对大夫的专权。由此可证，申公所传与其弟子徐偃所云均非《穀梁传》之义，可见当时申公所授的《春秋》应该还没有家派的分别。近人陈澧曾在《东塾读书记》中比较《穀梁传》文多据《公羊传》而作，从而推断《穀梁传》成书于《公羊传》之后。金德建先生也曾指出《史记·儒林列传》中"瑕丘江生为《穀梁春秋》"一句中的"为"字该当"作"字解释，明确地说《穀梁传》这部书是江公所作。联系这些发现，我们的确可以认为《穀梁传》是瑕丘江公和他的传人们采用当时经师口头相传的一些经义，并参考《公羊传》而编写的一部著作。① 至于说《穀梁传》传自子夏及荀子的说法，也只是汉儒们编造的用以自高的说法罢了。

《穀梁传》在汉廷的第一次辩论，便因为江公的"呐于口"和丞相公孙弘本为公羊学而有心袒护，从而导致汉武帝采纳董仲舒之说，公羊学由此大兴。昭帝时穀梁学者荣广、皓星公与公羊大师眭孟等辩论，眭孟等曾经屡次词穷。至宣帝时，穀梁学者蔡千秋与公羊学者并说，宣帝善穀梁之说，蔡千秋因此被擢升为谏大夫给事中，并被汉廷选郎生十人从受穀梁。蔡千秋病卒，宣帝征召瑕丘江公之孙（小江公）为博士，并以刘向作为助手。后小江公死，又征召周庆、丁姓等待诏保宫，卒授十人。从元康三年（公元前63年）始讲《穀梁传》，至甘露元年（公元前53年），经过十余年的讲授，这十人"皆明习"。于是宣帝"乃召《五经》名儒太子太傅萧望之等大议殿中，平《公羊》、《穀梁》同异，各以经处是非"②。这就是著名的石渠阁会议。《汉书·宣帝纪》记载："诏诸儒讲《五经》同异，太子太傅萧望之等平奏其议，上亲称制临决焉。"在宣帝的支持和帮助下，这场公、穀的辩论，穀梁一派终占上风，与公羊学同立于学官，由是也达到了历史上唯一一次大盛。纵观《穀梁传》在西汉一朝的发展，始终伴随与公羊学的对峙与辩难的局面而逐次兴起。也正是这种对峙与辩难，使得《穀梁传》在一些经义解释与政治见解上总是与《公羊传》站在对立面。前文曾经指出《穀梁传》阐述的《春秋》义法中，很难看到《公羊传》和公羊学中所具有的那种政治批判意识，取而代之的则

---

① 参见沈文倬：《从汉初今文经的形成说到两汉今文〈礼〉的传授》，《宗周礼乐文明考论：增补本》，杭州：浙江大学出版社，2006年。
②《汉书》卷88《儒林传》，第3618页。

是一套宣扬君尊臣卑、君权至上的近于法家思想的政治理论。这些对立观点，显然是穀梁学者为了与公羊学争锋而取媚汉廷以得到天子欢心炮制而成。汉宣帝之所以偏爱《穀梁传》，不仅是由于其祖戾太子喜爱《穀梁传》而模仿为之，更是因为欣赏它巧妙地利用儒家的外衣包裹了法家"君尊臣卑"的政治内核。试看宣帝对太子（元帝）所说"汉家自有制度，本以霸王道杂之，奈何纯任德教，用周政乎"[①]的一席话便可以思之过半了。儒生夏侯胜曾说："士病不明经术；经术苟明，其取青紫如俯拾地芥耳。"[②]此句一针见血地指出了汉儒通经致用的实质，所谓的公、穀争辩也不过是这种风气的具体表现罢了。儒家思想在西汉的法家化，曾是思想史研究者们所关注的一个话题，从《穀梁传》的思想倾向以及其在西汉政治中的起落消长来看，的确为我们认识这个问题提供了一个很好的事例。

[①]《汉书》卷9《元帝纪》，第277页。
[②]《汉书》卷75《眭两夏侯京翼李传》，第3159页。

第九章 《国语》的成书和性质

《国语》是先秦时期的一部重要典籍，在中国传统的史学和经学中很有影响。该书本为周王室及诸侯国史料的汇编，自西汉以降，人们又视其为《春秋经》的"外传"，而称《春秋外传》[①]，近代以来，更有学者从史学发展的角度，阐发其学术意义[②]。所以无论就史料价值还是编撰方式而言，该书在中国古代典籍中都具有独特的特征与旨趣。不过围绕《国语》的成书过程、作者以及性质问题，自古以来就饱受争议，各家众说纷纭。今不揣谫陋，蒐集诸史材料，并引前贤之论，对其成书过程和性质问题略作探析，不当之处，敬请方家指正。

一、《国语》同左丘明的关系

关于《国语》的作者，最早见诸文献记载的是司马迁的《史记·太史公自序》：

> 昔西伯拘羑里，演《周易》；孔子厄陈蔡，作《春秋》；屈原放逐，著《离骚》；左丘失明，厥有《国语》；孙子膑脚，而论《兵法》；不韦迁蜀，世传《吕览》；韩非囚秦，《说难》《孤愤》；《诗》三百篇，大抵贤圣发愤之所为作也。

[①] 如唐代史家刘知幾曾把它誉为"《六经》之流，《三传》之亚"[（唐）刘知幾著，（清）浦起龙通释，王煦华整理：《史通通释》卷1《六家》，第13—14页]。

[②] 如梁启超把它和《世本》并称为"史学界最初有组织之名著"。(《中国历史研究法》，第13页)；白寿彝也将其与《左传》同列为"春秋经以后的关于春秋史的重要的私人撰述"。(《中国史学史》第1册，第225页)。

这段文字又大致见于他的《报任少卿书》中。按照司马迁的说法,《国语》的作者是一位名叫左丘明的人。关于这个左丘明,《史记·十二诸侯年表》还有记载:

> 是以孔子明王道,干七十余君,莫能用,故西观周室,论史记旧闻,兴于鲁而次《春秋》,上记隐,下至哀之获麟,约其辞文,去其烦重,以制义法,王道备,人事浃。七十子之徒口受其传指,为有所刺讥褒讳挹损之文辞不可以书见也。鲁君子左丘明惧弟子人人异端,各安其意,失其真,故因孔子史记具论其语,成《左氏春秋》。①

可见,这个左丘明是一位鲁国的君子,他不但著有一部《国语》,在孔子死后,由于害怕孔门弟子人人异端,各安其意,又根据孔子传下来的史记写成了一部《左氏春秋》。

司马迁之后,班彪也提到:

> 鲁君子左丘明论集其文,作《左氏传》三十篇,又撰异同,号曰《国语》,二十一篇。②

其子班固在《汉书·司马迁传》里亦云:

> 及孔子因鲁史记而作《春秋》,而左丘明论辑其本事以为之传,又纂异同为《国语》。③

《汉书·艺文志》也列有:

> 《左氏传》三十卷。左丘明,鲁太史。……
> 《国语》二十一篇。左丘明著。④

---

① 《史记》卷14《十二诸侯年表》,第509—510页。
② 《后汉书》卷40上《班彪列传上》,第1325页。
③ 《汉书》卷62《司马迁传》,第2737页。
④ 《汉书》卷30《艺文志》,第1713—1714页。

与司马迁不同的是，班氏父子明言《国语》成书于《左传》之后，而在《汉书·艺文志》中左丘明的身份则由鲁君子变成了鲁太史。此外《汉书·艺文志》还提到他大约是与孔子同时代的人物，曾与孔子一同观史：

> 周室既微，载籍残缺，仲尼思存前圣之业，乃称曰："夏礼吾能言之，杞不足征也；殷礼吾能言之，宋不足征也。文献不足故也，足则吾能征之矣。"以鲁周公之国，礼文备物，史官有法，故与左丘明观其史记，据行事，仍人道，因兴以立功，就败以成罚，假日月以定历数，借朝聘以正礼乐。有所褒讳贬损，不可书见，口授弟子，弟子退而异言。丘明恐弟子各安其意，以失其真，故论本事而作传，明夫子不以空言说经也。①

除此之外，王充在《论衡·案书》中也提到：

> 《国语》，左氏之外传也。左氏传经，辞语尚略，故复选录《国语》之辞以实。然则《左氏》《国语》，世儒之实书也。②

可见，汉儒们在《国语》作者是左丘明这一问题上并无异议。此后的学者如韦昭、孔晁、刘知幾、司马光、晁公武、李焘等大都持与此相同或相近的观点③，《国语》为左丘明所作遂成为一种最为普遍的看法。

不过，自魏晋以降，也有不少学者对这种说法产生怀疑。今就其中具代表性的意见，条列于下，以便讨论：

（1）傅玄：《国语》非丘明所作，凡有共说一事而二文不同，必《国语》虚，而《左传》实。其言相反不可强合也！④

（2）刘炫：《国语》非丘明所作，为有此类往往与《左传》不同故也。⑤

---

① 《汉书》卷30《艺文志》，第1715页。
② 刘盼遂：《论衡集解》，第568页。
③ 参见（清）朱彝尊撰，中华书局编辑部编：《经义考》卷209，第1071页。
④ （清）阮元校刻：《十三经注疏》，第2171页。
⑤ （清）阮元校刻：《十三经注疏》，第1992页。

（3）赵匡：今观左氏解经，浅于《公》、《榖》，诬谬实繁；若丘明才实过人，岂宜若此。推类而言，皆孔门后之门人，但《公》、《榖》守经，《左氏》通史，故其体异耳。且夫子自比，皆引往人，故曰："窃比于我老彭"，又说伯夷等六人云："我则异于是"，并非同时人也。丘明者，盖夫子以前贤人，如史佚、迟任之流，见称于当时耳，焚书之后莫得详知，学者各信胸臆，见《传》及《国语》俱题左氏，遂引丘明为其人。此事既无明文，唯司马迁云："丘明丧明，厥有《国语》"。刘歆以为《春秋左氏传》是丘明所为。且迁好奇多谬，故其书多为淮南所驳；刘歆则以私意所好，编之《七略》；班固因而不革，后世遂以为真。所谓传虚袭误、往而不返者也。自古岂止有一丘明姓左乎？何乃见题左氏，悉称丘明？①

（4）柳宗元：《越》之下篇尤奇峻，而其事多杂，盖非出于左氏。②

（5）叶梦得：古有左氏、左丘氏。太史公称："左丘失明，厥有《国语》。"今《春秋传》作左氏，而《国语》为左丘，则不得为一家。③

（6）郑樵：自获麟至襄子卒已八十年矣。使丘明与孔子同时，不应孔子既没七十有八年之后，丘明犹能著书。④

（7）崔述：《国语》文词支蔓，冗弱无骨，断不出于一人之手明甚。且《国语》，《周》《鲁》多平衍，《晋》《楚》多尖颖，《吴》《越》多恣放，即《国语》亦非一人之所为也。⑤

（8）孙海波：《齐语》全同《管子·小匡》，亦与他语不类，盖是抄取《管子》者。按《管子》一书，非管仲作，乃西汉好事者辑录成之，故其中多有汉人之文。而《小匡》一篇，吾友罗雨亭先生定为汉初人作。今《国语》反录自《管子》，其成书之晚可知。⑥

（9）洪业：其引姜氏之言曰："吾闻晋之始封也，岁在大火，阏伯之星也，实纪商人。商之享国三十一王。《瞽史之纪》曰：'唐叔之世，将如商数。'

---

① （唐）陆淳纂：《春秋啖赵集传纂例》第 1 册，丛书集成初编本，北京：中华书局，1985 年，第 8—10 页。
② （唐）柳宗元：《非国语下》，《柳宗元集》，北京：中华书局，1979 年，第 4 册，第 1328 页。
③ （清）朱彝尊撰，中华书局编辑部编：《经义考》卷 209，第 1071 页。
④ （宋）郑樵：《六经奥论》卷 4，《景印摛藻堂四库全书荟要》，经部，台北：世界书局，1985 年，第 77 册，第 209 页。
⑤ （清）崔述撰著，顾颉刚编订：《崔东壁遗书·洙泗考信余录》，上海：上海古籍出版社，1983 年，第 395 页。
⑥ 孙海波：《〈国语〉真伪考》，《燕京学报》1934 年第 16 期。

今未半也。"韦昭注曰:"自唐叔至惠公十四世,故云未半。"今自文公后数之,至静公二年三家灭晋,得十七世(自注:业按惠以上,殆沿曲沃一支以达唐叔。惠、文之间,怀仅数月,且为文从子,殆不计也)①。合得三十一世,瞽史之言验也。

(10)杨伯峻:若说《郑语》成书在前,不及见齐桓公、晋文公,更不及见子产。若今《郑语》"芈姓夔、越,不足命也","闽芈蛮矣"(原作"蛮芈蛮矣",今从汪远孙《国语发正》据《周礼·职方氏》郑玄《注》引文订正),足以证明《郑语》作者看见楚威王伐越,杀王无疆,而越以此散(详《史记·越世家》)诸事。楚威王灭越,在公元前329年,则《郑语》作于这年以后。尤其是《郑语》又说:"曹姓邹、莒,皆在采卫。"《汉书·韦贤传》说:"韦贤,鲁国邹人也。其先韦孟家作谏诗曰:'王赧听谮,实绝我邦。'"这么,邹国实在于王赧时被灭……王赧即位于公元前314年,则《郑语》之作,又在此后。②

这些说法虽然各异其趣,但归纳起来不外乎以下四类:

第一,《国语》关于一些史实的记载和《左传》有所出入,所以并非是左丘明所作(傅玄、刘炫)。

第二,《史记》中所说的"厥有《国语》"的丘明不是左丘明(赵匡、叶梦得)。

第三,《国语》的各"语"间文风有别,不是一人所作(柳宗元、崔述)。

第四,《国语》中的有些内容涉及一些较晚的史实,不可能为左丘明生前所见(郑樵、孙海波、洪业、杨伯峻)。

这四类观点,看似均言之在理,但细加思索,亦不无偏颇之处,使得关于这个问题的讨论,愈显纷乱芜杂。如能将其一一梳理辨析,则对澄清左丘明同《国语》的关系大有裨益。

第一类观点(傅玄、刘炫),究其源流,实出自郑玄。《国语》《左传》对晋、吴"黄池之会"的记述有所不同,《国语·吴语》记载吴为盟主,《左传》则记载晋为盟主。《春秋左传正义》哀公十三年"乃先晋人"句下"疏"引有

---

① 洪业:《春秋经传引得序》,《洪业论学集》,第274页。
② 杨伯峻编著:《春秋左传注·前言》,第44页。

郑玄对此的评论,"郑玄云:'不可以《国语》乱周公所定法'"①。《左传》源自三晋,记载上自然对晋国有所回护,"黄池之会"谁为盟主,似应以《吴语》和《公羊传》的记载为准。②郑玄全信《左传》而贬斥《国语》,自不足信。傅玄(见材料1)、刘炫(见材料2)凭借《国语》《左传》之违异,判定《国语》非左丘明所作,论证亦非有力。因为即便是在同部书中,记载上的矛盾也时有出现,以《史记》为例,"本纪""世家""表"记载的相互乖违的地方又何止一处。所以,仅凭二书记述的差异,实不足证明它们非一人所作。相较之左丘明作《国语》的传统说法,傅玄、刘炫的异辞在当时未能产生多大影响,就连引用他们观点的孔颖达对其也不置可否,只是说:"先贤或以为《国语》非丘明所作,为其或有与《传》不同故也。"③态度两可。

第二类观点(赵匡、叶梦得),始于中唐,这与当时学风变古、学者多具怀疑精神有关。《论语·公冶长》载:"子曰:'巧言、令色、足恭,左丘明耻之,丘亦耻之。匿怨而友其人,左丘明耻之,丘亦耻之。'"赵匡根据这条记载,认为既然夫子拿左丘明来自比,左丘明就应当是孔子之前的一位圣贤了。为证明这点,他又列举孔子自比老彭和称颂伯夷等的例子以为旁证(见材料3)。根据《史记》《汉书》和《严氏春秋》引《观周篇》④的记载,左丘明应为孔子同时代人,或比孔子年少,曾亲见夫子。赵匡的观点置这些记载于不顾,全是出于自己的臆想。一部《论语》中孔子称赞或自比他人的地方很多,并非全是赵匡所谓的"非同时人也"。如同在《论语·公冶长》中另有孔子的一段话,"子谓子贡曰:'女与回也孰愈?'对曰:'赐也何敢望回?回也闻一以知十,赐也闻一以知二。'子曰:'弗如也,吾与女弗如也'"。子贡、颜回都是孔子的学生,孔子拿自己和子贡、颜回相比较,如按照赵匡的思路来理解,颜回岂不是也成了孔子的前人!这显然是荒谬的。

---

① (清)阮元校刻:《十三经注疏》,第 2171 页。
② 参见吕思勉:《吕思勉读史札记》"左国异同"条,上海:上海古籍出版社,1982 年,第 478 页。
③ (清)阮元校刻:《十三经注疏》,第 1920 页。又孔颖达《春秋左传·襄公二十六年》"栾、范易行以诱之"句下《疏》:"此与《楚语》俱述声子之言,《传》言鄢陵之败苗贲皇之为,《楚语》亦论鄢陵之役,而云雍子之为,二文不同,或丘明传闻两说,两记之也。"[(清)阮元校刻:《十三经注疏》,第 1992 页]可见,孔颖达亦倾向于《国语》为左丘明所作的说法。
④ 孔颖达《春秋左传正义》"左丘明受经于仲尼"句下《疏》引《严氏春秋》引《观周篇》曰:"孔子将修《春秋》,与左丘明乘,如周,观书于周史。归而修《春秋》之经,丘明为之传,共为表里。"[(清)阮元校刻:《十三经注疏》,第 1705 页]

到了叶梦得处则更立新说，干脆将左氏、左丘氏分作二人（见材料 5）。因为《太史公自序》只是说"左丘失明，厥有《国语》"，而没有说"左丘明失明，厥有《国语》"，所以叶氏认为左丘和左丘明本是互不相干的两个人。左丘作《国语》，左丘明作《左传》，因为二人名字相近，被人混淆。这种论证虽极近于咬文嚼字，但对后世影响却非常大。在其基础之上，后人又多有发展。①司马迁大概万万不曾想到，自己的一字之省，竟被后人拿来作了如此多的文章。对这种观点进行反驳的是康有为，他认为《左传》为刘歆伪造，所以极力主张左丘明作《国语》，也是为了反对左丘、左丘明二人说，他指出：

> 《汉书·司马迁传》载迁《报任安书》云："左丘失明，厥有《国语》；孙子膑脚，兵法修列。"下云："及如左丘明无目"……或疑作《国语》者为左丘，作《春秋传》者为左丘明，分为二人。则《报任安书》，明云"及如左丘明无目"，则明明左丘明矣。二人之说盖不足疑。②

既然《汉书》中所载司马迁的《报任安书》中写着"及如左丘明无目"，明明有一"明"字，那么叶梦得等的理论可谓是不攻自破了。不过《文选》中所收《报任安书》却无"明"字。此外《汉书》的版本也颇多，既有有"明"字的版本，如以王先谦《汉书补注》为底本通行的中华书局点校本；也有没有"明"字的版本，如王念孙《读书杂志》中提到越本和景祐本。③康有为大概并未留意到这种版本上的差别。但是从《史记·太史公自序》的行文来看，所用乃是骈句，四字一句，若使用"左丘明"这一全称，则变成"左丘明失明，厥有《国语》"，自然破坏了文章的节奏和韵律，为了文气通畅，司马迁将"左丘明"简称作"左丘"，也是必要的。况且，古人的复名单举、连姓并称的情况并非少见，张以仁就曾举出许多类似称谓的例子，如赵婴其称"赵婴"，申公巫臣称"屈巫"，乐祁犂称"乐祁"等。到了汉、魏以后，这种情形几成习见，如南宫敬叔称"南宫敬"，申包胥称"申包"，秦西巴称"秦西"，

---

① 如有以其复姓"左丘"，单名"明"的；有以其姓"左"，名"丘"的；有以"左"为官称（左史）的；还有以"左氏"为地名的，不一而足。因其与本文主旨无直接关系，故不赘言。
② （清）康有为：《新学伪经考》，北京：生活·读书·新知三联书店，1998 年，第 27 页。
③ （清）王念孙：《读书杂志》，南京：江苏古籍出版社，1985 年影印本，第 329 页。

蔺相如称"蔺相"……不一而足。①这些例子，与左丘明称"左丘"，就很相似，所以叶梦得等的说法也很难站住脚。

相比前两类，柳宗元（见材料4）和崔述（见材料7）的观点则更为深入。《越语下》在《国语》中是最为独特的一篇，对这一点柳宗元有所察觉。也确如崔述所说，构成《国语》的"周""鲁""齐""晋""郑""楚""吴""越""八语"无论从叙事上还是文风上都存在着差异，它们显然不是出自一人之手。这些都是超越前人的论述。不过他们显然没有区分著作者和编纂者，因为即便《国语》的各个篇章不是出自一人之手，也可能经由左丘明汇集而成一书。比如，司马光就曾提到：

> 先儒多怪左丘明既传《春秋》，又作《国语》，为之说者多矣，皆未通也。先君以为丘明将传《春秋》，乃先采集列国之史，国别分之；取其菁英者为《春秋传》，而先所采集列国，因序事过详，不若《春秋传》之简直精明，浑厚遒峻也。又多驳杂不粹之文，诚由列国之史，学有薄厚，才有浅深，不能醇一故也。②

这种看法虽大体不出汉儒们所持的左丘明作《国语》之说的范围，但指出了《国语》是列国史料的汇编，亦有别于前人。既为列国之史，"学有薄厚，才有浅深，不能醇一"，那么《国语》各个篇章在文风上有所差异，当也在情理之中了。

如此看来，前三类观点虽不无精辟之处，却均不足以推翻汉儒们的论述。所以要想拿出令人信服的证据来说明《国语》并非左丘明所作，还需从《国语》的具体文本着手，上列第四种观点（郑樵、孙海波、洪业、杨伯峻）恰好可以作为论证的依据。孙海波、杨伯峻的论证分别牵扯《齐语》《郑语》的来源和年代，其中涉及问题颇多，我们将在后文中专门论述。郑樵（见材料6）的议论虽是针对《左传》，但也不妨用来考证《国语》，因为在《晋语九》中也记载了赵襄子的谥号，所以《国语》的成书也应在赵襄子死后。赵襄子卒

---

① 张以仁：《从司马迁的意见看左丘明与国语的关系》，《春秋史论集》，第79页。
②（宋）司马光：《温国文正司马公文集》卷68《述国语》，四部丛刊初编本。

于周威烈王元年（公元前 425 年），距孔子卒年已过 54 年。所以郑樵说自获麟至襄子卒已有 80 年，时间上误差较大。不过洪业所提供的证据，却可以把《国语》的完成年代推至三家分晋之后（见材料 9）。如果按照曲沃庄伯这一支来计算，晋自唐叔始封至靖公时三家分晋，恰为三十一世（晋怀公继位仅数月即被弑，且未受周王册命，不在计算之列），韩、赵、魏废晋静公在公元前 376 年，距离孔子卒年已过了 103 年。如果我们认为"唐叔之世，将如商数"这种说法不是瞽史于事前的预测，而是在事后追述的基础上作推论的话，那么《国语》的这段记载至少完成于三家分晋之后，而曾亲见夫子的左丘明是无论如何也活不到那个时候的。所以，《国语》既不可能为左丘明编辑所成，更不可能是由他创作而成的了。

那么又该如何理解司马迁、班氏父子等的说法呢？对于汉儒们的意见，不宜轻易全盘否定，而是要从中国早期文献的特殊性方面加以考虑。先秦学术的发展自有其特点，一开始便经历了一个学在官府的阶段，而学在官府则是无所谓私家著作的，更没有作者的概念。学术下移私家后，人们也多采取"述而不作"的态度，经常借古人、前人之口说话，所重视的只是学术的传承，而对著作权的观念很淡漠，所以最初的传授者往往就被当作是作者。而文献在流传过程中虽然也常被后学们增删和改编，融入更多的新内容，却仍保留着原作者或传授者的名号。这正是章学诚所说"古人之言，所以为公也，未尝矜于文辞，而私据为己有也"①的道理。因此，中国的早期文献大部分都可以被视为非出自一手、非成于一时。就《国语》而言，更不可忽视这一特点。左丘明在写作（或传授）《左传》时，必定搜集和参考了许多材料，这些材料通过他得以传授下来，其中一部分经过后人的编纂，又加入了一些新的材料，最终汇集成为《国语》一书。虽然这项工作不是左丘明完成的，但他的名号却保留下来，自然也就被当成了《国语》的作者，左丘明与《国语》的关系大体应作如是的理解。

具体来说，《国语》的成书当有一个"层累"的过程，构成它各篇章的来源、作者及时代可能都各不相同，而这些材料在被集结为一书之前，在其流传的过程中也可能被增删和改变，融入一些新的东西。《国语》的成书大约与

---

① （清）章学诚撰：《文史通义·言公上》，《章学诚遗书》，第 29 页。

《战国策》的成书过程相似，都是由一些零散的材料编纂而成，所不同的是，《战国策》最终由刘向编定而成，这是明确的，而《国语》最终的编定者却是不可知晓的，人们习惯上就把它归在了左丘明的名下。其实，"《国语》的作者"这一概念包含着两方面的意思，一方面是指《国语》最终的编纂者；另一方面是指《国语》各篇章的作者，也就是司马光所说的"学有薄厚，才有浅深"的列国之史官（当然，作者也不能理解为单纯的创作者，其中也包含有编者的意思，正如上文所指出的那样，中国的早期文献有其自身的特点，在这里"作"和"编"是很难严格区分的）。现在要想完全解答这些问题，已是不大可能的事情了。不过，却可以利用现有的文献，对《国语》诸篇一一进行分析，以期探知它们各自的来源、特点、相互间的关系等问题，从而对《国语》的成书过程作更深入的理解。

此外，还有必要提及另一个问题，即《国语》的古今差异和佚失问题。近代的今文家们喜欢用"原本《国语》"这个概念来区分我们现在所见的《国语》和西汉时期的《国语》。因为《汉志》不但记载有"《国语》二十一篇"，在它之后还有"《新国语》五十四篇"。这部《新国语》失传了，后来的人们对其可谓是一无所知。康有为认为这部《新国语》就是原本《国语》，只是刘歆把其中与《春秋》有关的事抽出来改编成《左传》了，剩下的残料再合以一些别的文字，仍旧叫作《国语》，也就是我们今天所见到的《国语》。[①]此后，钱玄同亦著文极力支持康有为的这种割裂说。20世纪初，学术界曾就此有过一番激烈争论，高本汉、卜德、孙海波、童书业、杨向奎、钱穆等先后著文以驳斥康、钱之说，证明二书非一书之割裂。这一结论，现在在学术界已为共识，兹不赘述。不过关于《新国语》，除了康有为的割裂说外，还有一些学者提出过其他的见解。如钱穆认为：

> 又《汉志》《春秋》家有《新国语》五十四篇，班氏《注》云："刘向分《国语》。"夫《国语》分二十一篇，周、鲁、齐、晋、郑、楚、吴、越八国，固已甚细，何待于再分？余疑此五十四篇者，盖《国语》二十一篇，合之《国策》三十三篇，并而为书，适得五十四篇。晚世以《国

---

① 参见（清）康有为：《新学伪经考·汉书艺文志辨伪》。

语》《国策》合刻，其例先启于向矣。向盖以二书大体既类，故为合续，如古虞、夏、商、周书合为《尚书》，先有其事。而班氏不深考，遂轻名曰《新国语》，而谓刘向所分。实则应曰向所并合，乃得耳。①

沈长云则认为：

其实《汉志》所谓《新国语》五十四篇者，乃刘向分析二十一篇《国语》②条目重新组合而成也。今《国语》二十一篇，各篇条目内容多少不一，刘向盖重新整齐编排之。所谓《新国语》与《国语》的区别，只是编排上的不同，而非关内容之增减。观班固于《新国语》五十四篇下自注"刘向分《国语》"，即可明了此事，勿需赘言矣。③

钱穆的观点比较牵强，《国语》和《国策》卷数加在一起共为五十四篇，同于《新国语》，这只是一个数字上的巧合，实在不足以说明它们之间有必然的关系。晚世刊刻书籍，确实经常将《国语》《国策》合刻，但它们在人们的印象中一直是泾渭分明的两部书，从未被混为一谈。沈先生的论证立足于《汉志》本身，可信度较大，不过二十一篇《国语》经过刘向的重新编排就变成了五十四篇，如果只是重新整齐编排而内容上没有增加，似乎也难说通。关于这一点，洪业在《春秋经传引得序》中列举的一条材料，颇具启发性，兹引如下。《太平御览》三百一十一卷引《国语》佚文：

齐庄公且伐莒，为车五乘之宾，而杞梁华舟独不与焉，故归而不食。其母曰："食汝生而无义，死而无名，则虽非□五乘，孰不汝笑也。生而有义，死而有名，则五乘之宾，尽汝下也。"趣食乃行。杞梁华舟同车侍于庄公，而行至莒。莒人逆之。杞梁华舟下，斗获甲首三。庄公止之，曰："子止，与子同齐国。"杞梁华舟曰："君为五乘之宾，而舟梁不与焉，是少吾勇也。临敌涉难，止我以利，是恶吾行也。深入，多杀者，臣之

---

① 钱穆：《先秦诸子系年》，第525页。
② 按：此句《河北师院学报》原刊为"乃刘向分析三十一篇《国典》"，当为排版印刷时错误，今据文义改之。
③ 沈长云：《〈国语〉编纂考》，《河北师院学报（哲学社会科学版）》1987年第3期。

事也。齐国之利,非吾所知也。"遂进斗。坏军陷阵,三军不敢当。

洪业发现这条佚文在文字上与刘向《说苑·立节》中的记载颇为相似,《说苑·立节》:

> 齐庄公且伐莒,为车五乘之宾,而杞梁华舟独不与焉,故归而不食。其母曰:"食汝生而无义,死而无名,则虽非□五乘,孰不汝笑也。汝生而有义,死而有名,则五乘之宾,尽汝下也。"趣食乃行。杞梁华舟同车侍于庄公,而行。至莒,莒人逆之。杞梁华舟下,斗获甲首三百。庄公止之,曰:"子止,与子同齐国。"杞梁华舟曰:"君为五乘之宾,而舟梁不与焉,是少吾勇也。临敌涉难,止我以利,是污吾行也。深入多杀者,臣之事也。齐国之利,非吾所知也。"遂进斗。坏军陷阵,三军弗敢当。

比较两段记载,仅《说苑》于"获甲首三"后多一"百"字,其余文字基本一致。洪业因此怀疑"不知《御览》所沿用之旧书,是否引刘向之《新国语》也"[①]。这种怀疑是有启发性的,因为《齐语》通篇讲的是管仲辅佐齐桓公霸业的事迹,这段佚文实在无法安插其中。我们是否可以借助这条材料的启发,将《汉书·艺文志》在《新国语》下的自注理解为刘向将列国的言论分国别编纂的意思呢?从马王堆汉墓以及阜阳汉墓出土的帛书和简本的《春秋事语》可以确知,西汉时还流传着一些类似于《国语》的文献,刘向在校书时一定接触到许多类似的材料,也有可能将它们和《国语》合并,重新编纂出一部《新国语》来,这一"新"字,正说明了它和原来的《国语》有所不同。不过《新国语》亡佚已久,后人已无从观览,有关它的所有论述都是建立在猜测和假设的基础之上的,要想弄清它的真正面目,大概还是要期待日后地下发掘能有相关的简牍、帛书问世。

《国语》在流传过程中也有佚失的情况,清人董增龄曾经作过这方面的辑佚工作,所得十一条[②],今再加上洪业于《春秋经传引得序》中所举一条《国

[①] 洪业:《春秋经传引得序》,《洪业论学集》,第274页。
[②] (清)董增龄撰:《国语正义》序,成都:巴蜀书社,1985年影印本。

语》佚文①，列之于下：

（1）《公羊疏》第六卷引《国语》曰："懿始受酅而烹哀公。"

（2）《公羊疏》第二十一卷引《国语》曰："专诸膳宰，僚嗜炙鱼，因进鱼而刺之。"

（3）《史记·夏本纪》裴骃《集解》引《国语》曰："敷浅原一名博阳山，在豫章。"

（4）《水经·河水》注引《国语》曰："华岳本一山，当河河水过而曲行，河神巨灵手荡脚蹋，开而为两，今掌足之迹仍存。"

（5）《水经·瓠子河》注引《国语》曰："曹沫挟匕首劫齐桓公返遂邑。"

（6）《史记·补三皇本纪》索隐引《国语》曰："伏羲风姓。"

（7）《夏本纪》正义引《国语》曰："满于巢湖。"

（8）《邹鲁列传》索隐引《国语》曰："楚人卞和得玉璞。"

（9）《礼·祭法》疏引《国语》曰："神农之子名柱，作农官，因名农。"

（10）《文选·东京赋》注引《国语》曰："分鲁公以少帛、綪茷。"

（11）《文选·卢谌赠刘琨诗》注引《国语》曰："齐大夫子高适鲁见孔子曰：'而今而后，知泰山之为高，渊海之为大也。'"

（12）《太平御览》七百一十卷引《国语》曰："诸侯之师久于偪阳，荀偃、士匄请于荀罃曰：'水潦将降，惧不能归，请班师。'智伯怒，投之以几，出于其间。"

在这十二条中，裴骃引敷浅原一条（3），郦道元引华岳一条（4），应该不是《国语》的原文，可能是将前人的注释误当作正文来引用了。总的来看，《国语》在流传过程中还是遗失了一些字句。不过这些佚失对今天的研究，不会产生决定性的影响。我们今天所见的《国语》约为7万字，计有《周语》上中下三卷，《鲁语》上下两卷，《齐语》一卷，《晋语》九卷，《郑语》一卷，《楚语》上下两卷，《吴语》一卷，《越语》上下两卷，共二十一卷。这与《汉书·艺文志》中所记载的"《国语》二十一篇"相同。《汉书·艺文志》本自刘歆《七略》，在排除了刘歆割裂《国语》伪造《左传》的可能性后，我们认为西汉秘府中所藏的《国语》也应与今本大致相同。虽然此后历代正史中的

---

① 洪业：《春秋经传引得序》，《洪业论学集》，第274页。

"艺文志""经籍志"中有过《国语》二十卷①或二十二卷的记载②，但这要么是记载或者刊刻上的文字之讹，要么是《国语》的注释者们随意合篇并简所为，在内容上应无太大变化。所以，尽管在内容上有一些散佚，今本《国语》大体上还是能够反映出该书在古代的基本面貌的。

二、《国语》之称名

《国语》的文字虽曾为一些战国文献所征引，但《国语》这一称谓却从未被提及，其中唯有两例提及引书，一例见于《韩非子·说疑》，但称为"记"：

> 其在记曰："尧有丹朱，而舜有商均，启有五观，商有太甲，武王有管、蔡。"③

此处所引"记"的内容，略同《楚语上》："故尧有丹朱，舜有商均，启有五观，汤有太甲，文王有管、蔡"。虽有"文王""武王"相异，其余则尽相同之。

另一例见于《礼记·大学》：

> 《楚书》曰："楚国无以为宝，惟善以为宝。"④

《楚语下》记载王孙圉聘晋，与赵简子言楚国之宝，所论亦略同于此处的《楚书》。

以上二例，一为"记"，一为《楚书》，均不称《国语》。所谓"记"并非特指，而是一种统称。刘熙《释名·释典艺》云："记，纪也，纪识之也。"《礼

---

① 如《隋志》记载："《春秋外传国语》二十卷，贾逵注。""《春秋外传国语》二十卷，晋五经博士孔晁注。"《旧唐志》记载："《春秋外传国语》二十卷左丘明撰。"《新唐志》记载："左丘明《春秋外传国语》二十卷。"
② 如《隋志》记载："《春秋外传章句》一卷，王肃撰。梁二十二卷。""《春秋外传国语》二十二卷，韦昭注。"《旧唐志》记载："《春秋外传国语章句》二十二卷，王肃注。"《新唐志》载：王肃"《国语章句》二十二卷。"
③（战国）韩非著，陈奇猷校注：《韩非子新校注》，第976页。
④（清）阮元校刻：《十三经注疏》，第1675页。

记》《左传》在当时均可称之为"记"。①《楚书》当是楚国的史乘,恰如郑国之有《郑书》。②

西晋初年出土的汲冢竹书中亦有一种《国语》。《晋书·束皙传》载:

> 初,太康二年,汲郡人不准盗发魏襄王墓,或言安釐王冢,得竹书数十车。……《国语》三篇,言楚晋事。③

《束皙传》所说《国语》是竹书原有的题记,抑或为晋人所加,已不可确知。但从行文语气来看,汲冢《国语》似乎与今本《国语》并不相同。首先,今《国语》二十一卷,所言周、鲁、齐、晋、郑、楚、吴、越八国事,汲冢《国语》三篇,仅言楚、晋事,内容相差悬殊。其次,汲冢书另有《师春》一篇。《束皙传》云:"《师春》一篇,书《左传》诸卜筮,'师春'似是造书者姓名也。"《师春》同《左传》内容相涉,《束皙传》说得明白。如果汲冢《国语》是今本《国语》的一部分的话,《束皙传》似乎当也有类似说明,不该只用"言楚、晋事"四字就草草打发。汲冢《国语》同今本《国语》并不是同一部书,它可能更像是《春秋事语》一类的文献。1987年湖北慈利石板村也曾出土一批战国竹简,据研究者所述,其中也有《国语·吴语》④,但该批竹简至今尚未公开发表,其内容是否与今本《国语》相同,抑或只是近似,简上是否有《国语》题记,尚不可确知。

司马迁之前,汉初学者如贾谊、董仲舒等在其著作中也有引用《国语》之处,但也未提及此书名。依现有的史料来看,《国语》这一名称最早见于《孔丛子·答问》中:

> 陈王涉读《国语》言申生事。

---

① 如《汉书·艺文志》:"《记》百三十一篇。七十子后学者所记也。"《韩非子·内储说上七术》:"《春秋》之记曰:'冬十二月陨霜不杀菽。'"
②《左传·襄公三十年》,载"《郑书》有之曰:'安定国家,必大焉先'"。《左传·昭公二十八年》,载"《郑书》有之:'恶直丑正,实蕃有徒'"。
③《晋书》卷51《束皙传》,第1432—1433页。
④ 张春龙:《慈利楚简概述》(摘要),《古代文明研究通讯》2000年第9期。

《孔丛子》不见《汉志·艺文志》记载，《隋书·经籍志》载《孔丛子》七卷，注云："陈胜博士孔鲋撰。"宋咸在《孔丛子注·序》中言之更详："孔丛子者，乃孔子八世孙鲋，字子鱼，仕陈胜为博士，以言不见用，托目疾而退，论集先君仲尼、子思、子上、子高、子顺之言，及己之事，凡二十一篇，为六卷，名之曰《孔丛子》，盖言有善而丛聚之也。"该书的真伪，历来为学者所疑，多认定为王肃伪造。而据今人黄怀信考证，此书并非王肃所伪，其中记载孔鲋的三篇，作者可能为孔鲋之弟子襄。[1]《史记·孔子世家》中记载，鲋，字子鱼，孔子八世孙，"为陈王涉博士，死于陈下"。其生当在战国末期。如《孔丛子》记载属实，则《国语》这一名称的出现大概不应晚于秦汉之际。

从编纂形式来看，《国语》的特点有二，一为分国，一为记言。《国语》这个名称很能体现这些特点。

所谓"国"者，当指其为分国编纂，刘知幾《史通·六家》划分六种史体，将《国语》独列一家，被后人称为"国别家"[2]，而多目《国语》为"国别史"[3]。先秦多有按邦国、地域编纂的文献，名称前常加诸"国"或"邦"字，如《诗经》中的《国风》(邦风)[4]，刘向编定《战国策》所采《国策》《国事》等[5]，《国语》亦为其中一列。

"语"即是言语，答对之意。刘熙《释名·释典艺》云："《国语》记诸国君臣相与言语谋议之得失也。"崔述也说："《国语》之作主于敷言，与《左传》主于纪事者不同，故以"语"名其书，犹孔门之有《论语》《家语》也。"[6]白寿彝也指出："《国语》在编纂上的最大特点，还在于以言为主。""从以记言为主来看，《国语》可说是后来的总集、奏议、言行录这几类书籍的创始者。"[7]

---

[1] 参见黄怀信：《〈孔丛子〉的时代与作者》，《西北大学学报（哲学社会科学版）》1987年第1期。
[2] 《史通·六家》："古往今来，质文递变，诸史之作，不恒厥体。榷而为论，其流有六：一曰《尚书》家，二曰《春秋》家，三曰《左传》家，四曰《国语》家，五曰《史记》家，六曰《汉书》家。"浦起龙《注》："一，《尚书》，记言家也；二，《春秋》，记事家也；三，《左传》，编年家也；四，《国语》，国别家也；五，《史记》，通古纪传家也；六，《汉书》，断代纪传家也。"[(唐)刘知幾著，(清)浦起龙通释，王煦华整理：《史通通释》卷1《六家》，第1—2页]
[3] 不过"国别体"这种说法不甚恰当，参见李坤：《〈国语〉的编撰》，《史学史研究》1988年第4期。
[4] 上博简《孔子诗论》称《国风》为《邦风》，可知《国风》是汉人为避刘邦名讳，而改"邦"为"国"。
[5] 刘向《战国策书录》云："所校中《战国策》书，中书余卷，错乱相糅莒。又有国别者八篇，少不足……中书本号或曰《国策》，或曰《国事》，或曰《短长》，或曰《事语》，或曰《长书》，或曰《修书》。"
[6] (清)崔述撰著，顾颉刚编订：《崔东壁遗书》，第231页。
[7] 白寿彝：《〈国语〉散论》，《人民日报》1962年10月16日。

按：古人训诂，"言""语"可互通用，而对文时则有一人自言和相互应答之别。《说文解字》云："语，论也。"又"言"字条下："直言曰言，论难曰语。"《礼记·杂记》："三年之丧，言而不语。"郑注："言，言己事也。为人说为语。"《毛传》亦云："直言曰言，论难曰语。"孔颖达疏："直言曰言，谓一人自言；答难曰语，谓二人相对。对文故别耳，散则言语通也。"现代研究训诂的学者也指出："言"指主动说话，由此词义出发，并可引申为询问，一般若仅泛泛地表示说话而不强调其情境时，亦多用"言"；相对于"言"偏向主动发言或询问之义，"语"的语义则偏向回应别人或表示与人相对答的意思。[1] 国外译本有译《国语》为 Discourse on the States 的，"语"与"discourse"可对译。[2] 在先秦及秦汉的著述中亦多有以"语"名书者，如与孔子有关的《论语》《孔子家语》，《管子》中的《短语》、陆贾的《新语》等。

春秋时亦有一种叫作"语"的古文献，研究者普遍认为它们就是《国语》一类的书籍[3]，而《国语》则是列国之"语"的汇编。[4] 这种古文献见于《楚语上》的记载，楚大夫申叔时回答楚庄王如何教育太子时提出一套施教方案，所列九种教材，其中之一即是"语"：

教之《语》，使明其德，而知先王之务用明德于民也。[5]

《语》的内容，按韦昭注："《语》，治国之善语。"即君臣贤士大夫们关于政治、礼仪方面的言论。其功用，依申叔时所言主要是为统治者提供一些历史借鉴，让习修者从历史兴亡的教训中了解治国之道。楚庄王为公元前六世纪楚国的君主，这说明当时就有这类文献传播，并被运用于贵族子弟教育。

"语"的产生与古人的重言传统有很大关系。在古代中国很早就有重言的传统，人们很看重从先贤所流传下来的话语中学习经验与知识。《诗经·大

---

[1] 陆宗达、王宁：《训诂与训诂学》，太原：山西教育出版社，1994年。
[2] 顾静：《国语译注·前言》，邬国义、胡果文、李晓路撰：《国语译注》，上海：上海古籍出版社，1994年，第2页。
[3] 杨向奎：《论〈左传〉之性质及其与〈国语〉之关系》，《绎史斋学术文集》，第208页。
[4] 徐中舒编注：《左传的作者及其成书年代》(《左传选》，北京：中华书局，1963年，第356页)；王树民：《〈国语〉的作者和编者》(中华书局编辑部编：《文史》第25辑，北京：中华书局，1985年)。
[5] 《国语·楚语上》，第528页。

雅·抑》："其维哲人，告之话言，顺德之行。"《毛传》云："话言，古之善言也。"①意为要按照往古的善言，顺正道行进。溯其渊源，在文字发明之前，知识的传递就靠"言"的形式代代口传。前人的话语作为知识、经验，对指导时人的生产生活乃至政治实践，均有重要意义。如《礼记·文王世子》就载有"养老乞言"之礼：

> 凡祭与养老、乞言、合语之礼，皆小乐正诏之于东序。大乐正学舞干戚，语说、命乞言，皆大乐正授数，大司成论说在东序。

郑玄注："养老人之贤者，因从乞善言可行者也。"②则至少在周代礼仪中还保有这方面的遗存。

后来的君王、大夫们也很在意自己能有佳言善语流传后世，若能立言于身后，则被认为不朽。《国语·晋语八》载鲁叔孙穆子聘晋，同范宣子讨论"死而不朽"，叔孙穆子说："鲁先大夫臧文仲，其身殁矣，其言立于后世，此之谓死而不朽。"这个故事也见于《左传·襄公二十四年》，其中更是增添了"大上有立德，其次有立功，其次有立言"的"三不朽"之说。

先秦文献中还常有时人在谈话中引"语"的例子，如：

> 宫之奇谏曰："语曰：'唇亡则齿寒'，其斯之谓与？"（《穀梁传·僖公二年》）
>
> 咸丘蒙问曰："语云：'盛德之士，君不得而臣，父不得而子。'"（《孟子·万章上》）
>
> 语曰："乐正司业，父师司成，一有元良，万国以贞。"（《礼记·文王世子》）
>
> 是故子墨子言曰："古者有语曰：'君子不镜于水，而镜于人。镜于水见面之容，镜于人则知吉与凶。'今以攻战为利，则盖尝鉴之于智伯之事乎？"（《墨子·非攻中》）

---

① （清）阮元校刻：《十三经注疏》，第 556 页。
② （清）阮元校刻：《十三经注疏》，第 1405 页。

> 语曰："好女之色，恶者之孽也。公正之士，众人之痤也。循乎道之人，污邪之贼也。"（《荀子·君道》）
>
> 语曰："诸侯以国为亲。"（《韩非·难四》）

人们或以此"语"为谚语，如上引《穀梁传·僖公二年》范宁注："语，谚言也。"①《孟子·万章上》赵岐注："语者，谚语也。"②也有人对此提出异议，如顾静认为："今人一般把这里的'语'理解为'俗语'、'谚语'，其实是不恰当的。在当时的著述中，另有'俚语'、'鄙语'、'谚'之称，因此，这里的'语'绝大部分应当理解为《语》书。"③当时的谚语自然与后来的民间俗语不同，不少是囊括前人的警语而成。前贤们的话语都是一些具体的言论，不过其中的一些语句常为后人们引用，从而普遍化了，才成为类似于格言、谚语性质的东西。从出土材料看，当时确有一些文献是专门记载格言、警句的，如马王堆汉墓帛书中的"称"④、郭店楚简中的"语丛"⑤等。引经据典是春秋战国时期一种普遍的文化现象，文献中常见人们于谈话应对中引"书"、引"诗"、引"志"等多种形式，它们大多出自时人所修习的各类典籍。上述诸例中的引"语"，如果也是依凭于某种文献的话，应当与这类传记格言、谚语的文献有关。它们与申叔时所说的"知先王之务用明德于民"的"语"似乎还有一定的差别，因为前者只是抽离了具体语境下单纯的"言"，后者则不单记"言"而且有"事"，即相互言谈对答的时间、地点、人物和背景以及起因、发展、结果和评论。

关于"语"，传世文献当中并非无迹可寻，如《礼记·乐记》：

---

① （清）阮元校刻：《十三经注疏》，第 2392 页。
② （清）阮元校刻：《十三经注疏》，第 2735 页。
③ 顾静：《国语译注·前言》，邬国义、胡果文、李晓路撰：《国语译注》，第 1—2 页。
④ 马王堆汉墓帛书整理小组注释："书中有'审其名，以称断之'之语，因以'称'作为书名。此书汇集很多类似格言的话。"（马王堆汉墓帛书整理小组编：《经法》，北京：文物出版社，1976 年，第 95 页）；李学勤指出："篇中不少地方，似乎是辑录当时的格言，甚至流行的俗谚。""所谓'称'，就是指语句的汇集。"（《〈称〉篇与〈周祝〉》，香港道教学院主办，陈鼓应主编：《道家文化研究》第 3 辑，上海：上海古籍出版社，1993 年）；连劭名则认为："'称'，应相当于《周礼·太祝》所掌'六祈'之一的'说'。'称''说'同义。"《称》篇中所辑集的语句，曾使用于古代的祝辞中（《马王堆帛书〈称〉和古代的祝》，《文献》1996 年第 2 期）。
⑤ 楚简注释者指出："《语丛》各篇都抄写在长度最短的那种简上，内容都由类似格言的文句组成。"（荆门市博物馆：《郭店楚墓竹简·前言》，北京：文物出版社，1998 年）。

孔子谓宾牟曰:"且女独未闻牧野之语乎?"①

吴起亦曾引"楚庄王之语"进谏魏武侯,见于《荀子·尧问》:

魏武侯谋事而当,群臣莫能逮,退朝而有喜色。吴起进曰:"亦尝有以楚庄王之语闻于左右者乎?"武侯曰:"楚庄王之语何如?"吴起对曰:"楚庄王谋事而当,群臣莫逮,退朝而有忧色。申公巫臣进问曰:'王朝而有忧色,何也?'庄王曰:'不谷谋事而当,群臣莫能逮,是以忧也。其在中蘬之言也。'曰:'诸侯自为得师者王,得友者霸,得疑者存,自为谋而莫己若者亡。今以不谷之不肖而群臣莫吾逮,吾国几于亡乎!是以忧也。'楚庄王以忧,而君以喜!"武侯逡巡再拜曰:"天使夫子振寡人之过也。"②

所谓"牧野之语""楚庄王之语"应当是当时所流传的"语"。马王堆汉墓出土的帛书以及阜阳汉简中都有《春秋事语》,它们也是"语"类的文献。③帛书《春秋事语》写定时间在汉代以前,有学者认为它就是《铎氏微》或《公孙固》④,并无根据。从内容上看,《春秋事语》虽多同于《左传》,而与《国语》相涉较少。但从"记言"和体例上的特点看,它更像《国语》。当时可能流传着不少类似于《春秋事语》一类的文献,它们成为《国语》据以编辑成书的一种原始资料。⑤《春秋事语》现存的十六章,彼此不相连贯,既不分国别,也不论年代,只是杂乱地抄合在一起。这些反映了当时"语"的构成形式大概都是以零散的形式流传,并没有经过有序的编排和组织。这些"语"在流传过程中与孔门弟子关系密切,可能经他们之手作过一些改动,以至于他们的评论也往往被夹入其中,即以"仲尼曰""君子曰""子夏曰"(《国语》)

---

① (清)阮元校刻:《十三经注疏》,第1542页。
② (清)王先谦撰,沈啸寰、王星贤点校:《荀子集解》,第547—548页。
③ 张政烺指出,《春秋事语》十六章的文字,"记事十分简略,而每章必记述一些言论,所占字数要比记事多得多,内容既有意见,也有评论,使人一望而知这本书的重点不在讲事实而在记言论。这在春秋时期的书籍中是一种固定的体裁,称为'语'。"(《〈春秋事语〉解题》,《文物》1977年第1期,第36页)
④ 《座谈长沙马王堆汉墓帛书》,《文物》1974年第9期。
⑤ 沈长云:《〈国语〉编撰考》,《河北师院学报(哲学社会科学版)》1987年第3期。

"闵子辛（骞）曰"（帛书《春秋事语》）等形式出现。《国语》的编撰者大约就是在汇集此类材料的基础之上，对其分以国别，排以时序，进行深一步的编纂加工。后来晋代的孔衍也曾搜集春秋战国时期的材料，编辑了《春秋时国语》和《春秋后语》，而自比于左丘明①，可以想见《国语》的成书也当与此相仿。

关于"语"的来源，有人认为其与瞽矇的传诵有关，如徐中舒指出在春秋时期存在两种史官：瞽矇和大史，由瞽矇传诵为主，而大史的记录帮助其记诵。"瞽矇传诵的历史再经后人记录下来就称为《语》，如《周语》《鲁语》之类；《国语》就是记录各国瞽矇传诵的总集。"②瞽矇是一种盲人乐师，而乐官在中国早期史学发展中的确曾起到过重要的作用③，但按《周礼》所述，瞽矇职掌为"讽诵诗，世奠系，鼓琴瑟"。《周礼注疏》引杜子春云："世奠系，谓帝系，诸侯卿大夫世本之属是也……瞽矇主诵诗，并诵世系，以戒劝人君也。"他们所口传的历史大约都是一些与世系传承和先祖业绩有关的神话传说或史诗，以及简短上口的格言、谚语。现存于《大戴礼记》中的《帝系姓》《五帝德》④以及《荀子·成相》⑤大约就是瞽矇所传述讽诵之词。"言传"（口传）同"记言"（笔录）本为二途，两者区别不仅为传递方式，而且还在于传递之内容。人类历史最初都是经口语传诵，而在有了文字后，才渐将先前口传的内容记录下来。这些口传的内容大多应以叙事为主，关涉言辞的可能很少。如徐旭生所说："文字的发展却远远落后于语言的发展，所以当日的文字，只能记事，不便于记言，可是当日的重要的语言也会有一部分流传下来。又经过了不少的年岁，文字更加丰富，才达到可以详细记录语言的阶段。"⑥至于像《国语》中那样丰富多彩的语言，是不可能只凭借这些盲人乐师来口头流传的。《左传·文公六年》载君子曰：

---

① （唐）刘知幾著，（清）浦起龙通释，王煦华整理：《史通通释》卷1《六家》，第14页。
② 徐中舒编注：《左传的作者及其成书年代》，《左传选》，第356页。
③ 参见阎步克：《乐师、史官文化传承之异同及意义》，《乐师与史官：传统政治文化与政治制度论集》，北京：生活·读书·新知三联书店，2001年。
④ 吕思勉《吕思勉读史札记》："窃疑《大戴记》之《帝系姓》乃古《系》《世》之遗，《五帝德》则瞽矇所讽诵者也。"（第217页）
⑤ 清人卢文弨认为其"大约托于瞽矇讽诵之词"。
⑥ 徐旭生：《中国古史的传说时代》，北京：文物出版社，1985年，第19页。

古之王者知命之不长，是以并建圣哲，树之风声，分之采物，著之话言，为之律度，陈之艺极，引之表仪，予之法制，告之训典，教之防利，委之常秩，道之以礼则，使毋失其土宜，众隶赖之，而后即命。

"著之话言"，孔颖达疏："为作善言遗戒，著于竹帛，故言'著之'也。"这是文字发明并丰富起来之后的事了。

文献记载，周代史官本有记言的职责，《礼记·玉藻》载："（天子）玄端而居，动则左史书之，言则右史书之。"《汉书·艺文志》亦言："古之王者世有史官，君举必书，所以慎言行，昭法式也。左史记言，右史记事，事为《春秋》，言为《尚书》。"两说虽有矛盾之处，而"左史""右史"之名也未见金文记载，但史官有记言、记事之职确可大致肯定。曾有学者对"记言""记事"的说法表示怀疑[①]，据郭店楚简《性自命出》中所言"《诗》《书》《礼》《乐》，其始出皆生于人。《诗》有为为之也。《书》有为言之也。《礼》《乐》有为举之也"几句来看，当时人们就有这种认识，并非是后儒的失察。

史官记言之事多见文献记载。如《逸周书·大聚》：

维武王胜殷，抚国绥民，乃观于殷政，告周公曰："呜呼！殷政总总，若风草，有所积，有所虚，和此如何？"周公曰："闻之文考，来远宾，廉近者。……"武王再拜曰："呜呼！允哉！天民侧侧，余知其极有宜。"乃召昆吾治而铭之金版，藏府而朔之。[②]

除王室、公室外，卿大夫家中也有家史，如《晋语》中提到的赵简子的家史董安于、史黯，智伯的家史士茁等。《史记·孟尝君列传》载："孟尝君待客坐语，而屏风后常有侍史，主记君所与客语。"《周语》中多记单姓诸公的言论，《晋语》中多有赵氏言论，或与这类侍史的记录不无关系。除此之外，《鲁语上》中的一条记载大概最能说明《国语》的一些篇章是如何产生的：

---

① 如章学诚在《文史通义·书教上》中说道："《记》曰，左史记言，右史记动，其职不见于《周官》，其书不传于后世，殆礼家之衍文欤。后儒不察，而以《尚书》分属记言，《春秋》分属记事，则失之甚也。"（《章学诚遗书》，第3页）。
② 黄怀信、张懋镕、田旭东撰：《逸周书汇校集注》修订本，第390—409页。

> 海鸟曰"爰居",止于鲁东门之外三日,臧文仲使国人祭之。展禽曰:"越哉,臧孙之为政也!夫祀,国之大节也;而节,政之所成也。故慎制祀以为国典。今无故而加典,非政之宜也……"是岁也,海多大风,冬煖。文仲闻柳下季之言,曰:"信吾过也,季子之言不可不法也。"使书以为三策。①

韦昭注:"策,简书也。"《国语》中所记载的言辞,不少便是源自这些笔录。不过它们在传播过程中,也有后人的增饰或拟言、代言,变得愈加丰富起来,并非已是当时言语的实录。崔述曾云《国语》:"乃后世之人取前史所载良臣哲士谏君料事之词而增衍之以成篇者。"②这个看法,大体可信。如《孔丛子·答问》中所载陈涉读《国语》事就可与之相参:

> 陈王涉读《国语》言申生事。顾博士曰:"始余信圣贤之道,乃今知其不诚也,先生以为何如?"答曰:"王何谓哉?"王曰:"晋献惑乱听谗,而书又载骊姬夜泣公,而以信入其言。人之夫妇夜处幽室之中,莫能知其私焉,虽黔首犹然,况国君乎?予以是知其不信,乃好事者为之辞,将欲成其说,以诳愚俗也,故使予并疑于圣人也。"博士曰:"不然也。古者,人君外朝则有国史,内朝则有女史。举则左史书之,言则右史书之,以无讳示后世,善以为式,恶以为戒。废而不记,史失其官。故凡若晋侯、骊姬床第之私、房中之事,不得掩焉。若夫设教之言,驱群俗,使人入道而不知其所以者也。今此皆书实事,累累若贯珠,可无疑矣。"王曰:"先生真圣人之后也。今幸得闻命,寡人无过焉。"③

这段记载颇为有趣,陈涉怀疑《国语》作者怎能如此详知晋献公和骊姬床第之上的私话,所以他判定这些言辞是出于好事者的杜撰。相比之下,孔博士的回答则甚为牵强,后来刘知幾在《史通·史官建置》中又照搬其说,讲什么"古者人君,外朝则有国史,内朝则有女史,内之与外,其任皆同。

---

① 《国语·鲁语上》,第165—170页。
② (清)崔述撰著,顾颉刚编订:《崔东壁遗书》,第232页。
③ 傅亚庶撰:《孔丛子校释》,北京:中华书局,2011年,第433页。

故晋献惑乱,骊姬夜泣,床笫之私,房中之事,不得掩焉",就更为迂腐了。[①] 非只《国语》,针对《左传》所记之言辞,也多有人指责其文过其实。[②]对这个问题,大可不必拘泥于古人的眼界,"文""史"二者,本难分两途,好的历史撰述除了要靠有文采的语言外,在尊重事实之前提下,一定程度上亦需发挥一些想象,以生动文章的情节,引起读者的兴趣,这就需要采用一些文学式的叙述。对历史的记述要求严谨、准确和真实,而文学的描写则可以想象、夸张抑或虚构,二者不能等同,也并非绝对对立。记述史事不能随意虚构、想象与夸张,但在对一些细节的处理上,则大可发挥文学语言的长项,作一些发挥,这样不但有利于反映事实,更增加了文字的可读性。

三、《国语》的体例差异

如上文所言,"分国记言"是《国语》编纂的最大特点,但与后来的一些依照国别编撰的史书不同,构成《国语》的"周""鲁""齐""晋""郑""楚""吴""越",八"语"间却存在着不小的差别,这也使《国语》一书在结构和内容上都显得很不平衡。除去各"语"的篇章多寡不均、所记列国之事详略不一以及文风上的不同外,就体例而言,八"语"间也有很大的差异。清代学者姚鼐就曾指出:

> 其略载一国事者,周、鲁、晋、楚而已,若齐、郑、吴、越,首尾一事,其体又异。辑《国语》者随所得繁简收之。[③]

[①] 从相关的文献看,宫廷中确设立有女史一职,《诗经·静女》毛传载:"古者后夫人必有女史彤管之法,史不记过,其罪杀之。后妃群妾以礼御于君所,女史书其日月,授之以环,以进退之。生子月辰,则以金环退之;当御者,以银环进之,著于左手;即御,著于右手。事无大小,记以成法。"可见女史的职务并不同于后来的起居令史、起居郎、起居舍人之类的官,而是另有它务。那时戒指是一种"禁戒""戒止"的标志。后宫嫔妃为主上所幸御者,女史就记下她侍寝的日期,在其右手指戴一枚银戒,作为记号。当后妃妊娠,告知女史,在其左手戴一枚金戒,以示戒身。所以把所谓的"骊姬夜泣"当作女史的记注,这样的解释不仅牵强,也不合情理。

[②] 参见钱钟书:《管锥编》,"《左传正义》杜预序——《左传》之记言"条,北京:中华书局,1979年,第1册,第164—166页。

[③] (清)姚鼐:《惜抱轩诗文集》卷5《辨郑语》,四部丛刊初编本。

依照姚氏所说,对《国语》诸篇依体例不同可做两分,一组为《周语》《鲁语》《晋语》《楚语》,均为略载一国之事;另一组为《齐语》《郑语》《吴语》《越语》,都是首尾专记一事,为《国语》中的异体。顾颉刚在《春秋三传及国语之综合研究》一书中更复引申说:

> 《国语》一书凡分八语:《周语》3 卷,《鲁语》2 卷,《晋语》9 卷,《楚语》2 卷,杂记一国先后事;《齐语》1 卷,《郑语》2 卷,《吴语》1 卷,《越语》2 卷,专记一国中之一件事。杂记诸事之文成在前,专记一事之文成在后,《齐语》似全从《管子·小匡篇》中抄出。当可分为正变两体,正体(司马迁所见《国语》):《周》《鲁》《晋》《楚》。变体(司马迁所未见者):《齐语》(齐桓霸业始末),《郑语》(郑桓公与史伯问答),《吴语》《越语上、下》(均记吴灭越之经过)。[①]

虽然该书只是由刘起釪所做听课笔记编成,其中的许多观点多承袭清末今文家之说,未必恰当。但顾先生对《国语》所做的"正体"和"变体"上的区分,以及分"语"研究的方法,却是极为高明的举措,可以说为研究《国语》成书问题提供了一条绝好的途径。

众所周知,大凡一部著作在框架结构上都会具一定的"格式",《国语》也不例外。全书以记言为主,所录多为列国君臣贤士大夫言辞。大体每卷都由多章对话组成,每章之首,略书史事以交代其背景;每章之末,或附史事以为之证验。试举《周语上》篇首"祭公谏穆王征犬戎"章为例:

> 穆王将征犬戎,祭公谋父谏曰:"不可。先王耀德不观兵。"……王不听,遂征之,得四白狼,四白鹿以归。自是荒服者不至。[②]

篇首"穆王将征犬戎"一句即交代背景;中间为祭公谋父谏辞;篇尾"王不听,遂征之,得四白狼,四白鹿以归。自是荒服者不至"则叙述结果,为之验证。"周""鲁""晋""楚"四"语"基本都是由这样的章节组成的,各卷

[①] 顾颉刚讲授,刘起釪笔记:《春秋三传及国语之综合研究》,成都:巴蜀书社,1988 年,第 94—95 页。
[②] 《国语·周语上》,第 1—8 页。

诸章大多按时序排列，每章围绕一事，均可独立，不必尽有逻辑上的联系。每卷杂列诸事，也无一明确主题。四"语"占据《国语》一书篇幅之大半，所以这种"格式"亦可称为《国语》的"正体"。"齐""郑""吴""越"四"语"则在内容上专记一事，主题明确，除记言外，记事的成分亦较多，类似于后来的纪事本末体。它们在《国语》一书中所占篇幅很小，称之为《国语》的"变体"亦无不妥。

《国语》由多种史料汇编而成，经编者之手改动不大。如果说各"语"间的内容和文风上的差别是由"列国之史，学有薄厚，才有浅深，不能醇一"[1]造成的，那么这种体例上的区别，则当另有原因了。此外，《国语》与《左传》内容相似、相近的部分又全在《周语》《鲁语》《晋语》《楚语》四"正体"中，至于《齐语》《郑语》《吴语》《越语》的内容，则与《左传》不相涉及，这又不免使我们对前人关于《国语》《左传》关系所做的一些论述产生疑问。因此在下文中，我们首先借用顾颉刚关于《国语》"正体""变体"的划分，对"齐""郑""吴""越"四"变体"一一详加考证辨析，以求找到它们的出处和时代。再将《国语》中的"正体"（《周语》《鲁语》《晋语》《楚语》）部分同《左传》相互比对，以求得两书间的关系。如这些工作能得以完成，则庶几有助于解决《国语》成书的问题。

四、《齐语》辨析

《国语》中仅收《齐语》一卷，专述管仲辅佐齐桓公称霸一事，其中内容多不见于《左传》，而与《管子·小匡》文字大类。关于《齐语》和《小匡》的关系，前人多有论及，见解不尽相同。董增龄[2]、康有为[3]、孙海波[4]等都认为《齐语》袭自《管子·小匡》。这种观点在顾颉刚处又得到了详尽发挥，兹

---

[1] 司马光语，见前引。
[2] （清）董增龄撰：《国语正义》序："《齐语》一篇皆《管子·小匡篇》之辞，《管子》远出左氏之前，必预知《国语》之文而袭之。窃疑《齐语》全亡而后人采《小匡》以补之。"
[3] 参见（清）康有为：《新学伪经考·汉书艺文志辨伪》。
[4] 参见孙海波：《〈国语〉真伪考》，《燕京学报》1934 年第 16 期。

节录其相关论述如下:

《齐语》以校《管子·小匡篇》大同小异,仅:(1) 前后秩序稍殊,(2)《小匡》辞较繁,《齐语》较简洁,(3)《小匡》末一段,桓公将相管仲,《齐语》无。疑《小匡》在前,《齐语》在后。《齐语》中所有要文,《史记》中多未引,故知其时尚无《齐语》,当系后人见《小匡篇》之齐人记载足补《国语》之不足,故采入之。

《齐语》大纲:鲍叔劝桓公用管仲—桓公向鲁索取管仲—管仲陈叁国五鄙—四民不杂处—制国为廿一乡—修旧法以安国—作内政寄军令—正月乡长复事—制鄙—从事诸侯—足甲兵—四方征伐—葵丘之会—存鲁—封邢卫—诸侯归齐。

如是大备之文,重要之事,史公宁有不采用之理,必系当时《国语》中无此文,惟《管子》中有之,《管子》为子书,不足为史料征信,故史公不采。①

要言之,顾先生的意见共有两点:其一为《齐语》抄自《管子·小匡》;其二为《齐语》的内容不见于《史记》,故司马迁所见《国语》必无《齐语》。这种意见确实值得我们重视,因为按照《史记》《汉书》所载,《国语》为《史记》材料来源之一。②如果《齐语》之文不见于《史记》,则可怀疑司马迁所见之《国语》并非今本二十一篇《国语》,而今本《国语》的编纂又当在《史记》之后。这是涉及《国语》成书及真伪的大问题,不可不详细审查。

《史记·管晏列传》确无《齐语》的内容,但司马迁撰写《史记》,所抄录、参考之资料又何止一二,不可能亦无必要将其统统移入《史记》。所以《齐语》未被《管晏列传》引用不足为怪。且太史公于《管晏列传》中明明说道:"吾读管氏《牧民》《山高》《乘马》《轻重》《九府》,及《晏子春秋》,详哉其言之也。既见其著书,欲观其行事,故次其传。至其书,世多有之,

---

① 顾颉刚讲授,刘起釪笔记:《春秋三传及国语之综合研究》,第 95—96 页。
② 《史记·十二诸侯年表》:"于是谱十二诸侯,自共和讫孔子,表见《春秋》《国语》学者所讥盛衰大指著于篇。"《汉书·司马迁传》:"故司马迁据《左氏》《国语》,采《世本》《战国策》,述《楚汉春秋》,接其后事,讫于天汉。"

是以不论，论其轶事。"所谓"论其轶事"，即不同于一般人物传记只讲生平、事迹。《管晏列传》大抵为史迁发愤之作，其写作手法和用意颇值得玩味。司马迁遭李陵之祸下狱，因"家贫，财赂不足以自赎，交游莫救，左右亲近不为一言"[①]，终至惨遭宫刑。切于自身遭遇之悲惨及世态之炎凉，于管鲍、越晏友情自然是感触良多。他将这种情绪带到《管晏列传》中，赞颂真挚友情，对他们的功烈与著述倒是略去了。如此，也就不难理解《管晏列传》不采《齐语》了。

此外，顾先生所谓《史记》未引用《齐语》的内容，又是仅将《齐语》和《管晏列传》相对比而立论，若细查《齐太公世家》，其中确有采及《齐语》者多处。兹略引数条如下：

（1）《齐太公世家》："连五家之兵，设轻重鱼盐之利，以赡贫穷，禄贤能，齐人皆说（悦）。"此即为《齐语》中"作内政而寄军令""三选""通齐国之鱼盐于东莱"等内容之简约。

（2）《齐太公世家》："五年，伐鲁，鲁将师败。鲁庄公请献遂邑以平，桓公许，与鲁会柯而盟。鲁将盟，曹沫以匕首劫桓公于坛上，曰：'反鲁之侵地！'桓公许之。"此事不见于《左传》《小匡》和今本《国语》之记载，而《水经·瓠子河》却引《国语》佚文云："曹沫挟匕首劫齐桓公返遂邑。"曹沫劫桓公之事又见《管子·大匡》，但《大匡》只言及齐、鲁以汶为境，未涉返遂之事。太史公此处盖取自《国语》。

（3）《齐太公世家》："三十五年夏，会诸侯于葵丘。周襄王使宰孔赐桓公文武胙、彤弓矢、大路，命无拜。桓公欲许之，管仲曰'不可'，乃下拜受赐。"《左传》中亦有宰孔致胙，命无下拜之事，但无桓公、管仲相谋之语，此内容独《齐语》有之，《齐太公世家》此处又当取自《齐语》。

（4）《齐太公世家》："于是桓公称曰：'寡人南伐至召陵，望熊山；北伐山戎、离枝、孤竹；西伐大夏，涉流沙；束马悬车登太行，至卑耳山而还。诸侯莫违寡人。寡人兵车之会三，乘车之会六，九合诸侯，一匡天下。'"《齐语》："遂南征伐楚，济汝，逾方城，望汶山，使贡丝于周而反。荆州诸侯莫敢不来服。遂北伐山戎，刜令支、斩孤竹而南归。海滨诸侯莫敢不来服。与

[①]《汉书》卷62《司马迁传》，第2730页。

诸侯饰牲为载，以约誓于上下庶神，与诸侯戮力同心。西征攘白狄之地，至于西河，方舟设泭，乘桴济河，至于石枕。悬车束马，逾太行与辟耳之溪拘夏，西服流沙、西吴。南城于周，反胙于绛。岳滨诸侯莫敢不来服，而大朝诸侯于阳谷。兵车之属六，乘车之会三，诸侯甲不解累，兵不解翳，弢无弓，服无矢。隐武事，行文道，帅诸侯而朝天子。"

两相对比，则《齐太公世家》采自《齐语》甚为明显。

由以上诸条可知，《史记》中确有采用《齐语》之处，《齐语》更不可能后于《史记》。至于《齐语》《小匡》的先后问题，罗根泽、李学勤则持另一种意见，他们分别在《〈管子〉探源》[①]和《〈齐语〉与〈小匡〉》[②]二文中对两部文献做了详细的比较，指出《小匡》的写作应在《齐语》之后。这些意见可归纳为：其一，《齐语》的文字简古，而《小匡》的文字更加浅近，是在《齐语》上加以修改的结果。其二，《小匡》把《齐语》的文章次序作了调整，使文章结构更有逻辑性。其三，《小匡》的内容多于《齐语》，从一些多出的内容看，只能是后增的。其四，《小匡》的作者对于一些古代的制度没有深刻的认识。罗根泽更指出《齐语》："故士之子恒为士"，"故工之子恒为工"，"故商之子恒为商"，"故农之子恒为农"，其中四个"恒"字，《小匡》皆改为"常"，实为避汉文帝刘恒之讳。《小匡》篇中："南至吴、越、巴、牂牁、𪗉、不庾、雕题、黑齿、荆夷之国"，而牂牁之通中国，始于西汉。因而把《小匡》定为汉初人所作。此外，胡家聪又提出了一种新解：其一，《小匡》和《齐语》均出于同一个古时的底本，两者是分别辗转传抄的两种抄本，当时书写于简册，传抄过程中难免有改字错写，以及或删或增之处。其二，接近古时底本的传抄本，文词古奥，被《国语》编者做了一些删削，收进《国语》作为《齐语》一篇，并无今本《大匡》等篇，据此可知《国语》不会编成于齐国。其三，出于同一个古底本的另一种传抄本，经后人多次传写，因其文词古奥，故多有改字，改得明白易晓。有的改字合于原意，但有的改错了，不合原意。这一抄本由战国传抄到西汉，在汉成帝时刘向等校编《管子》，便将它收进书内，加上《小匡》篇名。[③]综合各种意见，我们认为胡先生的说法是最为可靠的，

[①] 罗根泽：《〈管子〉探源》，《罗根泽说诸子》，第322—326页。
[②] 李学勤：《〈齐语〉与〈小匡〉》，《古文献丛论》，上海：上海远东出版社，1996年。
[③] 参见胡家聪：《管子新探》，北京：中国社会科学出版社，2003年，第273—274页。

关于古书的流传，本就是一桩复杂的事，不应该总是局限于谁抄谁的范围。既然《齐语》《小匡》都来自同一个底本，这个底本的来源和它是如何被编入《国语》、成为《齐语》一篇的，就成为我们需要关注的问题了。

通过对《齐语》中的一些内容的分析，我们认为它与齐国稷下学宫关系密切，完成时间不能早于战国中期。下面，就此问题做三方面的讨论。

（1）从《齐语》整篇内容来看，以记述管仲在齐推行的"叁其国而伍其鄙"的制度最为详尽。所谓"叁其国而伍其鄙"是在国、鄙（野）并行两种行政组织系统。在这套制度下，士、工、商、农四民互不杂居，士、工、商居国中，而农则居鄙。在国：

> 制国以为二十一乡：工商之乡六；士乡十五，公帅五乡焉，国子帅五乡焉，高子帅五乡焉……五家为轨，轨为之长；十轨为里，里有司；四里为连，连为之长；十连为乡，乡有良人焉。①

在鄙：

> 制鄙。三十家为邑，邑有司；十邑为卒，卒有卒帅；十卒为乡，乡有乡帅；三乡为县，县有县帅；十县为属，属有大夫。五属，故立五大夫，各使治一属焉；立五正，各使听一属焉。是故正之政听属，牧政听县，下政听乡。②

四民中只有士服军役，于是在士乡中另设有一套组织，即所谓的"作内政而寄军令"：

> 以为军令：五家为轨，故五人为伍，轨长帅之；十轨为里，故五十人为小戎，里有司帅之；四里为连，故二百人为卒，连长帅之；十连为乡，故二千人为旅，乡良人帅之；五乡一帅，故万人为一军，五乡之帅

---

① 《国语·齐语》，第 229—231 页。
② 《国语·齐语》，第 237 页。

帅之。三军，故有中军之鼓，有国子之鼓，有高子之鼓。春以蒐振旅，秋以狝治兵。是故卒伍整于里，军旅整于郊。①

这样的"制国"，既是行政组织，又是军事组织，二者相结合，不能分离。至于鄙，则完全没有这样的制度。应该说《齐语》所描述的这套制度，还是有所根据的，如《周礼》所记载的乡遂（国野）之制，就与其十分相似。在春秋初期国、野的差别依然普遍存在，从《左传》中也能找到许多例子。但从具体的细节看，《齐语》中的这种行政制度，更带有许多战国时人的追忆和想象的成分。《管子》中就记载有稷下先生关于此类制度的多种说法，如：

> 分国以为五乡，乡为之师。分乡以为五州，州为之长。分州以为十里，里为之尉。分里以为十游，游为之宗。十家为什，五家为伍，什伍皆有长焉。②

> 方六里命之曰暴，五暴命之曰部，五部命之曰聚。聚者有市，无市则民之（乏）。五聚命之曰某乡，四乡命之曰方，官制也。官成而立邑。五家而伍，十家而连，五连而暴，五暴而长，命之曰某乡，四乡命之曰都，邑制也。邑成而制事。四聚为一离，五离为一制，五制为一田，二田为一夫，三夫为一家，事制也。事成而制器。方六里为一乘之地也。一乘者，四马也。一马，其甲七，其蔽五。四乘，其甲二十有八，其蔽二十，白徒三十人奉车两，器制也。③

> 故百家为里，里十为术，术十为州，州十为都，都十为霸国。④

这些记述都各不相同，当各有所本。从这些差别中亦可看出当时的齐国并不存在《齐语》中所描述的那套整齐划一的行政制度，而对于如何建立一种制度，稷下先生们也有各自不同的设计和主张，《齐语》只是其中一例。

（2）从《齐语》中所用的一些词汇来看，也有晚出的痕迹。如"荆州诸

---

① 《国语·齐语》，第231—232页。
② 《管子·立政》，黎翔凤撰，梁运华整理：《管子校注》，载《新编诸子集成》，第65页。
③ 《管子·乘马》，黎翔凤撰，梁运华整理：《管子校注》，载《新编诸子集成》，第89—90页。
④ 《管子·度地》，黎翔凤撰，梁运华整理：《管子校注》，载《新编诸子集成》，第1051页。

侯莫敢不来服"一句中的"荆州",就是战国时的词语。"荆州"一词不见于《左传》,《左传》但称汉川、汉阳,如:"周之子孙在汉川者,楚实尽之。"这一带的诸侯国多属姬姓,故又称之为"汉阳诸姬"。"荆州"的叫法始见于《尚书·禹贡》《尔雅·释地》《吕氏春秋·有始览》等,均为战国时期的作品。

《齐语》中还有"六柄"一词,"昔者,圣王之治天下也,叁其国而伍其鄙,定民之居,成民之事,陵为之终,而慎用其六柄焉"。何为"六柄",《齐语》并未说明,韦昭注云:"柄,本也。六柄,生、杀、贫、富、贵、贱也。"韦注盖本自《小匡》:"杀、生、贵、贱、贫、富,此六秉也",而顺序略有不同。柄为政治术语,为法家所喜用,先秦著作中有"二柄""八柄"之说,如《韩非子·二柄》:"二柄者,刑、德也。何谓刑、德?曰:'杀戮之谓刑,庆赏之谓德。'"《周礼·天官·大宰》:"以八柄诏王驭群臣:一曰爵,以驭其贵;二曰禄,以驭其富;三曰予,以驭其幸;四曰置,以驭其行;五曰生,以驭其福;六曰夺,以驭其贫;七曰废,以驭其罪;八曰诛,以驭其过。""柄"字又作"枋",《周礼·春官·内史》中载,"内史掌王之八枋之法,以诏王治:一曰爵,二曰禄,三曰废,四曰置,五曰杀,六曰生,七曰予,八曰夺"。同《大宰》之八柄。除《齐语》《小匡》外,"六柄"一词又见于马王堆帛书《老子》乙本卷前四篇佚书中。《经法·论》中载,"执六枋(柄)以令天下……六枋(柄):一曰观,二曰论,三曰僮(动),四曰转,五曰变,六曰化"[①]。帛书《老子》乙本卷前四篇佚书成书当在战国中前期,其与齐国稷下黄老学派之关系自不待言。《齐语》中"六柄"虽与帛书之"六枋"内容有所不同,却不无关联。战国黄老之学本始自南方,随后北上波及齐地,成就稷下黄老学之兴盛,而内容上亦多向政术转化。如果说帛书中的"六枋",即"观、论、僮、转、变、化",尚有一点抽象意味的话,那么稷下学者们的"六柄",即"生、杀、贫、富、贵、贱",则完全是直白的统治之术了。从这个词语含义的改变上,也能看出一点南方黄老之学在齐地的发展和变化。

(3)《齐语》中的一些历史记载,虽有一定的史料价值,但也存在不少粗疏,甚至是夸大不实的地方。傅斯年曾说过,战国时人有一个成见,"即是

[①] 马王堆汉墓帛书整理小组编:《经法》,第28—29页。

谈到荒诞不经之人，每说他是齐人"①。在《齐语》中确能看到有一股"善夸"的"齐气"。以齐桓公征伐四方的描写为例："即位数年，东南多有淫乱者，莱、莒、徐夷、吴、越，一战帅服三十一国。遂南征伐楚，济汝，逾方城，望汶山，使贡丝于周而反。荆州诸侯莫敢不来服。遂北伐山戎，刺令支、斩孤竹而南归。海滨诸侯莫敢不来服。与诸侯饰牲为载，以约誓于上下庶神，与诸侯戮力同心。西征攘白狄之地，至于西河，方舟设泭，乘桴济河，至于石枕。悬车束马，逾太行与辟耳之溪拘夏，西服流沙、西吴。"②齐桓公对东南和北方的征伐姑且不论，伐楚之事，按照《左传·僖公四年》的记载，桓公于公元前 656 年，召集鲁、宋、陈、卫、郑、许、曹等国联合讨伐楚国与蔡国。蔡溃败后，随即伐楚。当时齐、楚力量相当，齐的武力威胁，并未使楚国屈服，最后只好与楚国结盟。至于《齐语》中所说的"济汝，逾方城，望汶山"等功绩，就完全是夸大不实之词了。对西方的征伐，按《齐语》所说，齐桓公曾"西服流沙、西吴"。韦昭注："流沙、西吴，雍州之地。"徐元诰《国语集解》："流沙，即今甘肃居延县。西吴，《管子》作'西虞'，吴、虞声转字也。"③齐桓公活动范围向西最远到达晋国边境，根本不可能到达流沙、西吴。"西服流沙、西吴"，显然又是在大肆吹嘘，齐东野语，殊不可信。

又如记葵丘之会，《齐语》云：

葵丘之会，天子使宰孔致胙于桓公，曰："余一人之命有事于文、武，使孔致胙。"且有后命曰："以尔自卑劳，实谓尔伯舅，无下拜。"桓公召管子而谋，管子对曰："为君不君，为臣不臣，乱之本也。"桓公惧，出见客曰："天威不违颜咫尺，小白余敢承天子之命曰'尔无下拜'，恐陨越于下，以为天子羞。"遂下拜，升受命。④

此段亦见于《左传·僖公九年》：

---

① 傅斯年：《战国子家叙论》，《民族与古代中国史》，石家庄：河北教育出版社，2002 年，第 205 页。
②《国语·齐语》，第 242 页。
③ 徐元诰撰，王树民、沈长云点校：《国语集解》，第 234 页。
④《国语·齐语》，第 244—245 页。

王使宰孔赐齐侯胙，曰："天子有事于文、武，使孔赐伯舅胙。"齐侯将下拜。孔曰："且有后命——天子使孔曰：'以伯舅耋老，加劳，赐一级，无下拜！'"对曰："天威不违颜咫尺，小白，余敢贪天子之命，无下拜？——恐陨越于下，以遗天子羞。敢不下拜？"下，拜；登，受。①

两段记载词语上相同之处甚多，应当是《齐语》参考了《左传》。原因有二，其一，《大匡》中多有抄袭《左传》之处，甚为明显②，"三匡"、《齐语》同出于稷下，则此也应采自《左传》。其二，按《齐语》所述，宰孔既然已致胙桓公，桓公当不应又复入，召管仲与之相谋，再出来迎客对答。《齐语》横生此段波折，也与常理不符，这应当又是稷下先生们为突出管仲功绩而编排加入的。

公元前4世纪中叶，齐国于都城临淄的稷门外建立馆社，招引天下贤才，讲学、授徒、著书、论政，遂形成稷下学宫。田齐政权于当时所提口号，非但要"高祖黄帝"，而且要"迩嗣桓文"（《陈侯因齐敦》）。齐桓、管仲的事迹对当时的齐人来说自然是最具吸引力的，如《孟子》记载：

（孟子见齐宣王）齐宣王问曰："齐桓、晋文之事可得闻乎？"③
公孙丑问（孟子）曰："夫子当路于齐，管仲、晏子之功，可复许乎？"
孟子曰："子诚齐人也，知管仲、晏子而已矣。"④

这两例颇可反映战国之际齐人的一种心态。孟子是"无道桓文之事"⑤的，但稷下先生们就未必如此。他们利用一些史记和传说，进行攒合、编排，来讲述齐桓、管仲的事迹，做政治宣传，《齐语》底本的形成大约如此。

那么《齐语》又是如何被编入《国语》中来的？我们推想它应该与荀子有一定的关联。荀子"年五十始来游学于齐"⑥，在齐襄王时期曾三为稷下学

---

① 杨伯峻编著：《春秋左传注》，第326—327页。
② 参见罗根泽：《〈管子〉探源》，《罗根泽说诸子》，第319—320页。
③ 《孟子·梁惠王上》，杨伯峻译注：《孟子译注》，第14页。
④ 《孟子·公孙丑上》，杨伯峻译注：《孟子译注》，第56页。
⑤ 《孟子·梁惠王上》，杨伯峻译注：《孟子译注》，第14页。
⑥ 《史记》卷74《孟子荀卿列传》，第2348页。

宫的祭酒。在《别录》和《经典释文》记载的《左传》的传授系统中，荀子是一位重要的人物。汉儒以《左传》《国语》同出左丘明之手，其说有据，《国语》的流传同《左传》的流传应当关系密切。虽然当时《国语》可能还未最终集结成书，但相关的篇章已在流传中了。荀子很可能就曾接触到一些，如《荀子·正论》："封内甸服，封外侯服，侯卫宾服，蛮夷要服，戎狄荒服。甸服者祭，侯服者祀，宾服者享，要服者贡，荒服者终王。日祭、月祀、时享、岁贡，夫是之谓视形势而制械用，称远近而等贡献，是王者之至也。"便是取自《周语》开篇祭公谋父谏周穆王毋征犬戎中的内容。

在《荀子》中，也能找到《齐语》的痕迹，如《儒效》："人积耨耕而为农夫，积斫削而为工匠，积反货而为商贾，积礼义而为君子。工匠之子莫不继事，而都国之民安习其服。"显然是受了《齐语》中"四民者，勿使杂处"使"士之子恒为士"，"工之子恒为工"，"商之子恒为商"，"农之子恒为农"，"少而习焉，其心安焉，不见异物而迁焉"一类思想的影响。此外在文字上，《荀子》和《齐语》也多有相通之处，如：

（1）《齐语》："定三革，隐五刃。"《荀子·儒效》："定三革，偃五兵。"

（2）《齐语》："相地而衰征，则民不移；政不旅旧，则民不偷；山泽各致其时，则民不苟。""通齐国之鱼盐于东莱，使关市几而不征。"《荀子·王制》："田野什一，关市几而不征，山林泽梁以时禁发而不税，相地而衰政。"

（3）《齐语》："修旧法，择其善者而业用之。"《荀子·王霸》："循其旧法，择其善者而明用之。"

（4）《齐语》："政既成矣，以守则固，以征则强。"《荀子·王霸》："以守则固，以征则强，居则有名，动则有功。"

根据这些线索，我们是否能够大胆推测，荀子大概是见过《齐语》的。由此不妨再进一步大胆推想，在齐期间，荀子接触到了《齐语》的底本，而这个底本也经他得以流传，后来被收入《国语》中，成为《齐语》一篇。而留在齐地的，又经汉初的改造，最后被刘向收入《管子》，成为《小匡》。

五、《郑语》辨析

《郑语》在《国语》八"语"中是篇幅最小的一篇，总共不到 2000 字，在《国语》的二十一卷中，只占了一卷的篇幅。从内容上看，《郑语》首尾只记载了一件事，即西周末年郑桓公和周太史史伯规划立国之事。郑国在春秋时期是一个重要的诸侯国，春秋初期郑庄公既已小霸，后来虽然国势渐微，不得不周旋于晋、楚两强之间，听命不暇，但在诸侯国中却有其特殊位置，成为晋、楚两大国矛盾的焦点和势力消长的标志。郑国的大夫子产、子大叔等均为春秋时期著名的政治家，其言行亦广为流传。这些在《左传》里都有详细的记载，而《郑语》却只记载了郑国在东迁前的一段历史，对于春秋时期的历史却只字未提。同样，《郑语》中的内容也不见于《左传》。《左传》倒是提到有一部称作《郑书》的史书。如《左传·襄公三十年》载，"《郑书》有之曰：'安定国家，必大焉先'"。昭公二十八年（公元前 514 年）亦载，"《郑书》有之：'恶直丑正，实蕃有徒'"。但这几句"《郑书》"，既不见于《郑语》，也无法同《郑语》中的内容相联系。

针对这些问题，前人对《郑语》的来源有过许多推测，多怀疑它并非是郑国的史书，而是出自《周语》。如叶适在《习学记言序目》中说道："史伯所答，虽郑事，盖《周语》也。"[①] 姚鼐也认为："《郑语》一篇，吾疑其亦《周语》之文，辑者别出之者。"[②] 顾颉刚则进一步指出："此文（《郑语》）《史记·郑世家》约举其词，然《左传》中关于郑事尚多，此《郑语》则只记此一事，或者已阙失，或者此段亦从《周语》或《楚语》中杂缀而出，以表明其阙失之情形，知今本《郑语》只原本《郑语》之一部分也。"[③] 依照顾先生的意思，原本可能是有一部比较完整的《郑语》，但已阙失，今本《郑语》或是其残篇剩简，或是后人从《周语》或《楚语》中杂缀而成。原有一部完整的《郑语》，虽可弥补《左传》同《郑语》内容互不相涉的问题，但这只

---

① （宋）叶适：《习学记言序目》，北京：中华书局，1977 年，第 170 页。
② （清）姚鼐：《惜抱轩诗文集》卷 5《辨郑语》，四部丛刊初编本。
③ 顾颉刚讲授，刘起釪笔记：《春秋三传及国语之综合研究》，第 98 页。

是一种推测,难有确证。至于今本《郑语》是出自《周语》,抑或析自《楚语》,顾先生未有定论,不过从《郑语》所记内容来看,我们认为它和楚国关系比较密切。

首先,从文字上看,《楚语下》中"天子之田九畡,以食兆民,王取经入焉,以食万官"的话,也见于《郑语》的"故王者居九畡之田,收经入以食兆民"。文字上虽略有变化,但不难看出二者之间是存在关联的。

其次,从内容上看,《郑语》中涉及楚国的历史最多。文章开始即以史伯之口讲述楚子熊严四子争立之事。"夫荆子熊严生子四人:伯霜、仲雪、叔熊、季紃。叔熊逃难于濮而蛮,季紃是立,薳氏将起之,祸又不克。"随之又详尽追述芈姓所属"祝融八姓"于三代之间的分衍、兴衰。古人作史最重族源、世系,《郑语》独于楚国族系记载最详,所以很难想象它会是楚国之外的作品。此外《郑语》又借史伯之口预言:"融之兴者,其在芈姓乎?芈姓夔越,不足命也。蛮芈蛮矣,唯荆实有昭德,若周衰,其必兴矣。"预言楚将代周,这更像是楚人说话的口吻了。

值得注意的是,《郑语》中关于褒姒的传说也很特别。周幽王因褒姒而亡国的故事,在先秦的文献中多有记载。如《诗经·小雅·正月》:"赫赫宗周,褒姒灭之。"《晋语一》:"周幽王伐有褒,褒人以褒姒女焉,褒姒有宠,生伯服,于是乎与虢石甫比,逐太子宜臼而立伯服。太子出奔申,申人、鄫人召西戎以伐周,周于是乎亡。"《吕氏春秋·疑似》:"幽王击鼓,诸侯之兵皆至,褒姒大说,喜之。幽王欲褒姒之笑也,因数击鼓,诸侯之兵数至而无寇。至于后戎寇真至,幽王击鼓,诸侯兵不至。幽王之身,乃死于丽山之下,为天下笑。"而《郑语》却记载:

> 且宣王之时有童谣曰:"檿弧箕服,实亡周国。"于是宣王闻之,有夫妇鬻是器者,王使执而戮之。府之小妾生女而非王子也,惧而弃之。此人也,收以奔褒。天之命此久矣,其又何可为乎?《训语》有之曰:"夏之衰也,褒人之神化为二龙,以同于王庭,而言曰:'余,褒之二君也。'夏后卜杀之与去之与止之,莫吉。卜请其漦而藏之,吉。乃布币焉而策告之,龙亡而漦在,椟而藏之,传郊之。"及殷、周,莫之发也。及厉王之末,发而观之,漦流于庭,不可除也。王使妇人不帏而噪之,化为玄

鼋，以入于王府。府之童妾未既龀而遭之，既笄而孕，当宣王时而生。不夫而育，故惧而弃之。为弧服者方戮在路，夫妇哀其夜号也，而取之以逸，逃于褒。褒人褒姁有狱，而以为入于王，王遂置之，而嬖是女也，使至于为后而生伯服。①

这段记载带有鲜明的神话色彩，与《诗经》《晋语》《吕氏春秋》很不同，而在《楚辞·天问》中却有"妖夫曳衒，何号于市？周幽谁诛，焉得夫褒姒？"的句子。所谓"妖夫曳衒，何号于市"就是鬻檿弧、箕服的夫妇。《天问》所载系楚地神话，与《郑语》非常一致。此外《汲冢琐语》中也有"楚矢箕服，是丧王国"②，这与《郑语》中记载的"檿弧箕服，实亡周国"的童谣也很相似。根据《郑语》所体现的这些特点，我们认为它最有可能是出自楚地的作品。

关于《郑语》的撰写时代问题，其中也有纠葛。杨伯峻曾指出："今《郑语》'芈姓夔、越，不足命也'，'闽芈蛮矣'，足以证明《郑语》作者看见楚威王伐越，杀王无疆，而越以此散（详《史记·越世家》）诸事。楚威王灭越，在公元前329年，则《郑语》作于这年以后。尤其是《郑语》又说：'曹姓邹、莒，皆在采卫。'《汉书·韦贤传》说：'韦贤，鲁国邹人也。其先韦孟家作谏诗曰："王赧听谮，实绝我邦。"'这么，邹国实在于王赧时被灭。……王赧即位于公元前314年，则《郑语》之作，又在此后。"③尹衡也认为："《国语》的具体成书年代已不能确考。书中有涉及到楚攻越、杀越王无疆的事，说明其中一些篇章当成于公元前335年之后。"④

尹先生所说的《国语》中涉及楚攻越、杀越王无疆的事，是针对《郑语》："芈姓夔越，不足命也"一句而言的。但"芈姓夔越"之"夔越"，是否就是指夔、越两个国家，应分读如"夔、越"？抑或"夔越"本就是一国，当连读成"夔越"？学界也有不同看法。如李零就认为："芈姓的夔越，有人认为应分读，是两个国家，从原文看，恐误。还有人认为此'越'就是吴、越之

---

① 《国语·郑语》，第519页。
② （清）马国翰辑：《玉函山房辑佚书·史编·杂史类》，第2456页。
③ 杨伯峻编著：《春秋左传注·前言》，第44页。
④ 尹衡：《〈国语〉漫谈》，《文史知识》1982年第4期。

越,更谬。夔越即夔,是楚国在西周夷王时别封的国家。"①

关于这个问题,在韦昭《国语解》中已有解释。《郑语》:"芈姓夔越,不足命也。"韦注曰:

> 夔越,芈姓之别国,楚熊绎六世孙曰熊挚,有恶疾,楚人废之,立其弟熊延。挚自弃于夔,其子孙有功,王命为夔子。②

韦昭似乎也认为"夔越"应当连读,并指明其就是指夔国。值得注意的是,韦昭在这段注释中开头提到"夔越",接着只是讲"夔子",既没有再称"夔越",也没有单独讲"越",而在《吴语》中他对"越"却又有如下注释:

> 句践,祝融之后、允常之子,芈姓也。《郑语》曰:"芈姓夔越。"《世本》亦云:"越,芈姓也。"③

这里又将"夔越"之"越"释为勾践之越。由此看来,韦昭对《郑语》《吴语》的注解存在着明显的矛盾。造成这种矛盾的原因可能有两种:一种是韦注《郑语》"夔越,芈姓之别国"一句本无"越"字,而后人于传抄、刊刻之际,随正文妄加(今《国语》宋明道本和公序本都有此"越"字)。另一种可能是韦注《郑语》有缺失,以至于造成了"夔越"的连读。

其实早于韦昭,东汉的王符在《潜夫论·志氏姓》中就已经说道:"芈姓之裔……或封于夔,或封于越。"《汉书·地理志》颜师古注引臣瓒的言论,"按《世本》,越为芈姓,与楚同祖,故《国语》曰:'芈姓夔、越',然则越非禹后明矣"。他们都认为只有"夔"和"越",没有所谓的"夔越",而这个"越"为芈姓,正是勾践之越。关于越之姓氏,史籍存有两说。一为韦昭、臣瓒所引的《世本》,认为越为芈姓,与楚同祖。二是《史记·越王句践世家》记载,

---

① 李零:《楚国族源、世系的文字学证明》,《李零自选集》,桂林:广西师范大学出版社,1998年,第218页。
② 《国语·郑语》,第514页。
③ 《国语·吴语》,第591页。

第九章 《国语》的成书和性质　191

认为越为夏后，姒姓。①司马迁撰《史记》曾参考过《世本》的内容，而在此处不用《世本》，当别有所据。

　　需要指出的是，"夔"、"越"虽为二国，但这个"越"也不必是勾践之"越"。细观《郑语》"芈姓夔越，不足命也。蛮芈蛮矣，唯荆实有昭德，若周衰，其必兴矣"一句中所列诸国，"夔"，据《左传·僖公二十六年》韦昭注及司马贞《索隐》引谯周《古史考》，楚君长子熊挚，因有恶疾，不得为后，其弟熊延得立，挚乃别居于夔，为楚附庸之国，后为楚所灭。"蛮芈"，韦昭注："谓叔熊在濮从蛮俗。"《史记·楚世家》记载楚君熊严死后，长子熊霜继位，在位六年，卒。熊霜三弟争位，楚国内乱。仲雪死，叔堪亡，避难于濮，少弟季徇得立。《郑语》也载："夫荆子熊严生子四人：伯霜、仲雪、叔熊、季紃。叔熊逃难于濮而蛮，季紃是立，薳氏将起之，祸又不克。"这个叔熊就是《楚世家》中的叔堪。②《郑语》所举芈姓之后，荆即楚，而夔、蛮芈均为楚之别封，越亦当不例外，说它是勾践之"越"，毫无根据。

　　那么这个"越"又是指哪里呢？清人汪远孙认为："夔、越之越即越章也。"③按《史记·楚世家》记载："熊渠生子三人。当周夷王之时，王室微，诸侯或不朝，相伐。熊渠甚得江汉间民和，乃兴兵伐庸、杨粤，至于鄂。熊渠曰：'我蛮夷也，不与中国之号谥。'乃立其长子康为句亶王，中子红为鄂王，少子执疵为越章王，皆在江上楚蛮之地。""杨粤"，按《索隐》有本作"杨雩"，谯周《古史考》亦作"杨越"④，"粤""雩""越"互通。越章王当是取杨粤而封，为楚之属国，也就是《郑语》中所说的"夔、越"之越。既然《郑语》中的"芈姓夔越，不足命也"之越不是勾践之越，那么，说《郑语》作者曾

---

① 《吴越春秋·越王无余外传》对此叙述更为详细："禹以下六世而得帝少康。少康恐禹祭之绝祀，乃封其庶子于越，号曰无余。"
② 熊、堪二字在文字学上的联系可看李零：《楚国族源、世系的文字学证明》，《李零自选集》，第226页。
③ （清）汪远孙：《国语发正》卷19，《国语校注本三种》，清道光二十六年振绮堂刻本。此外徐旭生也指出"越未知何在：韦昭以为就是越句践的越，并引《世本》'越芈姓'的说法，不过这种说法实太可疑……我们觉得这个越就是《楚世家》里面的越章，越下多一个字，也就像邾或称为邾娄，这种分别也是出于发音缓急，并非指两个不同的地点，如此说不误，它也就'在江上楚蛮之地'，就是今湖北境内的一个地方"（《中国古史的传说时代》，第64—66页）。蒙文通亦认为"'夔、越'之'越'，应即熊渠少子执疵受封之越章王国之省称，其封地即熊渠所取扬越之地"（蒙文通遗著：《越族古居"扬子江以南整个地区"辨》，《越史丛考》，北京：人民出版社，1983年，第8页）。
④ 司马贞《索隐》云："（杨粤）有本作'杨雩'，音吁，地名也。今音越。谯周亦作'杨越'。"

看见楚威王伐越、杀王无疆的说法也就很难成立了。

再从《郑语》行文来看，所列曹姓邹、莒①，芈姓夔、越、蛮芈等国，均指其国运衰微，再无兴旺的可能而言。《国语》《左传》均好作预言，或有言中者，或有未言中者，又不必全视为事后而发，而且邹、莒等国于春秋之际均为末等小国，言及其"必不兴焉"，自在情理当中。仅凭借这一句话，就认定《郑语》的作者亲见邹国灭亡，同样也是缺乏根据的。

诚如姚鼐所说："史伯所述，后世纪前代之辞，非同时辞也。"②《郑语》所载未必全是史伯当时的言论，当有后人的增益或模拟的成分。《郑语》的写作时间，自然不会早于西周之末，但也不迟至战国晚期。从《郑语》的内容来看，反映的是春秋时期周王室衰微，而齐、秦、晋、楚代为霸主的历史状况，可以说《郑语》的作者是目睹了这一历史变化过程的。特别是他提到"唯荆实有昭德，若周衰，其必兴矣"，预言楚国将代替周而兴盛。从整部《左传》来看，周王室的衰落和楚在南方的兴起以及给"诸夏"带来的威胁，确实是春秋历史上的重要势变。楚国的这种影响一直延续到战国时期，随着秦的渐强，才逐渐减弱。可以说，《郑语》的作者正是在这样的历史背景下，才做出了上述的判断。《郑语》如当真是较晚的作品，在替史伯拟言时大概更要多说些"唯秦实有昭德，若周衰，其必兴矣"之类的话了。另外，从《郑语》中所反映的一些思想方面的内容看，如五行、对立统一观念等也还处于一种朴素的状态，从思维发展的角度看，它们和战国时期的思想也是不同的。

关于郑的东迁，还有其他的故事。如《说苑》中就有二例：

> 郑桓公将欲袭郐，先问郐之辨智果敢之士，书其名姓，择郐之良臣而与之，为官爵之名而书之，因为设坛于门外而埋之，衅之以猳，若盟状。郐君以为内难也，尽杀其良臣。桓公因袭之，遂取郐。
>
> 郑桓公东会封于郑，暮舍于宋东之逆旅。逆旅之叟从外来，曰："客将焉之？"曰："会封于郑。"逆旅之叟曰："吾闻之，时难得而易失也，今客之寝安，殆非会封者也？"郑桓公闻之，援辔自驾，其仆接淅而载

---

① 关于莒国，在《左传》中多有记载，当为己姓，在今山东莒县，这里以莒为曹姓，或为《郑语》所误。
② （清）姚鼐：《惜抱轩诗文集》卷5《辨郑语》，四部丛刊初编本。

之，行十日夜而至。釐何与之争封，以郑桓公之贤，微逆旅之叟，几不会封也。[①]

第一个故事，专讲权谋诈术，完全一派战国纵横家的风格。第二个故事，同《史记》中记载姜太公就封之事，颇为雷同。《齐太公世家》：

> 于是武王已平商而王天下，封师尚父于齐营丘。东就国，道宿行迟。逆旅之人曰："吾闻时难得而易失。客寝甚安，殆非就国者也。"太公闻之，夜衣而行，犁（黎）明至国。莱侯来伐，与之争营丘。营丘边莱。莱人，夷也，会纣之乱而周初定，未能集远方，是以与太公争国。[②]

两段记述，除去人物有所不同外，情节大体一致，一看便知是从一个故事模子中演化而来。《说苑》中的这些记载，应该也曾为司马迁所见，但他在《郑世家》还用了《郑语》的内容，也说明他认为《郑语》的记载更为可靠一些。

六、《吴语》《越语》辨析

与其他各"语"相比，《吴语》《越语上》《越语下》三篇在《国语》中则显示出更多的差异。前人们对这三篇有着不同的评价，褒奖者如朱熹："然《国语》使人厌看，如齐楚吴越诸处又精彩。"[③] 如陶望龄："如其妙理玮辞，骤读之而心惊，潜玩之而味永，还须以《越语》压卷。"[④] 贬低者，如崔述："吴、越多恣旅。"[⑤] 柳宗元说得更为具体："吴、越之事无他焉，举一国足以尽之，而反分为二篇，务以相乘，凡其繁芜曼衍者甚众，背理去道，以务富其语。"[⑥] 因为《吴语》《越语上》《越语下》三篇均记述越王勾践灭吴经过，在记事上有

[①]《说苑·权谋》，（汉）刘向撰，向宗鲁校证：《说苑校证》，北京：中华书局，1987年，第340—341页。
[②]《史记》卷32《齐太公世家》，第1480页。
[③]（宋）黎靖德编，王星贤点校：《朱子语类》卷83，第2147页。
[④]（清）朱彝尊撰，中华书局编辑部编：《经义考》卷209，第1072页。
[⑤]（清）崔述撰著，顾颉刚编订：《崔东壁遗书·洙泗考信余录》，第395页。
[⑥]（唐）柳宗元：《非国语下》，《柳宗元集》，第4册，第1328页。

所重合，所以柳子厚要非其为"务以相乘"了。其实《国语》重记一事之处颇多，不唯吴越三"语"，《周语》《鲁语》《晋语》都有此类情况出现。《国语》的特点重在记言，于记事之连贯、精炼似非其所专注，即便记一事有所重出，其中相关的言辞也均有差异，并不是简单的重复，吴越三"语"在记事上的重复实不足为怪。

三"语"同记一事，其中也有相似的语句，如《吴语》：

越王曰："昔天以越赐吴，而吴不受；今天以吴赐越，孤敢不听天之命，而听君之令乎？"①

《越语上》：

句践对曰："昔天以越予吴，而吴不受命；今天以吴予越，越可以无听天之命，而听君之令乎！"②

《越语下》：

范蠡乃左提鼓，右援枹，以应使者，曰："昔者上天降祸于越，委制于吴，而吴不受。今将反此义以报此祸，吾王敢无听天之命，而听君王之命乎？"③

可见三"语"大概都根据相同或相近的材料，但无论从它们各自所记录的史实、言辞，抑或从所用文体以及思想倾向来看，都不尽相同，应该是三篇各自独立的文献。因为它们都涉及勾践灭吴之事，所以被《国语》的编者收录进来。越王勾践灭吴是春秋末期的一件大事，常为战国时人所称道。如《中山鼎铭》就曾有云："昔者吴人并越，越人修教备信，五年覆吴，克并之。至于今，尔毋大而肆，毋富而骄，毋众而嚣。……呜呼，念之哉！"中山为远在

---

① 《国语·吴语》，第627页。
② 《国语·越语上》，第638—639页。
③ 《国语·越语下》，第657页。

北方千里之外的戎狄之国，百余年后尚能铸此于鼎，引为鉴戒，可见其影响之深远，由此也就不难理解《国语》的编者为何要将这三篇文献收入《国语》了。

《吴语》在三"语"当中篇幅最长（4952字），《越语上》篇幅最小（1297字），相差近四倍，而《吴语》所记又多为越事，因此也有人怀疑《吴语》里有些内容原本应是《越语上》的，后来窜入到《吴语》当中去了。今本《国语》中的《吴语》《越语上》两篇到底关系如何？现依上海古籍出版社点校本所分《吴语》章节并列其字数如下，以作考察：

（1）越王句践命诸稽郢行成于吴　　　　458字
（2）吴王夫差与越荒成不盟　　　　　　283字
（3）夫差伐齐不听申胥之谏　　　　　　448字
（4）夫差胜于艾陵使奚斯释言于齐　　　73字
（5）申胥自杀　　　　　　　　　　　324字
（6）吴晋争长未成句践袭吴　　　　　　472字
（7）吴欲与晋战得为盟主　　　　　　　752字
（8）夫差退于黄池使王孙苟告于周　　　310字
（9）句践灭吴夫差自杀　　　　　　　1832字

在此九章中，章（1）记载勾践、文种对话及诸稽郢行成言辞。章（9）则又可细分为文种唱谋伐吴→楚申包胥问战→五大夫问战→勾践辞夫人及大夫→勾践徇军→越败吴，夫差自杀六事。两章所记均以越事为主，而又约占《吴语》篇幅之半（46%）。如此看来，确有《越语上》的内容窜入《吴语》的可能。[①] 但只要对二"语"进行仔细比对，不难发现，这种怀疑亦不能成立。《吴语》所记虽于越事多有涉及，但通篇主题明显，首尾连贯，读之未给人以颠倒错乱之感。而《越语上》更是如此，点校本于此篇当中未再做细的章节划分就是最好的说明。就用词而言，如张以仁指出，《吴语》记越事的部分"但仍称'吴王''越王'，或'吴王夫差''越王勾践'，不像《越语上》直斥'夫差''勾践'之名，而与《吴语》他篇同"[②]。这种用词上的差别，不像是能够出现在同一篇文献中的；从吴越三"语"反映的思想来看，《吴语》

---

① 张以仁：《从〈国语〉与〈左传〉本质上的差异试论后人对〈国语〉的批评》，《春秋史论集》，第172页。
② 张以仁：《从〈国语〉与〈左传〉本质上的差异试论后人对〈国语〉的批评》，《春秋史论集》，第170页。

似乎同《越语下》相近，而与《越语上》又不同。要之，这种怀疑囿于《国语》为国别体之观念，以国别强分吴越之事。吴越三"语"都以勾践灭吴为中心，专记一事，与《周语》《鲁语》《楚语》诸语成编不同，如前文所指出的它们在形式上为纪事本末，是《国语》中的"变体"。勾践灭吴，吴越之事本杂糅其中，是不应亦不能以国别而割裂的。

三"语"同《左传》的关系尤其值得关注。"夫子作《春秋》而略吴越"[①]，作为以事解经的《左传》，对吴越之事的记载也颇为简略。关于吴越战争起初几年还比较详细，而到了勾践灭吴这一段，就不及《国语》丰富了。这不是《左传》有意简略吴越的成分，而是《左传》于哀公之时，记事都趋于简略，这说明《左传》的成书当距此不远，写当代的历史所能采取的材料有限。这时三"语"应该尚未写成或未能被其所见。从叙述勾践灭吴的经过来看，《左传》与《吴语》最像，但仔细比较不难发现，它们在文字上却无相通、相似之处，特别是对一些重要史实的叙述，如黄池之会，《左传》记载是晋人先盟，《吴语》则记载是吴人先盟，两者所记恰好相反。一般来说，《左传》最擅长战争描写，如"鞌之战""鄢陵之战"等都成为千古传诵的名篇。而《吴语》却详细描写了吴军清晨列阵、压迫晋军营垒的场面，这种战争描写在《国语》里仅此一见，《左传》对此却语焉不详。这些都说明《左传》的作者未能见到《吴语》。

谭家健曾认为《左传》的作者见过《越语》，认为"《左传》哀公二十二年记'越灭吴，请使吴王居甬东'，即参考了《越语》'吾请达王甬勾东'。《越语下》'居军三年，吴师自溃'与《左传》哀公二十年越围吴，二十二年灭吴，时间正符"[②]。我们认为这些相似之处，都属于一些基本史实的叙述，从中并不能够看到文本之间的关系。《越语》的多数内容未见于《左传》，《越语下》专记范蠡言论，而《左传》中连他的姓名都未提，所以不能说《左传》的作者是见过《越语》的。

就三"语"作者（们）的旨趣而言，也有别于《左传》和《国语》的其他篇章。众所周知，先秦的儒者是好言《诗》《书》的，这种喜好也反映在他

---

① 《越绝书·越绝外传本事》，四部丛刊初编本。
② 谭家健：《关于〈国语〉的成书时代和作者问题》，《河北师院学报（哲学社会科学版）》1985年第2期。

们的作品里。如《左传》中就大量存在这样的例子，《国语》也是如此。据学者卜德统计，《国语》共引《书》十二次，引《诗》二十六次。[①]不过它们只见于《周语》《鲁语》《郑语》《楚语》四"语"中，在《吴语》《越语》中却找不到这样的例子。这里不妨借用《左传》和《吴语》同记吴臣伍子胥的一段言论为例，考察这种差异。《吴语》：

> 申胥进谏曰："……王其盍亦鉴于人，无鉴于水。昔楚灵王不君，其臣箴谏以不入。乃筑台于章华之上，阙为石郭，陂汉，以象帝舜。罢弊楚国，以间陈、蔡。不修方城之内，逾诸夏而图东国，三岁于沮、汾以服吴、越。其民不忍饥劳之殃，三军叛王于乾溪。王亲独行，屏营彷徨于山林之中，三日乃见其涓人畴。王呼之曰：'余不食三日矣。'畴趋而进，王枕其股以寝于地。王寐，畴枕王以墣而去之。王觉而无见也，乃匍匐将入于棘闱，棘闱不纳，乃入芊尹申亥氏焉。王缢，申亥负王以归，而土埋之其室。此志也，岂遽忘于诸侯之耳乎？"[②]

《左传·哀公十一年》：

> 吴将伐齐，越子率其众以朝焉，王及列士皆有馈赂。吴人皆喜，唯子胥惧，曰："是豢吴也夫！"谏曰："越在我，心腹之疾也，壤地同，而有欲于我。夫其柔服，求济其欲也，不如早从事焉。得志于齐，犹获石田也，无所用之。越不为沼，吴其泯矣。使医除疾，而曰'必遗类焉'者，未之有也。《盘庚之诰》曰'其有颠越不共，则劓殄无遗育，无俾易种于兹邑'，是商所以兴也。今君易之，将以求大，不亦难乎！"[③]

《左传》记载伍子胥劝夫差不要伐齐的谏言所引乃是《尚书·盘庚》中的话，而在《吴语》里所引的则是"故志"一类的史书。这可以说明《吴语》的作者同《左传》的作者在旨趣上的不同。当然吴越文化有其自身的特点，受中

---

① 卜德：《〈左传〉与〈国语〉》，《燕京学报》1934年第16期。
② 《国语·吴语》，第597—598页。
③ 杨伯峻编著：《春秋左传注》，第1664页。

原文化的影响不深，同西面的楚也不尽相同，因此出现了了解中原礼乐的季札，为《左传》大肆吹捧。这可能是原因之一，不过也不能说《吴语》《越语》的作者（们）就没有接触过《诗》《书》，如《吴语》中"王其盍亦鉴于人，无鉴于水"显然是出自《酒诰》的"无于水监，当于民监"；"今王播弃黎老，而近孩童焉比谋"一句又与《泰誓》"播弃黎老，昵比罪人"及《伊训》"远耆德，比顽童"相似。另外《越语下》："先人有言曰：'伐柯者其则不远。'"这显然是出自《诗经·豳风·伐柯》中"伐柯伐柯，其则不远"一句。可见《吴语》《越语》的作者（们）对《诗》《书》也有所接触，但他们似乎并不想表现出喜言《诗》《书》的样子来，只是遮遮掩掩地引用。

以上只是就《吴语》和《越语下》写作的形式和偏好所做的讨论，而它们通篇反映出的思想基调，也不是儒家的。柳宗元说它们"背理去道"，正是针对这点而发的。贺涛在《松坡集·读国语》中有论：

> 《吴语》以越事为主，又详及大夫种之谋而不及范蠡，越之上篇亦如之，下篇则专言范蠡而不及大夫种，皆非史法，而近于晚周诸子之所为，疑后人取种、蠡书附之《国语》。①

贺氏此说，确为卓见。受汉儒《春秋》内外传之说的影响，有关《国语》的论述，大多斤斤于同《左传》的纠葛上，贺氏独以《吴语》《越语》皆非史法，而近于晚周诸子之所为，实属别开生面的论述。钱穆在《先秦诸子系年》中又引申此意：

> 《吴（语）》《越语》疑本当时范蠡、大夫种书。《汉志》兵权谋有《范蠡》二篇，《大夫种》二篇，今《吴语》及《越语上》篇盖采《大夫种》，而《越语下》则采《范蠡》也。②

《吴语》《越语上》是否是采自《大夫种》一书，颇可怀疑。《汉书·艺文志》

---

① 钱穆：《先秦诸子系年》引，第524页。
② 钱穆：《先秦诸子系年》，第524页。

"右兵权谋"十三家中有"大夫种"二篇,注曰:"与范蠡俱事句践。"此书于《隋志》中无记载,唐以前或已亡佚。有关文种言行现只散见于《左传》《国语》《史记》《越绝书》《吴越春秋》等书中。《越绝书·内经九术》记大夫种"伐吴九术",《史记·越王句践世家》也提及"伐吴七术",这"伐吴九术"或"伐吴七术"恐怕就是大夫种的兵法。至于《吴语》《越语上》虽于用兵、权谋之术有所涉及,但主要还是以记述史事为主,并不属兵书一类。

《吴语》的语句,也曾被其他文献所引用。如《韩非子·十过》"张孟谈曰:'臣闻之,亡弗能存,危弗能安,则无为贵智矣'"。即出自《吴语》:"王孙雒进,顾揖诸大夫曰:'危事不可以为安,死事不可以为生,则无为贵智矣。'"由此可推测,《吴语》的完成似当在《韩非子》之前。

至于《越语下》,与《吴语》又不同。它通篇记述范蠡言语,内容均为"持盈""定倾""节事""时守""阴阳""刚柔"等道家理论,又多排体韵文,在《国语》全书中最显独特。因此,前人对《越语下》多存置疑,柳宗元虽以《国语》为左丘明所作,但对《越语下》却评论"《越》之下卷尤奇峻,而其事多杂,盖非出于左氏"。宋人叶适《习学记言》内有《国语》一卷,于它语均有论述,唯不及《越语》。更有甚者,《隋志》载晋五经博士孔晁注《国语》二十卷。二十卷之数,本是注者析简并篇所为,董增龄却抱着儒家正统的偏见,说什么"孔晁本二十卷,则第二十一卷孔博士已不信其《国语》真文矣"[①],将《越语下》排斥于《国语》之外。而《新唐志》中明明记有孔晁解二十一卷,董氏对此却视而不见。《隋书·经籍志》《旧唐书·经籍志》《新唐书·艺文志》都记载王肃注《国语章句》二十二卷,真不知董增龄对此二十二卷之数,又当作何解释。

《汉志·艺文志》"右兵权谋"载:"《范蠡》二篇,越王句践臣也。"所谓"权谋"者,"以正守国,以奇用兵,先计而后战,兼形势,包阴阳,用技巧者也"。用今天的话来说就是"战略谋划",而《越语下》之道家言又多涉及用兵,颇合兵权谋之意,故《范蠡》二篇应与《越语下》关系密切。

《范蠡》不见于《隋志》记载,或亡佚。《隋志》于"五行类"记有:

---

① (清)董增龄撰:《国语正义》序,第6页。

梁有《杂式占》五卷,《式经杂要》《决式立成》各九卷,《式王历》《伍子胥式经章句》《起射覆式》《越相范蠡玉笥式》,各二卷,亡。①

梁之《越相范蠡玉笥式》与《汉志》兵权谋之《范蠡》卷数正合,但不知是否为一书。

唐人注疏中又曾提及《范蠡兵法》一书,凡三见。《汉书·甘延寿传》注:

> 张晏曰:"《范蠡兵法》:'飞石重十二斤,为机发,行二百步。'"②

《左传·桓公五年》孔颖达疏:

> 贾逵以㧻为发石,一曰飞石,引《范蠡兵法》作飞石之事以证之。③

潘安仁《文选·闲居赋》李善注:

> 《范蠡兵法》:飞石重二十斤,为机发,行三百步。④

三书中均言"飞石"一事,与权谋之事无关,当属于"兵技巧"一类。"飞石",即以抛石机发射石块。抛石机于先秦著作中未见记载,《左传》中虽有"亲受矢、石"之语⑤,但此石是守城所用之石。《墨子·备城门》一篇专述守城之法,其中有云:

> 城上九尺一弩、一戟、一椎、一斧、一艾,皆积参石、蒺藜……二步积石,石重千钧以上者,五百枚。毋百,以亢疾犁、壁,皆可善方。⑥

---

① 《隋书》卷34《经籍志》,第1032页。
② 《汉书》卷70《傅常郑甘陈段传》,第3007页。
③ (清)阮元校刻:《十三经注疏》,第1748页。
④ (梁)萧统编,(唐)李善注:《文选》卷16,北京:中华书局,1977年,第226页。
⑤ 《左传·襄公十年》:"五月庚寅,荀偃、士匄帅卒攻偪阳,亲受矢、石,甲午,灭之。"(杨伯峻编著:《春秋左传注》,第976页。)
⑥ (清)孙诒让撰,孙启治点校:《墨子间诂》,第505—515页。

参石即垒石，守城时由城上推下以拒敌兵，并非以机械抛射。投石之事又见《史记·白起王翦列传》记载：

> 王翦果代李信击荆。荆闻王翦益军而来，乃悉国中兵以拒秦。王翦至，坚壁而守之，不肯战。荆兵数出挑战，终不出。王翦日休士洗沐，而善饮食抚循之，亲与士卒同食。久之，王翦使人问军中戏乎？对曰："方投石超距。"于是王翦曰："士卒可用矣。"①

此处投石也非用机械发射，而是手掷或用投石带投掷。投石带广泛运用于古代各国（埃及、希腊、罗马等国）的军队。古希腊、罗马军队中即有专门的投石兵编制，于秦军编制内恐也有与之相似者。《左传·桓公五年》记"旝动而鼓"，贾逵以"旝""为发石，一曰飞石"。许慎师从贾逵，亦采贾说，《说文》云："'旝'，建大木置石其上，发以机，以追敌也。""旝"字本当作指挥用的军旗讲，贾、许之误，孔颖达《春秋左传正义》中辨之甚详。春秋时期投石机恐尚未出现，《新唐书·李密列传》虽记有"造云旝三百具，以机发石，为攻城械，号'将军炮'"，但"云旝"之名恐后人因贾、许之误说，取以为名。我国古籍中关于投石机的最早战例见于官渡之战，《三国志·魏书》载："绍为高橹，起土山，射营中，营中皆蒙楯，众大惧。太祖乃为发石车，击绍楼，皆破，绍众号曰霹雳车。"由此并参之《说文》记载，则投石机在我国出现当在汉代。投石机最早产生于古希腊，于伯罗奔尼撒战争（公元前431—公元前404年）期间第一次出现于锡腊库扎，则以机发石之法未尝没有由外域传来之可能性。由此看来，《范蠡兵法》实为较晚之作品，并非《范蠡》一书。

在唐宋著作中又记载有《范子计然》一书。马总《意林》卷一：

> 《范子》十二卷，注云：并是阴阳历数也。②

---

① 《史记》卷73《白起王翦列传》，第2341页。
② （唐）马总：《意林》卷1，《笔记小说大观》第1册，扬州：江苏广陵古籍刻印社，1983年，第181页。

《旧唐书·经籍志下》"五行类"：

《范子问计然》十五卷，范蠡问，计然答。①

《新唐书·艺文志三》"农家类"：

《范子计然》十五卷，范蠡问，计然答。②

马总《意林》为增损梁庾仲容《子钞》而成。③《范子计然》亦见引于裴骃《史记集解》及《齐民要术》卷三，可见于南朝时就有流传，而《隋志》未载入。此书内容于南朝、唐宋人所作注疏、类书中多有引用，或称《范子计然》，或称《范子》，均言农种、物产、阴阳之事，似与《汉志》兵权谋《范蠡》不类。但注疏中所引，又偏于零散、破碎，从现存佚文中恐已难窥其全貌。宋高似孙《子略》评此书云："此编卷十有二，往往极阴阳之变，穷历数之微。其言之妙者，有曰：'圣人之变如水随形。'蠡之所以俟时而动，见几而作者，其亦有得乎此？"则与《越语下》之思想颇合。白居易《六帖》引《范子》："争者，事之末也。"此句系出自《越语下》：

范蠡进谏曰："夫勇者，逆德也；兵者，凶器也；争者，事之末也。"④

则《范子》与《越语下》《范蠡》又非全无关系，可能为后人托范蠡、计然之名而作的一部农书，而其中内容又有抄撮捃摭《越语下》《范蠡》之处。

《越语下》中多言道家，早已为学者所论及。但其与道家学派的关系究竟如何，直到马王堆帛书出土后，方才显明。1973 年，长沙马王堆三号汉墓出土了大量帛书，其中《老子》乙本卷前，有《经法》《十大经》《称》《道原》

---

① 《旧唐书》卷 47《经籍志下》，北京：中华书局，1975 年，第 2043 页。
② 《新唐书》卷 59《艺文志三》，北京：中华书局，1975 年，第 1537 页。
③ 高似孙《子略》称："仲容《子钞》，每家或取数句，或一二百言。马总《意林》一遵庾目，多者十余句，少者一二言，比《子钞》更为取之严，录之精。"
④ 《国语·越语下》，第 643 页。

四篇古佚书。帛书中文字与思想多有与《越语下》相通之处，为《越语下》产生之时代、地域及学派归属提供了不可多得的依据。

据唐兰考证，《老子》乙本卷前古佚书成书当不晚于战国中期。其中《经法》《十大经》《称》三篇文字多有与《越语下》相通之处，而内容多涉及根本思想，《越语下》当属于道家黄老一派的作品无疑。兹引唐兰先生《〈老子〉乙本卷前古佚书引文表》中关于《越语下》部分，见表1[①]：

表1　《经法》《十大经》《称》三篇中与《越语下》相通之处

《经法》	《越语下》
毋阳窃，毋阴窃，毋土敝，毋故轶，毋党别。阳窃者天夺其光，阴窃者土地荒，土敝者天加以兵，人轶者流之四方，党别者内相功。阳窃者疾，阴窃者饥，土敝者亡地，人轶者其民□，党别者乱。此谓五逆。（《国次》） 夫是故使民毋人轶，举事毋阳察，力地毋阴敝。阴敝者土荒，阳察者夺光，人轶者扰兵。（《十大经·观》）	后无阴敝，先无阳察，用人无艺，往从其所。
知王述者驱骋驰猎而不禽荒……不知王述者驱骋驰猎则禽荒。（《大分》）	出则禽荒。……

《十大经》	《越语下》
天地已成，而民生逆顺无纪，德虐无刑（形），静作无时，莫□其命名。……因以为常。（《观》） 静作相养，德虐相成。（《十大经·果童》）	德虐之行，因以为常。
是故为人主者，时適三乐，毋乱民功，毋逆天时。然则五谷溜熟，民乃蕃滋。君臣上下，交得其志，天因而成之。夫并时以养民功，先德后刑，顺于天。（《观》）	时节三乐，不乱民功，不逆天时。五谷睦熟，民乃蕃滋。君臣上下，交得其志。
圣人不巧，时反是守。（《观》）	上帝不考，时反是守。
天道环，于人反为之客。争作得时，天地与之。争不衰，时静不静，国家不定，可作不作。天稽环周，人反为之客。（《姓争》）	天时不作，反为之客。

[①] 唐兰：《马王堆出土〈老子〉乙本卷前古佚书的研究——兼论其与汉初儒法斗争的关系》，《考古学报》1975年第1期，第7—36页。

续表

《十大经》	《越语下》
居则无法，动作爽名，是以僇受其刑。(《姓争》)	其事是以不成，杂受其刑。
□□□之，天地刑之，圣人因而成之。(《兵容》)	人自生之，天地刑之，圣人因而成之。
□□弗受，反隋以央。(《兵容》)	得时不成，反受其殃。天予不取，反为之灾。
逆节萌生，其谁肯当之。(《行守》)	逆节盟生。
不广其众。(《顺道》)	无旷其众，以为乱梯。
若此者战胜不报，取地不反。战胜于外，福生于内。用力甚少，名声章明，顺之至也。(《顺道》)	是故战胜而不报，取地而不反。兵胜于外，福生于内。用力甚少而名声章明。
《称》	《越语下》
取予不当，流之死亡。天有环刑，反受其央。	得时不成，反受其殃。失德灭名，流走死亡。得时不成，天有环形。
毋失天极，厩数而止。	毋过天极，究数而止。
赢绌变化，后将反苞。	赢绌变化，后将悔之。

　　唐兰认为《越语下》的内容当引自古佚书，其成书当在战国晚期。这个论点却难为多数学者所赞同，如李学勤就曾指出："《越语下》范蠡的话是回答越王勾践的，有所实指，而类似的语句到了《黄帝书》中就成了普遍的命题，说明这只能是《黄帝书》因袭《越语》，把具体的言论普遍化了，而不会是相反。"① 这种意见，更加确切。《越语下》早于《黄帝四经》，应是战国前期的作品，和范蠡的时代相接近。范蠡为早期道家人物，与勾践深谋20余年，灭吴后虽不知所踪，但在越必定存在很大影响，从而使其思想也得以在越地流传。《越语下》或为范蠡本人言论的集录，或为后人假借范蠡之名的著作，总之反映的是道家早期的思想。

---

① 李学勤：《范蠡思想与帛书〈黄帝书〉》，《简帛佚籍与学术史》，南昌：江西教育出版社，2001年。

七、《周语》《鲁语》《晋语》《楚语》辨析

总的来说，《周语》《鲁语》《晋语》《楚语》四语的结构组成多有相似之处，大约每卷都由若干对话章节组成，章节大体按照时序排列，不必尽有逻辑上的联系，彼此之间亦可相互独立。具体到每一语中，也各有特色。从内容上看，以《晋语》《周语》最为丰富，而《鲁语》《楚语》内容较少。从编排上看，《周语》《晋语》比较连贯，叙事多有主题，《鲁语》《楚语》则较为零散。

《周语》分上、中、下三卷，约 13 390 字，记事始于穆王征伐犬戎，止于周定王（后定王）时期。其中记事多附以年代记载，如《周语上》："三十九年，战于千亩，王师败绩于姜氏之戎。""三十二年春，宣王伐鲁，立孝公。""幽王二年，西周三川皆震。""惠王三年，边伯、石速、蒍国出王而立子颓。""十五年，有神降于莘。""十九年，晋取虢。""襄王三年而立晋侯，八年而陨于韩，十六年而晋人杀怀公。""襄王十六年，立晋文公。二十一年，以诸侯朝王于衡雍，且献楚捷，遂为践土之盟，于是乎始霸。"《周语中》："襄王十三年，郑人伐滑。""二十四年，秦师将袭郑，过周北门。""六年，单子如楚。八年，陈侯杀于夏氏。九年，楚子入陈。""十六年，鲁宣公卒。赴者未及，东门氏来告乱，子家奔齐。简王十一年，鲁叔孙宣伯亦奔齐，成公未殁二年。"《周语下》："灵王二十二年，谷、洛斗，将毁王宫。""二十三年，王将铸无射，而为之大林。""敬王十年，刘文公与苌弘欲城周，为之告晋。"这些记载都以周王为纪年，说明《周语》当是出自周人的记载。

《周语上》的部分记述早于春秋，为西周后期历史，如周穆王伐犬戎，周恭王灭密，国人暴动，周宣王不籍千亩，周宣王立戏伐鲁，周幽王时西周三川地震等。我国早期关于西周历史的文献记载，较为有限，除去青铜器上的铭文外，就只剩《尚书》《诗经》等少数几部文献可供参考。而《尚书》关于西周的部分多集中在周初，《诗经》又全为诗歌，局限性较大。所以《周语上》关于西周中后期历史的记载，虽不算丰富，史料价值却高。

从文字上看，《周语》的词句显得比较古奥，颇有《尚书》的遗风，而其

间的语言议论多"事必稽典型，言必主恭敬"①，词语有时显得过分繁杂。叶适就曾指出："周人之论，尚德尊旧，薄功厚本，严报应，崇鬼神，至东迁后风流不改；然坐视俗坏道沦，亦不能反也。《周语》所记虽皆古意，极有不通于世者。如叔向、子产、晏子乃无此病，然与时降升，先民之所存者鲜矣。"②这番评论讲出了《周语》的特点。如果同《左传》记载的一些贤士大夫们的言论相比较的话，《周语》确有许多"极有不通于世者"的地方。这一方面可能跟周"至东迁后风流不改"的文化传承有关，另一方面也说明《周语》的一些篇章可能产生较早，语言上尚保留着一些古朴的意味。

从内容上看，三卷《周语》大约是存在着一个主题的，即表现周王室的衰落。以《周语上》所述西周史事为例，开篇第一章，讲的便是周穆王征犬戎。西周的灭亡，缘于西戎，而寻其缘由，则可追溯到周宣王那里。穆王不听祭公谋父之谏，征伐犬戎，"自是荒服者不至"，《周语》以此为开端，即点出了西周灭亡的远因。在此之后，便着力叙述周厉王的暴虐，国人谤王，"王怒，得卫巫，使监谤者，以告，则杀之。国人莫敢言，道路以目"，又任荣夷公为卿士，"诸侯不享"，厉王终被国人流于彘。再接着是周宣王继位，"不籍千亩"，抛弃了古老的农业制度，导致"战于千亩，王师败绩于姜氏之戎"。宣王立鲁武公少子戏为太子，破坏周室的宗法制度，鲁人不服，杀懿公戏而立伯御，导致周宣王伐鲁，立孝公，"诸侯从是而不睦"。及丧南国之师，而又料民于太原，"害于政而妨于后嗣"，"及幽王乃废灭"。再接着，叙述周幽王二年（公元前780年），西周三川皆震。伯阳父论周之将亡，"十一年，幽王乃灭，周乃东迁"。这些内容，绝非零散的拼凑，而是围绕着周德衰落这一主线，更像是一部西周的衰亡史。

《周语》其余部分，记述了王子颓之乱、王子带之乱，又记述灵王二十二年（公元前550年），谷、洛斗，将毁王宫，灵王不听太子晋的劝告，壅谷水。"及景王多宠人，乱于是乎始生。景王崩，王室大乱。及定王，王室遂卑。"周景王二十一年（公元前524年），铸大钱；二十三年（公元前549年），铸无射钟。通过这些记述说出了王室式微的原因和过程。特别是在《周语下》

---

① 黄震语，（清）朱彝尊撰，中华书局编辑部编：《经义考》卷209，第1071页。
②（宋）叶适：《习学记言序目》，第166页。

的最末一章，记述刘文公与苌弘想借助晋国的力量为成周筑城时，卫彪傒所发的一番评论：

> 今苌、刘欲支天之所坏，不亦难乎？自幽王而天夺之明，使迷乱弃德，而即慆淫，以亡其百姓，其坏之也久矣。而又将补之，殆不可矣！水火之所犯，犹不可救，而况天乎？谚曰："从善如登，从恶如崩。"昔孔甲乱夏，四世而陨；玄王勤商，十有四世而兴。帝甲乱之，七世而陨。后稷勤周，十有五世而兴；幽王乱之，十有四世矣。守府之谓多，胡可兴也？夫周，高山、广川、大薮也，故能生是良材，而幽王荡以为魁陵、粪土、沟渎，其有悛乎？①

卫彪傒的言论，多少可以看作是对《周语》内容的总结。朱熹曾评价《国语》，说它"委靡繁絮，真衰世之文耳。是时语言议论如此，宜乎周之不能振起也"②。这种评价，应该就是对《周语》而发的。其实除去文章上的一些"委靡繁絮"外，《周语》在内容的编排选择上，似乎也是有意要说明"周之不能振起"的。

《周语》中、下两卷中多记载关于单姓诸公（单襄公、单靖公、单穆公）的言行。以上海古籍出版社点校本划分章次为据，《周语》中、下两卷共十九章，其中关涉单氏者就有九章，约占据了一半的篇幅。关于单氏，《姓纂》云："周成王封少子于单邑，为甸内侯，因氏焉。襄公、穆公、靖公，二十余代为周卿士。"罗泌《路史》以为成王封幼子臻于单。2003年1月19日陕西宝鸡眉县杨家村出土大批窖藏单氏家族青铜器，其中逨盘铭文有云："不（丕）显朕皇高且（祖）单公，趚趚克明悊（哲）厥德，夹𧖟（诏）文王、武王，达殷，膺受天鲁令（命），匍有四方，并宅，厥堇（勤）疆土，用配上帝。"③可证单公在周文王时已封于单，而单应在眉县杨家村附近，后人或说单在孟津，当是东迁后的单。入东周后，单氏渐为大族，见于《左传》记载者就有

---

① 《国语·周语下》，第145页。
② （清）朱彝尊撰，中华书局编辑部编：《经义考》卷209，第1071页。
③ 刘怀君、辛怡华、刘栋：《逨盘铭文试释》，《文物》2003年第6期。

伯二人、公八人①，郑樵《通志·氏族略》谓其"二十余代为周卿士"，可谓权倾一朝。《周语》对于单氏的记载，大有吹捧、溢美之意，这说明它们很可能与单氏家族有关。如晋厉公被弑后，晋国遣使适周，迎立晋襄公的曾孙孙周为晋君，是为晋悼公。孙周在归国前，只是单襄公的一名家臣。对于这段历史，《左传》和《晋语》都闭口不谈，而《周语下》却有记载，一方面说孙周"事单襄公，立无跛，视无还，听无耸，言无远……"另一方面又记单襄公临死前嘱咐其子单顷公，说什么"必善晋周，将得晋国"等，真是大书特书了。又如《周语下》记载叔向聘于周，单靖公之老送叔向，叔向告之曰："异哉！吾闻之曰：'一姓不再兴。'今周其兴乎！其有单子也……居俭动敬，德让事咨，而能避怨，以为卿佐，其有不兴乎！……单子俭敬让咨，以应成德。单若不兴，子孙必蕃，后世不忘……单子朝夕不忘成王之德，可谓不忝前哲矣。膺保明德，以佐王室，可谓广裕民人矣。若能类善物，以混厚民人者，必有章誉蕃育之祚，则单子必当之矣。单若有阙，必兹君之子孙实续之，不出于他矣。"②主宾相送，说一些客套话本不为过，但叔向为此发数百言之宏论，如"一姓不再兴，今周其兴乎！其有单子也"，这样肉麻的吹捧，叔向大概是不会说的，而是单氏家史有意的溢美之词吧。

考察春秋时期周王室卿族，初期为郑、虢的国君，其后郑强独立，虢为晋所灭，则多以王族为卿士，如周公、王子虎、王孙苏、召伯、毛伯等。至周灵王九年，"王叔陈生与伯舆争政，王右伯舆。王叔陈生怒而出奔"。"晋侯使士匄平王室……单靖公为卿士以相王室。"③此后的王子朝之乱，更是依靠单、刘二氏平定，自此周政尽归于单、刘二氏之手。④《左传·昭公二十六年》记载王子朝之言曰："单旗、刘狄剥乱天下，壹行不若，谓'先王何常之有，唯余心所命，其谁敢讨之'，帅群不吊之人，以行乱于王室……单、刘赞私

---

① 二伯即：单伯（鲁庄公时，见《左传》庄公元年、三年、十四年）、单伯（鲁文公时，见《左传》文公十四年、十五年）。八公即：单襄公（见《左传》成公元年、二年、十一年、十六年、十七年）、单顷公（见《左传》襄公三年）、单靖公（见《左传》襄公十年、十五年）、单献公（见《左传》昭公七年）、单成公（见《左传》昭公十一年）、单穆公（见《左传》昭公二十二年、二十三年、二十六年）、单武公（见《左传》定公七年、八年）、单平公（见《左传》哀公十三年、十六年）。（参见刘正：《金文氏族研究：殷周时代社会、历史和礼制视野中的氏族问题》，北京：中华书局，2002年，第78—79页）

② 《国语·周语下》，第114—118页。

③ 《左传·襄公十年》，杨伯峻编著：《春秋左传注》，第983—984页。

④ 童书业遗著：《春秋左传研究》，上海：上海人民出版社，1980年，第359—360页。

立少,以间先王。"可见二人之专横。王子朝奔楚后,刘文公依靠晋国的力量执掌周政,单、刘又成了新的政敌。鲁昭公三十一年(公元前 511 年)刘文公与苌弘联合晋国执政魏献子城周,一方面是为了防御王子朝余党,另一方面大概也有对单氏势力进行压制的用意,这自然要遭到单氏的反对。这件事情,在《周语下》的最后一章中,先是借卫彪傒之口大肆诅咒:"苌、刘其不殁乎?""欲支天之所坏,不亦难乎?""苌叔必速及,将天以道补者也……周若无咎,苌叔必为戮。虽晋魏子亦将及焉。若得天福,其当身乎?若刘氏,则必子孙实有祸。"在章末,又一一列举出三者的下场:"是岁也,魏献子合诸侯之大夫于狄泉,遂田于大陆,焚而死。及范、中行之难,苌弘与之,晋人以为讨,二十八年,杀苌弘。及定王,刘氏亡。"这些诅咒和证验明显也带有单氏的口气。按《周语》记载的时间下限,当在周定王时期,如"及定王,王室遂卑"。"及定王,刘氏亡。"这已到了春秋末期。大约刘氏亡后,单氏的权力更盛,所以《韩非子·说疑》有所谓的"单氏取周"之说。不过,《周语》所说的"今周其兴乎!其有单子也","单若不兴,子孙必蕃","单若有阙,必兹君之子孙实继之,不出于他矣",这一类的预言,最终也没有得到应验。春秋以降,随着周王室的衰亡,单氏一族也湮灭消亡了。在各种记载中,再也没有了他们的消息,这也从另一方面说明,《周语》这些篇章的写定大概不会晚于战国初期。

《晋语》共分九卷,约 28 771 字,记事始于曲沃武公伐翼,止于赵、魏韩三家灭智伯,占《国语》全部内容的三分之一强。所以从整体上看,《国语》编纂者掌握晋国的材料最多,可能和三晋关系密切。

同《周语》一样,《晋语》中记事也多附以年代,并全部采用晋君纪年,如《晋语一》:"十六年,公作二军,公将上军,太子申生将下军以伐霍","十七年冬,公使太子伐东山"。《晋语二》:"二十二年,公子重耳出亡","二十六年,献公卒"。《晋语三》:"六年,秦岁定,帅师侵晋,至于韩","十五年,惠公卒,怀公立,秦乃召重耳于楚而纳之"。《晋语四》:"十月,惠公卒。十二月,秦伯纳公子","二年春,公以二军下,次于阳樊"。《晋语六》:"厉公六年,伐郑,且使苦成叔及栾黡与齐、鲁之师。楚恭王帅东夷救郑","七年夏,范文子卒。冬,难作,始于三郤,卒于公"。《晋语七》:"二月乙酉,公即位","五年,无终子嘉父使孟乐因魏庄子纳虎豹之皮以和诸戎","十二年,公伐郑，军于萧鱼"。《晋语八》："平公六年，箕遗及黄渊、嘉父作乱，不克而死。"凡晋君多称"公"，很少用谥号，并屡称"来"。如《晋语五》："齐侯来。"《晋语七》："诸戎来请服"，"郑伯来纳女"。《晋语八》："栾盈出奔楚"，"鲁襄公使叔孙穆子来聘"，"秦景公使其弟鍼来求成"，"秦后子来奔"，"楚后子来仕"，"郑简公使公孙成子来聘"等。这些文法上的特征，也说明它们都是来源于晋人的记载。

《晋语》虽然在《国语》中占九卷，但在内容上却并不均衡，大体上前四卷全部叙述骊姬之乱、重耳出奔、复国及称霸的全过程；《晋语五》涉及襄公、灵公、成公时卿士、大夫们的言行和晋、齐靡笄之役；《晋语六》和《晋语七》涉及晋、楚鄢陵之战，战后晋国的政局及晋悼公的复霸；《晋语八》和《晋语九》多杂记叔向、赵文子、赵简子等的言行，其中也涉及栾氏的灭亡、赵魏韩三家灭智氏等一些重要的历史事件。相对于《周语》《鲁语》《楚语》来说，《晋语》的叙事性更强，所记言辞也没有《周语》那样烦琐，正如陶望龄所说的，"《周语》辞胜事，《晋语》事胜辞"[①]。

关于申生和重耳故事的记载在《晋语》中占了很大的比重，占到了《晋语》全部字数的一半还多，即便在《国语》全书中也占了五分之一强。[②]胡适在《说史》中曾提到："当孔子的时代，东起齐、鲁，西至晋、秦，南至荆、楚，中间包括宋、郑诸国，民间都流行许多新起的历史故事，都叫做'史'，其实是讲史的平话小说。最好的例子是晋献公的几个儿子的大故事，——特别是太子申生的故事，公子重耳出亡十九年（僖公五年至二十四年）才归国重兴国家的故事。这个大故事在《国语》里占四大卷（《晋语》一至四），约有一万八千字；在《左传》里也有五、六千字。"[③]胡适关于"史"的解释是否确凿，另当别论，但他所说晋献公几个儿子的大故事确实是存在的。这些故事在其他文献中也屡有出现，比如在《礼记·檀弓》中就收有两则，一则关于申生之死，一则是秦使吊重耳，文字上基本同于《晋语》。这说明在战国

---

① （清）朱彝尊撰，中华书局编辑部编：《经义考》卷 209，第 1072 页。
② 《晋语》九卷字数共约 28 771 字，其中《晋语一》3 799 字，《晋语二》3 763 字，《晋语三》2 740 字，《晋语四》6 224 字，《晋语五》1 696 字，《晋语六》2 229 字，《晋语七》1 733 字，《晋语八》3 949 字，《晋语九》2 638 字。《国语》全书共约 70 380 字，《晋语》前四卷约占《晋语》总字数的 57%，《国语》总字数的 23%。
③ 胡适：《说史》，《胡适全集》，合肥：安徽教育出版社，2003 年，第 13 卷，第 645 页。

时代，这类材料流传得非常广泛，所以孟子在谈到列国的史书时，要说"其事则齐桓、晋文"了。① 这些材料在流传过程中，免不了要被人们添油加醋，进行一番修饰点缀。从《晋语》前四卷的各篇章来看，基本上是前后连贯、首尾衔接的，可能是在一些原始材料的基础上，经过了一定的编排加工和润饰。当然这种工作还比较粗略，如一些证验的语句，还不时在文中出现，如"既，骊姬不克，晋正于秦，五立而后平"。"骊姬果作难，杀太子而逐二公子。""是岁也，献公卒。八年，为淮之会。桓公在殡，宋人伐之。"又比如《晋语四》记重耳出亡的路线，先是乞食于卫之五鹿，再适齐，而后又过卫，后来的路线依次为曹、宋、郑、楚、秦、晋。按《左传》所记，则重耳先到卫国，卫文公不礼，过五鹿，乞食于野人，再到齐，而后路线依次为曹、郑、宋、楚、秦、晋。相比之下，《左传》的记载较为符合实际的地理情况，且前后情节也能连贯起来，《晋语》则不然，这说明编辑者对一些相关的历史和地理知识比较缺乏。这类错误，还见于《晋语七》中，《晋语七》记鸡丘之会后，晋悼公使魏绛佐新军，张老为司马，首先作总述：

> 三年，公始合诸侯。四年，诸侯会于鸡丘，于是乎布命、结援、修好、申盟而还。令狐文子卒，公以魏绛为不犯，使佐新军。使张老为司马，使范献子为候奄。公誉达于戎。五年，诸戎来请服，使魏庄子盟之，于是乎始复霸。②

之后，则依次为：鸡丘之会，魏绛斩公子扬干之仆，晋悼公使其佐新军；祁奚荐子午以自代（晋悼公四年，鲁襄公三年）；诸戎请服晋（晋悼公五年、鲁襄公四年）；晋悼公使韩穆子掌公族大夫（晋悼公八年、鲁襄公七年）。于此四章后，又列张老让卿位于魏绛章：

> 悼公使张老为卿，辞曰："臣不如魏绛。夫绛之智能治大官，其仁可以利公室不忘，其勇不疲于刑，其学不废其先人之职。若在卿位，外内

---

① 《孟子·离娄下》，杨伯峻译注：《孟子译注》，第192页。
② 《国语·晋语七》，第436页。

必平。且鸡丘之会，其官不犯而辞顺，不可不赏也。"公五命之，固辞，乃使为司马。使魏绛佐新军。①

张老让卿位于魏绛，事在晋悼公四年（公元前569年）、鲁襄公三年（公元前570年），排列在后，也不合时序。

同前四卷相比，《晋语》后五卷的内容则比较零散，相对集中的是《晋语六》和《晋语七》涉及鄢陵之战到悼公复霸的一段历史，不过其中的篇章也有重复，显然没有经过进一步的加工，如《晋语六》中晋卿范文子在鄢陵之战前发表的演说就收录有四种：

（1）厉公将伐郑，范文子不欲，曰："若以吾意，诸侯皆叛，则晋可为也。唯有诸侯，故扰扰焉。凡诸侯，难之本也。得郑忧滋长，焉用郑！"郤至曰："然则王者多忧乎？"文子曰："我王者也乎哉？夫王者成其德，而远人以其方贿归之，故无忧。今我寡德而求王者之功，故多忧。子见无土而欲富者，乐乎哉？"

（2）鄢之役，晋人欲争郑，范文子不欲，曰："吾闻之，为人臣者，能内睦而后图外，不睦内而图外，必有内争，盍姑谋睦乎！考讯其阜以出，则怨靖。"

（3）鄢之役，晋伐郑，荆救之。大夫欲战，范文子不欲，曰："吾闻之，君人者刑其民，成，而后振武于外，是以内和而外威。今吾司寇之刀锯日弊，而斧钺不行。内犹有不刑，而况外乎？夫战，刑也，刑之过也。过由大，而怨由细，故以惠诛怨，以忍去过。细无怨而大不过，而后可以武，刑外之不服者。今吾刑外乎大人，而忍于小民，将谁行武？武不行而胜，幸也。幸以为政，必有内忧。且唯圣人能无外患，又无内忧，讵非圣人，必偏而后可。偏而在外，犹可救也，疾自中起，是难。盍姑释荆与郑以为外患乎。"

（4）鄢之役，晋伐郑，荆救之。栾武子将上军，范文子将下军。栾武子欲战，范文子不欲，曰："吾闻之，唯厚德者能受多福，无德而服者

---

① 《国语·晋语七》，第442—443页。

众，必自伤也。称晋之德，诸侯皆叛，国可以少安。唯有诸侯，故扰扰焉，凡诸侯，难之本也。且唯圣人能无外患又无内忧，讵非圣人，不有外患，必有内忧，盍姑释荆与郑以为外患乎！诸臣之内相与，必将辑睦。今我战又胜荆与郑，吾君将伐智而多力，急教而重敛，大其私暱而益妇人田，不夺诸大夫田，则焉取以益此？诸臣之委室而徒退者，将与几人？战若不胜，则晋国之福也；战若胜，乱地之秩者也，其产将害大，盍姑无战乎！"①

这四段字句上虽有相同之处，如（1）中"唯有诸侯，故扰扰焉。凡诸侯，难之本也"。（3）中"且唯圣人能无外患，又无内忧，讵非圣人，必偏而后可。偏而在外，犹可救也，疾自中起，是难。盍姑释荆与郑以为外患乎"。上述语句均见于（4）中。但所记内容各有侧重，详略亦有不同，应当是出于四种不同的记载，或者都来源于或参考过同一种记述，而在流传过程中又各有损益。这种重复也说明，它们大约只是一些原始材料被粗略地罗列在一起。

《鲁语》分上下两卷，《鲁语上》主要记载了曹刿、臧文仲、里革等几个人的言行，《鲁语下》则涉及公父文伯之母、孔子等。在《鲁语》中缺少有关年月的记载，内容也较少涉及鲁国历史大事，而是偏重于言礼，材料比较贫乏，也显得零散，风格有些接近于《论语》。其中的一些篇章应该与孔门弟子关系密切，当是来自于孔门七十子后学的传诵。比如，《鲁语》中大概也有一个"大故事"，就是关于公父文伯之母敬姜的。《鲁语下》共有八章是叙述她的言行的，占了很大的篇幅，所以康有为说《鲁语下》是"专记一夫人语"，在《礼记·檀弓下》中也有四条：

（1）帷殡，非古也，自敬姜之哭穆伯始也。
（2）穆伯之丧，敬姜昼哭；文伯之丧，昼夜哭。孔子曰："知礼矣。"
（3）文伯之丧，敬姜据其床而不哭，曰："昔者吾有斯子也，吾以将为贤人也，吾未尝以就公室。今及其死也，朋友诸臣未有出涕者，而内人皆行哭失声。斯子也，必多旷于礼矣夫。"

---

① 《国语·晋语六》，第413—419页。

（4）季康子之母死，陈亵衣。敬姜曰："妇人不饰，不敢见舅姑。将有四方之宾来，亵衣何为陈于斯？"命撤之。①

比较《鲁语》中的记载，（1）（4）两条不见于《鲁语》记载，而（2）（3）则事同而辞异，《鲁语下》：

公父文伯卒，其母戒其妾曰："吾闻之：好内，女死之；好外，士死之。今吾子夭死，吾恶其以好内闻也。二三妇之辱共先者祀，请无瘠色，无洵涕，无揫膺，无忧容，有降服，无加服。从礼而静，是昭吾子也。"
公父文伯之母朝哭穆伯，而暮哭文伯。仲尼闻之曰："季氏之妇可谓知礼矣。爱而无私，上下有章。"②

除此而外，（3）又见《韩诗外传》《孔丛子》。《韩诗外传》卷一：

鲁公甫文伯死，其母不哭也。季孙闻之曰："公甫文伯之母，贞女也，子死不哭，必有方矣。"使人问焉。对曰："昔是子也，吾使之事仲尼。仲尼去鲁，送之不出鲁郊，赠之不与家珍。病不见士之来视者，死不见士之流泪者，死之日，宫女缞绖而从者十人。此不足于士而有余于妇人也，吾是以不哭也。"《诗》曰："乃如之人兮，德音无良。"③

《孔丛子·记义》：

公父文伯死，室人有从死者，其母怒而不哭，相室谏之。其母曰："孔子天下之贤人也，不用于鲁，退而去。是子素宗之而不能随。今死而内人从死者二人焉，若此，其于长者薄，于妇人厚也。"既而夫子闻之曰："季氏之妇尚贤哉！"子路愀然对曰："夫子亦好人之誉己乎？夫子死而不哭，是不慈也，何善尔？"子曰："怒其子之不能随贤，所以为尚贤者，

---

① （清）阮元校刻：《十三经注疏》，第 1300、1304 页。
② 《国语·鲁语下》，第 211—212 页。
③ （汉）韩婴撰，许维遹校释：《韩诗外传集释》，北京：中华书局，1980 年，第 18—19 页。

吾何有焉？其亦善此而已矣。"①

这些记载虽然各异，但可以看出其来源是大致相同的。敬姜是鲁国以守礼知名的妇女，所以她的事迹也多为孔门弟子所传诵，作为习礼的典型。《鲁语》《礼记》《韩诗外传》《孔丛子》中的这些材料，大约都是来自于孔门七十子后学的传诵，因为流传渠道的不同，在流传中也就产生了不同的版本。

《鲁语下》中关于孔子的记载也比较特别，共有三章，分别为孔子辨羵羊、大骨和楛矢，这些记载另见于《史记》《说苑》。大概是因为与《论语》中的"不语怪力乱神"的孔子形象有很大的差别，这些内容在以后的儒家著作中很少被人提及。柳宗元在《非国语》中对此评论："孔氏恶能穷物怪之形也？是必诬圣人矣。"②柳宗元认为它们只不过是一些诬妄之说，后来也有人认为它们是战国中后期的小说家言。杜正胜在《古代物怪之研究——一种心态史与文化史的研究》一文中曾指出，古代本来可能就有"物官"。如《左传·昭公二十九年》蔡墨说："夫物，物有其官，官修其方，朝夕思之。一日失职，则死及之。"所谓"方"，杜预注为"法术"。在当时，"这种关于'物'的观察、劾治、防备，甚至形成了专门的职业，背后有古人对于万物的理解观念与处理方式"。在那个时代的观念世界中，这种有实用性的知识是很重要的。《鲁语》中孔子辨羵羊、大骨和楛矢，也就是出于这种古老的关于"物"的知识，后人们站在理性的角度上看它，自然觉得荒唐，为了维护圣人的形象，也就不愿去提它，或者干脆予以否定。孔子曾经说过"天子失官，学在四夷"的话，这种所谓的官学，一般都喜欢把它理解为后来成为经典的诸如"六艺"之类，但就当时而言，它可能更多地包含了一些被后人当作野蛮、荒唐、诬妄的实用性的知识。只是随着历史的发展，这些思想、观念逐渐被理性的知识所替代，从而在历史叙述中渐渐淡化、消失，或者其中的某些观念仍旧植根于民间，不时地影响着人们。即便是科学发达的今天，也还是有很多人相信迷信，这不能不说是有着文化上的根源的。《国语》在历史上是以"荒唐诬妄"③出名的，柳宗

---

① 傅亚庶：《孔丛子校释》，北京：中华书局，2011年，第51—52页。
②（唐）柳宗元：《非国语上》，《柳宗元集》，第4册，第1288页。
③（清）崔述撰著，顾颉刚编订：《崔东壁遗书·洙泗考信余录》，第395页。

元为了批判"其说多诬淫，不概于圣"①，专门写了《非国语》。此后，又有人写了所谓的《非非国语》《非国语辨》《是国语》等著作。②今天面对这些"荒唐诬妄"的内容，不能简单地采用批判的态度，而有时正是在这些"荒唐诬妄"中，却可以更好地还原出一个真实的历史世界。

《楚语》共分上下两卷，同《鲁语》一样，在《楚语》中也缺少有关年月的记载，内容上显得比较零散，涉及历史大事的篇章不多，而是偏重于言礼，且多长篇大论，反映的多是儒家一派的思想。

《楚语》在《国语》中所占分量不大，说明《国语》的编纂者对楚国的材料掌握的不多，远不及晋国和周国那样丰富。不过，卫聚贤在《国语的研究》一文中却给出了另一种解释。20世纪初关于《国语》研究的诸多文章中，该文可以说是用力较深又极具特色的一篇，其中最引人注目的是对《国语》里出现的方言的考察。卫氏统计了《国语》所用的方言，指出："除《晋语》用晋方言，《楚语》用楚方言本应外。而《国语》中用楚方言计十一条，用齐方言计三条，用吴越方言计二条。《国语》用楚方言为多，当系楚人作品。"③这种论证的确很具说服力，因为一部书的语言习惯是最能反映它的作者和出处的。不过仔细核对，卫氏对于楚方言认定上的依据也并不稳固。他所依凭的根据共有两种：一种是《方言》《说文》中直接指出是楚方言的，另一种是《庄子》《楚辞》《淮南子》中出现过的字词。第一种依据比较可靠，而第二种就很牵强，因为当一个字或词在《庄子》《楚辞》《淮南子》中出现过，又在《国语》里出现时，是很难认定它就是楚方言的。在卫先生列举的十一条楚方言中有八条是这样的（b、c、d、e、g、h、i、j 条），所以我们不必加以考虑，而剩下的三条（a、f、k 条），也并非没有问题。为了便于讨论，现条列于下：

a.《周语》中第一段"王而蔑之"，韦注："蔑，小也。"《法言·学行》："视日月而知众星之蔑也，仰圣人而知众说之小也。"是蔑可解为小。《方言》："小，江淮陈楚之内谓之蔑。"《国语》以小名蔑，是《国

---

① （唐）柳宗元：《非国语上》，《柳宗元集》，第 4 册，第 1265 页。
② （清）朱彝尊撰，中华书局编辑部编：《经义考》卷 209，第 1074 页。
③ 卫聚贤：《古史研究》第一集，上海：商务印书馆，1931 年，第 164—166 页。

语》用楚方言。

f.《鲁语下》第八段"踦跂毕行",《方言》:"倚,踦,奇也。自关而西。秦晋之间,凡全物而体不具谓之倚;梁楚之间谓之踦。"《说文》:"踦,一足也。"《庄子·德充符》:"闉跂支离无脤。"司马彪注:"言脚常曲,形体不正,卷缩也。"《国语》以蹴跂名踦跂,是《国语》用楚方言。

k.《吴语》第三段"播弃黎老。"《方言》十:"拌弃也。楚凡挥弃物谓之拌。"《方言笺疏》:"播与拌同。"《国语》以弃名播,是《国语》用楚方言。

在 a 条中,卫先生对《方言》的引用明显有误,《方言》的原文应为:"木细枝谓之杪,江淮陈楚之内谓之篾。""蔑"作小解,又见《韩非子·外储说左上》:"宋君无道,蔑侮长老。"此处并不是什么楚方言。在 f 条中,按《方言》所说"梁楚之间谓之踦",梁楚之间是既包括了楚地也包括了魏、韩之地的,况且《方言》中还说道:"雍梁之西郊,凡兽支体不具者,谓之踦。"大概卫先生认为这段话不利于他的结论,所以在文章中故意舍去了。k 条的结论就更加站不住脚了,我们在前文中已经指出,《吴语》中的"播弃黎老"是出自《尚书·泰誓》的。如此看来,卫聚贤所列举的楚方言就只剩下一条是可靠的了,即:

《楚语上》第三段"屈到嗜芰。"《说文》:"蔆,芰也,楚谓之芰。"是《国语》又有用楚方言的。

不过这条材料除了能用来证明《楚语》是楚人的作品外,再也不能说明更多的问题。《礼记·大学》中提到过一种叫作《楚书》的文献,"《楚书》曰:'楚国无以为宝,惟善以为宝。'"《楚语下》记载王孙圉聘晋,与赵简子讨论楚国之宝,所论略同于此处的《楚书》,由此可见其出处。

八、《国语》和《左传》文字类同的问题

关于《国语》和《左传》的关系,前人已有过许多讨论。学术界对此问

题"比较公认的解释是：它们各自独立成书，《左传》晚于《国语》，参考了其中的史料，甚至有些传文可以看作是对《国语》记载的直接改编，但《国语》只是《左传》成书时所参考的众多史料中的一种，没有过分特殊的地位，更不是《左传》所根据以'改编'的原始雏形"[1]。我们通过对《齐语》《郑语》《吴语》《越语》四语的考察，至少可以知道，《左传》晚于《国语》这种说法是难以成立的。四语中所记载的内容均非无关紧要之辞，如果说《左传》成书于《国语》之后，并且参考了《国语》的内容，那么《左传》的作者为什么不把这些内容写进书中去呢？《国语》也不会是像司马光等所说的那样，是左丘明写《左传》后剩下的残余，因为他更不可能轻易舍弃《齐语》《郑语》《吴语》《越语》所记载的重要史事。

从内容和编纂形式上看，《国语》是一种资料的汇集，没有经过进一步的加工和熔铸，比之《左传》那样完整的、一以贯之的作品，更具"原料"的性质。因此，《国语》的内容，早于《左传》或被《左传》所采用，并不足以说明《国语》的编撰就要早于《左传》。《左传》的成书，虽然曾经引起过很大的争论，但现在学界对此问题有较为一致的看法，认为其基本上应该是战国前期的作品。上文中我们已经指出《齐语》出于齐国的稷下，其完成不早于战国中期，《国语》的汇集成册自然要晚于此时。

不过《国语》《左传》二书之间确实也存在着十分密切的关系，它们不仅被人们当作是左丘明的作品，而且在文字上也存在着大量的类同之处。白寿彝曾作过统计："《国语》全书的记载，计《周语》三十三条，《鲁语》三十七条，《齐语》六条，《晋语》九十二条，《郑语》一条，《楚语》十八条，《吴语》七条，《越语》二条，共一百九十六条。以一百九十六条所记的主题，跟《左传》对看，计同于《左传》者九十二条。"[2]这些相同之处，非但所叙事件一致，有时甚至就连语句也完全一样。如果沿用《国语》正、变二体的划分，也不难发现，在《国语》《左传》相同的九十二条中，除一条出于《齐语》外（详见前述），其余均在《周语》《鲁语》《晋语》《楚语》当中，《齐语》《郑语》《吴语》《越语》或是未被《左传》作者所见，或是较《左传》晚出。从

---

[1] 沈玉成、刘宁：《春秋左传学史稿》，南京：江苏古籍出版社，1992年，第376页。
[2] 白寿彝：《〈国语〉散论》，《人民日报》1962年10月16日。

来源上看，它们与《左传》关系不大，有些更是接近于诸子的学说。可以说，在《国语》一书中只有《周语》《鲁语》《晋语》《楚语》才与《左传》有密切关系。因此，我们大可以将《国语》和《左传》的关系这一问题的讨论缩小到《周语》《鲁语》《晋语》《楚语》和《左传》的关系问题上来。

早在叶适那里，就已指出《左传》有采用《国语》文字的地方：

> 以《国语》《左氏》二书参较，《左氏》虽有全用《国语》文字者，然所采次仅十一而已。①

并且指出采用的规律大约是变繁杂为简洁：" 《左氏》采《国语》，凡数百言者约以数十字而已。"② 这种观点为后来的很多学者所接受，今人徐仁甫于此更是用力颇深。他在《左传疏证》一书中列举六十八条《左传》采集《国语》例证，又条列了十三条《左传》采集《国语》的规律。但徐先生的论述是站在今文经学家的立场上说话的，他先肯定了《左传》是刘歆伪造，而后又用《国语》对校，凡内容相同或相似之处，皆视为是《左传》采集了《国语》。这样的论证不免主观性过强，不足取信。对于这个问题，我们还应以二书的文本为准，再次对它们进行仔细的比对。这里不妨试举几例：

如同记曹刿论战，《鲁语上》：

> 长勺之役，曹刿问所以战于庄公。公曰："余不爱衣食于民，不爱牲玉于神。"对曰："夫惠本而后民归之志，民和而后神降之福。若布德于民而平均其政事，君子务治而小人务力；动不违时，财不过用；财用不匮，莫不能使共祀。是以用民无不听，求福无不丰。今将惠以小赐，祀以独恭。小赐不咸，独恭不优。不咸，民不归也；不优，神弗福也。将何以战？夫民求不匮于财，而神求优裕于享者也，故不可以不本。"公曰："余听狱虽不能察，必以情断之。"对曰："是则可矣。知夫苟中心图民，智虽弗及，必将至焉。"③

---

① （宋）叶适：《习学记言序目》卷12，第173页。
② （宋）叶适：《习学记言序目》卷12，第165页。
③ 《国语·鲁语上》，第151页。

《左传·庄公十年》：

　　十年春，齐师伐我。公将战。曹刿请见。其乡人曰："肉食者谋之，又何间焉？"刿曰："肉食者鄙，未能远谋。"乃入见，问何以战。公曰："衣食所安，弗敢专也，必以分人。"对曰："小惠未遍，民弗从也。"公曰："牺牲、玉帛，弗敢加也。必以信。"对曰："小信未孚，神弗福也。"公曰："小大之狱，虽不能察，必以情。"对曰："忠之属也，可以一战。战，则请从。"

　　公与之乘。战于长勺。公将鼓之。刿曰："未可。"齐人三鼓。刿曰："可矣！"齐师败绩。公将驰之。刿曰："未可。"下，视其辙，登轼而望之，曰："可矣！"遂逐齐师。

　　既克，公问其故。对曰："夫战，勇气也。一鼓作气，再而衰，三而竭。彼竭我盈，故克之。夫大国，难测也，惧有伏焉。吾视其辙乱，望其旗靡，故逐之。"①

两文比较，《左传》不但记述了曹刿战前之问，而且写下了曹刿同乡人的对话，战斗的整个过程和战后曹刿之论，而《鲁语》只记载了曹刿同庄公在战前的一番问答。这段对话，《左传》只用七句，八十三字，就交代清楚，《鲁语》则是长篇大论。就条理而言，《左传》将"衣食所安，弗敢专也，必以分人"，"牺牲、玉帛，弗敢加也。必以信"，"小大之狱，虽不能察，必以情"分做三段议论，意思上层层推进，比之《鲁语》要整洁许多。

又如记述晋文公围阳樊，《周语中》：

　　王至自郑，以阳樊赐晋文公。阳人不服，晋侯围之。苍葛呼曰："王以晋君为能德，故劳之以阳樊，阳樊怀我王德，是以未从于晋。谓君其何德之布以怀柔之，使无有远志？今将大泯其宗祊，而蔑杀其民人，宜吾不敢服也！夫三军之所寻，将蛮、夷、戎、狄之骄逸不虔，于是乎致武。此嬴者阳也，未狎君政，故未承命。君若惠及之，唯官是征，其敢

---

① 杨伯峻编著：《春秋左传注》，第182—183页。

逆命，何足以辱师！君之武震，无乃玩而顿乎？臣闻之曰：'武不可觌，文不可匿。觌武无烈，匿文不昭。'阳不承获甸，而祗以觌武，臣是以惧。不然，其敢自爱也？且夫阳，岂有裔民哉？夫亦皆天子之父兄甥舅也，若之何其虐之也？"晋侯闻之，曰："是君子之言也。"乃出阳民。①

《左传·僖公二十五年》：

  阳樊不服，围之。苍葛呼曰："德以柔中国，刑以威四夷，宜吾不敢服也。此，谁非王之亲姻，其俘之也？"乃出其民。②

《周语》中苍葛的大段言论，在《左传》里只用两句就已概括，恰如叶适所说"凡数百言者约以数十字而已"。这些文章繁简和顺畅上的差别确实让我们感觉《左传》的记载参考过《国语》，是在《国语》基础上精炼而成的。

  不过，相反的例子也并非没有，如晋悼公五年（公元前 568 年）山戎的无终国遣使适晋，奉献虎、豹之皮，向晋人求和。晋悼公认为戎狄之人没有恩亲观念而且贪婪，想要征伐他们，为此魏绛向晋悼公进谏。以下是二书关于此事的记载，《晋语七》：

  五年，无终子嘉父使孟乐因魏庄子纳虎豹之皮以和诸戎。公曰："戎、狄无亲而好得，不若伐之。"魏绛曰："劳师于戎，而失诸华，虽有功，犹得兽而失人也，安用之？且夫戎、狄荐处，贵货而易土。予之货而获其土，其利一也；边鄙耕农不儆，其利二也；戎、狄事晋，四邻莫不震动，其利三也。君其图之！"公说，故使魏绛抚诸戎，于是乎遂伯。③

《左传·襄公四年》：

  无终子嘉父使孟乐如晋，因魏庄子纳虎豹之皮，以请和诸戎。晋侯

---

① 《国语·周语中》，第 57 页。
② 杨伯峻编著：《春秋左传注》，第 434 页。
③ 《国语·晋语七》，第 441 页。

曰："戎狄无亲而贪，不如伐之。"魏绛曰："诸侯新服，陈新来和，将观于我。我德，则睦；否，则携贰。劳师于戎，而楚伐陈，必弗能救，是弃陈也。诸华必叛。戎，禽兽也。获戎、失华，无乃不可乎！《夏训》有之曰：'有穷后羿。'"公曰："后羿何如？"对曰："昔有夏之方衰也，后羿自鉏迁于穷石，因夏民以代夏政。恃其射也，不修民事，而淫于原兽，弃武罗、伯因、熊髡、尨圉，而用寒浞。寒浞，伯明氏之谗子弟也，伯明后寒弃之，夷羿收之，信而使之，以为己相。浞行媚于内，而施赂于外，愚弄其民，而虞羿于田。树之诈慝，以取其国家，外内咸服。羿犹不悛，将归自田，家众杀而亨之，以食其子，其子不忍食诸，死于穷门。靡奔有鬲氏。浞因羿室，生浇及豷；恃其谗慝诈伪，而不德于民，使浇用师，灭斟灌及斟寻氏。处浇于过，处豷于戈。靡自有鬲氏，收二国之烬，以灭浞而立少康。少康灭浇于过，后杼灭豷于戈，有穷由是遂亡，失人故也。昔周辛甲之为大史也，命百官，官箴王阙。于《虞人之箴》曰：'芒芒禹迹，画为九州，经启九道。民有寝、庙，兽有茂草；各有攸处，德用不扰。在帝夷羿，冒于原兽，忘其国恤，而思其麀牡。武不可重，用不恢于夏家。兽臣司原，敢告仆夫。'《虞箴》如是，可不惩乎？"于是晋侯好田，故魏绛及之。

公曰："然则莫如和戎乎？"对曰："和戎有五利焉：戎狄荐居，贵货易土，土可贾焉，一也。边鄙不耸，民狎其野，穑人成功，二也。戎狄事晋，四邻振动，诸侯威怀，三也。以德绥戎，师徒不勤，甲兵不顿，四也。鉴于后羿，而用德度，远至、迩安，五也。君其图之！"

公说，使魏绛盟诸戎。修民事，田以时。①

两段记载语句相同之处甚多，但《左传》篇幅超出《国语》近四倍，远不及《国语》精炼。《左传》于议论当中插入大段关于后羿灭亡的故事，又是魏绛为劝诫悼公不要沉湎于田猎所举的例证，这与和戎主题也没有什么关联。在最后总结和戎利益时，《晋语》列举三利，《左传》则为五利，所添加二利又

---

① 杨伯峻编著：《春秋左传注》，第935—939页。

显重复、牵强。如果单纯以文章的繁简和顺畅的标准看，倒更像是《国语》精炼了《左传》的内容。当然还有一种可能是《左传》作者掌握的材料要更加丰富，和戎和劝戒田猎可能出自两种材料，《国语》只收录了前者，而《左传》则把二者合并在了一起。相似的例子，亦见于"虢之会"（公元前541年）的记载，《鲁语下》：

> 虢之会，楚公子围二人执戈先焉。蔡公孙归生与郑罕虎见叔孙穆子，穆子曰："楚公子甚美，不大夫矣，抑君也。"郑子皮曰："有执戈之前，吾惑之。"蔡子家曰："楚，大国也；公子围，其令尹也。有执戈之前，不亦可乎？"穆子曰："不然。天子有虎贲，习武训也；诸侯有旅贲，御灾害也；大夫有贰车，备承事也；士有陪乘，告奔走也。今大夫而设诸侯之服，有其心矣。若无其心，而敢设服以见诸侯之大夫乎？将不入矣。夫服，心之文也。如龟焉，灼其中，必文于外。若楚公子不为君，必死，不合诸侯矣。"公子围反，杀郏敖而代之。①

《左传·昭公元年》：

> 三月甲辰，盟。楚公子围设服、离卫。叔孙穆子曰："楚公子美矣，君哉！"郑子皮曰："二执戈者前矣。"蔡子家曰："蒲宫有前，不亦可乎？"楚伯州犁曰："此行也，辞而假之寡君。"郑行人挥曰："假不反矣。"伯州犁曰："子姑忧子皙之欲背诞也。"子羽曰："当璧犹在，假而不反，子其无忧乎？"齐国子曰："吾代二子愍矣。"陈公子招曰："不忧何成？二子乐矣。"卫齐子曰："苟或知之，虽忧何害？"宋合左师曰："大国令，小国共，吾知共而已。"晋乐王鲋曰："《小旻》之卒章善矣，吾从之。"
>
> 退会，子羽谓子皮曰："叔孙绞而婉，宋左师简而礼，乐王鲋字而敬，子与子家持之，皆保世之主也。齐、卫、陈大夫其不免乎！国子代人忧，子招乐忧，齐子虽忧弗害。夫弗及而忧，与可忧而乐，与忧而弗害，皆取忧之道也，忧必及之。《大誓》曰：'民之所欲，天必从之。'三大夫兆

---

① 《国语·鲁语下》，第195页。

忧，忧能无至乎？言以知物，其是之谓矣。"①

这两段文字都记述了各国大夫对楚公子围在盟会上做派的反应。《国语》仅有鲁叔孙穆子、郑子皮、蔡子家三人之言，《左传》则除此三人之外又增加楚伯州犁、郑行人挥（子羽）、齐国子、陈公子招、卫齐子、宋合左师（向戌）、晋乐王鲋七人的言论，后又附子羽的评论以作总结，参加讨论多至十人。用徐仁甫的话来说就是，"春秋二百四十二年中之辩论会，未有如此其盛大者"②。足见《左传》关于此处的记载是另有凭借的。

而与上例相反，《国语》也有采用材料比《左传》丰富的地方，如鲁庄公二十八年（公元前666年）臧文仲如齐告籴一事，《鲁语上》：

鲁饥，臧文仲言于庄公曰："夫为四邻之援，结诸侯之信，重之以婚姻，申之以盟誓，固国之艰急是为。铸名器，藏宝财，固民之殄病是待。今国病矣，君盍以名器请籴于齐！"公曰："谁使？"对曰："国有饥馑，卿出告籴，古之制也。辰也备卿，辰请如齐。"公使往。

从者曰："君不命吾子，吾子请之，其为选事乎？"文仲曰："贤者急病而让夷，居官者当事不避难，在位者恤民之患，是以国家无违。今我不如齐，非急病也。在上不恤下，居官而惰，非事君也。"

文仲以鬯圭与玉磬如齐告籴，曰："天灾流行，戾于弊邑，饥馑荐降，民赢几卒，大惧乏周公、太公之命祀，职贡业事之不共而获戾。不腆先君之币器，敢告滞积，以纾执事；以救弊邑，使能共职。岂唯寡君与二三臣实受君赐，其周公、太公及百辟神祇实永飨而赖之！"齐人归其玉而予之籴。③

《左传》对此事的记载却异常简单，只寥寥数语：

---
① 杨伯峻编著：《春秋左传注》，第1202—1204页。
② 徐仁甫：《左传疏证》，成都：四川人民出版社，1981年，第39—40页。
③《国语·鲁语上》，第157—158页。

> 冬，饥，臧孙辰告籴于齐，礼也。①

只在《春秋》原有经文之前加一"饥"字，之后加"礼也"二字，作为评论。至于告籴之事的始末，则无所记述。可见《左传》对于此事，并无其他资料可取，《左传》的作者显然未曾见过《鲁语》的这段记载。

如进一步将《国语》《左传》同记一事之处一一相互比对，也不难发现二书中虽有语句相同或相似的地方，但所涉及的时间、人物、事迹、引用文献等也多有出入。时间上的差异，如《周语上》记："襄王三年而立晋侯（晋惠公）"，周襄王三年（公元前650年）当为鲁僖公十年，此事不见于《春秋》，但按《左传·僖公十一年》记载："天王使召武公、内史过赐晋侯命"，则与《周语上》时间相差一年。人物的差异，如《鲁语上》为宗人夏父展谏宗妇觌哀姜用币，《左传·庄公二十四年》则记进谏者为御孙。事迹的差异，如莒太子仆弑纪公，以其宝来奔鲁，《鲁语下》记为里革变更君命而驱逐莒太子仆，《左传·文公十八年》则谓此事为季文子所为，里革只充当事后向鲁文公作辩解的角色。引用文献的差异，如富辰谏周襄王毋娶狄女为后所引《诗经·常棣》，《周语》以为周文公所作，《左传·僖公二十四年》则谓召穆公所作。此类差异，在《国语》《左传》二书中不下数十处，显然是《国语》《左传》二书各有所据。

根据上文举证可知，《国语》《左传》同记一事，在文辞之繁简上，或此详彼略或彼详此略，不能一概言之，在内容上也多有乖违抵牾之处，往往是各有凭借，未必相互参考了对方的内容。《国语》和《左传》都是根据一些原始的材料写成或编成的，因此对于《国语》和《左传》的关系问题不应仅局限于谁抄谁的范围内。对这个问题较为可信的解释是：《国语》《左传》所采取的一部分原材料是相同的，或是它们各自所凭借的材料又是源于一些更早的材料——这些原材料可能都来源于左丘明的传授，这也是后人要把《左传》《国语》的著作权归于他名下的原因。这些材料或经口传或由笔录，在流传、传抄的过程中，难免会产生分化，内容上也会有所变化，但一定程度上也会保持某种一致，这也就造成了《国语》和《左传》在文辞与内容上既有相同

---

① 杨伯峻编著：《春秋左传注》，第242页。

之处，又有不同之处。一般而言，《左传》详于记事，着重于交代事件的始末，而《国语》详于记言。所以，关于一些言辞的记录，《国语》往往会显得比较烦琐冗长，不如《左传》那样精炼。这种差别，与它们的先后无关，而是因它们各自体例性质的不同造成的。总体来说，《左传》所采用的材料要比《国语》丰富许多，而且经过了精细的筛选和熔铸，所以全书风格较为一致，可以看出基本上是一个人的作品。《国语》则是多种资料的汇编，没有经过统一的修整加工，还保持着原材料的面貌。这些材料在被编入《国语》之前，有的也要经历一个流传和被加工改造的过程，期间也就难免会受到时代的影响。如《晋语八》：

> 郑简公使公孙成子来聘，平公有疾，韩宣子赞授客馆。客问君疾，对曰："寡君之疾久矣，上下神祇无不遍谕，而无除。今梦黄熊入于寝门，不知人杀乎，抑厉鬼邪！"子产曰："以君之明，子为大政，其何厉之有？侨闻之，昔者鲧违帝命，殛之于羽山，化为黄熊，以入于羽渊，实为夏郊，三代举之。夫鬼神之所及，非其族类，则绍其同位，是故天子祀上帝，公侯祀百辟，自卿以下不过其族。今周室少卑，晋实继之，其或者未举夏郊邪？"宣子以告，祀夏郊，董伯为尸，五日，公见子产，赐之莒鼎。①

子产聘晋问疾亦见于《左传·昭公元年》，但与《国语》记载大不相同。而《汲冢琐语》的记载却和《晋语》的记载比较相似。

> 晋平公梦见赤熊窥屏，恶之而有疾。使问子产，子产曰："昔共工之卿曰浮游，既败于颛顼，自没沉淮之渊，其色赤，其言善笑，其行善顾，其状如熊，常为天下祟。见之堂，则王天下者死。见堂下，则邦人骇。见门，则近臣忧。见庭，则无伤。窥君之屏，病而无伤。祭颛顼、共工则瘳。"公如其言而疾间。②

---

① 《国语·晋语八》，第478页。
② （清）马国翰辑：《玉函山房辑佚书》，上海：上海古籍出版社，1990年，第2456—2457页。

所不同者，唯《国语》谓平公梦见黄熊（鲧），而举夏郊；《琐语》谓平公梦见赤熊（浮游），而祭颛顼、共工。依洪业《春秋经传引得序》的考证，《国语》记载与《颛顼历》物色相合，应当是根据《琐语》的记载改编而成。虽然这种说法尚缺少更多的证据，但至少可以确定它们是来源于同一个故事，而在流传过程中发生了变化。在《晋语二》中还有一段关于虢公做梦的记载：

> 虢公梦在庙，有神人面白毛虎爪，执钺立于西阿，公惧而走。神曰："无走！帝命曰：'使晋袭于尔门。'"公拜稽首，觉，召史嚚占之，对曰："如君之言，则蓐收也，天之刑神也，天事官成。"①

此事也不见于《左传》，而将秋季、蓐收、西方、刑法联系在一起的并不是春秋时代的观念，这种世界观时兴于战国后期。如《吕氏春秋·孟秋纪》："孟秋之月……其神蓐收……是月也，命有司，修法制，缮囹圄，具桎梏，禁止奸，慎罪邪，务搏执。命理，瞻伤察创，神折审断；决狱讼，必正平；戮有罪，严断刑。"可以看出，《晋语》的记载是受这种观念影响的。

通过以上考释，大致可以对《国语》的成书过程做一总结。《国语》成书当由各种史记、杂说汇合、编纂而成，不可尽归于一时、一地、一人。其中"正体"部分《周语》《鲁语》《晋语》《楚语》的篇章多出自"语"书，与《左传》的相关记载来源于同一类材料，而在《左传》成书后，这些材料中的一部分仍得以流传，期间或有散失，或有变化，或又被加入新的内容（如《晋语》中申生的故事，《鲁语》中敬姜的故事等）。后人把这些材料汇集起来，又添加了"变体"部分的《齐语》《郑语》《吴语》《越语上》《越语下》五个单篇，从而编纂出一部《国语》来。至于它的编纂者，虽已无从考证，但从《国语》篇章所反映出的一些情况来看，它编纂完成的时间不会早于战国后期，并且该书于当时在三晋地区似乎也流传得较为广泛。这是因为：

其一，《左传》《国语》许多内容同出一源，而《左传》本源于三晋。

其二，从《国语》一书中记诸国之事的多寡来看，以记晋国之事为最多，《国语》二十一卷，《晋语》就有九卷，占全书内容的三分之一强，说明《国

---

①《国语·晋语二》，第295页。

语》的编纂者对晋国的材料掌握最多。排在《晋语》之后，内容第二丰富为《周语》，而周又与晋的关系最为密迩，其典籍多流散于晋地，周史亦当多为晋人所掌握。

其三，与其他文献比对，与三晋有关的著作多涉及《国语》内容，除《晋语》《周语》可以不论外，涉及其他诸语者如：

（1）《韩非子·说疑》："其在《记》曰：'尧有丹朱，而舜有商均，启有五观，商有太甲，武王有管、蔡。'"

《楚语上》："故尧有丹朱，舜有商均，启有五观，汤有太甲，文王有管、蔡。"

（2）《韩非子·十过》："张孟谈曰：'臣闻之，亡弗能存，危弗能安，则无为贵智矣。'"

《战国策·赵策》："张孟谈曰：臣闻之：'亡不能存，危不能安，则无为贵知士也。'"

《吴语》："王孙雒进，顾揖诸大夫曰：'危事不可以为安，死事不可以为生，则无为贵智矣。'"

（3）《汲冢琐语》："楚矢箕服，是丧王国。"①

《郑语》："檿弧箕服，实亡周国。"

（4）《战国策·赵策》："楼缓曰：王亦闻夫公甫文伯母乎？公甫文伯官于鲁，病死。妇人为之自杀于房中者二八。其母闻之，不肯哭也。相室曰：'焉有子死而不哭者乎？'其母曰：'孔子，贤人也。逐于鲁，是人不随。今死，而妇人为死者十六人。若是者，其于长者薄，而于妇人厚？'"

案：《赵策》所载公父文伯死后其母止哭的故事，虽与《鲁语》所载不尽相同，但通过此例也可看出，在当时的赵国确实流传着相似的故事。

（5）《齐语》出自稷下且与荀子有关，前文已有论述。而《越语下》亦与稷下不无关联。如：

《管子·势》："逆节萌生，天地未刑，先为之政，其事乃不成，缪受其刑。天因人，圣人因天。天时不作，勿为客。人事不起，勿为始。慕和其众，以修天地之从。人先生之，天地刑之，圣人成之，则与天同极。"

---

① （清）马国翰辑：《玉函山房辑佚书·史编·杂史类》，第2456页。

《管子·势》:"死死生生,因天地之形。天地之形,圣人成之。"

《越语下》:"逆节萌生。天地未形,而先为之征,其事是以不成,杂受其刑","夫圣人随时以行,是谓守时。天时不作,弗为人客;人事不起,弗为之始","死生因天地之刑,天因人,圣人因天;人自生之,天地形之,圣人因而成之"。

又《战国策·秦策》记载蔡泽说应侯曾云,"语曰:'日中则移,月满则亏。'物盛则衰,天之常数也;进退、盈缩、变化,圣人之常道也"。其所云,同于《越语下》之意。蔡泽为燕人,入秦前亦曾游学于赵、魏、韩。所以,从这些零散的材料中,大约能窥见《越语下》在三晋的流传。

九、《国语》的性质

《国语》在《汉书·艺文志》中列于《六艺略》"春秋类"下,以后历代官修、私修目录基本上也将其列于经部"春秋类"下,或称《春秋国语》,或称《春秋外传国语》,或简称《春秋外传》。这样的分类反映出大多数人是把《国语》作为一部经书来看待的。直到清乾隆时编纂《四库全书》,才将《国语》列入史部"杂史"类中。

"杂史"之分早见于《隋书·经籍志》,所谓"杂史",是取其"钞撮旧史,自为一书",而"亦各其志","体制不经"之意。大凡是不能划入纪传和编年之列的就可以入"杂史"中,将《国语》由经部划入杂史的行列,这一变化,无疑是降低了《国语》的地位。对此,四库馆臣们的理由是:

> 考《国语》上包周穆王,下暨鲁悼公,与《春秋》时代首尾皆不相应,其事亦多与《春秋》无关,系之《春秋》,殊为不类……附之于经,于义未允。《史通·六家》,《国语》居一,实古左史之遗。今改隶之杂史类焉。[1]

---

[1] (清)永瑢、纪昀主编:《四库全书总目提要》,海口:海南出版社,1999年,第293页。

不过这种观点，并未被一些清代学者所接受，在许多经学著作中，都有讨论《国语》的部分，而段玉裁更是呼吁，要将《国语》《史记》《汉书》和《资治通鉴》立于经书之列。①

时至今日，我们大可不必执着于《国语》应该入经还是入史这一问题，所谓"经史子集"只是传统目录学上的分类方式，况且章学诚也早有"六经皆史"之说，我们现在对于经的态度，也是将其作为古史来研究的。不过从古人对此问题的争论上，却可以寻见《国语》在性质上的一些特色。

首先，是《国语》同《春秋》学的关系，《四库全书总目》将《国语》斥于经部之外的依据主要是认为它与《春秋经》无关，这种看法与汉儒以《国语》为《春秋外传》的观点可谓大相径庭，所以有必要先对《春秋外传》这一称谓的来源做一考察。

《国语》为什么被称为《春秋外传》，历史上对此的说法各异。韦昭的解释是：

> 其文不主于经，故号曰《外传》。②

刘熙《释名·释典艺》：

> 《国语》，记诸国君臣相与言语、谋议之得失也。又曰《外传》，《春秋》以鲁为内，以诸国为外，外国所传之事也。③

司马贞在《史记·吴太伯世家》索隐中也提到：

> 《外传》即《国语》也，书有二名也。外吴者，吴夷，贱之，不许同中国，故言外也。④

---

① （清）段玉裁：《十经斋记》，《经韵楼集》卷9，北京师范大学图书馆古籍部藏《经韵楼丛书》。
② （三国）韦昭：《国语解叙》，《国语》，第661页。
③ 任继昉纂：《释名汇校》，济南：齐鲁书社，2006年，第341年。
④《史记》卷31《吴太伯世家》，第1474页。

韦昭认为《国语》并非解释《春秋》，所以被称作《外传》，这种解释略显简略。刘熙将《外传》的"外"字释作鲁国以外诸国，就更不对了，因为《国语》中明明收录有《鲁语》，怎么能说它是传外国之事呢？司马贞认为"外"者是指狄夷而言，含有贬低的意思，这种说法显然是从《公羊传》那里照搬而来[1]，比之刘熙的解释更加无稽。

其实"外传"并非只是《国语》的专称，而是汉儒对一类文献的统称，如《汉书·艺文志》中记载《韩诗内传》四卷、《韩诗外传》六卷、《公羊外传》五十卷、《穀梁外传》二十卷。可见汉儒传经，除了有经和传外，传也可以分为内传、外传。它们之间的区别和联系，《越绝书》的一段记载颇有参考价值：

> 问曰："或经或传，或内或外，何谓？"曰："经者，论其事；传者，道其意；外者，非一人所作，颇相覆载，或非其事，引类以讬意。"[2]

传是对经的解释，外传则是对传（内传）的补充，它并非一人所作，内容较为驳杂，汇集了一些与经传相关的同类事例来寄托意思，说明事理，可以作为一种传经时的辅助读物。如果从这种角度观察，《春秋》《左传》《国语》三者之间的关系似乎也就很容易搞清楚了。《春秋》是经，《左传》是解释《春秋》的，所以又叫作《春秋内传》，《国语》虽然不解经，但可以作为《左传》内容的补充，所以就被当作外传。

不过，把《国语》说成是《春秋外传》，并不是很早的事情，这个说法始于刘歆。刘歆上哀帝奏议引用《周语上》"日祭，月祀，时享，岁贡，终王"之礼，云出自《春秋外传》。[3]《汉书·律历志》亦载，"《春秋外传》曰：'少昊之衰，九黎乱德，颛顼受之，乃命重黎'"。上述所引用的也是《楚语》的内容。[4] 之后，王充在《论衡·案书》中提到："《国语》，左氏之外传也，左

---

[1]《公羊传·成公十五年》："冬，十有一月。叔孙侨如会晋士燮、齐高无咎、宋华元、卫孙林父、郑公子鰌、邾娄人会吴于钟离。曷为殊会吴？外吴也。曷为外也？《春秋》内其国而外诸夏，内诸夏而外夷狄。王者欲一乎天下，曷为以外内之辞言之？言自近者始也。"

[2]《越绝书·越绝外传本事》，四部丛刊初编本。

[3] 见《汉书》卷73《韦贤传》，第3129页。

[4] 按：《汉书·律历志》本于刘歆条奏之言。

氏传经，辞语尚略，故复选录《国语》之辞以实。"此后，郑众、贾逵、许慎等都这样称呼《国语》，《外传》或《春秋外传》也就成了《国语》的代称。这不仅是一个名称上的变化，同时也意味着《国语》取得了经书的地位。

这种地位的升格，与西汉末古文经学的兴起大有关系。在汉儒眼中，《国语》《左传》同为左丘明的作品，况且二书在内容上又多有相似之处。古文经学提倡《左传》，认为它才是真正解释经义的作品。随着古文经影响的扩大，《左传》地位的上升，《国语》也就随之受到人们的重视，被称作《春秋外传》了。所以，自东汉至魏晋以来，学者们纷纷为《国语》做注，见之于史册的计有东汉的郑众、贾逵，三国时魏的王肃，吴的虞翻、唐固、韦昭，晋的孔晁七家，比之该书在此后时代所受的冷落，这段时间可以说是《国语》研究史上的高峰。

那么在刘歆之前，人们又是如何看待《国语》的呢？值得注意的是《史记》《汉书·艺文志》中均称其为《国语》，没有使用《春秋外传》这一名称。①而《汉志》中"春秋类"诸家排列顺序也值得注意。《汉志·六艺略》中共列有《春秋》二十三家，今依其顺序排列如下：

《春秋古经》十二篇，《经》十一卷（公羊、穀梁二家）

《左氏传》三十卷、《公羊传》十一卷、《穀梁传》十一卷、《邹氏传》十一卷、《夹氏传》十一卷（有录无书）

《左氏微》二篇、《铎氏微》三篇、《张氏微》十篇、《虞氏微传》二篇、《公羊外传》五十篇、《穀梁外传》二十篇

《公羊章句》三十八篇、《穀梁章句》三十三篇、《公羊杂记》八十三篇、《公羊颜氏记》十一篇、《公羊董仲舒治狱》十六篇

《议奏》三十九篇（石渠论）

《国语》二十一篇、《新国语》五十四篇（刘向分《国语》）、《世本》十五篇、《战国策》三十三篇、《奏事》二十篇（秦时大臣奏事，及刻石名山文也）、《楚汉春秋》九篇、《太史公》百三十篇（十篇有录无书）、

---

① 《汉志》取自《七略》，而《七略》为刘歆在其父刘向《别录》的基础上"撮其指要"编成。所以《汉志》中《国语》不称《外传》，应是刘向的意见，而不代表刘歆和班固的意见。

冯商所续《太史公》七篇、《太古以来年纪》二篇、《汉著记》百九十卷、《汉大年纪》五篇[①]

依《汉志》顺序，《春秋经》(《春秋古经》十二篇、《经》十一卷)列于最前，之后依次列"春秋五传"：《左氏传》《公羊传》《穀梁传》《邹氏传》《夹氏传》(有录无书)。再后则是《左氏微》《铎氏微》《张氏微》《虞氏微传》《公羊外传》《穀梁外传》。"微"，颜师古注"微谓释其微指"，而沈钦韩认为："微者，《春秋》之支别，颜解非。"沈说当确。《史记·十二诸侯年表》云："铎椒为楚威王傅，为王不能尽观《春秋》，采取成败，卒四十章，为《铎氏微》。赵孝成王时，其相虞卿上采《春秋》，下观近势，亦著八篇，为《虞氏春秋》。"刘向《别录》云："左丘明授曾申，申授吴起，起授其子期，期授楚人铎椒。铎椒作《钞撮》八卷授虞卿。虞卿作《钞撮》九卷授荀卿。荀卿授张苍。"从传授来源上看，《铎氏微》《虞氏微传》当属《春秋》(按：《左传》)支别。《左氏微》于著录中无所记述，姚振宗认为其列于《铎氏微》之前，应为六国时《左氏》学者所著，"其书大抵亦如《铎氏》《虞氏》之钞撮成编者"[②]。《张氏微》，沈钦韩则疑为张苍所作。如此看来，《左氏微》《铎氏微》《张氏微》《虞氏微传》四书均出自《左传》传授系统，属于《左传》学范围。在它们之后则为《公羊外传》《穀梁外传》《公羊章句》《穀梁章句》《公羊杂记》《公羊颜氏记》《公羊董仲舒治狱》。这样的排列顺序，大体上是按照《左传》《公羊传》《穀梁传》三大类，将其相关的作品顺序依次列出。《国语》并未列在上述诸书当中，在《六艺略》"春秋家"中它仅被排在《议奏》三十九篇(石渠论)之后，在它之后则是《新国语》《世本》《战国策》《奏事》《楚汉春秋》《太史公》(《史记》)等书。在《汉志》中尚未有经史的划分，在当时史学还隶属于经学，没有自己独立的地位，后来归于史部的作品，大多被列在《六艺略》"春秋家"。由《国语》在《六艺略》中排列的位置来看，当时人们既没有把它和《春秋经》联系起来，也没有将其归入《左传》学的体系当中去，而是当作一般的史书来看待。

[①]《汉书》卷30《艺文志》，第1712—1714页。
[②] (清)姚振宗：《汉书艺文志条理》，二十五史刊行委员会编：《二十五史补编》第2册，第1559页。

对于《国语》，人们一般都将它当作是一部儒家作品，从全书的内容看，反映出的也主要是儒家思想，"从它对历史材料的甄选和论述中，看出它带有像儒家所标榜的'民本'、'忠恕'、'崇礼'、'正名'、'天命'、'纲常'等思想"①。不过，书中的内容也并非全是符合儒家思想的，如上文所指出的，《齐语》出自稷下，而《越语下》又纯为早期道家作品。此外，散见于其他各语的部分材料也有溢出儒家思想范畴的地方。如前人早已指出，《鲁语下》记公父文伯之母在教育儿子时说的一段话："昔圣王之处民也，择瘠土而处之，劳其民而用之，故长王天下。夫民劳则思，思则善心生；逸则淫，淫则忘善，忘善则恶心生。沃土之民不材，逸也；瘠土之民莫不向义，劳也。"强调劳动在历史中的重要性，近于墨家的理论。《晋语二》记载公子挚教秦穆公立夷吾为晋君时说："君若求置晋君而载之，置仁不亦可乎？君若求置晋君以成名于天下，则不如置不仁以猾其中，且可以进退。"《郑语》记史伯教郑桓公吞并虢、郐之地，"虢叔恃势，郐仲恃险，是皆有骄侈怠慢之心，而加之以贪冒。君若以周难之故，寄孥与贿焉，不敢不许。周乱而弊，是骄而贪，必将背君，君若以成周之众，奉辞伐罪，无不克矣"。距离儒家所倡导的仁义道德又相去甚远，而近于权谋诈术，带有一些法家的味道。《晋语三》记载，晋饥，乞籴于秦。公孙枝对秦穆公说："君有施于晋君，晋君无施于其众。今旱而听于君，其天道也。君若弗予，而天予之。苟众不说其君之不报也，则有辞矣。不若予之，以说其众。众说，必咎于其君。其君不听，然后诛焉。虽欲御我，谁与？"这种策略又很像后来的纵横家的思想。②这些差异，一方面说明这些材料原作者的思想并非是囿于儒家一隅，同时也说明了《国语》的编纂者并不在意思想上的派性差异，他所关注的问题并不在此处，所以这些反映不同思想流派的材料能被收入一部冠以儒家名号的著作中来。从这一点上我们也可以比较《国语》同《左传》的区别，《左传》虽然是史，但它是以史解经的，就是要用史实来讲述《春秋》中的微言大义、善恶褒贬，因此它的精神是经学的，在思想上往往有很强的儒家的意识形态在起作用，有时也会显得有些趋炎附势。《国语》不具备这个特点，它只是罗列一桩桩历史故事和相关人物

---

① 傅庚生选注：《国语选·前言》，《国语选》，北京：人民文学出版社，1959年，第5页。
② 参见傅庚生选注：《国语选·前言》，《国语选》，第5页；谭家健：《关于〈国语〉的成书时代和作者问题》，《河北师院学报（哲学社会科学版）》1985年第2期。

的言论，既不讲微言大义，也不直接涉及什么善恶褒贬，思想不限于儒家，而是杂列百家言论，兼容并蓄。

关于《国语》的性质，张以仁曾指出：《国语》"与《春秋》是不同的系统。它既不释经，复不叙史。它以记言的方式，以求达到明德之目的，所以偏重说理，这就是它的本质"①。我们以上的论述恰好可为张先生关于《国语》与《春秋》是不同的系统这一论断，增添一新的注脚。但张先生认为《国语》"复不叙史"的看法似还有可商榷之处。关于《国语》不是史书，近代以来也颇有一些学者执此观点。如卜德：

> 我敢说：这两部书的宗旨是不同的。《左传》是一部有系统的历史记载，故能表示一年一年的政治上的大事；然而《国语》不是通史，它只是好些演说词的合编，所以容易含有许多不正确的传闻，而不必用历史的观念对于大事作系统的记载。②

顾静也指出：

> 《国语》的性质其实并非是 History，而是 Discourse。③

产生这些不同意见的原因，其实是每个人对"叙史"以及"史书"的理解有所不同。《国语》虽然不是一部系统的历史记载，但这并不足以否定它是一部叙史的著作。例如，该书的篇章排列顺序就有讲究，董增龄曾就此说过：

> 《国语》首以周，殿以越。周何以称国？穆王时周道始衰……迨平王，周郑交质，直言结二国之信。虽号令止行于畿内，而为天下共主，故首列焉。次鲁，重周公之后，秉礼之邦也。次齐，美桓公一匡之烈也。次晋，见其主盟十一，世有夹辅之勋，且文之伯继乎桓也。次郑，郑出厉王，于诸姬为近，又与晋同定王室也。次楚，次吴，以其为重黎之后，

---

① 张以仁：《从〈国语〉与〈左传〉本质上的差异试论后人对〈国语〉的批评》，《春秋史论集》，第179页。
② 卜德：《〈左传〉与〈国语〉》，《燕京学报》1934年第16期。
③ 顾静：《国语译注·前言》，邬国义、胡果文、李晓路撰：《国语译注》，第2页。

泰伯之裔，不使其迹之湮没弗彰焉。终之以越，见闽蛮强而中夏无伯主，春秋亦于是终矣。①

白寿彝也指出：

> 尽管《国语》还没有发展成为一部有完整形式的史书，但在全书的编次上也反映出一种全面安排的企图。全书二十一卷，首列《周语》三卷，这还是从宗周时期沿袭下来的尊周的传统。这个传统在春秋时期虽已经是大大地动摇了，但周旧日的威望仍有一定程度上的保留而为名义上的"共主"。次《鲁语》二卷，《齐语》一卷。这由于齐鲁是宗周建立的股肱之国，先鲁后齐，是安排了一定次序的。次《晋语》九卷，《郑语》一卷。这是在宗周末年以后，逐渐兴起的国，是对周平王东迁尽了力量的。《国语》把夹辅平王东迁的这两个股肱之国位于宗周建立时的两个股肱之国的后边，而对于这两个后起的股肱之国，先晋后郑，也是有个一定的次序的。再次，《楚语》二卷，《吴语》一卷，《越语》二卷。这是所谓荆蛮之国，自当排在中原各国之后，而在三国之间也是有个兴起先后的顺序的。②

可见，《国语》在各语的顺序上是按照各国在历史进程中的作用来排列的，这反映出《国语》的编撰者对历史发展的总体看法，并且希望通过卷帙的编次把它表现出来。

从《国语》各个篇章的内容上看，或有琐碎的地方，但与重要历史事件有关系的记载占了很大的篇幅，通过它们我们大体上是可以对春秋时期的历史发展有一些了解的。前文已经指出，《国语》并不是解经的作品，但人们把它作为《春秋外传》来看，也并非全无道理。孔子作《春秋》，起于鲁隐公，《左传》也只能在"元年春王正月"前面，补上"惠公元妃孟子"等五十八个字，以说明"摄也"的背景。但这确实不足以用来说明春秋时期历史全局

---

① （清）董增龄撰：《国语正义》，第1页。
② 白寿彝：《〈国语〉散论》，《人民日报》1962年10月16日。

转变。历史全局的转变，是在平王的东迁。而平王的东迁，又是西周逐步衰落的结果，这又可上溯至宣王时期。这些都是《左传》所不能表述清楚的,《国语》却恰好说明了这个历史发展过程。除此之外，其他各语基本上也都有重点地记载了各国发生的重要事件，许多内容都可以作为《左传》内容的补充。汉儒将《国语》作为"春秋外传"，并不是出于义理上的考虑，而恰恰是因为它能够提供《左传》所没有的历史记载。所以历代专治《左传》的学者，也必兼治《国语》,《左传》不离《国语》,《国语》亦不离《左传》。

再从史学的社会作用来看，历史知识往往能起到"善恶"和"善败"两种社会作用，"善恶"是从伦理角度而言的，"善败"则主要是从历史中采取成败，吸取经验。正因为有这两种不同的作用，对于史书的编纂者来说，会有不同的意图，由此也就产生了不同的编纂形式。这种分别至少在先秦就已存在,《礼记·经解》云：

> 孔子曰："入其国，其教可知也。其为人也，温柔敦厚,《诗》教也；疏通知远,《书》教也；广博易良,《乐》教也；洁静精微,《易》教也；恭俭庄敬,《礼》教也；属辞比事,《春秋》教也。故《诗》之失愚,《书》之失诬,《乐》之失奢,《易》之失贼,《礼》之失烦,《春秋》之失乱。其为人也，温柔敦厚而不愚，则深于《诗》者也；疏通知远而不诬，则深于《书》者也；广博易良而不奢，则深于《乐》者也；洁静精微而不贼，则深于《易》者也；恭俭庄敬而不烦，则深于《礼》者也；属辞比事而不乱，则深于《春秋》者也。"[①]

以上孔子所论述的六经中,《尚书》和《春秋》都是属于记史的作品，但它们对于历史知识作用的理解和运用显然有别。《春秋》的特点是"属辞比事"。"属辞"从字面上看是遣词造句的意思，但它不光是关于作文的问题，而是要通过不同文辞、笔法的运用，表达出不同的含义，来进行善恶褒贬。"比事"是按年月日的顺序排比史事，也就是一种编年史的写法。孔子将这二者结合起来，正是要通过对春秋242年历史的记录来进行褒贬评判，惩恶劝善，寄托自

---

① (清)阮元校刻：《十三经注疏》，第1609页。

己的政治理想。所以后来孟子才会说:"孔子成《春秋》而乱臣贼子惧。"[①]"春秋"的这种作用并非像今文经学家所说的那样是孔子所创造的。"春秋"最早并非是一部书的专名,而是一类史书的统称。如孟子云:"晋之《乘》,楚之《梼杌》,鲁之《春秋》,一也。"[②]墨子也曾说过:"吾见《百国春秋》。"[③]当时的人们对这种史书的功用有较为一致的看法,如《晋语七》:

> 悼公与司马侯升台而望曰:"乐夫!"对曰:"临下之乐则乐矣,德义之乐则未也。"公曰:"何谓德义?"对曰:"诸侯之为,日在君侧,以其善行,以其恶戒,可谓德义矣。"公曰:"孰能?"对曰:"羊舌肸习于《春秋》。"乃召叔向使傅太子彪。[④]

再如《楚语上》:

> 教之《春秋》,而为之耸善而抑恶焉,以戒劝其心。[⑤]

可见人们是站在善恶的角度来看待《春秋》的,耸善抑恶就是它的功用。

《尚书》的特点是"疏通知远",就是要教育人了解历史,而变得通达。在《尚书》中反复出现的"稽古""殷鉴"等思想,都是重在强调历史的借鉴作用,强调要对历史盛衰进行总结。所以它和《春秋》对历史的关注点是不同的:一个偏重于历史的"成败"方面,另一个偏重于历史的"善恶"方面。《汉书·艺文志》云:"古之王者世有史官,君举必书,所以慎言行,昭法式也。左史记言,右史记事,事为《春秋》,言为《尚书》。"这不单是古代史官职事上的分工,同时也暗示了它们在史学功用上的分途。

通过这种分途,我们便不难理解《国语》的性质。吕思勉先生就曾指出:"《国语》则贤士大夫之言行,分国纂辑者耳。故吾谓《国语》实《尚书》之

[①]《孟子·滕文公下》,杨伯峻译注:《孟子译注》,第155页。
[②]《孟子·离娄下》,杨伯峻译注:《孟子译注》,第192页。
[③]《墨子》佚文,见《隋书》卷42《李德林传》,第1197页。
[④]《国语·晋语七》,第445页。
[⑤]《国语·楚语上》,第528页。

支流余裔也。"①将《国语》说成是《尚书》的余裔，确有道理。不过二者的相似之处，又不仅是以记言为主，《国语》更是延续了《尚书》陈述成败的意识。《楚语下》记载叶公子高对楚令尹子西说：

> 人求多闻善败，以监戒也。②

这不单是子高的话语，也道出了《国语》的特点。《国语》以记言为主，但它不能被简单地当作是一部演说词的汇集，或者被理解为是为了道德说教，它汇集了历史上兴衰成败的典故和众多历史人物的言谈话语，通过它们正可以用来总结教训，提供借鉴。从这些特点来看，《国语》的重点不在于叙述一段完整的历史，而是通过一些有选择的记述，叙述成败。可以说，这才是《国语》的性质。

如果把这个问题还原到《国语》成书的时代，也可以发现这恰是当时历史著述的一种潮流。在战国时代，出现过许多以"采取成败"为明确目的的作品。《史记·十二诸侯年表》序记载：

> 是以孔子明王道，干七十余君，莫能用，故西观周室，论史记旧闻，兴于鲁而次《春秋》，上记隐，下至哀之获麟，约其辞文，去其烦重，以制义法，王道备，人事浃。七十子之徒口受其传指，为有所刺讥褒讳挹损之文辞不可以书见也。鲁君子左丘明惧弟子人人异端，各安其意，失其真，故因孔子史记具论其语，成《左氏春秋》。铎椒为楚威王傅，为王不能尽观《春秋》，采取成败，卒四十章，为《铎氏微》。赵孝成王时，其相虞卿上采《春秋》，下观近势，亦著八篇，为《虞氏春秋》。吕不韦者，秦庄襄王相，亦上观尚古，删拾《春秋》，集六国时事，以为八览、六论、十二纪，为《吕氏春秋》。及如荀卿、孟子、公孙固、韩非之徒，各往往捃摭《春秋》之文以著书，不可胜纪。③

---

① 吕思勉：《吕思勉读史札记》，"周官五史"条，第231页。
②《国语·楚语下》，第588页。
③《史记》卷14《十二诸侯年表》，第509—510页。

从司马迁的叙述中可以清楚地看到，战国诸子捃摭史文以为著述，在当时确已成为一种风气。之所以会产生这种现象，主要是因为他们把有关成败兴衰的史事当作可供资政的历史教训而加以阐述和发挥。《春秋》及其相关的著作之所以能在那样一个攻伐剧烈的乱世盛行，其原因正在于此。

当然，从史书的角度看，《国语》在编纂上存在许多缺点，如所收的材料尚不够充实，对材料只是作了简单的汇集和分类，没有进行进一步的加工和删减、淘汰，因此显得比较凌乱，缺少连贯性，有些地方十分简略，有些地方又比较重复。这应与它的成书时代有关。一方面，先秦时期还只是中国史学的草创时期，史学作为独立的概念尚未产生，历史著作的发展更不成熟，自然无法和后来体例严谨的史书相提并论。另一方面，战国后期是个最为动荡的时代，在这种环境下，《国语》编纂者所能收集到的资料肯定有限，而且因为不是以叙述完整历史为目的，也没有必要对它们再作整体上的润饰，只是照搬原样地汇总、编辑。同时，在这样的时代，人们对于微言大义自然也不会太感兴趣，而是希望历史知识能对现实发挥作用，能为政治实践提供参考和借鉴，《国语》编纂的目的也正是在此吧！

第十章 《国语》的史鉴思想

《国语》作为先秦时期的一部典籍，和《左传》一样都是关于上古历史特别是春秋史的重要文献。从历史上看，自汉代以来古代的学者大多习惯将它附属于经学之下而称其为《春秋外传》，近代的学者又长期在《国语》的真伪以及它与《左传》的关系上花费了很多的精力，以至于忽视了对作为历史著作的《国语》自身价值的研究。而从史书的角度看，由于《国语》在编撰中较多地保留了原有材料的形式，比之《左传》那样一以贯之的历史撰述，尚缺乏一定的系统性和连贯性，因此也招致过不少批评[1]，这些批评在一定程度上更影响了人们对《国语》一书史学价值的估计。如果我们抛开这些问题和因素的干扰，而就《国语》作全面认真地考察，就会发现它既不是所谓的"《六经》之流，《三传》之亚"[2]，也不是内容杂乱、全无章法的一部著作。全书在编排和内容上是有着明确的目的的，这就是对历史经验教训的总结和对治乱兴衰原因的探讨。刘熙在《释名》中曾评论《国语》是"记诸国君臣相与言语谋议之得失"[3]。可以说，注重从历史上的成败得失中提取和总结经验，正是《国语》一书内容突出的反映。

---

[1] 如朱熹就说它"委靡繁絮"（黎靖德编《朱子语类》卷139，北京：中华书局，1986年）；崔述则称其"文辞支蔓，冗弱无骨"（崔述《崔东壁遗书》，上海：上海古籍出版社，1983年）；司马光、李焘等人更是将它当成是左丘明编写《左传》后剩余的渣滓（参见朱彝尊《经义考》卷209，北京：中华书局，1998年影印本）。
[2] （唐）刘知幾著，（清）浦起龙通释，王煦华整理：《史通通释》卷1《六家》，第13—14页。
[3] 任继昉纂：《释名汇校》，第341页。

一、求多闻善败以鉴戒

《国语》全书以记言为主，带有明显的文献汇编的性质，这类文献在先秦被称作"语"或者"事语"。① "语"原本是古代的一种以记言为主兼记事的史书。《楚语上》记载楚国大夫申叔时在回答楚庄王如何教育太子时，列举了九种文献，其中之一就是《语》："教之《语》，使明其德，而知先王之务用明德于民也。"韦昭注："《语》，治国之善语。"此处"语"，即君臣贤士大夫们关于治国方面的言论。它的功用主要为统治者提供历史借鉴，从历史成败得失的教训中了解治国之道。马王堆汉墓帛书中出土的《春秋事语》，是类似于"语"的文献，写定的时间当在汉代之前。② 从内容上看，其意旨也是通过记述历史故事，说明一些道理，起到给予后人一定借鉴的作用。《春秋事语》现存的十六章，彼此不相连贯，既没有分类，也不论年代，只是杂乱地抄合在一起。这些反映了当时的"语"的构成形式，大概都是以单篇或零散的形式流传，并没有经过有序的编排和组织，《国语》的编撰者大概就是在汇集这类材料的基础之上，对其分类编纂，作了进一步编辑和加工。

历史上的经验教训，可以作为现实和未来的借鉴，关于这一点，中国先民早在殷周之际就已经有了明确的认识。《尚书·周书》和《诗经》中的"殷鉴"思想可以说是最早关于历史鉴戒的思想。随着历史的发展，这种"殷鉴"思想又得到了进一步的发展，并产生了不同的变化。这里不妨先列举《国语》中的三段记载以作说明。《晋语七》：

> 悼公与司马侯升台而望曰："乐夫！"对曰："临下之乐则乐矣，德义

---

① 杨向奎：《论〈左传〉之性质及其与〈国语〉之关系》(《绎史斋学术文集》，第 174—214 页)；徐中舒编注：《左传的作者及其成书年代》(《左传选》后序，第 341—374 页)；王树民：《〈国语〉的作者和编者》(中华书局编辑部编：《文史》第 25 辑)；沈长云：《〈国语〉编纂考》(《河北师院学报(哲学社会科学版)》1987 年第 3 期)。

② 张政烺先生指出，《春秋事语》十六章的文字，"记事十分简略，而每章必记述一些言论，所占字数要比记事多得多，内容既有意见，也有评论，使人一望而知这本书的重点不在讲事实而在记言论。这在春秋时期的书籍中是一种固定的体裁，称为'语'。"(《〈春秋事语〉解题》，《文物》1977 年第 1 期)

之乐则未也。"公曰:"何谓德义?"对曰:"诸侯之为,日在君侧,以其善行,以其恶戒,可谓德义矣。"公曰:"孰能?"对曰:"羊舌肸习于《春秋》。"乃召叔向使傅太子彪。①

《楚语上》:

教之《春秋》,而为之耸善而抑恶焉,以戒劝其心。②

《楚语下》:

昔齐驺马繻以胡公入于具水,邴歜、阎职戕懿公于囿竹,晋长鱼矫杀三郤于榭,鲁圉人荦杀子般于次,夫是谁之故也,非唯旧怨乎?是皆子之所闻也。人求多闻善败,以监戒也。③

从以上三段记载中可以看到,人们对于历史知识作用的认识有了不同的侧重。一种是侧重于对"德义"方面的修养,另一种则是侧重于作"善败"方面的考察。所谓"德义",主要是从伦理的意义上讲的,强调要从历史中辩明善恶之别,行善戒恶,耸善抑恶,这和后来孔子作《春秋》的主旨是一路贯通的。而"善败",则主要是从历史上的得失成败去看的。所谓"人求多闻善败,以监戒也",是要从历史事实中吸取成败得失的经验教训,而不是从伦理上的意义考虑的。这比先有伦理的善恶观点再取鉴于史事,自然是一种进步。④《国语》不仅引述了这种"求多闻善败以鉴戒"的观点,在全书当中也明显而广泛地贯彻了这个观点,这在先秦的史书当中显得十分突出。如白寿彝先生所说:"从编纂的意图上看,《国语》可以说是第一部'资治通鉴'。从编纂的性质看,《国语》也可以说是第一部'经世文编。'"⑤这种"求多闻善败以鉴戒"

---

① 《国语·晋语七》,第 445 页。
② 《国语·楚语上》,第 528 页。
③ 《国语·楚语下》,第 588 页。
④ 参见白寿彝:《中国史学史论集》,第 19—20 页。
⑤ 白寿彝:《〈国语〉散论》,《人民日报》1962 年 10 月 16 日。

的思想，对以后的史书编纂也产生了一定的影响。

从记载形式上看，《国语》在很多条记载的末尾，都表明了自己的态度，指出了它们的历史影响，这正是表达所谓"求多闻善败以鉴戒"的通常形式。例如《周语上》记载："恭王游于泾上，密康公从，有三女奔之。其母曰：'必致之于王。夫兽三为群，人三为众，女三为粲。王田不取群，公行下众，王御不参一族。夫粲，美之物也。众以美物归女，而何德以堪之？王犹不堪，况尔小丑乎？小丑备物，终必亡。'康公不献。"密康公违背礼制，娶了三个同姓的女子，其母则以"小丑备物，终必亡"的道理对其劝诫，康公没有听从劝告。在末尾《国语》则记录了事情的结果"一年，王灭密"[①]，可以说也是对这宗历史事件教训的总结。像这样的记载在《国语》中还有很多，如周厉王拒绝接受邵公的劝诫，结果国人"流王于彘"[②]；晋智襄子不听从士茁所谓"今土木胜，臣惧其不安人也"的说法，最终"三年而智氏亡"[③]；楚国令尹子常蓄积不厌，结果亡命"奔郑"[④]等。这些例子说明《国语》试图通过对历史事件的叙述，从中引发可资借鉴的经验教训，这同时也反映了《国语》编著者的史学观点。

那么，《国语》是如何对历史经验教训进行总结的呢？不妨从以下几个方面来看待。

二、论西周衰亡之故

正如上文所提到的那样，中国历史上早在殷周之际对历史经验的借鉴作用就已经有了明确的认识。偏居西方一隅的"小邦周"为何能在牧野一战中打败强大的"大邦殷"，从而成为诸侯的"共主"，这是《尚书·周书》诸诰中重点讨论的问题。而一度强盛的西周又是如何一步步由盛转衰进而走向灭亡的呢？这是《国语》所关注的问题之一。从《尚书》到《国语》，反映出早

[①]《国语·周语上》，第8页。
[②]《国语·周语上》，第10页。
[③]《国语·晋语九》，第501页。
[④]《国语·楚语下》，第575页。

在中国古代史学的起步阶段,对于朝代兴亡、社会治乱这些问题的讨论就已有了探索上的连续性。

首先,《国语》从历史过程上探讨了西周衰亡的原因。《国语》开篇第一章,讲的便是周穆王征犬戎。西周的灭亡,源于西戎,而寻其缘由,则可以追溯到周宣王那里。穆王不听祭公谋父之谏,征伐犬戎,"自是荒服者不至"。《国语》以此为开端,即点出了西周灭亡的远因。在此之后,便历述了周厉王的暴虐,国人谤王,"王怒,得卫巫,使监谤者,以告,则杀之。国人莫敢言,道路以目",又任荣夷公为卿士,"诸侯不享",厉王终被国人流于彘。再接着是周宣王继位,"不籍千亩",抛弃了古老的农业制度,导致"战于千亩,王师败绩于姜氏之戎"。宣王又立鲁武公少子戏为太子,破坏周室的宗法制度,鲁人不服,杀懿公戏而立伯御,导致周宣王伐鲁,立孝公,"诸侯从是而不睦"。"及丧南国之师,而又料民于太原","害于政而妨于后嗣"。再接着,周幽王二年(公元前780年),西周三川皆震,伯阳父论周之将亡。"十一年,幽王乃灭,周乃东迁。"可以说《国语》中的这些内容,并非是一些零散的拼凑,而是在一连串的因果关系中围绕着西周衰落这一主线进行叙述的,这恰可视为一部西周的衰亡史,其中更是包含着《国语》的编著者对西周衰亡之故的深刻思考。

《国语》中也记载了一些贤士、大夫们关于西周灭亡的预言,其中不乏独到的见解,对此《国语》的编著者虽然没有直接评论,只是记载了其最终应验的结果,但通过这些话语,也充分表达了对西周衰亡具体原因的认识。例如,《周语上》记载周幽王二年(公元前780年)泾水、渭水、洛水地区都发生了地震:

> 伯阳父曰:"周将亡矣!夫天地之气,不失其序;若过其序,民乱之也。阳伏而不能出,阴迫而不能烝,于是有地震。今三川实震,是阳失其所而镇阴也。阳失而在阴,川源必塞;源塞,国必亡。夫水土演而民用也。水土无所演,民乏财用,不亡何待?昔伊、洛竭而夏亡,河竭而商亡。今周德若二代之季矣,其川源又塞,塞必竭。夫国必依山川,山崩川竭,亡之征也。川竭,山必崩。若国亡不过十年,数之纪也。夫天之所弃,不过其纪。"是岁也,三川竭,岐山崩。十一年,幽王乃灭,周

乃东迁。①

对于伯阳父的议论，柳宗元曾在《非国语》中提出过批评。他指出山川、阴阳都是客观存在的自然物质，它们"自动自休，自峙自流"，"自斗自竭，自崩自缺"，与人事的变动没有关联，认为那些把它们当作国家兴亡预兆的人，是"不塞则惑"②的糊涂虫。作为思想家的柳宗元，主要是从"天人相分"的观点来考虑这个问题的，但我们也要看到《国语》的记载中也并非全无合理之处和积极方面，即它在一定程度上认识到大的自然灾害对社会治乱的影响。伯阳父根据历史上"伊、洛竭而夏亡，河竭而商亡"的先例，预言周朝将要灭亡。在他看来"土演"③和"民用"是息息相关的，"夫水土演而民用也"④。"阳伏而不能出，阴迫而不能烝"引发的地震将造成河流源头堵塞，导致"水土无所演，民乏财用"，势必影响到政治局势，造成社会的动荡。这种思想可以说在一定程度上摆脱了宗教迷信的束缚，是用一种朴素的唯物观点说明地理环境改变的原因，进而认识到其对国家兴亡、社会治乱的影响。虽然从历史上看，正如柳宗元在《封建论》一文中所指出的那样，周之衰亡的主要原因是"失在于制，不在于政"，即分封制本身在延续过程中必然会走向的一种自我否定。环境灾害的影响是导致西周灭亡的因素之一，却绝非唯一的原因，但从历史观的发展上看，《国语》从地理环境因素探讨三代兴衰的原因，对于传统的以"德"配"天"的天命史观来说，无疑是一种突破。

《郑语》对西周兴亡之故也提出了独到的看法。《郑语》记载史伯针对郑桓公"周其弊乎"的提问，回答道"殆于必弊者也"，指出这是因为幽王"去和而取同"所造成的。史伯所说"和"是"以他平他"，即各种不同事物的配合与协调；所说的"同"是"以同裨同"，指的是事物的单一性，即同类事物相合，或单一事物相加。"同"是简单的同一性，而"和"则是多样的统一性。在史伯看来，"和实生物，同则不继"，就是说单一的东西不能长久，事物只

---

① 《国语·周语上》，第 26—27 页。
② （唐）柳宗元：《非国语上》，《柳宗元集》，第 4 册，第 1269 页。
③ 韦昭注："水土气通为演，演犹润也。"（《国语·周语上》，第 28 页）
④ （清）王念孙认为此句涉上句"水土演"三字而衍"水"字（（清）王引之：《经义述闻》，南京：江苏古籍出版社，1985 年影印本，第 479 页）。

有在多样的统一性中方能发展和保持长久。他认为宇宙万物都是由"土与金木水火杂"而成的，从而使世界成为一个和谐的序列，而贯穿其中的最根本的法则就是"和实生物，同则不继"。史伯列举出很多"和实生物"的例证，如五色才能成文，五音才能成声，五味才能成食等。值得注意的是，史伯的"和同之论"通过对自然的认识转向对人们生活、经济、政治、文化等方面的认识，并以此来对社会历史进行解释和评价，因而有了特殊的意义。史伯指出周之所以兴是先王们治国"务和同"的结果，"于是乎先王聘后于异姓，求财于有方，择臣取谏工而讲以多物，务和同也"。而导致西周"殆于必弊"的原因也正是周幽王"弃高明昭显，而好谗慝暗昧；恶角犀丰盈，而近顽童穷固"，好同恶异，只讲"同"而不懂得"和"。这种"去和而取同"的做法必将会导致迅速的灭亡。史伯的"和同论"从理论上说明了西周必然灭亡的原因，从思维发展的角度看，这种认识包含了对事物的多样性及多样性的统一的认识，带有朴素的唯物和辩证思想因素，有其积极的意义。而从史学发展的角度看，可以说它在中国古代的历史观中也有其特殊的价值。

三、探讨春秋各诸侯国的政治得失

《国语》全书除记载了部分西周史事外，大量涉及的是春秋各诸侯国的历史，通过记载和总结它们的盛衰成败，显示出编著者对于春秋时期各诸侯国政治成败经验教训的重视。

春秋时期是中国历史上的动荡时代，随着平王的东迁，周天子的势力急剧下降，虽然在名义上还保留着天下共主的称号，但"礼乐征伐自天子出"却早已为"礼乐征伐自诸侯出"[1]的局面所替代。大国的争霸、霸政的迭起可以说是这一历史发展时期的重要特征。《国语》有重点地记述了这样的历史发展，构成了一部齐、晋、楚、吴、越的争霸史。

从编次上看，《国语》是按照周王朝同鲁、齐、晋、郑、楚、吴、越七个诸侯国为先后次序来编纂的。这种次序是"按周跟鲁齐晋郑的关系、诸夏跟

---

[1]《论语·季氏》，杨伯峻译注：《论语译注》，第174页。

蛮夷的关系来安排的。这还是孔子一派的尊周思想的表现"[①]。但在历史观点上,《国语》却并不像孔子那样感叹于旧制度的崩坏,而是对春秋时期社会历史的大变动,基本上持有一种肯定态度,不但对大国争霸的历史局面给予赞许,而且对于诸侯霸主的盛衰之由,在全书中也有意识地进行了探讨和总结。例如在《齐语》结尾处,概括了齐桓公存邢救卫,广施仁义恩信,示武力、行文教,任用管仲、宁戚等贤臣的政治举措,从外结诸侯、内修政理和任用贤才等方面总结齐桓公成就霸业的经验,说明其"伯功立"的历史原因。在《晋语四》末尾则通过记述晋文公纳周襄王于周、伐原、大搜于被庐等,分析了晋文公如何采用正确的措施,一步步使民知义、知信、知礼而达到可"用"的经过,说明其在城濮之战中打败楚国,成为中原霸主的缘由。这些叙述虽然着墨不多,但恰当而精练,在《国语》全书中显得很突出。

相对于这些成功的统治经验,《国语》更加重视春秋时期各诸侯国在政治上的错误和过失,对这些失败教训作了深入的总结。其中关于晋厉公和楚灵王的记载就是很好的例子。

晋国的霸业,在文公、襄公时期是第一个高潮。此后则渐入低谷,仅图有中原霸主的虚名,直到晋厉公、悼公时期,才成复霸之势。晋厉公是一位颇有作为的君主,继位后,通过对外的一系列征讨和会盟取得了不少的成绩,特别是在同楚国的对抗中赢得了鄢陵之战的胜利,使晋国的霸业又重跃上巅峰。但对外的一系列胜利反而加剧了晋国内部的矛盾,卿大夫之间以及他们同国君间的矛盾逐渐激化,最终导致了晋国的内乱。对于晋国这段时期的历史,《国语》并未着力表现晋厉公对外所取得的"功烈",而是重点记载了晋国大夫范文子的一些言论。这些言论在内容上不免有重复,为此也受到后人的批评和责难,说它重复拖沓,但只要认真地分析,就会发现,这些记载虽有些相近,但也绝非是简单的重复,而是存在着一定的逻辑发展关系。如在鄢陵之战前,范文子就已看出晋国如无外患,必有内忧的形势,他向晋军主帅栾武子指出如果晋国战胜了楚国,晋厉公必将"伐智而多力,怠教而重敛",从而导致内乱。所以他主张放弃作战,在外部利用外患,迫使晋国内修政治,促进团结。但栾武子并没有接受范文子的建议,与楚军在鄢陵作战,大获全

[①] 白寿彝:《中国史学史》第 1 册,第 226 页。

胜。鄢陵之战后,范文子则告诫晋国君臣们说:"君幼弱,诸臣不佞,吾何福以及此!吾闻之,'天道无亲,唯德是授。'吾庸知天之不授晋且以劝楚乎,君与二三臣其戒之!夫德,福之基也,无德而福隆,犹无基而厚墉也,其坏也无日矣。"他号召大家切勿持胜而骄,而是要勤修国政。当从战场回来,范文子见到晋厉公骄奢多宠,预料到了祸难必临,只好祈求早死以免于难,"反自鄢,范文子谓其宗、祝曰:'君骄泰而有烈,夫以德胜者犹惧失之,而况骄泰乎?君多私,今以胜归,私必昭。昭私,难必作,吾恐及焉。凡吾宗、祝,为我祈死,先难为免'"。①《国语》正是借助于范文子的这些言论,一步步展现出当时晋国内部隐藏着的重重危机,以及这种危机在鄢陵之战前后逐渐激化的过程和原因。同时在《晋语六》中也记载了晋厉公的下场:"于是乎君伐智而多力,急教而重敛,大其私暱,杀三郤而尸诸朝,纳其室以分妇人,于是乎国人不蠲,遂弑诸翼,葬于翼东门之外,以车一乘。厉公之所以死者,唯无德而功烈多,服者众也。"②晋厉公终于在踌躇满志之时,被卿族所弑,致使霸业无果。"无德而功烈多","服者众"正是《国语》对晋厉公为政之失的精练而准确的概括。

同晋厉公一样,楚灵王也是一个想有一番作为的君主,常有复兴楚国的志向,但他却是一个刚愎自用的君主,不肯听取大臣的建议。《楚语上》记载楚灵王灭陈、并蔡、占不羹后,在三处筑大城,想以此来威慑中原诸侯,使之归附。他向大夫范无宇咨询,范无宇对此则表示反对并向楚灵王列举了郑、卫、宋、齐、晋、秦等国失败的教训:"昔郑有京、栎,卫有蒲、戚,宋有萧、蒙,鲁有弁、费,齐有渠丘,晋有曲沃,秦有征、衙。叔段以京患庄公,郑几不克,栎人实使郑子不得其位。卫蒲、戚实出献公,宋萧、蒙实弑昭公,鲁弁、费实弱襄公,齐渠丘实杀无知,晋曲沃实纳齐师,秦征、衙实难桓、景,皆志于诸侯,此其不利者也。"③范无宇对历史上在国都以外修建大城所造成的危害性有深刻的认识,从而提出"国为大城,未有利者"的看法,劝诫灵王不要修建大城。但灵王并没有听取他的意见,建城后三年,"陈、蔡及

---

① 《国语·晋语六》,第 416—423 页。
② 《国语·晋语六》,第 420 页。
③ 《国语·楚语上》,第 547 页。

不羹人纳弃疾而弑灵王"①。《国语》记载了这件事情的结果,再次证明了"国为大城,未有利者"这条经验教训的正确。

可以说,类似的事例在《国语》中还有很多,如单襄公论陈侯为政之失、《越语》记范蠡的言论等都是同政治得失、历史经验教训紧密关联的。而在这些经验教训当中,《国语》更是特别强调了民心在社稷中所起的重要作用。

四、民心向背与社稷安危

这首先表现在对民与神关系的探讨上。在《国语》中记载了许多这方面的言论。如《周语上》祭公谋父讲"事神保民",虢文公说君主要"媚于神而和于民"②,《楚语上》右尹子革讲"民,天之生也。知天,必知民矣"③等。这些论述虽然都没有摆脱天命神鬼思想的束缚,但却强调民与神共重,突出了"得民"是政治成败的关键所在。

这种观念在内史过和周惠王的对话中反映得最为详尽。周惠王十五年(公元前662年),"有神降于莘",惠王问内史过是什么缘故,内史过回答说:"国之将兴……神飨而民听,民神无怨,故明神降之,观其政德而均布福焉。国之将亡……明神不蠲而民有远志,民神怨痛,无所依怀,故神亦往焉,观其苛慝而降之祸。是以或见神以兴,亦或以亡。"④他指出神的降临可能是兴国之兆,也可能是亡国之兆,而决定兴亡的则在于民与神共同的状态。他还列举出历史上的一些先例,如"昔夏之兴也,融降于崇山;其亡也,回禄信于聆隧。商之兴也,梼杌次于丕山;其亡也,夷羊在牧。周之兴也,鸑鷟鸣于岐山;其衰也,杜伯射王于鄗"来说明这个问题。⑤这里,内史过虽然一方面还是在大讲神明,并没有否定它的作用;但另一方面却强调了民的作用,实

---

① 《国语·楚语上》,第550页。
② 《国语·周语上》,第3、21页。
③ 《国语·楚语上》,第550页。
④ 《国语·周语上》,第30页。
⑤ 《国语·周语上》,第30页。

际上是把民的作用提到了和神同等的高度来看待，这些都反映了神的权威的削弱和对人事的重视。

值得注意的是，在《国语》中除了体现出民神共重的思想外，更强调在神与民之间，民是起决定性作用的，而神却往往被摆在一旁了。如《鲁语上》记载长勺之战，曹刿问战于鲁庄公，庄公回答道："余不爱衣食于民，不爱牲玉于神。"曹刿却指出："夫惠本而后民归之志，民和而后神降之福。……今将惠以小赐，祀以独恭。小赐不咸，独恭不优。不咸，民不归也；不优，神弗福也。将何以战？夫民求不匮于财，而神求优裕于享者也，故不可以不本。"庄公又说："余听狱虽不能察，必以情断之。"曹刿回答道："是则可矣。知夫苟中心图民，智虽弗及，必将至焉。"①曹刿先讲民和而后神才降之福，以民和为神降福之本，指出"民归之志"才是战争胜负的关键。在这里神的本质已经是空话了，只讲"中心图民"就够了，这就基本上忽略了所谓神的作用。

关于民心向背在社稷兴衰中的作用，《国语》更是有深刻的认识，把民看成是政治成败的决定性因素。如太子晋谏周灵王勿壅谷水时说："天所崇之子孙，或在畎亩，由欲乱民也。畎亩之人，或在社稷，由欲靖民也。无有异焉！"②这就把子孙的兴衰置于所谓天命的庇护之外。子孙兴衰在于他们是否有功于民，是靖民还是乱民，在这里决定社稷变化的不是什么天命，而是民心。又如乐师伶州鸠针对周景王不恤民力、铸造大钟的行为指出："上作器，民备乐之，则为和。今财亡民罢，莫不怨恨，臣不知其和也。"③在这里"民备乐之"才是"和"。他还特别指出"民所曹好，鲜其不济也。其所曹恶，鲜其不废也"④，突出了民众意志的重要性，表达了和太子晋相近的观点。

《楚语下》也记载蓝尹亹对吴王的评论："夫阖庐口不贪嘉味，耳不乐逸声，目不淫于色，身不怀于安，朝夕勤志，恤民之羸，闻一善若惊，得一士若赏，有过必悛，有不善必惧，是故得民以济其志。今吾闻夫差好罢民力以成私好，纵过而翳谏，一夕之宿，台榭陂池必成，六畜玩好必从。夫差先自

---

① 《国语·鲁语上》，第151页。
② 《国语·周语下》，第112页。
③ 《国语·周语下》，第130—131页。
④ 《国语·周语下》，第131页。

败也已，焉能败人。子修德以待吴，吴将毙矣。"①蓝尹亹从吴王阖庐节俭有德与夫差奢侈腐化的对比分析中，得出"吴将毙"的结论。在他看来，阖庐之所以能打败楚国是因为"恤民"的结果，"是故得民以济其志"。夫差只知"罢民力以成私好"，终将会导致灭亡的下场。

《国语》的这种民本思想更是突出地反映在鲁太史里革的言论当中，晋厉公被弑后，消息传到鲁国，鲁成公提出了"臣杀其君，谁之过也"的问题，大臣们都不敢应对，只有里革大胆地作出了"君之过也"的回答：

> 里革曰："君之过也。夫君人者，其威大矣。失威而至于杀，其过多矣。且夫君也者，将牧民而正其邪者也，若君纵私回而弃民事，民旁有慝无由省之，益邪多矣。若以邪临民，陷而不振，用善不肯专，则不能使，至于殄灭而莫之恤也，将安用之？桀奔南巢，纣踣于京，厉流于彘，幽灭于戏，皆是术也。夫君也者，民之川泽也。行而从之，美恶皆君之由，民何能为焉。"②

里革认为晋君的被弑，其过错在于自己，是其使民"至于殄灭而莫之恤也"。这和后来孟子所说的"民为贵，社稷次之，君为轻"③，"闻诛一夫纣矣，未闻弑君也"④的思想是一脉相承的。应当特别注意的是，里革在这里不仅指出了晋君的被杀是由于"弃民""殄灭民众"，而且还从历史上说明桀、纣的灭亡、周厉王的被流放都是同一个原因造成的。这就把对具体事实的议论，上升为一种普遍的认识，从而具有了一定理论的高度。其间实际包含着这样一种历史观念：恤民者昌，弃民者亡。可以说，这也正是《国语》全书中突出反映的历史经验教训。

---

① 《国语·楚语下》，第578—579页。
② 《国语·鲁语上》，第182页。
③ 《孟子·尽心下》，杨伯峻译注：《孟子译注》，第328页。
④ 《孟子·梁惠王下》，杨伯峻译注：《孟子译注》，第42页。

第十一章 《史记·儒林列传》与《汉书·儒林传》之比较研究

经学或者说"五经"之学的成立、发展与嬗变，代表了汉代学术的重要精神与性格。正因为如此，"两汉经学"一直是许多学者对于汉代学术特点的概括与总结。关于西汉经学之成立及其传承的最早记载，分别见于《史记》和《汉书》的《儒林列传》和《儒林传》中。司马迁《史记·儒林列传》主要记述了《诗》《书》《礼》《易》《春秋》在西汉初以迄中叶的传播与师承状况，班固《汉书·儒林传》继其成规续写后事，直至王莽时的讲学大夫，最终完成了对西汉一朝经学发展全局的勾勒。

由于《汉书·儒林传》关于西汉中前期的记载，多因袭《史记·儒林列传》，文字几近重合，所以自清代以来，学者多从《汉书·儒林传》对《史记·儒林列传》的删添、修改处入手，讨论二者的关系。如班固删"子路居卫"句[①]及改"方正博闻"为"方闻"等[②]，均为其中显例。这些论述涉及版本、校勘及文字训诂等诸多方面，对于厘清《史记》《汉书》文本虽大有裨益，却还未涉及两传写作中更为深层的问题。所以自近代以来，更有学者从撰述结构与记述内容方面讨论二者的差异。[③]如徐复观在《中国经学史的基础》里指出，

[①] 参见（清）梁玉绳撰：《史记志疑》，北京：中华书局，1981年，第1435页；（清）王鸣盛著，黄曙辉点校：《十七史商榷》卷27"儒林删史记"条，第188页；（清）沈钦韩：《汉书疏证》卷33，光绪二十六年浙江官书局刻本。

[②] 参见（清）齐召南等撰：《前汉书考证》，《景印文渊阁四库全书》，台北：商务印书馆，1986年，第251册，第117页。

[③] 对于《汉书·儒林传》是否因袭《史记·儒林列传》，学界也曾有过不同的看法，如崔适在《史记探源》中认为今本《史记·儒林列传》多有从《汉书》中窜入的内容，朱东润《史记考索》承接其说，指出"观此篇（按：指《史记·儒林列传》）所陈，与史迁持论，多相违忤。"（参见崔适著，张烈点校：《史记探源》，北京：中华书局，1986年，第213—218页；朱东润《史记考索》（外二种），上海：华东师范大学出版社，1996年，第268页）按：崔适治学深受康有为影响，明显带有晚清今文经家的肆意与武断。其论《史记》专以刘歆窜乱为说，多不可信，故本文不从其说。

除了《汉书·儒林传》较《史记·儒林列传》更为详备外，二者更是在"五经"序列及《史记·儒林列传》未言及《毛诗》及《左传》两点上有所不同。①徐氏所论的确洞察到司马迁、班固撰述上的一些关键性差别，对于考察二传的异同关系深具启发。所以本文所作，便意在接续前贤之论而闻述个人愚者之得。

一、关于"五经"序列的问题

《儒林列传》和《儒林传》在《史记》《汉书》列传中属于"类传"的范围，与通常"类传"遵循的以类相从、以时为序的撰述方法不同，它们采用的是一种依照"五经"次第分别记述各支传经之儒的"以经系人"的写法。《儒林列传》与《儒林传》最大的不同之处是在叙述"五经"传播与师承时采用的次第有所不同。《史记》采用以《诗》为首，《诗》《书》《礼》《易》《春秋》为次的排列，而《汉书》则以《易》为首，继以《书》《诗》《礼》《春秋》的次序。这种变化不仅是司马迁、班固记述习惯的不同，更反映了他们所处时代当中经学侧重的迁移与人们对于"六经"系统认识的改变。

自战国以迄两汉，文献中关于儒家"六艺"顺序的记载约有六种：①《诗》《书》《礼》《乐》《易》《春秋》；②《易》《书》《乐》《诗》《礼》《春秋》；③《诗》《礼》《乐》《书》《易》《春秋》；④《礼》《乐》《书》《诗》《易》《春秋》；⑤《易》《礼》《书》《诗》《乐》《春秋》；⑥《易》《书》《诗》《礼》《乐》《春秋》。其中犹以①和⑥最具影响力②，也可用"以《诗》为先"和"以《易》为先"两类加以概括，《儒林列传》和《儒林传》则分别采用了这两类次序。关于这两种排序方式的缘由，学界曾有过不少讨论，尤以周予同的观点最具代表性。在他看来，"以《诗》为先"是汉代今文经学家的排法，其次序是根据"六经"内容程度的深浅而定的；"以《易》为先"则是汉代古文经学家的排法，其次序是依照"六经"著述时间的早晚而定的。③由于在经学史研究中

---

① 徐复观：《徐复观论经学史二种》，上海：上海书店出版社，2002年，第65—66页。
② 李零：《简帛古书与学术源流》，北京：生活·读书·新知三联书店，2004年，第252页。
③ 朱维铮编校：《周予同经学史论》，第4—5页。

第十一章 《史记·儒林列传》与《汉书·儒林传》之比较研究　255

具有的权威性,这一说法无疑具有导向性作用,在此后相关的研讨中,各家立论也往往依循着周先生的观点而展开。不过细绎此说,其中尚有一些待补充与阐发的地方。

在战国至汉初的文献记载中,如《庄子》的《天下》《天问》《徐无鬼》三篇、《商君书·农战》《荀子·儒效》《小戴礼记》的《经解》《王制》两篇以及《郭店楚简·六德》都已采用了"以《诗》为先"的排序方式。这说明这种顺序至少在战国时就已经出现,远早于西汉的今文经学,所以它不应像周先生所说的那样是今文经学家的创制。大概是受到了周说的启发,徐复观又指出《史记·儒林列传》以《诗》为首是以"建立五经博士时的序列为根据的"[①]。既然"五经"博士的设立尚晚于今文经说的出现,那么以《诗》为首的"六经"次序与"五经"博士的先后就更无关系了。显然,司马迁在《史记·儒林列传》里只是沿用了战国以来人们记述"六艺"时惯用的次序,与今文经说与"五经"博士都无甚牵涉。

不过周先生将"以《诗》为先"的"六艺"顺序看作是由其内容程度深浅来决定的,"含有教育家排列课程的意味"[②]的看法却甚合情理。征之文献,亦有所据。因为孔子确乎说过"兴于《诗》,立于礼,成于乐"的话。[③]历代注家对《论语》此章的解释颇存异议,如何晏、邢昺都将其作为个人修养的"立身成德之法"[④],朱熹则以其为"终身所得之难易、先后、深浅"[⑤]。清代学者刘宝楠则认为这是一种"自古相传教学之法",孔子只不过是"因略本古法教之"而已。为了说明问题,他又条列《大戴礼记·卫将军文子》"吾闻夫子之施教也,先以《诗》,世道者孝弟,说之以义而观诸体,成之以文德。盖入室升堂七十有余人"[⑥]之语加以佐证。刘氏的论证,颇为精深。《大戴礼》所谓"体"与"文德"本指礼、乐而言。《说文·舁部》:"兴,起也。"《戊部》:"成,就也。"《玉篇·戊部》:"成,毕也。""兴"与"成",一为开始之义,一含结束之旨。所以"兴于《诗》,立于礼,成于乐"说的正是孔门关于《诗》

---

① 徐复观:《徐复观论经学史二种》,第65—66页。
② 朱维铮编校:《周予同经学史论》,第5页。
③ 《论语·泰伯》,杨伯峻译注:《论语译注》,第81页。
④ (清)阮元校刻:《十三经注疏》,第2487页。
⑤ (宋)朱熹撰:《四书章句集注》,第105页。
⑥ (清)刘宝楠撰,高流水点校:《论语正义》,第298页。

教（也包含《书》教）、礼教和乐教的教学顺序，恰反映出一种由浅入深的学习次序和积累知识、增进精神修养的程序。

所谓"《书》以道事，《诗》以达意"，《诗》与《书》在文字上虽多有古奥之处，但从思想性和精神修养的角度来看，却是比较初步的，被作为教学的启蒙阶段。而礼、乐之习之用，更在于实际的操演。演礼与奏乐，不一定需要课本，最初也未必有诸文字。其教学不仅依靠实践，更包含着道德伦理的教育和宗教信仰的熏陶，这自然比《诗》《书》的教育要深一些，所以被排在《诗》《书》之后。至于说《易》与《春秋》，比较特别。据《史记·孔子世家》"孔子晚而喜《易》，序《彖》《系》《象》《说卦》《文言》。读《易》，韦编三绝"以及"（孔子）因史记作《春秋》……笔则笔，削则削，子夏之徒不能赞一辞"的记载，复据马王堆帛书《要》"夫子老而好《易》，居则在席，行则在囊"①之说，可以确知，《易》与《春秋》当是孔子晚年最为重视的两部文献。二者虽源自卜筮之书与鲁国国史，但孔子将它们施用于教学却不是教占筮和讲历史，而是借以表述自己的天道观念和政治理想。如孟子就曾言道：

《春秋》，天子之事也；是故孔子曰："知我者其惟《春秋》乎！罪我者其惟《春秋》乎！"②

又说：

晋之《乘》，楚之《梼杌》，鲁之《春秋》，一也：其事则齐桓、晋文，其文则史。孔子曰："其义则丘窃取之矣。"③

马王堆帛书《要》也记载孔子之言：

赞而不达乎数，则亓为之巫。数而不达于德，则亓为之史。史巫之筮，乡之而未也，好之而非也。后世之士疑丘者，或以《易》乎？吾求

---

① 邓球柏：《帛书周易校释》（第3版），长沙：湖南人民出版社，2002年，第572页。
②《孟子·滕文公下》，杨伯峻译注：《孟子译注》，第155页。
③《孟子·离娄下》，杨伯峻译注：《孟子译注》，第192页。

亓德而已，吾与史巫同涂（途）而殊归者也。[1]

可见诸侯史记中的"文"和"事"以及巫史对《易》在"幽赞"与"明数"方面的施用，都不为孔子所重，他追求的恰是其中蕴含的"义"与"德"的精神，也就是要对巫史所用的占筮之《易》与史官所记的诸侯国史进行义理化的处理。其中深奥与复杂程度自远高于《诗》《书》《礼》《乐》，因此在教学顺序中被排列在了最后。

以《诗》为首的"六艺"排序，依据的正是由浅入深的教学顺序。而这种教学内容和顺序不只是孔门私学的创制，在此前贵族官学教育中就已颇具其体。据《周礼·地官·保氏》记述，周代贵族的教学内容主要是礼、乐、射、驭、书、数之"六艺"[2]，包含演习礼、乐，学习射箭、驾车、书写与计算等应用技能的培养与训练。进入春秋后，贵族教育发生了很大变化，除去老的"六艺"外，更加入了新的文本知识。如《国语·楚语上》记载楚国大夫申叔时提出对太子要进行《春秋》《世》《诗》《礼》《乐》《故志》《训典》等方面的教育，就已包含了众多文本的传授。[3]其中《诗》《书》的教育显然是最为普遍的。《礼记·王制》记载：

乐正崇四术，立四教，顺先王《诗》《书》《礼》《乐》以造士。[4]

《王制》虽然晚出，但结合《左传》《国语》所反映的春秋时期贵族在饮宴、盟会时屡引《诗》《书》的情况，可以确知《诗》《书》在贵族教育中应属重要内容。如《左传·僖公二十七年》载晋国大夫赵衰的话："说《礼》《乐》而敦《诗》《书》。《诗》《书》，义之府也。《礼》《乐》，德之则也。"《管子·戒》

---

[1] 邓球柏：《帛书周易校释》（第3版），第573页。
[2] 《周礼·地官·保氏》："保氏掌谏王恶，而养国子以道。乃教之六艺：一曰五礼，二曰六乐，三曰五射，四曰五驭，五曰六书，六曰九数。"
[3] 《国语·楚语上》："庄王使士亹傅太子箴，……问于申叔时，叔时曰：'教之《春秋》，而为之耸善而抑恶焉，以戒劝其心；教之《世》，而为之昭明德而废幽昏焉，以休惧其动；教之《诗》，而为之导广显德，以耀明其志；教之《礼》，使知上下之则；教之《乐》，以疏其秽而镇其浮；教之《令》，使访物官；教之《语》，使明其德，而知先王之务用明德于民也；教之《故志》，使知废兴者而戒惧焉；教之《训典》，使知族类，行比义焉。'"
[4] （清）阮元校刻：《十三经注疏》，第1342页。

亦称："泽其四经而诵学。"可见《诗》《书》与《礼》《乐》并称的说法，已为当时的人们所习用了。

同样，《春秋》（这里泛指诸侯国史记，不特指孔子所作《春秋》）与《易》在春秋时也已被纳入贵族教育当中。关于《春秋》之教，如上文提到的楚大夫申叔时提出要对太子教之《春秋》，"为之耸善而抑恶焉，以戒劝其心"。晋国大夫羊舌肸（叔向）也因"习于春秋"，成为太子彪的老师。① 关于《易》教，据徐复观考证："《周易》不仅由史所主管，而且也成为贤士大夫教养之资。《左传·昭公十二年》卫'南蒯枚筮之，遇《坤》之《比》曰黄裳元吉，以为大吉也，示子服惠伯曰：即欲有事，何如？惠伯曰：吾尝学此矣。忠信之事则可，不然必败……'子服惠伯非史职而曾学《易》，因而对《易》作了合理的解释，则其他士大夫中亦必有学《易》的，因而推进了《易》的理论水准。"② 此说当为确论，且当时贵族教育中"官技"与"官学"的内容本就相互包容，很难截然划分。如《管子·山权数》记齐国"五官技"：

> 诗者，所以记物也。时者，所以记岁也。春秋者，所以记成败也。行者，道民之利害也。易者，所以守凶吉成败也。卜者，卜凶吉利害也。……诗记人无失辞，行殚道无失义，易守祸福凶吉不相乱，此谓君棅。③

五种官技包括《诗》《时》《春秋》《易》与卜。其中"记岁"之《时》应是接近于大小戴《礼》中《夏小正》《月令》一类关于天象、物候与节令的文献，属于《礼》书的范畴。"卜"当是类似《易》的占卜知识。④ 可见当时的官学不但包含有《易》，其顺序也是以《诗》《礼》为先，《春秋》与《易》为后的。可以说以《诗》为首的"六艺"次序，虽然反映了孔门的教学顺序，但更有其久远的渊源。

---

① 《国语·晋语七》："悼公与司马侯升台而望曰：'乐夫！'对曰：'临下之乐则乐矣，德义之乐则未也。'公曰：'何谓德义？'对曰：'诸侯之为，日在君侧，以其善行，以其恶戒，可谓德义矣。'公曰：'孰能？'对曰：'羊舌肸习于春秋。'乃召叔向使傅太子彪。"
② 徐复观：《徐复观论经学史二种》，第10页。
③ 黎翔凤撰，梁运华整理：《管子校注》，载《新编诸子集成》，第1310页。
④ 严格来说，《易》与卜有所不同。《易》是筮占，是依靠结草或折竹来占卜；卜是龟卜，是利用动物骨骼特别是龟甲来占卜，但在先秦时期二者结合相当紧密，经常并称连用。

第十一章 《史记·儒林列传》与《汉书·儒林传》之比较研究

较之《史记·儒林列传》以"《诗》"为先",班固《汉书·儒林传》"以《易》为先"的次序,显然是一种更晚才出现的序列。这与《汉书·艺文志》"六艺略"采用的顺序完全一致。《汉书·艺文志》是删略刘歆《七略》而成的,因此这种次序当也是来自刘歆。① 《汉书·王莽传下》记载新莽时左将军公孙禄说:

> 国师嘉信公颠倒"五经",毁师法,令学士疑惑。②

"国师嘉信公"是指刘歆,"颠倒五经"显然是说刘歆把传统的《诗》《书》《礼》《乐》《易》《春秋》次序,颠倒为《易》《书》《诗》《礼》《乐》《春秋》。唐人陆德明《经典释文》解释这种次序依据的便是其"著述早晚":

> 《周易》:虽文起周代,而卦肇伏羲。既处名教之初,故《易》为七经之首……古文《尚书》:既起五帝之末,理后三皇之经,故次于《易》……毛《诗》:既起周文,又兼《商颂》,故在尧舜之后,次于《易》《书》……三《礼》:《周》《仪》二《礼》,并周公所制,宜次文王;《礼记》虽有戴圣所录,然忘名已久,又记二《礼》阙遗,相从次于《诗》下……古有《乐》经,谓之六籍,灭亡既久,今亦阙焉。《春秋》:既是孔子所作,理当后于周公,故次于《礼》。③

周予同更据此说加以推衍,遂将"以《易》居前"的次序定为古文家说。刘歆是古文经学家,因此将这种排列归之于古文家说颇合理据,不过它却忽略了一个根本性的问题,即为什么东汉今文经学也沿用了这种次序。如《白虎通义·五经》记载:

> 《五经》何谓?《易》《尚书》《诗》《礼》《春秋》也。④

---

① 参见徐复观:《徐复观论经学史二种》,第66页。
②《汉书》卷99下《王莽传下》,第4170页。
③(唐)陆德明撰:《经典释文》,北京:中华书局,1983年,第3—4页。
④(清)陈立撰,吴则虞点校:《白虎通疏证》,北京:中华书局,1994年,第448页。

《白虎通义》为班固奉命撰集，实则是以今文经学的观点来总结"五经同异"的。此外，范晔《后汉书·儒林列传》记述东汉"五经"十四家博士，采用的也是以《易》为首的"五经"次序。范晔虽为刘宋时人，但其记述必有东汉官学的材料以为凭据。白虎观会议充分反映了今文经学的意见，《后汉书·儒林列传》记述东汉"五经"十四家博士也都属于今文经派。如果这种序列当真是出于古文家的排列，是难以为当时的今文经学说所接纳的。

"以《易》为先"的"六艺"顺序，当有其更早的来源。廖名春曾据《淮南子·泰族训》认为，以《易》为首的次序并不始于刘歆，又据帛书《要》指出，以《易》为首实际来源于孔子晚年之后的重《易》，所以冠《易》于《诗》《书》《礼》《乐》之前。① 将《易》升为"六经"之首的原因归结为儒家学派对《易》的重视程度的转变与提高，这种解释未免失之于简，因为至少在西汉，"五经"中应以《春秋》最为重要，但无论在何种"六艺"顺序里，它从来都是处于靠后的位置。不过自汉初以来，随着《易》学传授体系的拓展以及学者在义理上的发掘，却引发了人们对"六艺"作为一个知识体系的重新认识。《易》在西汉末期逐渐被推为"六艺"之首，与此当有直接关系。关于此节，乾嘉史家赵翼在《廿二史札记》里谈到汉儒喜言灾异时的一段论述颇具启发：

> 上古之时，人之视天甚近。迨人事繁兴，情伪日起，遂与天日远一日，此亦势之无可如何也。即以"六经"而论，《易》最先出，所言皆天道。《尚书》次之，《洪范》一篇备言"五福"、"六极"之征，其他诏诰亦无不以"惠迪"、"从逆"为吉凶。至《诗》、《礼》、《乐》盛于商、周，则已多详于人事，而天人相应之理略焉，如"正月繁霜"诸作，不一二见也。惟《春秋》记人事，兼记天变，盖犹是三代以来记载之古法，非孔子所创也。②

虽然在形式上赵翼仍沿用了陆德明"著述早晚"的说法，实际上他却是从天人关

---

① 廖名春：《"六经"次序探源》，《历史研究》2002 年第 2 期。
② （清）赵翼著，王树民校证：《廿二史札记校证》卷 2 "汉儒言灾异"条，北京：中华书局，1984 年，第 38—39 页。

系的远近来看待"六艺"的先后次序。如前文所述,《易》和《春秋》在孔子晚年的思想中占有重要的分量,所以自汉代以来,历代学者有意无意间都喜好将《易》与《春秋》相提并论,并且相互启发。四库馆臣曾对此解释说:

> 盖六经之中,惟《易》包众理,事事可通;《春秋》具列事实,亦人人可解。一知半见,议论易生;著录之繁,二经为最。①

不过至少从汉儒对《易》与《春秋》的理解与运用来看,原因怕非如此简单。如司马迁述其父司马谈的遗愿,就曾说"正《易传》,继《春秋》"②。他自己更是屡次把《易》和《春秋》联系起来:

> 《易》著天地阴阳四时五行,故长于变……《春秋》辨是非,故长于治人。……《易》以道化,《春秋》以道义。③

又说:

> 《春秋》推见至隐,《易》本隐之以显。④

后来刘歆更将《易》和《春秋》紧密结合在一起,将它们看作是叙述"天人之道"的途径。如《汉书·律历志上》引述刘歆学说:

> 经元一以统始,《易》太极之首也。春秋二以目岁,《易》两仪之中也。于春每月书王,《易》三极之统也。于四时虽亡事必书时月,《易》四象之节也。时月以建分至启闭之分,《易》八卦之位也。象事成败,《易》

---

① (清)永瑢、纪昀主编:《四库全书总目提要》"春秋类"小序,第143页。又按《四库全书总目提要》所作统计,《四库全书》经部所收《春秋》类共计一千五百七十六卷(包括存目),仅次于《易》类收录的二千三百七十一卷,其他《书》类、《诗》类、《礼》类、《孝经》类、《四书》类、《乐》类、小学类等均远远少于《易》与《春秋》类。
② 《史记》卷130《太史公自序》,第3296页。
③ 《史记》卷130《太史公自序》,第3297页。
④ 《史记》卷117《司马相如列传》,第3073页。

吉凶之效也。朝聘会盟，《易》大业之本也。故《易》与《春秋》，天人之道也。《传》曰："龟，象也。筮，数也。物生而后有象，象而后有滋，滋而后有数。"①

《汉书·五行志上》也引刘歆《洪范五行传》：

> 周道敝，孔子述《春秋》。则《乾》《坤》之阴阳，效《洪范》之咎征，天人之道粲然著矣。②

刘歆虽为古文学家，但他的"天人之学"却是来自公羊春秋、洪范五行说以及京房易学等今文学派。在今文经学当中，特别是公羊学派爱讲"天人之际"，他们的"天人之际"内容比较繁杂，很难解释得清楚。不过就其所依傍的典籍看，是以《易》代表天道，以《春秋》专讲人事的。《易》以明天道的变化，《春秋》以辨人事的是非，这样的天人相应，正是《易》与《春秋》的结合。司马迁所说的"究天人之际"和"通古今之变"不仅是史学撰述的意旨，更代表了汉代哲学（主要是今文经学）的中心或主题。在汉儒看来，《周易》和《春秋》不但反映着"古今之变"中"变"的观念，更代表了"天人之际"中"天道"与"人事"之两端，这样的"天人之际"也就是他们的"天人之学"。

"五经"当中，《诗》《书》《礼》《春秋》所记，都偏重于政治、道德的问题，对于自然观和宇宙观的论述则比较贫乏，《周易》经传却为儒家哲学开始提供了一个比较粗糙却较为全面的知识体系。特别是到了西汉元帝时，京房以《易》八卦配八节，以六十四卦中的《震》《兑》《坎》《离》四卦配二分、二至，以其余六十卦配一岁三六五又四分之一日，每卦为六日七分，从而在"天人之学"上形成了一个较为严密且精致的体系。在元、成、哀时期，《京氏易》广为盛行，也使这一时期经学的重心由此前的《公羊春秋》转到《易》学的方面。刘歆受《京氏易》影响颇深，在"五经"序列上，他改之以《易》为首，以《春秋》居末，中间夹以《诗》《书》《礼》《乐》的"六艺"排列顺序，正好

---

① 《汉书》卷 21 上《律历志上》，第 981 页。
② 《汉书》卷 27 上《五行志上》，第 1316 页。

缔造出了一种标志着"天人之际"经由"天道"而切近"人事"的完整的知识结构。这与之前按照教学难易程度排列的以《诗》为首的顺序有着本质上的不同，是当时的儒学对于天人结构以及宇宙、社会秩序观点的综合反映。《史记·儒林列传》和《汉书·儒林传》分别以"以《诗》为首"和"以《易》为首"排列也正与此相对应，反映出司马迁和班固所处的两个时代当中，人们对于儒家"六艺"的认识由传统的教学体系转为知识系统的一种重要改变。

二、关于《易》与《榖梁传》的传承问题

如前文所述，《史记·儒林列传》在撰述方法上采用了"以经系人"的写法，其叙次"五经"儒生，所为立传及附传者不过数十人而已。班固《汉书·儒林传》承接其义，不但奠定了此后正史撰述中《汉书·儒林传》的书写成式，而且在内容上也远较《史记·儒林列传》丰富。据李景星统计，"总计传《五经》大师八人，并传者二十二人，附见者一百八十四人"，共计二百一十四人之多。[①]《史记·儒林列传》的记载只到武帝时为止，《汉书·儒林传》则延续到新莽时期，所以这种数量上的差异主要是因为《史记》《汉书》断限的不同。不过就两传重合之处来看，《汉书·儒林传》"大致虽本《史记》，而叙次处较《史记》特详"[②]。造成这种详略差别的原因，主要是因为司马迁在撰写《史记》时，经学建立未久，一些学派尚未能发展壮大起来，而班固在写《汉书》时，"五经"之学的发展脉络早已清晰可观。此外，司马迁、班固撰写"儒林传"的创作依据与侧重也是一个不可忽视的因素。

司马迁在《太史公自序》中叙述《儒林列传》的创作意旨时说：

  自孔子卒，京师莫崇庠序，唯建元元狩之间，文辞粲如也。作《儒林列传》第六十一。[③]

其意在于表彰武帝时期儒学的复兴与繁荣。与此相关，《儒林列传》的小序也

[①] 李景星：《四史评议》，长沙：岳麓书社，1986年，第246页。
[②] 李景星：《四史评议》，第244页。
[③]《史记》卷130《太史公自序》，第3318页。

清晰地反映出司马迁的这种写作意图。这段文字记述了从孔子开始到西汉中期为止，儒学由兴渐衰再由衰复兴的完整过程，不但是对武帝以前儒学发展所做的总结，更成为《史记》为西汉儒士立传的历史根据。这样的写法，实际上意在说明武帝时期儒学的复兴是学术发展的必然趋势，而儒学定为一尊的重要标志就是武帝时"五经"博士的设立。因此，在《儒林列传》中司马迁依据的便是官学所立"五经"博士的成规与范围，对于未立博士的如《毛诗》和《左传》未置一词，《古文尚书》和《穀梁传》也只是附带地提到。

虽然《汉书·儒林传》小序依然因循了《史记·儒林列传》的内容，但班固在《叙传》里又补充说：

> 犷犷亡秦，灭我圣文，汉存其业，六学析分。是综是理，是纲是纪，师徒弥散，著其终始。述《儒林传》第五十八。①

这就于弘扬儒学、表彰"五经"之外，更强调了要在析分经学师承、综理学术纲纪方面作辨章学术、考镜源流的努力。司马迁的时代，"五经"博士建立未久；班固的时代，经学发展业已成熟，不但师法家说日趋完备，经学内部派别的纷争激辩也早已展开，其范围和内涵远远超过了司马迁时代的"五经"博士。班固在记述西汉一朝儒学发展的时候，自不能不从汉初开始追溯它们的源流。而且自武帝建元五年（公元前 136 年）初置"五经"博士起至平帝时，在百余年的发展过程中，博士制度的弊端也日益显现，这已被当时的一些通儒所鄙视。如刘歆就曾移书太常博士，建议打破师法界限，增立《左氏春秋》及《毛诗》《逸礼》《古文尚书》等古文经于学官，却遭到博士们的一致反对，遂开启了今古文经学之争。班固在学术上深受刘歆影响，所以在《汉书·儒林传》的赞语中他写道：

> 自武帝立《五经》博士，开弟子员，设科射策，劝以官禄，讫于元始，百有余年，传业者浸盛，支叶蕃滋，一经说至百余万言，大师众至千余人，盖禄利之路然也。初，《书》唯有欧阳，《礼》后，《易》杨，《春秋》公羊而已。至孝宣世，复立《大小夏侯尚书》《大小戴礼》《施》《孟》《梁丘易》《穀梁春秋》。至元帝世，复立《京氏易》。平帝时，

---

① 《汉书》卷 100 下《叙传下》，第 4265 页。

又立《左氏春秋》、《毛诗》、逸《礼》、古文《尚书》，所以罔罗遗失，兼而存之，是在其中矣。①

可见同刘歆一样，对于"五经"博士制度导致的各种流弊，班固也深有感触，因此在顺通经学师承、序列学术次第方面，打破武帝时代以来的"五经"博士的藩篱，网罗遗失、兼收并采便也是其致意之处了。较之《史记·儒林列传》的记述，《汉书·儒林传》不但在记述经学流派上范围要广阔很多，而且将《史记·儒林列传》未曾提及的《左氏传》《毛诗》《古文尚书》《穀梁传》与其他经传并列提出，正是基于这样的考虑。

考虑到《史记·儒林列传》和《汉书·儒林传》各自的创作意旨与侧重，我们对它们记载当中出现的一些有关师承流布方面的差异和矛盾之处就易于理解了。下面试举《易》与《穀梁传》二例加以说明。

关于《易》在汉初的传布状况，《史记·儒林列传》与《汉书·儒林传》的相关记载见表1：

表1　《史记》《汉书》中关于《易》的记载

《史记·儒林列传》	《汉书·儒林传》
自鲁商瞿受易孔子，孔子卒，商瞿传《易》，六世至齐人田何，字子庄，而汉兴。田何传东武人王同子仲，子仲传淄川人杨何。何以《易》，元光元年征，官至中大夫。齐人即墨成以《易》至城阳相。广川人孟但以《易》为太子门大夫。鲁人周霸，莒人衡胡，临淄人主父偃，皆以《易》至二千石。然要言《易》者本于杨何之家。②	自鲁商瞿子木受《易》孔子，以授鲁桥庇子庸。子庸授江东馯臂子弓。子弓授燕周丑子家。子家授东武孙虞子乘。子乘授齐田何子装。及秦禁学，《易》为筮卜之书，独不禁，故传受者不绝也。汉兴，田何以齐田徙杜陵，号杜田生，授东武王同子中、雒阳周王孙、丁宽、齐服生，皆著《易传》数篇。同授淄川杨何，字叔元，元光中征为太中大夫。齐即墨成，至城阳相。广川孟但，为太子门大夫。鲁周霸、莒衡胡、临淄主父偃，皆以《易》至大官。要言《易》者本之田何。③

对比二者的内容，确有很多不同之处。其一，《汉书·儒林传》比《史记·儒林列传》多出了由战国到汉初的《易》学的师承传递。其二，对于汉初以来《易》学的传承，《史记·儒林传》所记是从田何到王同再到杨何一支

---

① 《汉书》卷88《儒林传》，第3620—3621页。
② 《史记》卷121《儒林列传》，第3127页。
③ 《汉书》卷88《儒林传》，第3597页。

的传承谱系;《汉书·儒林传》所记虽也从田何出发,但不限于王同、杨何一支,同时也加入了由田何发出的周王孙、丁宽、服生三支体系。其三,《史记·儒林列传》"要言《易》者本于杨何之家"句,《汉书·儒林传》改为"要言《易》者本之田何"。

关于第一点差异,《史记·仲尼弟子列传》已记述了战国、秦汉间《易》学从商瞿到田何六代的传递体系:

> 孔子传《易》于瞿,瞿传楚人馯臂子弘,弘传江东人矫子庸疵,疵传燕人周子家竖,竖传淳于人光子乘羽,羽传齐人田子庄何。①

为了避免重复,司马迁在《史记·儒林列传》中只是简略地提到"六世至齐人田何"。班固添加的内容显然是根据《仲尼弟子列传》写成,只是在人名上略有一些音同字异或形近音殊的细微差别。

至于第二和第三点差别,特别是班固改"要言《易》者本于杨何之家"为"要言《易》者本之田何"的问题,一直以来学术界对此多存异议。如清人梁玉绳认为《史记·儒林列传》中的杨何"当依《汉传》作'田何'"②。今人刘大钧则认为"太史公曾学《易》于武帝时第一位《易》学博士杨何,故《史记》中所列由孔子至田何的传《易》名单,应该是太史公得之其师杨何所提供的名单"③。为什么记述同一件事,司马迁、班固会有如此的差异?这实际反映了他们在看待汉初以来的《易》学发展这一问题的视角上有所不同。如前文所说,班固《汉书·儒林传》析分经学、综理纲纪,重在经学流派的梳理,其述《易》便不仅限于杨何一系,更兼记出自田何的多支易学传承。特别是宣帝时立为易学博士的施雠、孟喜、梁丘贺三家都是出自丁宽、田王孙一系④,所以班固对于后来壮大起来的丁宽易学一支更要着力记述。为了使整个易学在西汉的发展脉络清晰可观,他才将《史记·儒林列传》"要言《易》者本于杨何之家"句改为"要言《易》者本之田何",用以概括西汉易

---

① 《史记》卷67《仲尼弟子列传》,第2211页。
② (清)梁玉绳撰:《史记志疑》,第1439页。
③ 刘大钧:《今、帛、竹书〈周易〉综考》,上海:上海古籍出版社,2005年,第120页。
④ 《汉书》卷88《儒林传》:"至孝宣世,复立《大小夏侯尚书》,《大小戴礼》,《施》,《孟》,《梁丘易》,《穀梁春秋》。"第3621页。

学的源头。《史记·儒林列传》所本乃是武帝时所置"五经"博士的范围,杨何"以《易》,元光元年征,官至中大夫"①,在武帝时期最具影响,司马迁之父司马谈也曾经"受《易》于杨何"②,对于杨何一派是熟悉的。所以司马迁在记述西汉前期易学发展时才独列杨何一支,而不及其余。《汉书·儒林传》赞曰:"初,《书》唯有欧阳,《礼》后,《易》杨,《春秋》公羊而已。"这里的"《易》杨"就是说杨何,这段话看似与班固之前所改"要言《易》者本之田何"相矛盾,所以清儒沈钦韩才认为:"《易》杨为《易》田之讹,杨本不立博士,汉以来言《易》者皆本田何。"③其实班固在传文中所改"要言《易》者本之田何"句乃是说西汉易学的源头,赞语所说的"《易》杨"乃是指武帝时《易》经博士所立师法④,二者并不矛盾。

关于《穀梁传》,《史记·儒林列传》载其师传始于武帝时的博士瑕丘江公:

瑕丘江生为穀梁《春秋》。自公孙弘得用,尝集比其义,卒用董仲舒。⑤

瑕丘江公只是《诗经》博士,武帝时所置"五经"博士中也没有《穀梁传》,司马迁之所以提到《穀梁传》,仅仅是因为瑕丘江公曾与董仲舒争论《公羊传》《穀梁传》短长。汉代今文诗学有齐、鲁、韩三家之分,瑕丘江公所传为《鲁诗》。三家诗虽各异其说,但以《鲁诗》为最早出,于西汉一代也最为兴盛。所以《史记·儒林列传》与《史记·儒林传》在叙述诗学传布时,都追溯到瑕丘江公的老师申公那里。《史记·儒林列传》记述申公的生平及行事颇为简略,对申公传经之事只是提到:

---

① 《史记》卷121《儒林列传》,第3127页。
② 《史记》卷130《太史公自序》,第3288页。
③ (清)沈钦韩:《汉书疏证》卷34,光绪二十六年浙江官书局刻本。
④ 《汉书》只是提到丁宽的弟子"田王孙为博士",却未言及杨何是否曾为博士。徐复观、刘大钧都认为杨何为武帝时第一位易学博士(参见徐复观:《徐复观论经学史二种》,第74页;刘大钧:《今、帛、竹书〈周易〉综考》,第120页)。但《儒林传》只记载了丁宽的弟子田王孙为易学博士,并未提及杨何曾为博士之事。关于武帝时《易》杨的由来,沈文倬依据西汉经师或用其师及同门师法立博士之例,认为杨何与丁宽师法略同,而武帝又倾向杨何,所以田王孙即用杨何师法而立于学官,其说可信(参见沈文倬:《宗周礼乐文明考论》(增补本),杭州:浙江大学出版社,2006年,第477—478页)。
⑤ 《史记》卷121《儒林列传》,第3129页。

> 申公独以《诗》经为训以教,无传,疑者则阙不传。①

因此班固在《汉书·儒林传》中又做了很多补充,除了对申公的生平行事以及师承弟子做了更为详细的记述外,最大的不同就是说到申公除了以《诗》传授外,还传授《春秋》:

> 申公卒以《诗》《春秋》授,而瑕丘江公尽能传之,徒众最盛。及鲁许生、免中徐公,皆守学教授。②

因此班固在后文记述《榖梁传》的流传时,便将其从《史记》记载的瑕丘江公提前到了鲁申公那里:

> 瑕丘江公受《榖梁春秋》及《诗》于鲁申公,传子至孙为博士。武帝时,江公与董仲舒并……江公呐于口,上使与仲舒议,不如仲舒。而丞相公孙弘本为《公羊》学,比辑其议,卒用董生。于是上因尊《公羊》家,诏太子受《公羊春秋》。③

这样的写法,显然是出于综理纲纪、网罗遗失的目的,但也容易造成一种错觉,即《榖梁传》早在申公时就已经出现。申公的确曾经传授《春秋》,但其所传《春秋》是否就是《榖梁春秋》,却大有疑问。《汉书·终军传》载:

> 元鼎中,博士徐偃使行风俗。偃矫制,使胶东、鲁国鼓铸盐铁。……偃以为《春秋》之义,大夫出疆,有可以安社稷,存万民,颛之可也。④

徐偃是申公弟子,其所说《春秋》之义当是出自申公传授。不过他所说的《春

---

① 《史记》卷 121《儒林列传》,第 3121 页。
② 《汉书》卷 88《儒林传》,第 3608—3609 页。
③ 《汉书》卷 88《儒林传》,第 3617 页。
④ 《汉书》卷 64 下《严朱吾丘主父徐严终王贾传下》,第 2817—2818 页。

第十一章 《史记·儒林列传》与《汉书·儒林传》之比较研究 269

秋》"大夫出疆,有可以安社稷,存万民,颛之可也"之义,却是公羊学说。①
这条经义非但为《穀梁传》所无,而且从思想上看,《穀梁传》更是极力反对
大夫专权的。②申公所传与其弟子徐偃所云《春秋》之义,均非《穀梁传》。
申公所处时代早在汉初,这一时期公羊、穀梁之学尚未成熟,其所授《春秋》
恐怕还没有严格的家派分别。近人陈澧在《东塾读书记》中曾考证《穀梁传》
文多据《公羊传》而撰作,从而推断《穀梁传》成书于《公羊传》之后。③金
德建也曾指出《史记·儒林列传》中"瑕丘江生为《穀梁春秋》"一句中的
"为"字该当"作"字解释,明白地说《穀梁传》这部书是江公所作。④联系
上述内容,我们可以认为《穀梁传》是瑕丘江公和他的传人们采用当时经师
口头相传的一些经义,并参考《公羊传》而编写的一部著作。班固根据申公
曾传授《春秋》与《鲁诗》,瑕丘江公又曾为申公弟子的事实,便将《史记》
记载的"瑕丘江生为《穀梁春秋》"改为"瑕丘江公受《穀梁春秋》及《诗》
于鲁申公"。这在考镜源流上求之过远则不免失之于凿了。

不过班固的这种改动,从另一方面也反映出穀梁学派在西汉的消长变化。
《穀梁传》在汉廷的第一次辩论,便由于江公"呐于口"和丞相公孙弘的祖
护,从而导致汉武帝采纳董仲舒之说,公羊学由此大兴。至宣帝时,穀梁学
者蔡千秋与公羊学者并说,宣帝善穀梁之说,蔡千秋因此被擢升为谏大夫给
事中,选郎生十人从受穀梁学。蔡千秋病卒,宣帝征召瑕丘江公之孙(小江
公)为博士,并以刘向作为助手。后小江公死,又征召周庆、丁姓等待诏保
宫,卒授十人。从元康中(约公元前 63 年)始讲穀梁学说,至甘露元年(公
元前 53 年),经过十余年的讲授,这十人"皆明习",于是宣帝"乃召《五经》
名儒太子太傅萧望之等大议殿中,平《公羊》、《穀梁》同异,各以经处是非"。⑤
这就是著名的石渠阁会议。《汉书·宣帝纪》记载:"诏诸儒讲《五经》同异,
太子太傅萧望之等平奏其议,上亲称制临决焉。"在宣帝的支持下,这场辩论
终究是穀梁一派占了上风,与公羊同立于学官,由是也达到了历史上唯一一

---

① 《公羊传·庄公十九年》:"大夫受命不受辞,出竟有可以安社稷利国家者,则专之可也。"
② 参见邱锋:《〈春秋穀梁传〉与法家思想》,《甘肃社会科学》2013 年第 1 期。
③ (清)陈澧:《东塾读书记(外一种)》,第 195—196 页。
④ 金德建:《司马迁所见书考》,上海:上海人民出版社,1963 年,第 145 页。
⑤ 《汉书》卷 88《儒林传》,第 3618 页。

次大盛。纵观《穀梁传》在西汉一朝的发展，始终伴随着与《公羊传》对峙与辩难的局面而逐次兴起，也正是由于这种对峙与辩难，使穀梁学者在经义解释与政治见解上往往与公羊学说站在对立面，同时为了抬高身价，他们也总是在寻求更为久远的师承传授体系。所以不妨说班固所记《穀梁传》传自汉初的申公，其实正好反映了穀梁学派在这方面的期望与努力。至于以后出现的《穀梁传》传自子夏及荀子的说法，更是穀梁学者们创造的借以自高的说法罢了。

三、关于董仲舒的立传问题

本章要讨论的最后一个问题是《史记》和《汉书》关于董仲舒记载的差异，这主要反映在二书为其立传的规格上。司马迁只是将董仲舒与其他经师并列于《儒林列传》中，而班固在《汉书》里则将其移出《儒林传》，另外单独设立了《董仲舒传》。对比二者的记载，可以明显地看出，《董仲舒传》虽然是在《儒林列传》的规模上写成，但其内容已经发生了很大的改变。除了对董仲舒生平记载更为详尽外，最大的不同就在于班固全文收录了著名的"天人三策"，这也使得后者从前者约 300 字的基础上扩充为一篇 7000 余字的长文。

正是由于采用了不同的作传形式，才塑造了董仲舒在《史记·儒林列传》和《汉书·董仲舒传》中不同的人物形象。《史记·儒林列传》中的董仲舒只是一位为人廉直且终身仕运不佳的学者，除了传《公羊春秋》外，看不到他对西汉学术和政治上的其他影响。而在《汉书·董仲舒传》中，班固不但通过"天人三策"比较完整地反映了他的学术思想，更将其作为建立西汉儒学的开创式人物加以评价。对于这种记载与评价上的悬隔与乖离，前人也有评测。如张溥在《汉魏六朝百三家集题辞注》指出：

> 凡人轻今贵古，贤者不免，太史公与董生并游武帝朝，或心易之。孟坚后生，本先儒之说，推崇前辈，则有叩头户下耳。

第十一章　《史记·儒林列传》与《汉书·儒林传》之比较研究　271

对张溥所说的"或心易之",殷孟伦更复引申说:

> 按太史公自叙尝称吾闻之董生云云,是其删次旧闻,且引仲舒为重,如张氏说,未必乃尔。或者史公好道家言,与孟坚被服儒者,各殊涂辙,故秉笔时因有出入。①

此外,黄朴民亦据殷说,认为这种不同恰好反映了"新儒家在完全战胜新道家之前的思想界真实面貌"②。司马迁曾师从董仲舒,但不可否认,他与董氏的今文经学在思想上确有许多差异,这种差异主要反映在他们对于"天人之际"和"古今之变"的理解当中,却不代表着道家与儒家思想的分野。《史记》全书不但以儒家学说为主要价值标准,而且司马迁突破《史记》的著述界限,撰写《孔子世家》,同时撰写《仲尼弟子列传》和《儒林列传》,这本就彰显了儒学的显赫地位。因此,如果从司马迁"好道家言"或者对儒家学说存有某种保留的角度来看待这个问题,并不能很好地说明《儒林列传》和《董仲舒传》的关系。

对于这个问题,还是要从《儒林列传》的写作立意和司马迁、班固二人所处时代的角度加以分析。首先,司马迁记述董仲舒事迹在"类传"的体例上便受到了限制,《儒林列传》秉承"五经"博士的规模,"以经系人"序次西汉以来的儒学之士。因此在布局安排上,也只能将董仲舒与申生、辕固生、韩生、伏生、高堂生、胡毋生、江生、田生等经师并列。至于其中为何不载"天人三策",并不像刘咸炘说的那样是司马迁"非必有意"③,而是受到了《儒林列传》立传规模的限制。正因为如此,班固在《汉书》中全载"天人三策",从写作要求上看,也必须将董仲舒移出《儒林传》而另立新传。

其次,因为司马迁、班固时代的不同,对于董仲舒历史定位和评价自也不尽相同。班固在《董仲舒传》中的赞语写道:

> 刘向称:"董仲舒有王佐之材,虽伊吕亡以加,管晏之属,伯者之佐,

---

① 张溥著,殷孟伦注:《汉魏六朝百三家集题辞注》,北京:人民文学出版社,1960年,第8页。
② 黄朴民:《关于董仲舒研究的史料依据问题》,《文献》1992年第3期。
③ (清)刘咸炘:《太史公知意》,《推十书》,成都:成都古籍书店,1996年影印本,第2册,第1286页。

殆不及也。"至向子歆以为"伊吕乃圣人之耦,王者不得则不兴。故颜渊死,孔子曰'噫!天丧余。'唯此一人为能当之,自宰我、子赣、子游、子夏不与焉。仲舒遭汉承秦灭学之后,《六经》离析,下帷发愤,潜心大业,令后学者有所统壹,为群儒首,然考其师友渊源所渐,犹未及乎游夏,而曰管晏弗及,伊吕不加,过矣。"至向曾孙龚,笃论君子也,以歆之言为然。①

对于董仲舒历史地位的评价,刘向、刘歆父子间存在着很大的差异。刘向将其视为堪比伊尹、吕尚、管仲、晏婴的王佐之才,而刘歆却认为这种评价显然过当,只强调他作为学者所拥有的西汉一代儒宗的地位。无论如何,比之司马迁的记述,董仲舒的形象显然在刘向、刘歆父子那里得到了很大的提升,而班固对董仲舒的定位也明显是受到了刘歆的影响。清人何焯在《义门读书记》中曾言及:

> 太史公受学于董仲舒,仲舒之学具于"天人三策",兹不载之,非故抹煞也。盖太史公之意一本于《春秋》,所以救时之失,"三策"虽合于正道,而当时不能行之。班固所以载之者,盖谓国家有如此学术,正宜表章。同一史也,而立意各殊,不得雷同视之。②

司马迁作为董仲舒同时代之人,如果说他限于时代的原因,尚不能对董氏"推明孔氏,抑黜百家"主张所产生的巨大影响做出全面定位和恰当考量的话,到了儒术早已定为一尊的刘向、刘歆和之后班固的时代,刘向、刘歆和班固对于董仲舒在儒学理论上的贡献和他在西汉学术、政治当中的地位自然要看得清楚明白许多。因此,班固在《汉书》中标榜董氏,为其单独立传不但成为可能而且也是势所必然的了。

---

① 《汉书》卷56《董仲舒传》,第2526页。
② (清) 何焯著,崔高维点校:《义门读书记》,北京:中华书局,1987年,第231页。

四、结　　语

以上从三个方面比较了《史记·儒林列传》和《汉书·儒林传》的差异，可以说，这些差异主要在于材料铺排与记述重点上的不同，若进一步剖析这些铺排和重点，应该发现它们很大程度上是由司马迁、班固二人所处时代的社会、文化因素所决定的，因此很难直接以对错或者真伪来截然判定。

历史考证固然要以求真取信为其规范与归的，但当面对不同时代的相同撰述时，于钩稽考索、取证考信之外，更当从彼此记述的异同中求得时代的变迁与史学之演进。众所周知，历史的认知主要依据历史的记录，而随着历史记录的不断积累与发展，记录本身也将成为客观历史之组成部分。有关一个时代的历史撰述总是孕育在它所在的时代中，并与其时代发生交互的影响。透过一个时代的社会与文化变迁，固然可以了解这个时代历史撰述的特点与性格，而分析某一时代历史撰述的发展与他者记载之异同，也可求得这个时代社会与文化变迁的痕迹。从《史记·儒林列传》采用的"以《诗》为先"的序列到《汉书·儒林传》"以易为先"的序列，不但显示了《易经》在儒学中地位的升格，更展示了"六经"作为一个完整的知识体系在西汉的形成过程。与"六经"的体系化、哲学化过程相呼应的则是儒学在西汉中前期被定为一尊的社会状况。《史记·儒林列传》依傍"五经"博士的规模写成，反映了儒学在武帝时期的复兴，班固在《汉书·儒林传》中网罗遗失、兼收并采则充分说明了经学自西汉中期以来的分化与繁衍，在这种繁盛背后自也隐藏着其发展所带来的官僚化和派系化的流弊。同样，对于董仲舒的历史影响，司马迁、班固也站在各自时代的立场上给予了评价和肯定。《史记·儒林列传》和《汉书·儒林传》记述了经学在西汉的发展状况，二者记载上的差异不仅反映了司马迁、班固二人撰述上的不同风格与偏好，更折射出他们所处时代当中经学自身的特点和演变轨迹。

第十二章 《竹书纪年》与晋唐间的史学

在中国学术史上，新材料的发现每每会为一个时期的学术研究带来新的风气，开辟新的途径。这种情况不但在近代以来的学术发展中表现得至为明显，在古代学术史上也不乏其例，其中为人们所公认的两次最重要的学术发现便是汉初的孔壁中书和西晋的汲冢竹书。[①]孔壁中书因与今文经多有不合之处，曾酿成今古文经的分派与纷争，这早已为经学史研究所习知。而汲冢竹书，特别是《竹书纪年》，对西晋以降的史学发展也带来了巨大的影响。

所谓汲冢竹书，是指西晋太康初年因汲郡人不准盗发战国魏王墓冢而发现的竹简书。[②]这批竹简书有十余车，经过整理后，除七篇不载题名，共有十六种，七十五篇，内容涉及诸多方面。[③]其中的十二篇《竹书纪年》[④]以编年相次，记事起自夏商，讫于战国后期，为战国时魏国的史书。由于《竹书纪年》一直埋藏地下，为司马迁等汉魏史家所未见，所以它的出现不但补充了传世文献的记载，更因其内容与儒家经典在叙述与认识上的差异，激发了人们对史学自身的反思。研究晋唐间史学的学者不但利用《竹书纪年》对传

[①] 参见王国维：《最近二三十年中国新发现之学问》，《王国维遗书》第 5 册《静庵文集续编》，上海：上海古籍书店，1983 年；李学勤：《考古新发现与中国学术史》，《李学勤文集》，上海：上海辞书出版社，2005 年。

[②] 关于汲冢书发现之具体年代，史籍记载不一。除《晋书·束皙传》作太康二年（281 年）之外，《晋书·武帝纪》作咸宁五年（公元 279 年），杜预《春秋经传集解后序》《晋书·卫恒传》《晋书·律例志》和《隋书·经籍志》等作太康元年（公元 280 年），《尚书·咸有一德》正义则作太康八年（287 年）。此四说当中，太康二年较为可信。参见陈梦家：《汲冢竹书考》，《尚书通论》（外二种），石家庄：河北教育出版社，2000 年，第 596—598 页。

[③] 参见《晋书》卷 51《束皙传》，北京：中华书局，1974 年，第 1432—1433 页。

[④]《晋书·束皙传》记载《纪年》的篇数为十三篇，按照朱希祖的考证："《纪年》十三篇，篇数疑误。王隐《束皙传》《纪年》十二卷，《隋书·经籍志》《纪年》十二卷并《竹书同异》一卷，则此当作十二篇，方与下总数七十五相合。"（朱希祖：《汲冢书考》，北京：中华书局，1960 年，第 21 页）

世古籍补其遗漏，纠其错讹，也由此引发了学界关于经史关系、史体史例、辨伪疑经等一系列问题的探究。

一、《竹书纪年》与经史分途

《竹书纪年》一经问世，便在学术界引起了巨大的轰动，西晋政府不但为此先后组织了两次整理工作①，而且因为当时的著名学者几乎都曾参与其中，由此更形成了一股围绕《竹书纪年》的讨论热潮。《竹书纪年》"文意大似《春秋经》"②，其中涉及的一个重要话题就与《春秋》经传有关。《史通·申左》记载：

> 至晋太康年中，汲冢获书，全同《左氏》。故束皙云："若使此书出于汉世，刘歆不作五原太守矣。"于是挚虞、束皙引其义以相明，王接、荀顗取其文以相证，杜预申以注释。③

可见当时的学者不但援引《竹书纪年》与《春秋》经传相互印证，更引起了他们对《春秋》和《左传》性质的再思考。《左传》是否传经，一直是西汉以来今古学派争论的一个焦点。西汉末期，刘歆将《左氏春秋》说成是专门解说《春秋》的著作，由此引起了与今文学家关于《左氏》是否是解经著作的激烈争论。刘歆主要凭借《史记》来证明《左传》的权威，《竹书纪年》不但早于《史记》，而且其内容"全同《左氏》"，无疑为此又提供了新的佐证。束皙是《竹书纪年》的主要整理者，他所说"刘歆不作五原太守"云云，便是借《竹书纪年》为经古文学派"《左氏》传经"的观点来张目。不过《竹书纪年》的出现，同样也为今文学家所利用，刘知幾提到的"取其文相证"的王

---

① 《纪年》的第一次整理发生在晋武帝时期，由中书监荀勖、中书令和峤负责。第二次在惠帝永平元年（291年），起于秘书丞卫恒，最终由著作郎束皙续成其事。参见朱渊清：《再现的文明：中国出土文献与传统学术》，上海：华东师范大学出版社，2001年，第30页。
② 《隋书》卷33《经籍志》，北京：中华书局，1973年，第959页。
③ （唐）刘知幾著，（清）浦起龙通释，王煦华整理：《史通通释》卷14《申左》，第395页。

接，便是主张《左氏》"自是一家书，不主为经发"①的公羊学者。他为《公羊传》做的新注，被《晋书》评为"多有新义"，其中自也有以《竹书纪年》为依据的地方。

束皙和王接在观点上的对立显然是西汉以来今古文经争论的延续，不过魏晋时期的经学已然处于渐衰的状态，经学内部今古文的界划和壁垒也不像之前那样森严。由《竹书纪年》引发的对《春秋》和《左传》性质的探讨，便不限于"《左氏》是否传经"一隅，更有了新的内涵。这在有"左氏癖"之称的杜预身上就有突出的反映。需要指出，上引刘知幾"杜预申以注释"之说并不确切。杜预的《春秋释例》和《春秋经传集解》写成于280年平吴之后，虽与汲冢竹书出土时间相接，但他在秘府得观汲冢书却是在二书撰述"始讫"之后。②不过《竹书纪年》的内容却给他很大的震动，促使他专门为《经传集解》补写了《后序》。在这篇文字中他不但依据《竹书纪年》尊奉《左氏》、排斥《公羊传》《穀梁传》，更着意说明《竹书纪年》对于印证"经承旧史"的重要意义。"经承旧史"是杜预在《春秋经传集解》中申述的一个主要观点，主旨是说《春秋》本是源自鲁国史官的记载，涉及其他各国的史事则需依据他国的"赴告"书写，孔子的《春秋》只是在这些"鲁史策书成文"的基础上"刊而正之，以示劝惩"罢了。这种将《春秋》作为古代史策来解读的观点，比之那些对《春秋》文辞牵强附会的解释要简单明了许多，也更为接近《春秋》的本来性质。不过由于先秦史官的"赴告策书"没能流传下来，使这种观点总显得有些证据不够充分。《竹书纪年》的发现使上古史策得以重现，恰好为杜预提供了有力的史料支持。所以在《后序》中，他便刻意强调《竹书纪年》是魏国的史记，从其"著书文意，大似《春秋》经"的特点，便足可见"古者国史策书之常"了。自孟子以来，人们对《春秋》的认识基本上都是将其作为包含微言大义的政治学、伦理学著作来看待。虽然汉代的古文经学有将《春秋》作为史的倾向，却从未有人像杜预这样明确地用史的精神来贯穿经传。他凭借《竹书纪年》的材料来说明《春秋》与鲁国史

---

① 《晋书》卷51《王接传》，第1435页。
② 杜预《春秋经传集解后序》云："太康元年三月，吴寇始平，余自江陵还襄阳，解甲休兵，乃申杼（抒）旧意，修成《春秋释例》及《经传集解》。始讫，会汲郡汲县有发其界内旧冢者，大得古书，皆简编科斗文字。"[（清）阮元校刻：《十三经注疏》，第2187页］

策的关系，这无异于将《春秋》当作一部历史学著作来看待了。

众所周知，魏晋南北朝学术发展的一个重要结果便是经史的分离与史学的独立。史学之所以能够脱离经学，获得自己的独立品格，与这一时期史书种类、数量的激增以及史学自觉意识的萌生有直接的关系，也和东汉以来渐次兴盛的古文经学密不可分。古文经学与史学本就有着天然的脐带联系，作为古文经代表的《周礼》和《左传》，一讲制度，一述史事，记述的都是史的内容。在汉代的史家眼中，《左传》不但是解释《春秋》的经典，更与《春秋》一起代表着史学的根源与原则。[①]因此，古文经学特别是其中的左传学不仅关乎经学的问题，同时也是影响史学发展的一个重要因素。《左传》的长处在于述史，但在汉代却未像《公羊传》《穀梁传》那样取得经典的资格。在今古文相争的时候，古文家不大敢强调《左传》"史"的特性，反而去附会今文家的学术体系，尽可能地将其向传"大义"的今文经学靠拢。不过随着东汉后期古文经为主干之局面的形成，《公羊传》《穀梁传》式微而《左传》大胜并逐渐取代《公羊传》《穀梁传》的形势已经不可逆转。在这种情况下，人们不必再特别关注《左传》是否传经、《春秋》大义如何，这就为重新认识《春秋》《左传》"史"的属性提供了可能。[②]杜预的《春秋经传集解》正好反映了《左传》研究中的这一转变，《竹书纪年》也在这时适时出现，促使人们重新反思经传关系和对《春秋》作古史性质的探求。因此它才与《经传集解》一起，不但为这一时期春秋学的发展提供了助力，对古文经向史学的转化和加速史学从经学中独立也起到了推波助澜的作用。

二、《竹书纪年》与编年体史书撰写的兴盛

《竹书纪年》的问世，突出了《春秋》的古史意味，在客观上推动了古文经向史学的转化，这种作用在史学上带来的一个重要影响便与编年体史书有关。

---

① 参见《汉书·艺文志·六艺略》"春秋类"小序。
② 参见胡宝国：《汉唐间史学的发展》，北京：商务印书馆，2003年，第48页。

在西晋初编订的《中经新簿》里，《竹书纪年》与其他汲冢竹书一起作为一个独立的部分被附于收录诗赋、图赞的"丁部"之末。[①]到了《隋书·经籍志》中，它便被归入"史部"的"古史"类目。《隋志》将纪传体国史称为"正史"，而将编年体国史称为"古史"以为区分，这种划分正反映了西晋以降人们对《竹书纪年》性质的看法。《竹书纪年》记事始于上古，应属通史性质。从今天的观点来看，把它归入收录正统王朝国史的"古史"类目颇有为例不纯之嫌[②]，但将《竹书纪年》当作是魏国史官所写的编年体国史，却是晋唐学者比较一致的观点[③]。《隋志·史部》"古史类"以《竹书纪年》为首，著录"《纪年》十二卷，《汲冢书》并《竹书异同》一卷"，便突出了它在编年体史书中的重要地位。

《竹书纪年》的发现与整理更影响到东晋以来编年体史书的撰写。刘知幾在《史通·二体》中说："班、荀二体，角力争先，欲废其一，固亦难矣。后来作者，不出二途。"这反映了晋唐间编年体史书与纪传体史书并行相抗的情形。编年体原是一种古老的史书撰述体裁，但自从司马迁写成《史记》之后，纪传体大兴于世，编年体却长期受到冷落。直到东汉末荀悦模仿《左传》的规模写成《汉纪》，才继续了编年体史书的撰写。正因如此，刘知幾将断代编年体称之为"荀体"。不过这种称呼很容易产生一种误导，即编年体的复兴是受到《汉纪》的影响。其实《汉纪》之后，三国时期的编年体史书只有胡冲的《吴历》，纪传体史书却有谢承的《后汉书》、薛莹的《后汉记》、韦昭的《吴书》、张勃的《吴录》等多部；到了西晋，编年体史籍也只有陆机的《晋纪》四卷。可见，在荀悦《汉纪》写成之后，编年体仍未能得到人们的重视。编年体得到重视并大行于世的时期是在东晋和南朝。以晋史为例，这一时期纪传体有东晋王隐的《晋书》、虞预的《晋书》、朱凤的《晋书》、谢沈的《晋书》、郗绍的《晋中兴书》、何法盛的《晋中兴书》，刘宋谢灵运的《晋书》、

---

① 《隋书·经籍志》："一曰甲部，纪六艺及小学等书；二曰乙部，有古诸子家、近世子家、兵书、兵家、术数；三曰丙部，有史记、旧事、皇览簿、杂事；四曰丁部，有诗赋、图赞、汲冢书。大凡四部合二万九千九百四十五卷。"

② 雷家骥：《中古史学观念史》，台北：台湾学生书局，1990年，第542页。

③ 如杜预《春秋经传集解后序》、《隋书·经籍志·史部》"古史类"小序、刘知幾《史通》都认为《竹书纪年》为魏国的史记。而《新唐书·刘子玄传附刘觊传》记载，刘知幾之子刘觊"尝以《竹书纪年》序诸侯列会皆举谥，后人追修，非当时正史"。

萧齐臧荣绪的《晋书》、庾铣的《东晋新书》、袁炳的《晋书》，萧梁沈约的《晋书》、萧子云《晋书》、萧子显《晋史草》、郑忠《晋书》等十四种；编年体则有东晋干宝的《晋纪》、庾翼的《晋春秋》、邓粲的《晋纪》、孙盛的《晋阳秋》、习凿齿的《汉晋春秋》，刘宋刘谦之的《晋纪》、王韶之的《晋纪》、徐广的《晋纪》、檀道鸾的《续晋阳秋》、郭季产的《续晋纪》、裴松之的《晋纪》、周祇的《崇安记》，以及佚名的《晋纪》和《晋录》等十四种。比之此前汉魏时期纪传体的一枝独秀和此后唐代将纪传体标为"正史"的格局，在这一时段内编年体史书的写作的确呈现出一种兴盛的局面。究其原因，很大程度上便是受到了西晋以降《左氏》大兴与《竹书纪年》整理研究热潮的影响。《隋书·经籍志·史部》"古史类"小序在总结这一时期编年体史书的发展时就已指出：

> 自史官放绝，作者相承，皆以班、马为准。起汉献帝，雅好典籍，以班固《汉书》文繁难省，命颍川荀悦作《春秋左传》之体，为《汉纪》三十篇。言约而事详，辩论多美，大行于世。至晋太康元年，汲郡人发魏襄王家，得古竹简书，字皆科斗……盖魏国之史记也。其著书皆编年相次，文意大似《春秋经》。诸所记事，多与《春秋》《左氏》扶同。学者因之，以为《春秋》则古史记之正法，有所著述，多依《春秋》之体。[①]

可以说正是因为《竹书纪年》文意与记事多与"《春秋》《左氏》扶同"，随着魏晋以来左传学的兴盛，它也与《左传》一起引发了史书撰写中对于"《春秋》之体"摹拟的热潮。这一时期史家纷纷借用《春秋》《竹书纪年》的"古史记之正法"，或以"春秋""阳秋"（按：晋简文帝太后名阿春，晋人为避讳而改《春秋》为《阳秋》）为题，或以"纪""典""略""志"为名撰写编年史，以至与纪传体史书呈现出"角力争先"的态势。

伴随着模拟"《春秋》之体"撰写史书的风潮，史书的"条例"也引起了东晋学者的重视。所谓"条例"是指史书撰写时对于组织结构和表述形式上所做的统一的规定。刘知幾将东晋以来"条例"之学的发展称之为"史例中

[①]《隋书》卷33《经籍志》，第959页。

兴，于斯为盛"①，并将其首创之功归于干宝所做的《晋纪》，而南梁的刘勰却认为史书的凡例创自邓粲撰写的《晋纪》②。两人的观点虽有不同，但在史例的兴盛是基于这一时期编年体史书的发展这一点上并不矛盾。可以说正是在史家摹拟"《春秋》之体"、探究"古史记之正法"的背景下，才出现了东晋史学中"条例"的兴盛，在这当中，也有《竹书纪年》的影响存乎其间。

史书的"条例"源自《春秋》经传中的"义例"。"义例"主要是从书法的角度解释《春秋》微言大义的方法。在汉代，无论是今文学派还是古文学派，都非常重视以例言义，比之今文学派说"例"时的主观和肆意，古文学派更偏向于从文本里得到实证。古文家推崇周公为"先圣"，孔子为"先师"，认为孔子著《春秋》所据的便是周公的垂法与史书的旧文。这些看法，在杜预的《春秋叙》里又有集中阐发。在他看来，由史官的记录形成的《鲁春秋》遵循的是西周的礼经旧例，孔子删削《鲁春秋》而成《春秋》，在此基础上发明传述，于是又形成了许多的"新例"与"变例"。这套"旧例""新例"的说法有时不免流于穿凿，杜预为此也没少受到后世学者的责难，但他将《春秋》的义例与上古史策的"旧例"相联系的做法，却引发了对史例问题的关注。蒙文通曾指出"干（宝）之立例，又本于杜之释《左》"③，将最早论及史书凡例的创始者归于杜预。这在很大程度上也是基于《竹书纪年》发现所带来的启发。杜预在《春秋经传集解后序》中就曾写道：

> 文称"鲁隐公及邾庄公盟于姑蔑"，即《春秋》所书"邾仪父未王命，故不书爵。曰仪父，贵之也"。又称"晋献公会虞师伐虢灭下阳"，即《春秋》所书"虞师、晋师灭下阳。先书虞贿故也"。又称"周襄王会诸侯于河阳"，即《春秋》所书"天王狩于河阳，以臣召君，不可以训也"。诸若此辈甚多，略举数条，以明国史皆承告据实而书时事，仲尼修《春秋》以义而制异文也。④

---

① （唐）刘知幾著，（清）浦起龙通释，王煦华整理：《史通通释》卷4《序例》，第81页。
② （南梁）刘勰：《文心雕龙·史传》，黄叔琳注，李详补注，杨明照校注拾遗：《增订文心雕龙校注》，北京：中华书局，2000年，第207页。
③ 蒙文通：《中国史学史》，上海：上海人民出版社，2006年，第52页。
④ （清）阮元校刻：《十三经注疏》，第2187—2188页。

他敏锐地察觉到作为魏国史书的《竹书纪年》和孔子所修的《春秋》在对同一史事的记录上有时会有微妙的差别。如《竹书纪年》:"鲁隐公及邾庄公盟于姑蔑。"《春秋》同样记载此事则说:"公及邾仪父盟于蔑。"按照史书记载的惯例,一国之君当称爵,《春秋》把邾庄公改为邾仪父,其中便寓有孔子褒贬的深意。又如《竹书纪年》:"周襄王会诸侯于河阳。"《春秋》却记载:"天王狩于河阳。"这次盟会实际上是晋文公以霸主的身份召周襄王前来与诸侯会面,相比之下《竹书纪年》的记载比较符合历史事实,而《春秋》不说"会诸侯",却用了一个"狩"字,是本着为尊者讳的原则来维护周天子的尊严。通过这种比较,杜预不但发现孔子的笔削之迹,而且也看到上古史官所记的古史和孔门传授的《春秋》在记事原则上的不同:《春秋》的义例更多反映了儒家伦理教化的思想,而《竹书纪年》代表的"国史策书之常"只是对历史事件的据实而书。虽然杜预的论"例"还是为了解释《春秋》经传,但他依据《竹书纪年》既肯定了"经承旧史"的特点,又强调了经例与史例的区别,也开启了人们从经书之例转而对史书之例作独立探讨的转变,从而对于此后东晋"史例中兴"局面的形成带来了启发性的影响。

三、《竹书纪年》与志异著作

《竹书纪年》与魏晋以来流行的专门记载神鬼怪物的志异著作也有密切的关联。《竹书纪年》在思想上的一个倾向是偏重于"记异"。李学勤先生曾指出:"《春秋》也有灾异的记事,但远不如《纪年》之多。例如《通鉴外纪》卷一注引《纪年》:'三苗将亡,天雨血,夏有冰,地坼及泉,青龙生于庙,日夜出,昼不出。'……又如,商纣时'天大曀';周昭王十九年'天大曀,雉兔皆震','夜有五色光贯紫薇';周穆王伐楚(一说为越或纡),'大起九师东至于九江,叱为鼋鼍';穆王南征,'君子为鹤,小人为飞鸮';周宣王时'有兔舞镐','有马化为狐';周惠王时'郑人入王府取玉焉,玉化为蜮射人也';晋献公时'周阳有白兔舞于市'。诸如此类,反映了《纪年》的作者相信灾异感应，注重搜集神话传说的倾向。"①这个思想特点，带有明显的时代色彩。春秋以来诸侯国史大都有"记异"的倾向，如《墨子·明鬼》就曾提到周、齐、宋、燕之《春秋》所记诸多怪异之事，《左传》也曾被后人批评为"言多怪"②。远古巫史不分，祝宗卜史职掌相近，古代史官的职责在很长的时间里是要兼记天人两方面的事，所以不难理解当时的史书中会夹杂有大量神鬼的记载。

可是在孔子的《春秋》中却少有宣传天命的神秘气氛，也很少记载异物神怪③，较之诸侯国史的记异，《春秋》以人事记载为中心的撰述宗旨对此后史学的影响更大。如司马迁在撰写《史记》的过程中对于那些战国时期流传的神话故事，便采取了审慎的态度。他曾明言："言九州山川，《尚书》近之矣。至《禹本纪》《山海经》所有怪物，余不敢言之也。"④班固在《汉书·东方朔传》中也说："刘向言少时数问长老贤人通于事及朔时者，皆曰朔口谐倡辩，不能持论，喜为庸人诵说，故令后世多传闻者……而后世好事者因取奇言怪语附著之朔，故详录焉。"他认为那些涉及神异的"奇言怪语"不足取信。可见将神奇怪异之事从历史记载中加以摈除，是《春秋》以来的史家所遵循的一贯原则。⑤

自东汉以后这种情况却在发生改变，魏晋六朝时人在看待历史时有时不太区分历史与神话的界限，反映在史学方面，当时的许多史家都有志异入史的倾向。不但裴松之的《三国志注》、范晔的《后汉书》涉及鬼怪的情节，直到唐初修成的《晋书》中还保存了许多怪异之事。如《束皙传》记载司马炎问臣子们三月三日到水边休憩用的曲水流觞是怎样一种礼俗，束皙答道周公营建洛邑，因流水以汜酒；秦昭王置酒河曲，见金人奉剑，"曰，令君制有西夏"。这段记载曾被清代学者引为《晋书》喜欢采用无稽的小说家言的例证。作为《竹书纪年》整理者的束皙，他所说的周公和秦昭王之事虽未必出自《竹

---

① 李学勤：《古本〈竹书纪年〉与夏代史》，《李学勤文集》，第 74 页。
②（汉）王充：《论衡·案书》，刘盼遂：《论衡集解》，北京：古籍出版社，1957 年，第 568 页。
③ 参见白寿彝：《中国史学史》第 1 册，第 198 页。
④《史记》卷 123《大宛列传》，第 3179 页。
⑤ 载灾祥之事，是先秦史官的传统。孔子删《春秋》，极大弱化了这个传统，其直纪灾异，而很少涉及人事。《左传》以降，对此传统虽有回归，但史学的求真精神却占据主导地位。参见刘家和：《〈春秋〉三传的灾异观》，《史学史研究》1990 年第 2 期。

书纪年》，但《竹书纪年》中那些关涉神异的内容，却正好迎合了魏晋以来史家对怪异之事的浓厚兴趣，这在当时流行的专门记载神鬼怪物的志异著作中更有清楚的反映。如西晋张华《博物志》中记述黄帝仙去，其臣左彻者削木为黄帝像，帅诸侯奉之事，便是采自《竹书纪年》。东晋葛洪的《抱朴子》中也记录了此事，另外书中周穆王南征"君子为猿为鹤，小人为虫为沙"的故事，也是出于《竹书纪年》的记载。而干宝《搜神记》卷六载"晋献公二年，周惠王居于郑。郑人入王府，多取玉，玉化为蜮，射人"，更是直接抄录《竹书纪年》的内容，连文字都很少改动。这些事例都只摘自《竹书纪年》在今日所余的残篇剩简，难以窥其全貌，但也足以说明掇撷《竹书纪年》的内容，在当时志异著作中是比较普遍的现象。

虽然在唐代以后，这些志异著作基本上都被单纯地视为小说之类的文学作品，但在《隋书·经籍志》中它们却作为史学著作的一部分被列于史部的"杂传"类。史学主要的任务是追求客观事实的真相，而志异著作描绘的却是超越现实世界的怪异现象，二者的确很难相提并论。"但魏晋的史学工作者却将二者集于一身，不仅肯定这些超现实的怪异现象是一个真实的存在，并且更进一步将这些怪异现象纳入历史写作的领域。"[1]在这种认识过程中，《竹书纪年》不但为志异著作提供了新鲜的素材，而且它的古史性质更加强了魏晋史家对这些怪异的真实性的肯定。东晋史家郭璞在《山海经注序》中便提到：

> 司马迁叙《大宛传》亦云："自张骞使大夏之后，穷河源，恶睹所谓昆仑者乎？至《禹本纪》《山海经》所有怪物，余不敢言也。"不亦悲乎，若《竹书》不潜出于千载，以作证于今日者，则《山海》之言，其几乎废矣。[2]

郭璞除了对司马迁"所有怪物，余不敢言也"的态度提出了质疑外，更强调《竹书纪年》的发现对证实《山海经》中记载的神异、怪物的意义。《山海经》

---

[1] 逯耀东：《志异小说与魏晋史学》，《魏晋史学的思想与社会基础》，北京：中华书局，2006年，第168页。
[2] （清）郝懿行：《山海经笺疏》，成都：巴蜀书社，1985年，第3页。

是否可以用作可信的史料，是直到近代中国史学界都存在争议的话题，对于司马迁不敢言的"怪物"内容，历代学者更有许多不同看法和诠释[①]，所以对郭璞这种认识的正确与否这里暂不评价。不过他借《竹书纪年》来肯定这些神异之物的实在性，表达出的却是与"不语怪力乱神"儒家价值不同的一种新的价值观念和史料观点。这种对超现实世界的异常现象的肯定，是基于魏晋以来儒家思想衰退后，史家对于非儒家思想的价值的再次重新认识与肯定的结果。《竹书纪年》是战国时魏国史书，受儒家思想影响尚浅，带有上古史官文化的特色，所以二者在猎奇记异方面确有着共同的交点。这也使得《竹书纪年》无论在材料上还是在观念上对魏晋以来志异著作的发展都产生了一定的影响。

四、历史考证的发展与怀疑精神的启迪

《竹书纪年》的发现与整理给晋唐间史学带来的一个更为直接的影响，是为史学研究提供了全新的古史资料。《竹书纪年》原是魏国的史书，内容涵盖了夏、商、西周以及春秋、战国的历史，具有极高的史料价值。在晋初被整理的汲冢书不止一种，唯有《竹书纪年》最为时人所重，可以说"古代史记的再现是令众多晋代大学者兴奋的真正原因"[②]。西晋以来学者们纷纷利用《竹书纪年》，对传世文献或纠其讹误，或补其遗漏，并取得了丰硕的成果。

早在《竹书纪年》发现和整理之际，学术界对其史料价值就已经有所认识。如束晳对《竹书纪年》所做的整理工作就不限于解析篇目和释读文字，他还采用了一种"随义注解"[③]的研究方法，从而引起了当时许多学者的讨论。《晋书·王接传》载：

[①] 参见罗志田：《〈山海经〉与近代中国史学》，《中国社会科学》2001年第1期。
[②] 朱渊清：《再现的文明：中国出土文献与传统学术》，第35页。
[③] 《晋书》卷51《束晳传》："晳在著作，得观竹书，随疑分释，皆有义证。"《晋书》卷51《王接传》："时秘书丞卫恒考正汲冢书，未讫而遭难。佐著作郎束晳述而成之，事多证异议。"高似孙《纬略》："时束晳任著作郎，得竹书，随义注解，皆有识证。"这种随义注解在当时只是作为附注而随文写入，但至少在唐代已经窜入正文而难以分别了，这些在后人的辑佚本中还留有明显痕迹。

时东莱太守陈留王庭坚难之，亦有证据。晳又释难，而庭坚已亡。散骑侍郎潘滔谓接曰："卿才学理议，足解二子之纷，可试论之。"接遂详其得失。挚虞、谢衡皆博物多闻，咸以为允当。[1]

这场争论以王庭坚和束晳的相互论难开始，最后由王接的加入而终止，期间又涉及潘滔、挚虞、谢衡等多位学者，可谓西晋学术史上的一件盛事，由此他们也解决了古史研究当中的一些重要疑问。

例如对盘庚迁殷的问题，传世文献的记载颇为混乱，特别是《书序》"盘庚五迁，将治亳殷"的说法便带有很大的干扰性，后来的经学家往往根据这句错话在"殷"和"亳"之间夹杂不清。最早发现"亳殷"错误的是束晳。他指出："《尚书序》'盘庚五迁，将治亳殷'，旧说以为居亳，亳殷在河南。孔子壁中《尚书》云：'将始宅殷。'是与古文不同也。"[2] 段玉裁《尚书今古文撰异》云："此《晋书》所谓晳在著作，得观《竹书》，随疑分释，皆有义证也。"[3] 束晳提到的"古文"是指《竹书纪年》。《竹书纪年》中有 "盘庚自奄迁于北蒙，曰殷"以及盘庚迁殷"更不徙都"的记载，束晳据此与隶古定本的《书序》（即束晳所说的孔子壁中《尚书》）中的"将始宅殷"相参，从而发现了通行本《书序》"将治亳殷"的错误实际上是因为字形相近而将"始"与"治"、"宅"与"亳"相混淆而造成的。这不但解决了古史当中的一个疑难，也成为以史证经的一个重要实例。

《竹书纪年》提供的新材料，同样也推进了战国史的考证。在先秦文献中受到最大劫难而未能流传后世的便是战国时各诸侯国的史记。秦始皇统一六国后，采纳李斯的建议，除秦国之外各国的史记都被销毁，剩下的《秦记》"又不载日月，其文略不具"[4]。这使得司马迁在撰写关于六国诸侯事迹和世次年数的时候不免产生了种种混乱和错误。《竹书纪年》是魏国的史书，叙述战国史事比较翔实可据，在很大程度上补充了《史记》，特别是《六国年表》的不足。从杜预开始便已认识到《竹书纪年》的这种价值，他依据《竹书纪

---

[1]《晋书》卷51《王接传》，第1436页。
[2]（清）阮元校刻：《十三经注疏》，第168页。
[3] 方诗铭、王修龄校注：《古本竹书纪年辑证》（修订本），上海：上海古籍出版社，2005年，第31页。
[4]《史记》卷15《六国年表》，第686页。

年》发现了《史记》记载梁惠王的年世的错误,指出梁惠王三十六年(公元前 334 年)没有死,改元后又继续在位十六年,而《史记》却错误地将这十六年分给了之后的襄王。① 对照《竹书纪年》的记载,《史记》除了错误地把惠王后元十六年(公元前 319 年)给了襄王以外,又错误地在襄王和昭王之间安插进了一个哀王。杜预的考证虽只完成了一半,却开启了学术史上利用《竹书纪年》考订战国年代学的工作。

西晋学者利用《竹书纪年》核准文献、考证史实,不但解决了一些学术上的疑难,而且这种将新出土的地下文献与传世的文献相互印证的研究方法,更是以"地下文献"证纸上文献的"二重证据法"的最早运用,其流韵所及也影响到史学的诸多领域。如在正史撰述上,范晔《后汉书·西羌传》就大量使用了《竹书纪年》的材料。《西羌传》的断限不止限于东汉一朝,而是远溯到上古时的西戎。此前传世文献中有关西戎的记载零散且稀少,在撰写这段历史的时候范晔便吸收了《竹书纪年》中许多有关西戎的记载,不但使一些错综纷乱的史事得以厘清,也为民族史撰述增添了新的内容。在史注方面,西晋臣瓒的《汉书集解音义》、东晋徐广的《史记音义》也都曾采用《竹书纪年》的材料。特别是臣瓒的《汉书集解音义》在汇集前人研究成果的基础之上,附以己见,多据《竹书纪年》以驳前说之误②,成为唐初颜师古注《汉书》的重要依据。

《竹书纪年》提供的新史料,不只在考据的实证层面上推动了历史考证学的发展,在思想层面也对西晋以来的史学带来了很大的影响。《竹书纪年》中记载的一些上古的史事,如"舜囚尧,复偃塞丹朱""太甲杀伊尹""文丁杀季历""共伯和干王位"等,不但与传世经典的记载完全不同,而且其"非尧舜、薄汤武"的论调,与正统的儒家价值观念也迥异其趣,在对儒家经典造成强烈的冲击的同时,更激发了人们对古史系统的反思与质疑。

《竹书纪年》问世之初,束晳便已意识到《竹书纪年》与传世文献在记载上的差异,他指出:"(《纪年》)大略与《春秋》皆多相应。其中经传大异,则云夏年多殷;益干启位,启杀之;太甲杀伊尹;文丁杀季历;自周受命,

---

① (清)阮元校刻:《十三经注疏》,第 2187 页。
② (唐)颜师古:《汉书叙例》,《汉书》,北京:中华书局,1962 年,第 1 页。

至穆王百年，非穆王寿百岁也；幽王既亡，有共伯和者摄行天子事，非二相共和也。"①杜预更是由此发现："《纪年》又称殷仲壬即位，居亳，其卿士伊尹。仲壬崩，伊尹放大甲于桐，乃自立也。伊尹即位于大甲七年，大甲潜出自桐，杀伊尹，乃立其子伊陟、伊奋，命复其父之田宅而中分之。《左氏传》：伊尹放大甲而相之，卒无怨色。然则大甲虽见放，还杀伊尹，而犹以其子为相也。此为大与《尚书》叙说大甲事乖异。不知老叟之伏生或致昏忘？将此古书亦当时杂记，未足以取审也？"②此处根据《竹书纪年》质疑了传自伏生的《尚书》的可靠性。同时期的史学家司马彪则利用《竹书纪年》来驳难谯周的《古史考》。《晋书·司马彪传》称其："复以周为未尽善也，条《古史考》中凡百二十二事为不当，多据《汲冢纪年》之义，亦行于世。"司马迁撰写《史记》或采诸子百家杂说，不纯用经书，谯周的《古史考》据经书以纠《史记》之谬，而司马彪又逐一举出谯周的一百二十余处错误，正是依据《竹书纪年》而对经书展开驳难。

以上这些列举，反映了西晋学者在《竹书纪年》的启发下，于疑古与证经方面取得的认识。不过对于《竹书纪年》中的这些与儒家经典不同的内容，学界历来存在着许多怀疑。《史通·疑古》就曾说其"语异正经。其书近出，世人多不之信也"③。从唐代以来乃至近代的很多学者更是站在儒家立场上斥其为晋人的伪造。应该指出，《竹书纪年》的这些记载，有其明显的时代痕迹，它们"都是以权术暴力来攫取君位，带有战国时期游说的那种意味"④，绝非后人能够伪造。在对历史认识上，它们突出的是古史中的杀伐篡窃，代表了受到法家思想影响的晋魏一系的古史观点，与儒家思想影响下的讲求宿敦礼让和为尊亲讳言的邹鲁一系的历史观点判然有别。⑤在《韩非子》《战国策》《楚辞》《吕氏春秋》等战国文献中，早已有与这些内容相同或相近的记载。只是自汉代起学术一直笼罩在以儒家思想为指导的经学之下，这些记载要么被弃之不顾，要么被视为异端邪说。《竹书纪年》出现于西晋，这

---

① 《晋书》卷51《束晳传》，第1432页。
② （清）阮元校刻：《十三经注疏》，第2188页。
③ （唐）刘知幾著，（清）浦起龙通释，王煦华整理：《史通通释》卷13《疑古》，第359页。
④ 李学勤：《古本〈竹书纪年〉与夏代史》，《李学勤文集》，第76页。
⑤ 参见蒙文通：《中国史学史》，第20页。

正是政治、社会、文化都在发生剧烈变化的时代,不但在思想领域内玄学、佛教、道教并兴,经学逐渐式微,而且如吴浩坤先生指出的,在政治领域内"曹魏和司马氏政权皆缘篡夺而来,故《纪年》'放杀之说'能为最高统治者所容并立即公诸于世"①。这种特殊的社会文化环境,决定了《竹书纪年》在思想上的冲击力远远超过了此前的诸子杂说。

刘知幾对此就有着深刻的认识,在《史通·杂说上》里他说:"语曰:'传闻不如所见。'斯则史之所述,其谬已甚,况乃传写旧记,而违其本录者乎?至如虞、夏、商、周之《书》,《春秋》所记之说,可谓备矣。而《竹书纪年》出于晋代,学者始知后启杀益,太甲杀伊尹,文丁杀季历,共伯名和,郑桓公,厉王之子。则与经典所载,乖剌甚多。"并且他明确指出,如果这些材料不被发现,"学者为古所惑,则代成聋瞽,无由觉悟也"。②《竹书纪年》的出现,正处于儒家思想衰退之际,这些与儒家典籍记载迥然相异的记载,引发了学者对儒家经典的怀疑,不但加速了史学脱离经学而独立发展的步伐,而且使人们不再执着于儒家经典意义的注释,而是转向对历史真实意义的探索。在这方面,刘知幾就深受《竹书纪年》的影响。他在《疑古》《惑经》篇中大胆地批评《尚书》与《春秋》记载的不实与虚妄,所依靠的文献基础便是《竹书纪年》。后人虽批评他"惑《春秋》而信汲冢"③,但正是因为摆脱了经学思维的羁绊,他才能将《尚书》与《春秋》作为史书,从是否符合实录这一史学标准上对其加以衡量,这是魏晋以来史学独立于经学,史学方法区别于经学阐释的必然结果。

历史带给人们的往往是一幕幕充满巧合的戏剧性的场面,当古本《竹书纪年》散佚之后,明代又出现了一部题为沈约注的经过伪造的今本《竹书纪年》。与古本相比,今本《竹书纪年》不但在篇卷上有很大的出入,而且那些与儒家传统观念不符合的内容也被伪造者巧妙地加以篡改。④ 同样地,刘知

---

① 吴浩坤:《〈竹书纪年〉的发现年代及其学术价值》,吴浩坤、陈克伦主编:《文博研究论集》,上海:上海古籍出版社,1992年,第96—97页。
② (唐)刘知幾著,(清)浦起龙通释,王煦华整理:《史通通释》卷16《杂说上》,第426页。
③ (明)郭孔延撰:《史通评释·序》,《史通评释》,上海:上海古籍出版社,2006年影印本,第1页。
④ 参见邵东方:《从思想倾向和著述体例谈〈今本竹书纪年〉的真伪问题》,《中国哲学史》1998年第2期。

幾在《史通》中依据《竹书纪年》写成的"非经侮圣"的话语，在经历了历代学者的责难与谩骂后，终于在纪昀的《史通削繁》里悄然地被隐去了踪迹。相较之下，二者的命运又何其相似。当我们回首历史，从西晋初年到盛唐时代，从束晳的"随疑分释"到刘知幾的疑古惑经，从杜预的《春秋经传集解·后序》到《隋书·经籍志》"古史类"小序，《竹书纪年》在这三百余年间的史学发展进程中已然留下了不可磨灭的印迹。

第十三章 范宁及其经学成就

东晋至南朝刘宋期间的南阳范氏家族是一个有学术传统的世家,出了不少学者,其中最具成就者是范宁和他的孙子范晔。作为《后汉书》编撰者的范晔,在中国古代史学史上有着重要的地位,作为经学家的范宁在中国经学史上也有其特殊的贡献。

范宁(339—401年),东晋南阳顺阳人,字武子。其曾祖范晷是一位有学问、有政绩的官员,事迹见于《晋书·良吏传》。范宁的父亲范汪曾任东晋徐、兖二州刺史之职,也是一位饱学之士。范汪年幼丧父,从小孤苦贫寒,六岁时南渡,寄居在外家新野虞氏。荆州刺史王澄察觉到他有才华,曾说"兴范族者,必是子也"。因为外祖家贫穷,无钱供他读书,范汪"乃庐于园中,布衣蔬食,然薪写书,写毕,诵读亦遍,遂博学多通,善谈名理"。在政治上范汪也是一个洁身自好、不肯趋炎附势的人,由于不愿趋附权臣桓温,遭到嫉恨,被贬为庶人。时人都为范汪叹息遗憾,但范汪却不言枉直,"屏居吴郡,从容讲肆",直至终老。[①]这样的家庭,这样的父祖,当然都会对范宁的成长产生一定的影响。

范宁年少时即勤奋好学,史称其"少笃学,多所通览"[②]。但因桓温的阻挠,始终未能入仕。直到桓温死后,孝武帝时,初仕任余杭令,后迁临淮太守,封阳遂乡侯,不久征拜中书侍郎。范宁"在职多所献替,有益政道"[③],甚得孝武帝的喜爱,朝中有疑难异议之事,就向其询问。范宁为官亦刚直不

[①]《晋书》卷75《范汪传》,北京:中华书局,1974年,第1982—1984页。
[②]《晋书》卷75《范宁传》,第1984页。
[③]《晋书》卷75《范宁传》,第1985页。

阿,"指斥朝士,直言无讳"①,也曾上疏武帝陈述时政的种种弊端。范宁的外甥王国宝因谄事会稽王司马道子,为范宁所不容,奏请黜之。国宝随即向孝武帝进献谗言陷害范宁,范宁因此出补豫章太守,后免官,年六十三卒于丹阳家中。范宁博通诸经,有多种著述,其中最具影响者为《春秋穀梁传集解》(以下简称《集解》)十二卷,与何休《春秋公羊解诂》、杜预《春秋经传集解》并称,唐人杨士勋曾为其作疏,后收入《十三经注疏》,为后人所重视。

一、《春秋穀梁传集解》的撰述

《穀梁传》与《左传》《公羊传》并称"春秋三传",但其影响却远不如二者。西汉为公羊学说大盛的时期,东汉自明帝、章帝以后,则《左传》大兴,学者竞相钻研,成为"春秋学"研究的重点。《穀梁传》虽然在西汉时因宣帝的喜好和提倡曾一度兴盛,但其影响终未能延续,此后也没有成为"显学"。范宁是一位博通的学者,在群经当中他选择《穀梁传》为研治重点是有其原因的。

汉自魏晋以来,《穀梁传》的注解有多种,但像《公羊传》何休注、《左传》服虔注和杜预注那样有影响的注本却还付之阙如。研究的滞后,使得《穀梁传》的地位大受影响。司马氏南渡后,晋元帝力图恢复经学、重立博士,"置《周易》王氏、《尚书》郑氏、《古文尚书》孔氏、《毛诗》郑氏、《周官礼记》郑氏、《春秋左传》杜氏服氏、《论语》《孝经》郑氏博士各一人,凡九人"②,而对于《仪礼》《公羊传》《穀梁传》及郑《易》等皆减省不置。大臣荀崧以为不妥,上疏请增置郑《易》、郑《仪礼》、《公羊传》、《穀梁传》博士各一人。荀崧的建议颇为晋元帝赞许,但唯独对《穀梁传》却不予认可。下诏云:"《穀梁》肤浅,不足置博士,余如奏。"③ 由此可见《穀梁传》在当时所处的尴尬境地。范宁也注意了"《穀梁》肤浅"的问题,他在《春秋穀梁传集解·序》中说道:"《左氏》则有服、杜之注,《公羊》则有何、严之训。释《穀梁传》

---

① 《晋书》卷75《范宁传》,第1985页。
② 《晋书》卷75《荀崧传》,第1976—1977页。
③ 《晋书》卷75《荀崧传》,第1978页。

者虽近十家，皆肤浅末学，不经师匠。"在他看来，所谓的"肤浅"，并非是《穀梁传》本身的原因，而是因为它缺乏好的注解。所以作为学术发展的要求来说，对以往的《穀梁传》研究进行总结，重新为其作注，已是必要，这可以说是范宁撰著《集解》的主要原因。

从范宁个人的角度来说，其个性亦与《穀梁传》颇多契合之处，在诸经中他注重《穀梁传》也绝非偶然。《穀梁传》比之《左传》《公羊传》有所不同，它既不像《左传》那样详于叙事，而是重在经义；也不像《公羊传》那样有许多"非常异义、可怪之论"①，而是要平实许多。虽略显保守，但在一些方面更能代表正统儒家的思想，故西汉的学者视其为"鲁学"②，东汉大儒郑玄也称《穀梁》善于经"③。范宁所处的时代正值老庄、佛教流行，儒学却日渐衰落。范宁却是一位固执的儒者，对于玄学的日盛，他表示出强烈的不满，曾著论批评王弼、何晏等贵清言、主张虚无的思想，把他们说成是"罪深于桀纣"的罪人。④这种固执，颇与时俗不合，也曾招致他人的讥讽。《晋书·范宁传》记载，范宁曾患眼病，求药方于张湛：

> （张湛）因嘲之曰："古方，宋阳里子少得其术，以授鲁东门伯，鲁东门伯以授左丘明，遂世世相传。及汉杜子夏、郑康成、魏高堂隆、晋左太冲，凡此诸贤，并有目疾，得此方云：用损读书一，减思虑二，专内视三，简外观四，旦晚起五，夜早眠六。凡六物熬以神火，下以气篩，蕴于胸中七日，然后纳诸方寸。修之一时，近能数其目睫，远视尺棰之余。长服不已，洞见墙壁之外。非但明目，乃亦延年。"⑤

张湛为玄学大家，亦精通医道，开出了这样一副奇特的药方，无异是在调侃范宁的尊儒。但正如日本学者本田成之所评价的那样"范宁是一个反抗一世

---

① （清）阮元校刻：《十三经注疏》，第 2190 页。
② 《汉书·儒林传》载："宣帝即位，闻卫太子好《穀梁春秋》，以问丞相韦贤、长信少府夏侯胜及侍中乐陵侯史高，皆鲁人也，言穀梁子本鲁学，公羊氏乃齐学也，宜兴穀梁。"
③ （清）阮元校刻：《十三经注疏》，第 2358 页。
④ 《晋书》卷 75《范汪传》，第 1984 页。
⑤ 《晋书》卷 75《范汪传》，第 1988—1989 页。

以期达到其主张的人","欲以当时势力萎微的真儒之道改造一世"。① 范宁确是不为时俗所感的人物,而其整个仕宦生涯中,更是极力推行教化、崇尚儒学。如在余杭令任上,他就兴办学校,供养生徒,洁身修礼,史赞其"自中兴已来,崇学敦教,未有如宁者也"。他出补豫章太守后"在郡又大设庠序","改革旧制,不拘常宪。远近至者千余人,资给众费,一出私禄。并取郡四姓子弟,皆充学生,课读五经"②。"教授恒数百人。由是江州人士并好经学"③,免官之后亦"犹勤经学,终年不辍"④。所以选择《穀梁传》为研究对象,也是由范宁的个性和思想使然。

《集解》的创作也与范宁的家学传统有极大的关系。《集解》虽题为范宁所撰,实际上却是范氏家族三代人共同努力、创作的结果。关于《集解》的创作,范宁写道:

> 升平之末,岁次大梁,先君北蕃回轸,顿驾于吴,乃帅门生故吏、我兄弟子侄,研讲六籍,次及三传。《左氏》则有服、杜之注,《公羊》则有何、严之训。释《穀梁传》者虽近十家,皆肤浅末学,不经师匠。辞理典据,既无可观,又引《左氏》《公羊》以解此传,文义违反,斯害也已。于是乃商略名例,敷陈疑滞,博示诸儒同异之说。昊天不吊,大山其颓。匍匐墓次,死亡无日。日月逾迈,跂及视息。乃与二三学士及诸子弟各记所识、并言其意。业未及终,严霜夏坠,从弟彫落,二子泯没。天实丧予,何痛如之!今撰诸子之言,各记其姓名,名曰《春秋穀梁传集解》。⑤

这里所说"升平之末,岁次大梁",当为晋穆帝升平五年,即公元361年。范宁之父范汪时为安北将军徐、兖二州刺史,同年十月以罪免为庶人后,既屏居吴郡,从容讲肆。据钱大昕推断,范宁撰次《集解》宜在其豫章免郡之后。⑥

---

① 〔日〕本田成之:《中国经学史》,李俍工译,上海:上海书店出版社,2001年,第185页。
② 《晋书》卷75《范汪传》,1988页。
③ 《晋书》卷91《儒林传·范宣传》,第2360页。
④ 《晋书》卷75《范汪传》,1989页。
⑤ (清)阮元校刻:《十三经注疏》,第2361页。
⑥ (清)钱大昕:《潜研堂文集》卷27"跋范氏穀梁集解",上海:上海古籍出版社,1989年,第460—461页。

从《集解·序》中所记来看，范汪被免官后，颇有为《穀梁传》重新作注之意，可以说撰次《集解》的预备工作早在这时就已开始了。范汪死后，范宁继承父志，最终完成了这项事业。在《集解》中多引有范氏子弟的言论，如"邵曰""泰曰""雍曰""凯曰"等。其中"邵"即范宁的从弟范邵；"泰"为范宁长子、史学家范晔之父范泰；"雍"和"凯"正史中对其并无记述，按杨士勋《春秋穀梁传疏》所载：范宁"长子名泰，字伯伦；中子名雍，字仲伦；小子名凯，字季伦"①。在《集解》撰成之前，范邵、范雍、范凯相继去世，从《集解·序》中"业未及终，严霜夏坠，从弟彫落，二子泯没。天实丧予，何痛如之！"②的话来看，这部《集解》可谓范氏家族祖孙三代人心血的结晶。

二、《春秋穀梁传集解》的特点

东汉以来，经学的发展虽然存在着今古文的差别，但实际上在一些学者中间，流行着一种崇尚兼宗的风气。这种风气到了魏晋学者那里更是有所发展，就春秋学而言，当时的许多学者不再固守汉儒家法师承，而是兼治三传，研究《穀梁传》的学者，也往往援引《公羊传》《左传》，以解释《穀梁传》。范宁作注重在发挥《穀梁传》传义，虽然对于前人"引《左氏》《公羊》以解此传"的做法并不满意，认为它们"文义违反，斯害也已"③。但在他的注中，也未抛开《公羊传》《左传》，而是吸取了其中许多内容。

在文字上，三传记载《春秋》经文或有不同，范宁在《集解》中则一一予以注明。如隐公二年（公元前 721 年）"九月，纪履緰来逆女"，而《左传》则为"纪裂繻来逆女"，范注："《左氏》作裂繻，下同。"又如桓公三年"公会齐侯于嬴"，范注："嬴，《左氏》作艾，《公羊》作鄗"，等等。

在具体的阐释上，范宁也不时吸收《公羊传》《左传》，以解释《穀梁传》。如《春秋·隐公三年》："夏，四月辛卯，尹氏卒。"《穀梁传》："尹氏者何

---

① （清）阮元校刻：《十三经注疏》，第 2358 页。
② （清）阮元校刻：《十三经注疏》，第 2361 页。
③ （清）阮元校刻：《十三经注疏》，第 2361 页。

也？天子之大夫也。外大夫不卒，此何以卒之也？于天子之崩为鲁主，故隐而卒之。"范注："隐犹痛也。《周礼·大行人》职曰：'若有大丧，则诏相诸侯之礼'，然则尹氏时在职而诏鲁人之吊者。不书官名，疑其讥世卿。"所谓"讥世卿"者，是《公羊传》所特有，范宁在这里显然是采纳了公羊学说。又如《春秋·庄公九年》："九月，齐人取子纠杀之。"范注："言子纠者，明其贵，宜为君。""言子纠者，明其贵"是《公羊传》的传文，范宁引来为《穀梁传》作注。

"春秋三传"中，《左传》以叙事为主，而《公羊传》《穀梁传》则重在《春秋》的微言大义，涉及史事的记载不多。范宁则比较注意吸收《左传》的记事以解释《穀梁传》。如《春秋·闵公二年》："郑弃其师。"《穀梁传》曰："恶其长也。兼不反其众，则是弃其师也。"这条传文交代得很模糊，范宁则参考《左传》中的记载作注："长谓高克也。高克好利，不顾其君，文公恶而远之不能，使高克将兵御狄于竟。陈其师旅，翱翔河上，久而不召，众将离散。高克进之不以礼，文公退之不以道，危国亡师之本。"又如《春秋·僖公十四年》："夏，六月，季姬及缯子遇于防，使缯子来朝。"《穀梁传》曰："遇者，同谋也。"缯子和季姬本是夫妻，但《穀梁传》的记载太简略，很容易让人引起误会。范注云："鲁女无故远会诸侯，遂得淫通，此亦事之不然。《左传》曰：缯季姬来宁，公怒之，以缯子不朝，遇于防，而使来朝。此近和人情。"援引《左传》把这件事情原委交代清楚，传文的意思也就清晰明了了。

在"春秋三传"当中，范宁虽专注于《穀梁传》，但他并不因此就有意抬高它而排斥、打击《左传》和《公羊传》。相反，范宁采取的是一种中和、公允的态度，认为"《春秋》之传有三，而为经之旨一，臧否不同，褒贬殊致"，而这种"臧否不同""褒贬殊致"，在他看来正是"九流分而微言隐，异端作而大义乖"的结果：

> 汉兴以来，瑰望硕儒，各信所习，是非纷错，准裁靡定。故有父子异同之论（指刘向、刘歆父子），石渠分争之说。废兴由于好恶，盛衰继

之辩讷。斯盖非通方之至理,诚君子之所叹息也。[1]

范宁认为汉代以来学者恪守家法师说的做法,极不利于学术的发展。基于这种认识,他对三传长处都予以肯定,同时也指出了它们各自不同的缺点:"《左氏》艳而富,其失也巫;《穀梁》清而婉,其失也短;《公羊》辩而裁,其失也俗。"他认为对于三传传义不可固守于一家,而是要进行分析,有所选择,提倡一种"择善而从""据理通经"的理性态度。在《集解》的序中,他说道:"凡传以通经为主,经以必当为理。夫至当无二,而三传殊说。庸得不弃其所滞,择善而从乎?既不俱当,则固容俱失。若至言幽绝,择善靡从,庸得不并舍以求宗,据理以通经乎?"本着这种理性的精神,他发现三传对春秋大义的解释都存在偏颇之处,不但指出《左传》《公羊传》有所谓"伤教害义、不可强通"之处,而且对《穀梁传》,也多次表示质疑。

如卫辄拒父一事。蒯聩是卫国太子,因得罪卫灵公而出奔,卫灵公死后,卫国立蒯聩之子辄为君。蒯聩在晋国的帮助下企图复国就位,遭到了辄的拒斥。《春秋·哀公二年》记载:"鞅帅师纳卫世子蒯聩于戚",《穀梁传》以卫辄拒父蒯聩归国为君是"尊王父",是正确的举动,《公羊传·哀公三年》中也有类似的思想。这种解释在历史上也产生了影响。汉武帝卫(戾)太子在巫蛊之难中自杀,但当时也有谣传说他未死,昭帝始元五年(公元前82年)长安城中突然出现自称是卫太子的人。面对这场突发的政治事件,文武官员们都心存疑虑,不知如何应对,最终还是京兆尹隽不疑,当机立断,利用《春秋》传义中的卫辄拒父之义比拟卫太子一案,从而平息了这场风波。[2]但对于《穀梁传》中所谓的卫辄拒父为尊祖的说法,范宁却并不认同,范注云:"宁不达此义","传似失矣"。在他看来,《穀梁传》对《春秋》的解释存在失误,如果认同这种说法,"以拒父为尊祖,是为子可得而叛也"[3],则恰是违背了儒家伦理观点,而按照《春秋》称蒯聩为"世子",是肯定其归国继位的合法性的。范宁在这里指出了《穀梁传》的矛盾之处。

又如《春秋·庄公八年》记载鲁庄公纳齐公子纠:"夏,公伐齐、纳纠。"

---

[1] (清)阮元校刻:《十三经注疏》,第2360—2361页。
[2]《汉书》卷71《隽疏于薛平彭传》,第3037页。
[3] (清)阮元校刻:《十三经注疏》,第2361页。

《榖梁传》曰："当可纳而不纳，齐变而后伐，故乾时之战不讳败，恶内也。"《榖梁传》认为鲁国没有及时地送子纠回国继位，等到齐国发生了内乱，又去攻打齐国，《春秋》为了对这种做法表示贬斥，所以在庄公九年（公元前685年）齐鲁乾时之战的经文中没有为鲁国的战败避讳，而是直接记载"我师败绩"。对此范宁则指出："然则乾时之战不讳败，齐人取子纠杀之，皆不迁其文，正书其事，内之大恶，不待贬绝，居然显矣。二十四年，公如齐亲迎，亦其类也。恶内之言，传或失之。"显然他认为，《榖梁传》对经文解释有所失当。

范宁对《榖梁传》不加袒护，并言三传得失，对这种客观公允的态度，后人多有赞誉，如王皙说"何（休）氏则诗张謷说；杜（预）氏则胶固传文；其稍自觉悟者，惟范氏尔"。黄震说："杜预注《左氏》独主《左氏》，何休注《公羊》独主《公羊》，惟范宁不私于《榖梁》，而公言三家之失。"[①]他们都说出了范注长于何注、杜注之处。顾炎武更是指出："在汉之时，三家之学各自为师，而范宁注《榖梁》，独不株守一家之说。至唐啖、赵出而会通三传，独究遗经；至宋孙、刘出而掊击古人，几无余蕴。"[②]唐宋以来啖助、赵匡、陆淳、孙复、刘畅、孙觉、叶梦得、胡安国等学者治春秋之学讲求舍传而求经，开创自由研讨的风气，而溯本求源，范宁可谓开其先河者。

范宁注《榖梁传》，名曰《集解》，不仅撰集了范氏子弟关于《榖梁传》的解说，而且广泛吸取了自西汉以来诸多学者的相关研究成果，这是他和杜预的《春秋经传集解》的不同之处。杜注虽名之为《集解》，实则为经传相解，以传解经，虽有据前人之说，但多没其名，故有攘善之讥。范宁的《集解》则是集各家之说，且引用他人之说多注其姓名，其中共引用刘向、江熙、郑嗣、糜信、徐乾、刘兆、徐邈诸家榖梁之说，此外也多采用董仲舒、京房、刘歆、许慎、何休、郑玄、谯周、杜预等的观点，称得上是一部真正的《集解》。

范宁对于三传的态度是"择善而从"，对于其他学者的学说，也是抱着客观分析的态度，不囿于家法师说，这可以从他对郑玄和何休的态度上看出来。对待郑玄，范宁的态度比较特别，不但在《集解》中大量引用其说，而且对

[①]（清）朱彝尊撰，中华书局编辑部编：《经义考》卷174，第901页。
[②]（清）顾炎武著，华忱之点校：《顾亭林诗文集·亭林文集》卷3《答俞右吉书》，北京：中华书局，1959年，第61页。

于其他人都直呼其姓名，唯独郑玄，则尊称其为郑君，可以看出范氏是以郑学为宗的。但对于他的学说，范宁也并非绝对遵从，而是对其中的不当之处提出异议。如《春秋·庄公三十二年》："秋，七月癸巳，公子牙卒。"对这条经文，《穀梁传》并没有解释，但《穀梁传·隐公元年》中确有"大夫日卒，正也。不日卒，恶也"之说。对此何休在《穀梁废疾》中提出辩难，"传例：'大夫不日卒，恶也'，牙与庆父共淫哀姜，谋杀子般，而日卒，何也？"郑玄则释之曰："牙，庄公母弟，不言弟，其恶已见，不待去日矣。"对此，范宁则认为"传例：'诸侯之尊，弟兄也不得以属通。'盖以礼，诸侯绝期，而臣诸父昆弟，称昆弟，则是申其私亲也。宣十七年'公弟叔肸卒'，传曰：'其曰公弟叔肸，贤之也。'然则不称弟，自其常例耳。郑君之说，某所未详"，驳郑之意显然。

郑玄是一个杂糅今古文经的学者，何休则是典型的今文经师。《后汉书·郑玄传》载："时任城何休好公羊学，遂著《公羊墨守》《左氏膏肓》《穀梁废疾》；玄乃发《墨守》，针《膏肓》，起《废疾》。休见而叹曰：'康成入吾室，操吾矛，以伐我乎！'"何休著《墨守》《膏肓》《废疾》三书，意在坚守《公羊传》经义，而排斥《左传》《穀梁传》。郑玄则著《发墨守》《箴膏肓》《起废疾》批判了何休，何休看后发出"入室操戈"之叹，可以说这是一场针锋相对的争论。范宁虽以郑学为宗，但对何休的学说也未摒弃，而是吸纳了他的许多观点。如《春秋·桓公十五年》"邾人、牟人、葛人来朝"，对这条经文，《左传》《穀梁传》均无传，按杜预的解释是"三人皆附庸之世子也，其君应称名，故其子降称人"①，这样解释未必有错，但不符合《穀梁传》的经义，因为桓公弑隐公而立，所以《穀梁传》对其多有贬低。范宁在注中则取何休《春秋公羊传解诂》之说云，"何休曰：'公行恶，而三人俱朝事之，三人为众，众足责，故夷狄之'。又如定公十年（公元前500年）齐鲁"颊谷之会"，范注引何休"齐侯自颊谷归，谓晏子曰：'寡人获过于鲁侯，如之何？'晏子曰：'君子谢过以质，小人谢过以文。齐尝侵鲁四邑，请皆还之'"。这亦是对相关的史实的补充。

---

① （战国）左丘明撰，（西晋）杜预集解：《左传（春秋经传集解）》，上海：上海古籍出版社，1997年，第118页。

需要指出的是，范宁《集解》虽广泛吸收了汉代以来诸多学者的成果，但其中也存在着一些问题。如郑玄在《六艺论》中评价三传说"《左氏》善于礼，《公羊》善于谶，《穀梁》善于经"，所谓"《公羊》善于谶"是说它多天人感应之说，而《穀梁传》中却没有类似的思想，这是它和《公羊传》的不同之处。① 不过汉代的学者一般都爱讲谶纬，讲阴阳灾异，在解经释传时往往把这些思想加入进来，范宁也深受其影响。例如《春秋经·宣公十五年》记载："冬，蝝生。"蝝是一种侵害谷物的害虫。对于这条经文，《公羊传》《穀梁传》有不同的解释。《公羊传》认为："未有言蝝生者，此其言蝝生何？蝝生不书，此何以书？幸之也。幸之者何？犹曰受之云尔。受之云尔者何？上变古易常，应是而有天灾，其诸则宜于此焉变矣。"何休注："上谓宣公，变易公田古常旧制，而税亩。"按照《公羊传》的解释，《春秋》所书"蝝生"这件事发生于鲁国初次实行"税亩"政策之后，而"初税亩"是变易古制，所以遭到了上天的惩罚，降下了虫灾，这显然是一种灾变感应的思想。但《穀梁传》却说："冬，蝝生。蝝非灾也。其曰蝝，非税亩之灾也。"意思表达得很明确，即认为虫灾不是因为鲁国实行"税亩"所造成的，这显然是针对《公羊传》中的灾变观而发的。《公羊传》《穀梁传》虽传均出于子夏，但实际二传矛盾之处很多，而且《穀梁传》有多处地方攻击《公羊传》学说，此即为一例。但范宁对此却有另一种解释："凡《春秋》记灾，未有言生者。蝝之言缘也，缘宣公税亩，故生此灾，以责之。非，责也。"意思是说《穀梁传》的"非税亩之灾"是在责备初税亩引起了虫灾。范宁将"非"释为责备，虽然在训诂上可通，但站在《穀梁传》的立场上，这样解释就完全曲解了它的本意，而使其带上了灾变感应的色彩。《集解》中类似这样的解释还有多处，同时范宁还大量采用了京房、刘向、许慎、郑玄等人的阴阳灾变理论来解释《穀梁传》，这不能不说是一种缺陷。

清代学者对范宁的《集解》也提出了不少批评，如许桂林的《穀梁释例》、柳兴恩的《穀梁大义述》，而钟文烝更是认为"范《注》之略而舛也，杨《疏》之浅而庞也"。② 所谓"略"，是说其过于简略，《穀梁传》在三传中已是最简，

---

① 参见刘家和：《〈春秋〉三传的灾异观》，《古代中国与世界——一个古史研究者的思考》，武汉：武汉出版社，1995年，第412—432页。
② （清）钟文烝撰，骈宇骞、郝淑慧点校：《春秋穀梁经传补注·序》，北京：中华书局，1996年，第3页。

范宁自己也说它"清而婉,其失也短",而范注的重点多在于解释经义,对于一些史事及名物制度等的阐述则显得不够,说它"略",确为属实。所以唐人杨士勋为其作《疏》时,于范注之略处,每每以糜信、徐邈等注补之,钟文烝在《春秋穀梁经传补注》中,更为之详补。至于说钟氏所谓的"舛",当是指对经义的解释而言,这本是仁者见仁、智者见智之事,何况历史在发展,学术也在进步,不可一概抹杀。

总之,范宁的《集解》虽然存在着一些缺点,但它在经学史上是有着特殊贡献的。《穀梁传》只是儒家经典中的一部小经,历史上并不受人重视,如果没有范宁的《集解》以及唐人杨士勋为其所做的疏,《穀梁传》的命运则可能同《邹氏传》《夹氏传》一样,湮没无存了。从这一点来看,范宁可谓是《穀梁传》的功臣。《集解》也是现存的《穀梁传》最早的注本,是人们研究《穀梁传》的必读之书。范宁《集解》中引用了不少两汉、魏晋许多学者没有能够流传下来的著述,这也为学术史研究提供了宝贵的资料。此外,范宁在《集解》中所体现的博洽通贯的治学方法和客观公允的治学态度是学术研究者所应具备的重要品格,这也给予后人治学以深深的启迪。

三、其他成就

范宁关于《穀梁传》的著述还有《春秋穀梁传例》和《答薄叔元问穀梁义》,均已亡佚[1],但其中的一些内容,尚保存于杨士勋《春秋穀梁传疏》中,清人对其亦有辑佚,可略窥其梗概[2]。

范宁对《穀梁传》的传例非常重视,注重对它的阐释,在《集解·序》中他曾说道:"于是乃商略名例,敷陈疑滞,博示诸儒同异之说。"《春秋穀梁传例》当是专门总结、说明《穀梁传》传例的。杨士勋《疏》曰:"商略名例者,即范氏别为略例百余条是也。"杨《疏》中称其为《略例》、《别例》或《范例》,而范注中亦常云"传例曰"。《四库全书总目提要》认为:"又宁自序有

---

[1]《隋书·经籍志》载"《薄叔玄问穀梁义》二卷,梁四卷。""《春秋穀梁传例》一卷,范宁撰。"
[2] 参见王谟:《汉魏遗书钞》、马国翰:《玉函山房辑佚书》等书。

'商略名例'之句，疏称宁别有'略例'百余条，此本不载，然注中时有'传例曰'字，或士勋割裂其文，散入注疏中欤？"

《答薄叔元问穀梁义》则是仿照郑玄《释废疾》的体例而作，有问有答，记载范宁驳薄叔元关于《穀梁》义的辩难，杨《疏》中称为《范答薄氏》或《答薄氏书》。薄叔元为何人，已不可考，据马国翰推测当是与范宁同治《穀梁》之学者。① 从现在残留下来的一些片断看，其中所载的一些范宁对《穀梁》传义的解释，未见于《集解》当中，故可作为《集解》的补充。

此外范宁对《尚书》学和礼学也有相当的研究，曾为《尚书》作注。《隋书·经籍志》载有："《古文尚书·舜典》一卷，晋豫章太守范宁注。梁有《尚书》十卷，范宁注，亡。"永嘉之乱后，司马氏避难江南，建立东晋，为维护统治而复兴儒学，曾广求经典。据陆德明《经典释文·叙录》记载，豫章太守梅赜献《古文尚书》一部，全书有标为《孔安国传》的注（即伪孔传）。由于缺少了《舜典》一篇，所以取王肃注《尧典》从"慎徽五典"以下分为《舜典》篇。梅赜所献的《古文尚书》是由"隶古定"写成，不便认读，范宁便将其改写为东晋已通行的楷书，又为其作注，《隋志》中所云"梁有《尚书》十卷，范宁注，亡"，即指此书。② 清人马国翰从《后汉书注》《一切经音义》《太平御览》等书中辑得十二节，评其"大抵用马、郑旧文"③。《隋志》所谓范宁注《古文尚书·舜典》，则是其中的一卷，另有单行，即《隋志》所谓《古文尚书·舜典》一卷。由于梅赜献《古文尚书》缺《舜典》，按《释文》的说法，俗间曾将范注的《舜典》补入伪《孔传》中。

关于礼学，《隋书·经籍志》著录有范宁《礼杂问》十卷。《旧唐书·经籍志》："《礼问》九卷，范宁撰。《礼论答问》九卷，范宁撰。"《新唐书·艺文志》："范宁《礼问》九卷，又《礼论答问》九卷。"马国翰《玉函山房辑佚书》评曰："记其与当代名流问答礼制之语也……别有《答徐邈书》三篇、《答谢安书》《与戴逵书》各一篇，亦论礼服……论皆禀经协理，不愧儒宗。"

范宁对礼制十分精通，对朝廷的礼仪规章的解释，他有着某种权威性，往往能引经据典，提出中肯的意见。《晋书》本传称其"在职多所献替，有益

---

① （清）马国翰辑：《玉函山房辑佚书·经编·春秋类》，第1428页。
② 这亡佚的十卷《尚书注》在两唐书中还有记录，可能是又失而复得，但最终亦未能流传下来。
③ （清）马国翰辑：《玉函山房辑佚书·经编·尚书类》，第447页。

政道。时更营新庙，博求辟雍、明堂之制，宁据经传奏上，皆有典证"。《晋书·礼志上》也记载："孝武太元十一年九月，皇女亡，及应烝祠，中书侍郎范宁奏：'案《丧服传》有死宫中者三月不举祭，不别长幼之与贵贱也。皇女虽在婴孩，臣窃以为疑。'于是尚书奏使三公行事。"至刘宋时，朝廷大臣关于礼仪问题的辩争，还常引用范宁的礼论作为裁定。

不过范宁的尊礼崇教，也造成了负面的影响。如在豫章太守任上，他一方面在郡大设庠序，另一方面刻意模仿古制"遣人往交州采磐石，以供学用"，"又起学台，功用弥广"。江州刺史王凝之因此上疏弹劾范宁："豫章郡居此州之半。太守臣宁入参机省，出宰名郡，而肆其奢浊，所为狼籍。郡城先有六门，宁悉改作重楼，复更开二门，合前为八。私立下舍七所。臣伏寻宗庙之设，各有品秩，而宁自置家庙。又下十五县，皆使左宗庙，右社稷，准之太庙，皆资人力，又夺人居宅，工夫万计。宁若以古制宜崇，自当列上，而敢专辄，惟在任心。州既闻知，即符从事，制不复听。而宁严威属县，惟令速立。愿出臣表下太常，议之礼典。"①范宁因此被免官，终老于家。范宁的行为虽然只是为了推行教化，但刻意地崇古，却不免流于迂阔奢泰了，这是他的局限所在。西晋的虞溥也是一位重教的官员，《晋书·虞溥传》载：虞溥"除鄱阳内史。大修庠序，广招学徒"，"至者七百余人"。"祭酒求更起屋行礼，溥曰：'君子行礼，无常处也，故孔子射于瞿相之圃，而行礼于大树之下。况今学庭庠序，高堂显敞乎！'"相比之下，虽均为崇学敦教，虞溥的简约与范宁的奢泰却不可同日而语了。

---

① 《晋书》卷 75《范宁传》，第 1988 页。

第十四章　言性命必究于史：《东莱博议》散论

　　旧时人们在适逢亲朋好友或晚辈后学喜结良缘之时，常会送上一副对联，以为祝贺。上联"绿华偏重词人笔"，讲的是南朝时女仙萼绿华夜降羊权家，赠羊权诗一篇的故事；下联"红烛初修学士书"，说的是南宋大学者吕祖谦在新婚的一个月内读《左传》写成《东莱博议》的趣闻。两个故事，一夸女方的文学，一赞男方的史学，相映成趣，用来比喻男女双方才情上的般配，倒也十分贴切。不过女仙云云，终究是虚幻的事情，而吕祖谦红烛修书的典故也被后人考证是"流俗所传误"[①]。不过透过这"流俗"的传闻，却不难发现《东莱博议》这部书在学界乃至民间实有着不小的影响。《东莱博议》又叫作《东莱先生左氏博议》或简称《左氏博议》，今本作二十五卷，凡一百六十八篇，内容主要是围绕《左传》来评论春秋时期的一些人物和事件，是一部带有文章范例和史论性质的著作。所以说到它的影响，绝不像《四书》《五经》那样是学子们必须诵读的经典，也不是专注于训释、考证一类的艰深的学术著作。相比之下，它更带有入门、普及以及实用这样一些特点，其受众更多是偏向于初学阶段的人群。因此把它当作一部通俗性的历史读物来看待，大概并不过分。分析这部书的内容和特点，想来除了能对吕祖谦其人其学加深了解外，对于我们读书、论史以及如何看待史学通俗化的问题也会起到一些借鉴和帮助作用。

[①]（清）永瑢、纪昀主编：《四库全书总目提要》卷27《经部·春秋类二·详注东莱左氏博议提要》，第150页。

一、《东莱博议》之写成

《东莱博议》(以下简称《博议》)这部书最为突出的特点,就是它是一部与讲学密切相关的著作,是教学和实践相互促成的产物。在古代,教与学的关系很早便被人们关注,例如《礼记·学记》就讲过:"学然后知不足,教然后知困。知不足然后能自反也,知困然后能自强也。故曰教学相长也。"说的就是教和学两方面的相互影响和促进,都得到提高的道理。其实这种"相长",并不仅限于抽象的知识积累,伴随它的往往还有一个"外化"的结果,就是将教学中的内容和方法记录下来,写成讲义和教材一类的东西。这当然可以视作是教学过程中的一种"副产品",比之那些刻意写成的学术专著,这个"副"字,并不意味着低一级的意思。正因为它是在教学实践的点滴中积累而成,是从老师与学生在教与学的互动中结合而来,所以更能为人们所接受,在社会上也更易得到普及与推广。

可以说《博议》就是这样的一部著作。关于它的写作背景,吕祖谦在书中的《自序》里有过交代:

> 《左氏博议》者,为诸生课试之作也。始予屏处东阳之武川,仰林俯壑,出户而望,目尽无来人。居半岁,里中稍稍披蓬藋,从予游。谈余语隙,波及课试之文,予思有以佐其笔端,乃取《左氏》书理乱得失之迹,疏其说于下,旬储月积,浸就篇帙。诸生岁时休沐,必抄置楮中,解其归装无虚者。[1]

"屏处东阳之武川"是指乾道二年(1166年),吕祖谦护送母丧返回金华,并于次年(1167年)葬母于武义明招山,筑屋守墓的事。在这段离群索居的日子中,吕祖谦除了将自己的哀愁与寂寞寄托于山林的幽景与诗文的创作外,便是应对慕名而来的众多学子的拜访。他们并不是一般的求学,而是抱着科

---

[1] (宋)吕祖谦:《东莱先生左氏博议·序》,丛书集成初编本,北京:中华书局,1985年,第1页。

考应试追求功名的目的而来的。学生们的这种实际的需求,便催发了吕祖谦创作的意愿,于是他借助于《左传》的材料,为问学者写出策论的范文,从确定主题、分析议论到谋篇布局、遣词造句,无一不是精心而为的。读完一篇范文后,文章怎么写作,史事怎么分析,思想怎样表达,等等,一切便都尽在其中了。吕氏的文章一篇篇地写出,学子们便一篇篇地抄录、阅读、研究,一来二去,一部《东莱博议》就这么编成了。

吕祖谦大概并不属于那种喜欢刻意为文的学者,所以纵观他的一生,许多学术著作的写成都是与讲学活动密切相关的。他的好友朱熹就曾说过:

> 近世所见会说话,说得响,令人感动者,无如陆子静。可惜如伯恭(吕祖谦)都不会说话,更不可晓,只通寒暄也听不得。自是他声音难晓,子约(吕祖俭)尤甚。[1]

语言表达能力的不足和口音方面的限制,大概是催发他写作的一个动因。此外,更为重要的原因是他对传道、受业抱有的一种持之以恒的热情。吕的寿数不长,只活到四十四岁,但根据学者的统计,在他有生之年中,学生的数量是要远远多于朱熹的。[2] 这种讲学的热情,甚至在守母丧与父丧之时还在维持,以至于将两次在明招山守墓的经历都变成了"办学"的过程,这也曾引起了一些好友们的非议和责难。[3]

需要指出的是,与同时代的朱熹、张栻等人不同,吕祖谦在读书和治学过程中非常重视史学,在具体的研究中,也不像同时期的多数理学家那样喜欢空谈性命义理,而是偏向于政治问题和经世方向的延伸。对此朱熹曾评价说,"伯恭于史分外子细,于经却不甚理会"[4]。"东莱聪明,看文理却不子细……缘他先读史多,所以看粗著眼。"[5] 在朱熹看来,经学是为大本,而史只是末流而已,对于天理的领悟与心性的培养非但没有太大的好处,有时反而会有

---

[1] (宋)黎靖德编,王星贤点校:《朱子语类》卷95,第2458页。
[2] 参见〔美〕田浩:《朱熹的思维世界》(增订版),南京:江苏人民出版社,2009年,第92页。
[3] 参见(清)黄宗羲原著,(清)全祖望补修,陈金生、梁运华点校:《宋元学案》卷51《东莱学案》,北京:中华书局,1986年,第1674—1675页。
[4] (宋)黎靖德编,王星贤点校:《朱子语类》卷122,第2951页。
[5] (宋)黎靖德编,王星贤点校:《朱子语类》卷122,第2950页。

妨害，所以他对于吕的这种学术旨趣是颇有微词的。朱熹的学生黄义刚更是补充说，"他也是相承那江浙间一种史学，故恁地"[①]。黄氏所批评的这种"恁地"，便是后来章学诚所说的浙东之学"言性命者必究于史"[②]的开启，顺着这条治学路径发展下来，到了黄宗羲、邵廷采、全祖望、邵晋涵、章学诚那里，浙东学术在史学上便结出了异常丰硕的果实。

这种对史学的重视态度，也自然而然地融入讲学的实践当中，所以在讲学中吕祖谦很注重引导学生阅读史书，同时也不忘以通俗的形式来帮助他们加深对历史知识的掌握与运用。除了《博议》外，他的许多史学著作的写成都与此有关，如《十七史详节》便是苦于正史的卷帙浩繁，而专门为一般的读者编成的节本，此后该书便一直被人们当作正史的经典节本而广泛流传。吕著的这种节本，主要详于节录"纪"与"传"中记载的故事，而略于枯燥艰深的典章制度，这便是照顾到了一般读者的兴趣和需要。至于那些被刊落删除的典章制度部分，他又著有《历代制度详说》加以详细地记述和说明，二者相互配合，既保持了历史的全貌，又避免了内容上的支离与枯燥。再有《大事记》，本是计划对春秋至五代以来的重大历史事件进行辑录，虽然最终并没有完成，但其为后人提供史鉴的目的也是十分明显的。即便是在今天，吕祖谦的这些著作，对于我们思考如何建设通俗史学，写好通俗史著，也具有启发性的意义。

二、文章与议论的结合

《东莱博议》这部书的另一个特点是文章与议论的紧密结合。前面已经提到，吕祖谦的这部书是为初作策论的人写的，也就是为学生科考而写的用以练习与模仿的示范性的议论文集。所以书中每篇的结构都比较一致，往往是开头先一大段议论，然后结合具体的史事，夹杂些比喻、排比、对偶、反复的手法和穿插些名言警句，到末尾再一点题，算是收尾。就这样，一篇文

---

① （宋）黎靖德编，王星贤点校：《朱子语类》卷122，第2951页。
② （清）章学诚撰：《文史通义·浙东学术》，《章学诚遗书》，第15页。

章如何起、承、转、合，都清楚地展现出来。这种写法的优点是容易学习，入手快，而且逻辑严整，层次分明，文有气势，富于雄辩，论理性强；缺点是使文章变得公式化、教条化，往往千篇一律，到后来就容易走到僵化的八股文的死胡同里去。虽然吕早年间曾说他自己是"学步班扬，讵识词章之统纪"①，不过《博议》的文风更似是远承战国时期孟子的雄辩而近接王安石、苏轼等人的文论而来。也正是因为它在学写文章方面的便利，《博议》一直为后来学馆教授生徒时所广泛使用，其实际的影响力并不亚于《古文观止》一类的书籍。甚至在一些民国年间的报馆社论中，都不难发现其中夹带着一些《博议》式的议论风格。

既然是写策论文章，那么就不但要求文句上的气势，更要强调观点上的新颖，出人意料。所以《博议》一书不但在文风上，而且在议论上也有独到之处。给人的影响总是爱唱反调，经常和《左传》闹对立，做翻案文章。例如书中第一篇论"郑伯克段于鄢"，开头便说："钓者负鱼，鱼何负于钓？猎者负兽，兽何负于猎？庄公负叔段，叔段何负于庄公？"认为兄弟反目，郑国内乱，罪在郑庄公，这便是在做《左传》的翻案文章了。又如第二篇"颍考叔还武姜"，对颍考叔讽谏郑庄公，使得其母子和好如初的事，《左传》"君子曰"的评价是："颍考叔，纯孝也，爱其母，施及庄公。《诗》曰：'孝子不匮，永锡尔类。'其是之谓乎。"《博议》却大唱反调，说颍考叔胸中并无天理，更不知天理，他虽引导郑庄公于善，而最终扼杀了善。这实际已经游离了《左传》，只是借用其事来明天理和人欲之义罢了。

在吕祖谦的《左传》学著作当中，这样的议论是非常多的，朱熹曾就此批评说：

  向见说《左氏》之书，极为详博。然遣辞命意，亦颇伤巧矣。②

针对朱熹说的这个"巧"字，四库馆臣还特地做过考证：

---

① （宋）吕祖谦：《吕东莱文集》卷2《中两科谢主司启》，丛书集成初编本，北京：中华书局，1985年，第1册，第33页。
② （清）黄宗羲原著，（清）全祖望补修，陈金生、梁运华点校：《宋元学案》卷51，第1675页。

考祖谦所作《大事记》，朱子亦谓"有纤巧处"，而称其"指公孙弘、张汤奸狡处皆说得羞愧杀人"云云，然则朱子所谓巧者，乃指其笔锋颖利，凡所指摘，皆刻露不留余地耳，非谓巧于驰辨，或至颠倒是非也。①

这种解释自是为了回护吕氏，偷换主题，更是在取"巧"了。其实，朱熹所谓的"巧"，只是说吕祖谦在论史的时候有时不免走得过远，发挥得有些过头罢了。从《博议》的议论中不难看出，吕氏论史总是带有非常明显的经世目的，很看重从历史当中阐发出许多道德教训和政治教训。他曾形象地将历史比作一座"药山"，其中便蕴藏着不少救世的灵丹妙药：

> 昔陈莹中尝谓《通鉴》如药山，随取随得。然虽是有药山，又须是会采；若不能采，不过博闻强记而已。②

所以他反对学历史只是博闻强记式的学习方法，而是要能够融会贯通，看到其中的盛衰因果与经验教训。正因为如此，对《博议》这部书也不能单纯地从写文章的角度，将它作为应时、应试的"下水文章"来看待。除了"文"的方面外，它更是一部优秀的史论专著，是吕祖谦对于历史、哲学和政治等方面观点的集中反映。在《序言》中，他就曾说过：

> 予离群而索居有年矣，过而莫予辅也，跌而莫予挽也，心术之差，见闻之误，而莫予正也，幸因是书，而胸中所存、所操、所识、所习，毫忽发谬，随笔呈露，举无留藏。又幸而假课试以为媒，借缝掖以为邮，遍致于诸公长者之侧，或矜而镌，或愠而谪，或侮而谯，一语闻则一病瘳，其获不既丰矣乎。③

这就是说，所谓的"假课试"只不过是媒介，他写这部书真正的用意还在于抒发自己心中的"所操""所识"与"所习"。因此在《博议》中往往透漏出

---

① (清) 永瑢、纪昀主编：《四库全书总目提要》卷 27《经部·春秋类二·春秋左氏传说提要》，第 150 页。
② (宋) 吕祖谦：《吕东莱文集》卷 19《史说》，第 7 册，第 431 页。
③ (宋) 吕祖谦：《东莱先生左氏博议·序》，第 1 页。

吕祖谦的一些微妙心机。例如在"魏懿公好鹤"条中,他评论道:

> 卫懿公以鹤亡其国。玩一禽之微,而失一国之心,人未尝不抚卷而窃笑者。吾以为懿公未易轻也,世徒见丹其颠,素其羽,二足而六翮者,谓之鹤耳。抑不知浮华之士,高自标置,而实无所有者,外貌虽人,其中亦何异于鹤哉!……永嘉之季,清言者满朝,一觞一咏,傲睨万物,旷怀雅量,独立风尘之表,神峰儁拔,珠璧相照。而五胡之乱,屠之不啻如几上肉,是亦懿公之鹤也。普通之际,朝谈释而暮言老,环坐听讲,迭问更难,国殆成俗。一旦侯景逼台城,士大夫习于骄惰,至不能跨马,束手就戮,莫敢枝梧,是亦懿公之鹤也。是数国者,平居暇日,所尊用之人,玩其辞藻,望其威仪,接其议论,把其风度,可嘉可仰,可慕可亲,卒然临之以患难,则异于懿公之鹤者几希,岂可独轻懿公之鹤哉。①

这一番议论看似是借着卫懿公好鹤的典故,来批评魏晋南朝时期士大夫们的浮华与不实,实则确是暗指当时苟且偏安的南宋士人与卫懿公的好鹤并没有什么区别,其中讽谏的意识是非常明显的。

三、历史眼光的培养

除了文和论外,《博议》还有一个特点,就是它在指导学生习文学论中,又能够潜移默化地为学生培养出一些观察历史的眼光与思考历史的方法。

这首先表现为一种对历史的贯通式的理解方式。吕祖谦很强调这种认识方法,他曾说:

> 见一事而得一理,非善观事者也。闻一语而得一意,非善听语者也。理本无间,一事通则万事皆通。意本无穷,一意解则千语皆解。②

---

① (宋)吕祖谦:《东莱先生左氏博议》,第84页。
② (宋)吕祖谦:《东莱先生左氏博议》,第202页。

把这种求"通"、求"意"的方法带到读史当中,就表现为一种不胶着于具体的一人一事,而是对历史著作连贯与综合的理解的知识态度。他在对张栻谈到读史的时候说:

> 观史先自《书》始,然后次及《左氏》《通鉴》,欲其体统源流相承接耳。①

他所讲的是自己治史的经验之谈,《尚书》《左传》《资治通鉴》对历史的记载前后相继,把它们串在一起,历史发展的体统源流便自然明了于心了。所以吕氏强调对于史书的阅读也要有顺序、有系统地进行:

> 史当自《左氏》至《五代史》,依次读,则上下首尾洞然明白。至于观其他书,亦须自首至尾,无失其序为善。若杂然并列于前,今日读某书,明日读某传,习其前而忘其后,举其中而遗其上下,未见其有成也。②

"上下首尾""无失其序",当然不仅是建立在对历史事件、历史人物的"博闻强识"之上,而是要有融会贯通的知识结构。这一点在《博议》中体现得非常明显。《博议》论史,虽依傍于《左传》,但议论之中却往往是上下古今纵横往来的。如论到"郑庄公侵陈"这件事的时候,他就联系了秦、汉的盛衰以及项羽、王莽、梁武帝、隋炀帝、唐明皇的历史教训,来讨论君主的作为与朝代兴亡之间的关系。又如说到"晋杀其世子申生"时,更追溯到晋文侯与桓叔的时代,以说明晋国公室内部骨肉相残由来已久。所有这些,都是建立在一种对历史源流本末和前因后果的贯通的认识上。久而久之,读者在无形当中便也能够受到这种知识方法的启发与影响了。

除此之外,吕祖谦在读史过程中更为看重的是对历史的独到分析与独立见解。如他说:

---

① (宋)吕祖谦:《吕东莱文集》卷3《与张荆州》,第1册,第46页。
② (宋)吕祖谦编著,黄灵庚、吴战垒主编:《吕祖谦全集》,杭州:浙江古籍出版社,2008年,第715—716页。

> 看史须看一半便掩卷，料其后成败如何。其大要有六：择善、警戒、阃范、治体、议论、处事。①

这些条目既包含了道德的修养，也涉及历史与政治的内容。把这种关注运用在阅读《左传》上，他便认为：

> 看《左传》，须看一代之所以升降，一国之所以盛衰，一君之所以治乱，一人之所以变迁。能如此看，则所谓先立乎其大者，然后看一书之所以得失。②

他所谓的"立乎其大者"，实际上就是指对历史上的盛衰变化及其内在之理的关注。在《博议》里往往不乏类似的关注。例如，他曾以齐桓公称霸为例：

> 抑不知天下之势，不盛则衰，天下之治，不进则退。强而止于强者，必不能保其强也；伯而止于伯者，必不能保其伯也。……五伯莫高于桓公，而桓公九合之盟，葵邱之会，实居其最……桓公素所期者，及葵邱之会，悉偿所愿，满足无余。……所期既满，其心亦满，满则骄，骄则怠，怠则衰。近以来宰孔之讥，远以召五公子之乱，孰知盛之极，乃衰之始乎？③

葵邱之会是齐桓公霸业最盛之时，但也是他走向衰亡的开始，吕祖谦在这里的议论就含有对历史的一些规律性的认识与总结了。

正是有了对历史的这些关注与思考，无形中就带出一种独立思考和不囿于前说的精神。吕祖谦曾有过一句名言，说"善未易察，理未易明"。胡适就曾在不同场合里多次引用这句话。如他给陈之藩的长信中就曾说道："宋人受了中古宗教的影响，把'明善'、'察理'、'穷理'看得太容易了，故容易走上武断的路。吕祖谦能承认'善未易明，理未易察'，真是医治武断病与幼稚

---

① （宋）吕祖谦：《吕东莱文集》卷 20《杂说》，第 7 册，第 462 页。
② （宋）吕祖谦：《春秋左氏传说》卷 20，丛书集成初编本，北京：中华书局，1985 年。
③ （宋）吕祖谦：《东莱先生左氏博议》，第 107—108 页。

病一剂圣药。"抛开这段话的政治背景不谈，单就学理的价值来看，这几句话的用意实在于说明治学要具备一种怀疑精神和独立的思考能力。这种"疑"的精神，是很多宋代学者所共有的，对吕祖谦来说，与他的老师林子奇的启迪不无关系。如林曾说过：

> 疑字，悔字，皆进学门户，学者须是疑是悔，于道方有所入。①

吕祖谦将这"疑"与"悔"带到了《博议》中，就表现为如前文中所说的特别爱作历史翻案文章，喜欢和《左传》唱反调的特点。这虽然与策论文追求观点上的新奇有关，但在客观上也起到了让读者打开思路而不囿于成说的作用。所以后来许多有经验的老师在指导学生阅读《左传》的同时，也会要求参看《博议》。看的目的当然不是出于校勘、考证方面的考虑，而是要看二者在观点上的冲突和互补。

中国古代的史论发源于《左传》，《左传》成书在战国时期，所以议论中总不免有些六国气。朱熹骂左氏"猾头熟事"②，就是说他爱以成败论人，有些趋炎附势，这自然是一种"偏"。针对左氏的这种"偏"，吕祖谦免不了是要跳出来大大地辩驳一番的。不过他是理学家，爱用理学的那一套道理讲话，这却又是一种"偏"了。把这两种"偏"结合在一起，对照着来看，不就给了读者更多的启发和思考的空间吗？不能小看这种对照的作用，它对人们学习方法和思维定式的养成有时会起到非常重要的作用。以郭沫若为例，他曾讲过小时候读私塾，老师便一面教读《左氏春秋》，一面教读《东莱博议》，双双对照，互相发现，给了他很大的启发。他后来说："我的好议论的脾气，好做翻案文章的脾气，或者就是从这儿养成的罢。"③ 单就这个事例，便可以看到《博议》在启发思维上的价值了。

---

① （清）黄宗羲原著，（清）全祖望补修，陈金生、梁运华点校：《宋元学案》卷36《紫微学案》，第1245页。
② （宋）黎靖德编，王星贤点校：《朱子语类》卷83载："左氏之病，是以成败论是非，而不本于义理之正。尝谓左氏是个猾头熟事、趋炎附势之人……陈君举说《左传》，曰：左氏是一个审利害之机、善避就底人，所以其书有贬死节等事。其间议论有极不是处：如周郑交质之类，是和议论！其曰：'宋宣公可谓知人矣，立穆公，其子飨之，命以义夫！只知有利害，不知有义理。'"（第2149—2150页）
③ 郭沫若：《我的童年》，《沫若文集》，北京：人民文学出版社，1958年，第6卷，第44页。